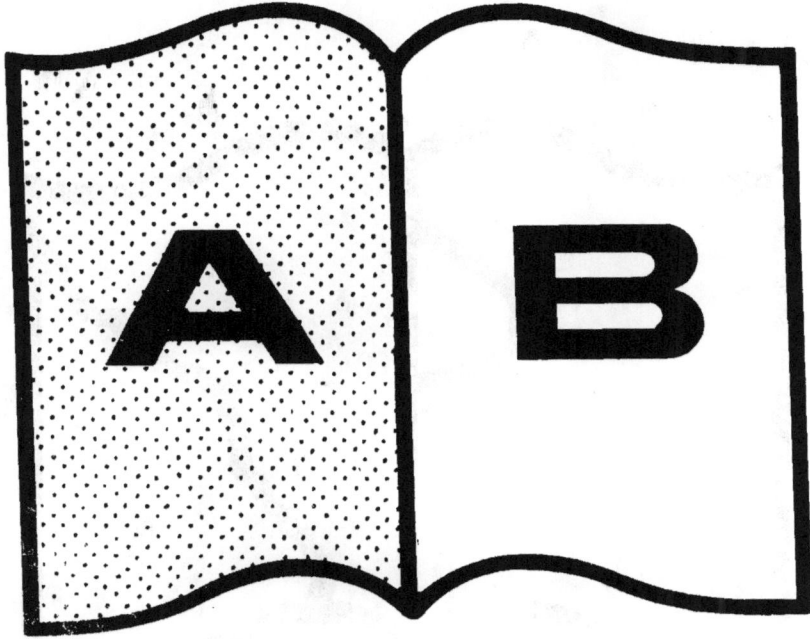

Contraste insuffisant

NF Z 43-120-14

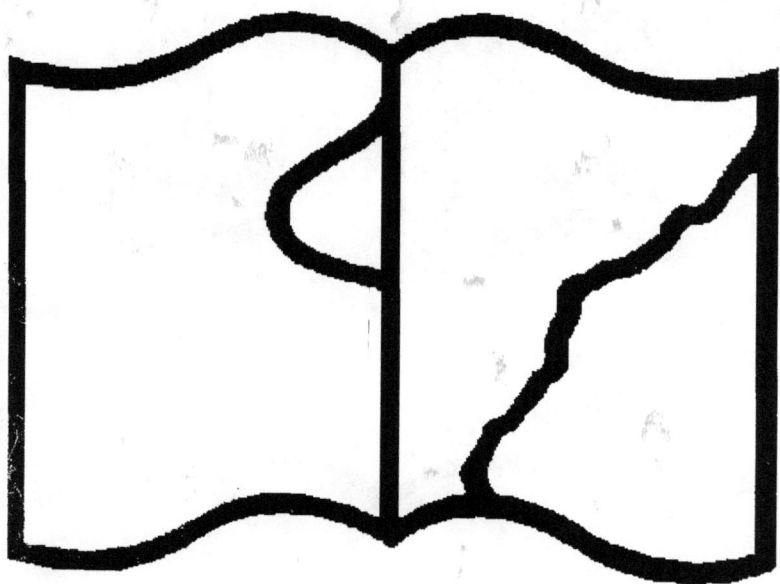

Texte détérioré - reliure défectueuse
NF Z 43-120-11

V

DU COMMERCE

DE LA

BOUCHERIE ET DE LA CHARCUTERIE

EN FRANCE.

Paris, Imprimerie de Paul Dupont,
rue de Grenelle-St-Honoré, 55.

DU COMMERCE

DE LA

BOUCHERIE ET DE LA CHARCUTERIE

EN FRANCE

ET DES COMMERCES QUI EN DÉPENDENT,

TELS QUE

LA FONTE DES SUIFS, LA TRIPERIE, ETC.;

PAR

M. Louis-Charles BIZET ✳,

ANCIEN CONSERVATEUR DES ABATTOIRS GÉNÉRAUX DE LA VILLE DE PARIS,

Suivis du Rapport

DE

M. H. BOULAY DE LA MEURTHE,

SUR LE PROJET DE L'ORGANISATION DE LA BOUCHERIE.

———— ✦ ————

PARIS,

IMPRIMERIE ET LIBRAIRIE ADMINISTRATIVES

DE PAUL DUPONT,

Rue de Grenelle-St-Honoré, 55, Hôtel-des-Fermes.

——

1850

DU COMMERCE

DE

LA BOUCHERIE ET DE LA CHARCUTERIE

DE PARIS.

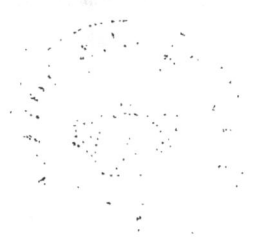

DU COMMERCE

DE LA

BOUCHERIE ET DE LA CHARCUTERIE

DE PARIS

ET DES COMMERCES QUI EN DÉPENDENT,

TELS QUE

LA FONTE DES SUIFS, LA TRIPERIE, ETC.,

PAR

M. Louis-Charles BIZET ✱,

CONSERVATEUR DES ABATTOIRS GÉNÉRAUX DE LA VILLE DE PARIS ;

Suivis du Rapport

SUR LE PROJET DE L'ORGANISATION DE LA BOUCHERIE,

Par M. H. BOULAY DE LA MEURTHE, député, membre du Conseil général de la Seine, et des
décrets, ordonnances, arrêtés, concernant les matières traitées dans ce volume.

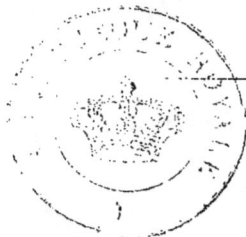

PARIS,

CHEZ PAUL DUPONT, IMPRIMEUR - LIBRAIRE,
Rue de Grenelle-Saint-Honoré, 55 ;

PAULIN ET DUBOCHET, LIBRAIRES,   RENARD, A LA LIBRAIRIE
Rue Richelieu, 60 ;   des Actes administratifs, rue St-Anne, 71.

1847

DU COMMERCE

DE

LA BOUCHERIE ET DE LA CHARCUTERIE

DE PARIS.

LIVRE PREMIER.

CHAPITRE PRÉLIMINAIRE.

Avant d'entrer dans les détails du commerce de la boucherie de Paris, des nombreux approvisionnements en bestiaux de toutes les sortes qui sont nécessaires à l'alimentation de la capitale, aux règlements de police qui contraignent les propriétaires des étaux d'avoir à les garnir, en tous temps, des viandes dont la population peut avoir besoin, il me semble qu'un coup d'œil sur ce qui a précédé l'état de choses actuel mérite une courte digression, ne fût-ce que pour apprécier les immenses bienfaits de la civilisation, contre lesquels cependant ont réclamé et réclament encore aujourd'hui quelques philosophes maussades, quelques beaux esprits amis du paradoxe, et les niais à leur suite.

En prenant l'homme dans son premier isolement, dans sa faiblesse native, manquant de vêtement, avec une peau claire et quasi-transparente sur laquelle il est indispensa-

1

ble, pour la garantir des intempéries, de la couvrir soit
avec la peau des animaux, soit avec des matières laineu-
ses ou textiles, préparées, disposées, tissées par l'industrie humaine ; quand on le considère sans logement pour
se reposer, n'ayant d'aliments que des fruits dont il ignorait d'abord la saveur et la vertu nutritive, ou bien une
chasse contre des animaux dont la force égalait et surpas-
sait le plus souvent la sienne propre ; quand on se représente les incalculables souffrances qu'il a eu à supporter,
avant que l'instinct d'association ait eu la puissance de le
réunir, après la famille, dans la communauté d'un misérable hameau, dans la communauté d'un village, d'une
ville, d'un canton, d'une patrie ; quel nombre de siècles
a-t-il fallu pour organiser toutes ces choses, en régler l'u-
sage, et pourvoir à tous les besoins qu'elles réclamaient ?

La science humaine ne parviendra jamais à le connaître ; les spéculations, les supputations des plus savants
chronologistes seront toujours infructueuses, car Dieu a
gardé son secret.

Nous ne voulons, nous, qu'admirer les desseins de sa
Providence, qui a permis à notre intelligence de marcher de progrès en progrès, d'arranger les choses de façon à ce qu'un bien-être fût suivi d'un autre bien-être,
qu'après avoir découvert les moyens de nous abriter
sous le toit grossier d'un hangar, nous en fissions une
cahute fermée, puis une maison, puis une réunion de maisons qui devinrent hameaux, villages, villes et capitales.

Cette succession d'arrangements déjà si pleins d'intelligence, en nécessita d'autres qui toujours ont dû marcher de concert, à savoir : le besoin quotidien de manger

et d'assurer le service constant de ce besoin. Ainsi l'agriculture devait exciter la première industrie de l'humanité; par elle, on a obtenu d'abord les moissons dont les produits prudemment conservés assuraient le pain pendant une grande partie de l'année; par elle, on a obtenu ensuite les fourrages qui garantissaient la nourriture des bêtes de somme et surtout des bestiaux dont le laitage et les chairs ajoutaient deux aliments plus agréables et plus solides que le premier, et qui, combinés ensemble, devinrent la plus grande perfection, comme la plus grande garantie donnée aux appétits incessants de l'estomac humain, et au maintien de la force, de la santé et, je dirai mieux, de l'intelligence de l'homme.

C'est par cette intelligence que, réunie dans la même ville, une population a su, presque instinctivement, diviser le travail de tous; que chacun s'est chargé d'une industrie pour laquelle il se trouvait plus d'inclination, et dont il échangeait les produits contre d'autres produits qui lui étaient nécessaires. C'était le commencement du commerce.

Or, comme le plus urgent des besoins de l'homme a toujours été et sera toujours celui de se sustenter, les boulangers et les bouchers ont naturellement été les premiers marchands établis dans les villes : les fourniers et les boulangers d'abord, les bouchers ensuite.

Mais ces marchands tenant dans leurs mains, pour ainsi dire, les premiers éléments de la vie humaine, il devint nécessaire que les chefs des communes, que l'autorité déléguée de leurs habitants, pour veiller aux intérêts de la municipalité, réglassent les conditions de leur commerce, afin d'éviter les graves inconvénients d'un monopole dont aurait à souffrir toute la population.

Les grands organisateurs de l'administration et de la justice humaines, les Romains, nous ont laissé quelques documents sur la manière dont le commerce de la boucherie s'exerçait dans leur capitale du monde.

Les Romains établirent donc trois sortes de bouchers, avec deux colléges composés chacun d'un certain nombre de citoyens chargés de fournir la ville de tous les bestiaux nécessaires à la consommation des habitants, et du soin de les faire préparer et d'en débiter les chairs.

L'une de ces communautés n'eut d'abord que le soin de l'achat des porcs. On la nommait *suarii*. L'autre était chargée de l'achat des autres bestiaux, et surtout des bœufs, ce qui les fit nommer *pecuarii* ou *bearii*. Ils avaient sous leurs ordres des gens dont l'emploi était de tuer et d'habiller les bestiaux, d'en découper les chairs, et de les mettre en état d'être exposées en vente. Ceux-là s'appelaient *lanii* et quelquefois *carnifices*, préparateurs de chairs. Des auteurs anciens affirment que les bouchers Romains vendaient quelquefois leurs viandes d'une manière assez plaisante : celui qui venait en acheter fermait les yeux ; le boucher élevait et étendait quelques-uns des doigts de sa main, et si l'acheteur pouvait deviner combien il en avait élevé, c'était lui qui fixait le prix de la viande, sinon, c'était le boucher. Apronius, préfet de Rome, abolit cette coutume, et ordonna que la viande serait vendue à la livre.

Tous ces usages s'établirent dans les Gaules avec la domination des Romains.

Lorsque la vieille Lutèce eut pris à peu près la forme d'une ville, en sortant des limites de l'île étroite qui la renfermait, un certain nombre de familles fut chargé d'acheter des bestiaux, et d'en avoir toujours une provision suffisante pour assurer la subsistance de la ville, plus d'en débiter ou faire débiter les chairs. Ces familles, comme à Rome, formaient un corps, élisaient un chef, qui l'était à vie, et n'était destituable qu'en cas de prévarication. Il s'appelait le *maître des bouchers*. Il avait juridiction sur tous ses confrères, et décidait toutes les contestations relatives à leur commerce.

Les priviléges accordés à cette corporation lui donnèrent une très-grande importance, par les nombreuses fortunes qu'elle avait procurées à ses membres ; elle avait la force matérielle, par le personnel qu'elle employait ; elle avait la richesse qui doublait cette première influence politique. C'est pourquoi le duc de Bourgogne, au commencement du xve siècle, sous le règne de Charles VI, profitant des troubles qui agitaient Paris et la France, et de la division qui existait entre les propriétaires des boucheries de Notre-Dame et de celles de l'apport Paris, dont la rivalité compromettait leur fortune ; c'est pourquoi, dis-je, le duc de Bourgogne ameuta facilement les bouchers de Paris et les excita contre les Armagnacs, partisans du duc d'Orléans, sur lesquels ils se ruèrent avec une audace et une fureur qui ont laissé une odieuse trace historique et tristement perpétué le nom de *Caboche*, qui se distingua parmi les plus forcenés, lors du massacre des prisonniers de la Conciergerie, le 12 juin 1418, l'une de ces déplorables époques que l'illustre M. de Châteaubriand n'a point rayée des quatorze siècles de bonheur dont avait joui la France avant la révolution de 1789.

Les richesses acquises par plusieurs familles de bouchers les déterminèrent à louer leurs étaux, et à quitter le négoce de la viande pour entrer dans les charges considérables de la justice et de la finance, pour exercer les honorables professions de la médecine, du droit et du plus riche commerce. Les plus notables de ces familles sont celles des *Saint-Yon*, des *de la Dehors*, des *Thibert*, des *Dauvergne* et des *Legois*.

Les plus anciens règlements qui concernent le commerce de la boucherie se trouvent à Rome, au Vatican ; ils exigent que la viande soit vendue au poids, mais après que la tête, les pieds et le suif auront été séparés, ces trois parties étant attribuées au *boucher*, qui aura tué l'animal, et formant son salaire; la chair, la peau et les entrailles sont réservées au maître ou marchand boucher.

Les plus anciennes boucheries de Paris étaient placées au parvis Notre-Dame ; il en fut établi, plus tard à l'apport Paris, rue Saint-Jacques-la-Boucherie, au cimetière Saint-Jean, rue Montmartre, rue des Boucheries-Saint-Germain, rue Saint-Martin, près Saint-Nicolas-des-Champs, la Montagne Sainte-Geneviève et la place Maubert.

Après les usages et les édits romains, on retrouve les ordonnances de notre vieille monarchie, l'une du mois de novembre 1545, de François Ier, qui crée un certain nombre de garçons bouchers sous le nom de *tueurs* et *escorcheurs* de bestiaux, chargés d'abattre et d'habiller les bestiaux, et les *étaliers*, chargés de découper et préparer les chairs pour les mettre en vente. Les maîtres bouchers semblent exclus de ce travail, ils ne sont chargés que de *l'achapt* du bétail. Les maîtres bouchers demeurent ainsi assimilés au *pecuarii* ou *bearii* de la Rome antique. Le nom de *suarii* fut réservé aux charcutiers.

Henri II rendit, au mois de juin 1550, une ordonnance qui conserve aux bouchers les priviléges dont ils sont en possession depuis des siècles. Une seconde ordonnance de février 1587, rendue par Henri III, voulut altérer les priviléges accordés par l'ordonnance de 1550; mais un arrêt du parlement, du 22 décembre 1589, réforma en partie cette ordonnance de 1587. Cet arrêt du parlement fut confirmé par Henri IV, ainsi qu'une sentence du châtelet du 12 janvier 1590, en 1594.

Cette sentence du châtelet prescrit des mesures qui sont pleines de sagesse. En voici quelques dispositions :

« Les quatre jurés qui gouvernent la communauté de la boucherie sont élus, de deux en deux ans, dans l'assemblée des maîtres et en présence du procureur du roi.

« Les maîtres bouchers sont tenus, en leur propre et privé nom, de bien et dûment visiter les bêtes qui sont amenées, tuées et exposées aux boucheries; en sorte qu'aucune bête, morte ou malade, ne soit vendue ou débitée au peuple, à peine d'amende que payera le maître boucher trouvé en contravention.

« C'est pareillement aux jurés à faire la visite, depuis Pâques jusqu'à la Saint-Remy, des viandes qui restent du jeudi au samedi, pour empêcher qu'elles ne soient mises en vente, si elles sont gâtées, et cela sous les mêmes peines contre les jurés et les contrevenants. »

Ces dispositions, et d'autres relatives à la maîtrise, furent homologuées, par un arrêt du parlement du 25 janvier 1653.

Toutes ces ordonnances ne reçurent que peu de modifications jusqu'en 1791.

Les maîtrises et jurandes ayant été détruites à cette époque, le commerce de la boucherie, comme les autres commerces, devint libre.

Dire la perturbation qu'amena cette liberté pour la spécialité du commerce de la boucherie serait difficile, tant les intérêts privés et publics eurent à en souffrir.

Souvent un principe libéral, dont l'application semble un acte d'équité, un acte de haute philanthropie, a pour résultat, lorsqu'il est légalisé, un effet absolument contraire à ce qu'on en attendait ; on s'est laissé entraîner par la logique d'une théorie générale, sans étudier les éléments plus certains de la pratique, et le mal est devenu la conséquence forcée du bien que l'on voulait constituer.

Dans la question de la liberté de la boucherie de Paris, on n'a pas songé que cette liberté, livrée à tous, de fournir les viandes nécessaires à la consommation d'une population de 5 à 600,000 âmes, devait naturellement exciter la cupidité d'un grand nombre d'individus, qui trouveraient de larges profits à vendre toutes les natures de bestiaux qu'on leur proposerait à vil prix, c'est-à-dire, les bestiaux maigres, rachitiques, malsains, et dont l'insalubrité était évidente, pour le boucher, mais non pas pour le consommateur, qui ne saurait distinguer une bonne viande d'une mauvaise, attendu que l'expertise des viandes demande une spécialité d'études longues et suivies, ce qui fait que les vérificateurs, en cette matière, ne peuvent guère se trouver que parmi d'anciens bouchers que l'on ne peut choisir pour arbitres, dans la crainte de les constituer juges et parties.

La liberté du commerce de la boucherie a donc compromis gravement la salubrité des viandes consommées par les habitants, qui déjà manquaient de pain. Les étaux n'étaient garnis que de viandes provenant de l'étique bétail que fournissaient, en petit nombre, la Picardie et la Sologne ; les éleveurs, les herbagers de la Normandie, du Limousin, du Berry, etc., avaient cessé de produire leur magnifique bétail ; ils n'y avaient plus d'intérêt ; les droits d'octroi supprimés les privaient de la prime que leur payait la boucherie de Paris, dont l'intérêt était de choisir les plus beaux bestiaux, le droit se prélevant par tête, et non au poids ; l'intérêt qui la guidait était le bon marché, et le bon marché ne se trouvait qu'avec la condition de la médiocrité de la marchandise.

Il arriva de là que, dès 1791 jusqu'en 1793, Paris fut nourri avec les plus mauvaises viandes du royaume. Mais la Picardie, la Sologne épuisées, et les provinces où le beau bétail est endémique ne produisant plus rien que des chevaux, la Convention, et plus tard, le Directoire, furent obligés de se charger de l'approvisionnement de Paris en viandes, et d'acheter le bétail en Suisse, en Franconie, en Prusse ; ce moyen excentrique, ne pouvait

être que temporaire ; il compromettait par trop les intérêts de l'agriculture française pour qu'il pût être maintenu, lorsque la raison et la puissance reparaîtraient à la
tête du gouvernement.

Cette raison surgit enfin avec le consulat de Bonaparte, de Bonaparte dont le vaste génie savait embrasser
toutes les parties de l'administration. Il se fit rendre
compte de la question de l'organisation de la boucherie de
Paris, et de la situation de ce commerce, qui intéresse,
au premier chef, la population de la capitale, et bientôt
le nombre des bouchers fut limité et soumis à de rigoureux règlements de police. Je reviendrai sur cette organisation dans un chapitre spécial.

Nonobstant l'expérience de la liberté accordée au
commerce de la boucherie en 1791, et de ces déplorables résultats, je sais qu'il existe encore beaucoup d'honorables économistes qui voient, avec peine, le rétablissement de l'ancienne corporation des bouchers.

Mais pourtant si cette institution offre une garantie à
la bonté, aux choix des qualités, à la salubrité des
viandes, si elle se trouve exercée pour le plus grand
profit de la population ; si la concurrence est assez étendue pour maintenir une rivalité qui empêche la possibilité d'une coalition, seul danger à craindre, et devenu
impossible par les précautions prises par la sagesse des
règlements de police, il n'y a plus à redouter les effets
d'un monopole proprement dit, mais à louer l'administration d'avoir pris des précautions qui assurent au
public un constant choix dans la qualité des viandes,
et à des prix aussi limités que le permettent ceux de là

marchandise première, c'est-à-dire que le permettent les prix des bestiaux, sur pied, dans les marchés d'approvisionnement.

Ces questions, ainsi que beaucoup d'autres, trouveront leurs développements dans les divers chapitres de cet ouvrage.

Jusqu'à nos jours le commerce de la boucherie, n'avait en quelque sorte occupé qu'une petite partie des administrations municipales, sous le rapport de la police dont elles sont naturellement chargées; la haute administration et les économistes mêmes n'avaient point fait descendre leurs pensées et leurs observations sur les détails de ce commerce, qui cependant, pour Paris seul, met en mouvement un capital qui surpasse, chaque année, une somme de 60 millions en acquisitions de la matière première. Or cette matière première, qui la produit? l'agriculture; qui la consomme? l'homme pour se sustenter et doubler les forces de sa vie et employer les parties qu'il ne mange pas à féconder une foule d'industries que son intelligence a su créer.

L'agriculture, la plus saine nourriture de l'homme, et beaucoup d'industries spéciales, sont donc intimement liées au commerce de la boucherie. Faire connaître les principes et les conséquences de ce commerce, tel est mon but. L'atteindrai-je? Je l'ignore. Possesseur de beaucoup d'éléments précieux, de pièces officielles, il me faut les mettre en œuvre; et en commençant ce travail, je reconnais qu'il est beaucoup de parties où ma faible science se trouve en défaut. Toutefois je veux essayer d'ouvrir la voie, en laissant à de plus habiles le soin de compléter ce que je n'aurai fait qu'ébaucher.

Je veux terminer ce chapitre en donnant la racine du mot *boucher*, quoiqu'il importe peu à la matière. Turnèle, après lui Ménage, le font dériver de *buccarius*, annexe de *bucca*, parce que le *buccarius* découpe les viandes pour la bouche. Cette définition me paraît tout à fait logique. Cependant le père Papebrock, veut que *boucher* dérive de *beccarius* lequel dérive de *beccus*, le bec ou la bouche; il appuie son opinion encore sur ce qu'en allemand, le mot *beck* signifie bouche. Un M. de Valois a la prétention singulière de rencontrer une meilleure étymologie, en faisant dériver le mot boucher de *bouc*, du bouc dont les viandes ne se mangent qu'exceptionnellement; enfin Lancelot le veut faire dériver du grec; le père Labbé et Guichard remontent jusqu'à l'hébreu, où ils ont découvert un mot *bach*, dont ils font *bucca*, *buccus* et *beck*. Tout cela prouve qu'en remontant à la plus haute antiquité, aussitôt que des cités et des langues ont été créées, il a fallu des bouchers et des mots pour indiquer leur profession. Ceci dit, j'arrive au commerce sérieux de la boucherie de Paris.

CHAPITRE PREMIER.

De l'approvisionnement de Paris en viande de boucherie.

Les viandes que fournissent les bouchers à la consommation des habitants de la capitale se composent des chairs du bœuf, de la vache, du veau et du mouton. Un certain nombre de taureaux sont abattus ainsi que des chèvres et des boucs, mais ils ne forment qu'une imperceptible exception dans l'importance de la consommation.

Plus de la moitié des départements de la France concourent à la fourniture des bestiaux nécessaires à l'approvisionnement des marchés spéciaux; marchés sur lesquels les transactions s'établissent entre les éleveurs, les herbagers ou leurs fondés de pouvoirs, et les bouchers de Paris, de la banlieue, et les bouchers dits forains, domiciliés dans un rayon de 10 myriamètres autour de Paris.

Les provinces qui fournissent le plus régulièrement Paris sont : l'Alsace, l'Anjou, l'Artois, le Berry, le Bourbonnais, la Bourgogne, la Bretagne, la Champagne, la Flandre, la Franche-Comté, la Guyenne, l'Ile-de-France, le Limousin, la Lorraine, le Maine, la Marche, le Nivernais, la Normandie, l'Orléannais, la Picardie, le Poitou, la Saintonge et l'Angoumois, et la Touraine. J'ai dit les provinces, parce que les bouchers et les herbagers, ont conservé ces dénominations anciennes, qu'ils classent aussi sous le nom de *nations*, afin de mieux reconnaître les espèces et les nuances amenées par le croisement des races.

Ces vingt-cinq provinces forment les départements du Haut-Rhin, du Bas-Rhin, de Maine-et-Loire, du Pas-de-Calais, du Cher, de l'Indre, de l'Allier, de l'Ain, de la Côte-d'Or, de Saône-et-Loire, de l'Yonne, de la Loire-Inférieure, du Morbihan, des Ardennes, de l'Aube, de la Marne, de la Haute-Marne, du Nord, du Doubs, du Jura, de la Haute-Saône, de la Dordogne, de la Gironde, de la Haute-Garonne, des Landes, de Lot-et-Garonne, de l'Aisne, de l'Oise, de la Seine, de Seine-et-Marne, de Seine-et-Oise, de la Corrèze, de la Haute-Vienne, de la Meurthe, de la Meuse, de la Moselle, des Vosges, de la Mayenne, de la Sarthe, de la Creuse, de la Nièvre, du Calvados, de l'Eure, de la Manche, de l'Orne, de la Seine-Inférieure, d'Eure-et-Loir, de Loir-et-Cher, du Loiret, de la Somme, des Deux-Sèvres, de la Vendée, de la Vienne, de la Charente, de la Charente-Inférieure, d'Indre-et-Loire.

L'Allemagne, l'Angleterre, la Belgique, la Hollande,

la Prusse et la Suisse, fournissent aussi quelques bœufs et une assez grande quantité de moutons sur nos marchés d'approvisionnement.

Il ne faut pas s'imaginer que chacun des départements que je viens de désigner, et qui font partie des anciennes provinces du royaume de France, fournissent une égale part dans l'approvisionnement des marchés; la majeure partie n'en fournit que peu et d'autres point, comme on peut le voir par l'état des arrivages de bestiaux sur les marchés d'approvisionnement de Paris, avec l'indication de leurs provenances, par provinces et par départements, ainsi que des prix moyens de chaque espèce vendue sur lesdits marchés.

1844.

État des arrivages de bestiaux sur les marchés d'approvisionnement de Paris, avec indication de leurs diverses provenances par provinces et départements; les prix des bœufs estimés, en moyenne, à 351 fr. 38 c. ; ceux des vaches à 204 fr. 48 c. ; ceux des veaux à 74 fr. 30 c. et ceux des moutons à 23 fr. 07 c.

PROVINCES.	DÉPARTEMENTS.	BŒUFS.	VACHES.	VEAUX.	MOUTONS	VALEUR vénale.
		fr. c.	fr. c.	fr. c.	fr. c.	fr. c.
	Prix moyens........	351 38	204 48	74 30	23 07	»
Alsace.....	Rhin (Haut-).......	»	»	»	»	»
	Rhin (Bas-)........	»	»	»	160	3,691 20
Anjou......	Maine-et-Loire.....	36,577	104	115	45,310	13,927,547 58
Artois.....	Pas-de-Calais.......	»	»	156	20,906	493,904 70
Berry......	Cher.............	1,182	45	»	58,044	1,763,607 84
	Indre.............	3,060	65	59	34,886	1,897,722 44
Bourbonnais	Allier.............	1,521	8	»	377	544,782 21
Bourgogne..	Ain.................	»	»	»	»	»
	Côte-d'Or..........	1,251	35	»	3,463	526,624 59
	Saône-et-Loire.....	14	»	»	»	4,919 32
	Yonne.............	116	»	»	11,437	304,611 67
Bretagne...	Loire-Inférieure. ...	2,283	8	»	»	803,016 38
	Morbihan..........	592	»	»	»	208,836 96
Champagne.	Ardennes..........	»	»	372	150	31,129 86
	Aube.............	»	»	»	13,012	300,186 84
	Marne............	34	»	1,185	41,486	1,057,169 24
	Marne (Haute-).....	48	»	»	906	37,767 66
Flandre....	Nord.............	101	»	»	26,584	648,782 26
Frche-Comté	Doubs.............	»	»	»	»	»
	Jura..............	»	»	»	»	»
	Saône (Haute-).....	89	»	»	»	35,272 82
	A reporter.....	46,868	265	1,887	256,221	22,589,573 57

PROVINCES.	DÉPARTEMENTS.	BŒUFS.	VACHES.	VEAUX.	MOUTONS	VALEUR vénale.
						fr. c.
	Report.........	46,868	265	1,887	256,721	22,589,573 57
	Dordogne...........	3,077	135	»	2,448	1,165,272 42
	Gironde...........	154	78	»	»	70,061 96
Guyenne ...	Garonne...........	»	»	»	»	»
	Landes...........	18	»	»	288	12,969 »
	Lot-et-Garonne.....	»	10	»	»	2,044 80
	Aisne...........	450	10	»	11,251	419,726 57
	Oise...........	41	43	10,145	3,013	847,294 23
Ile-de-France	Seine...........	751	9,342	309	17,431	2,599,055 13
	Seine-et-Marne.....	165	904	13,801	19,212	1,712,566 84
	Seine-et-Oise.......	549	4,252	44,369	206,421	9,124,655 27
Limousin...	Corrèze...........	2,675	368	184	2,615	1,089,204 10
	Vienne (Haute-).....	4,722	461	30	23,036	2,287,153 56
	Meurthe.'..........	»	»	»	»	»
Lorraine...	Meuse...........	»	»	»	»	»
	Moselle...........	»	»	»	1,465	33,797 55
	Vosges...........	»	»	»	»	»
Maine......	Mayenne...........	40	25	»	600	33,009 20
	Sarthe...........	7,368	2,093	46	518	3,032,316 22
Marche.....	Creuse...........	1,944	21	»	7,929	870,298 83
Nivernais...	Nièvre...........	5,390	204	»	3,296	2,011,690 84
	Calvados...........	33,116	200	»	2,338	11,731,133 70
	Eure...........	245	64	15,073	3,092	1,291,637 »
Normandie...	Manche...........	4,968	6	»	7,135	1,911,487 17
	Orne...........	14,019	2,194	»	5,210	5,494,820 04
	Seine-Inférieure....	570	800	1,841	11,191	758,980 50
	Eure-et-Loir........	23	30	14,739	3,365	1,262,513 50
Orléanais...	Loir-et-Cher........	27	»	134	3,628	103,152 10
	Loiret...........	122	1	12,572	54,695	2,239,991 80
Picardie....	Somme...........	30	19	»	19,610	469,136 22
	A reporter.....	127,930	21,525	115,130	666,508	63,165,542 12

2

PROVINCES.	DÉPARTEMENTS.	BOEUFS.	VACHES.	VEAUX.	MOUTONS	VALEUR
						fr. c.
	Report.....	127,930	21,525	115,130	666,508	63,165,542 12
Poitou.....	Sèvres (Deux-)......	734	»	»	35,935	1,086,953 37
	Vendée...........	3,268	66	»	648	1,177,745 88
	Vienne...........	943	16	»	12,009	611,670 65
Saintonge.. et Angoumois.	Charente...........	3,887	204	»	746	1,424,758 20
	Charente-Inférieure..	3,301	162	»	2,843	1,258,619 13
Touraine...	Indre-et-Loire......	80	13	»	4,454	133,522 42
Allemagne...,...............		»	»	»	87,096	2,009,304 72
Angleterre...................		»	»	»	63	1,453 41
Belgique................... Hollande.................		»	»	»	14,700	339,129 »
Prusse...................		»	»	»	316	7,290 12
Suisse...................		»	»	»	»	»
	TOTAUX.........	139,543	21,986	116,130	825,418	81,210,162 04

Vingt-quatre provinces, qui forment cinquante-six départements, contribuent à l'approvisionnement de Paris et de ses environs, dans le courant d'une année; six pays étrangers le complètent en moutons d'une grande taille, et dont la qualité est fort recherchée par la boucherie de Paris.

On voit donc, par l'état qui précède, que l'agriculture et les éleveurs ont reçu en 1844 (année que l'on peut considérer comme une moyenne raisonnable des années qui l'ont précédée et peut-être des années qui la suivront pendant une assez longue période de temps), on voit, dis-je, que l'agriculture a reçu la somme énorme

de 81,210,162 fr. 4 c. pour 139,545 bœufs, 21,086 vaches, 116,130 veaux et 825,418 moutons, aux prix
moyens de 354 fr. 06 c. par tête de bœuf, 204 fr. 48 c.
par tête de vache, 71 fr. 38 c. par tête de veau et
23 fr. 07 c. par tête de mouton, prix officiellement constatés.

Mais Paris, Paris seul, qu'a-t-il consommé sur cette
quantité de bestiaux amenés sur ses marchés d'approvisionnement ; quelle somme a-t-il déboursée pour sa part
contributrice dans les 81,060,620 fr. 64 c. payés aux
cinquante-six départements fournisseurs ?

Dans cette année 1844, il est entré dans les cinq abattoirs de la capitale : 76,561 bœufs, 16,450 vaches,
78,603 veaux et 439,808 moutons.

Pour fixer la somme produite par ce nombre de bestiaux, il importe de faire observer que le bétail introduit
dans Paris est toujours d'une qualité supérieure, et,
qu'en conséquence, la moyenne générale des prix des
marchés ne peut être applicable à la spécialité de la boucherie de Paris. Voici quels sont les prix moyens, officiellement constatés, payés en 1844.

76,561 bœufs..	à 396 fr.	28 c	par tête...	30,416,154 fr.	08 c.
16,450 vaches..	240	67	....	3,959,021	50
78,630 veaux..	87	09	....	7,002,741	27
439,808 moutons	28	87	....	12,697,256	96
611,449 têtes de bétail.			TOTAL.....	54,075,173 fr.	81 c.

Tels ont été les déboursés de la boucherie de Paris,
en 1844, pour l'approvisionnement de leurs étaux, et ce
qu'ils ont fourni de capitaux à l'agriculture ; elle a été
plus considérable en 1846, comme on peut le voir par
l'état qui suit.

ANNÉE 1846.

État des arrivages des bestiaux sur les marchés d'approvisionnement de Paris avec indication de leurs diverses provenances par provinces et départements; les prix des bœufs estimés en moyenne à 352 fr.; ceux des vaches à 188 fr.; ceux des veaux à 81 fr. 84 c.; et ceux des moutons à 22 fr. 68 c.

PROVINCES.	DÉPARTEMENTS.	BŒUFS.	VACHES.	VEAUX.	MOUTONS	VALEUR vénale.	
Alsace.....	Prix moyens........	352 »	188 »	81 84	22 68	fr.	c.
	Rhin (Haut-)........	»	»	»	»	»	
	Rhin (Bas-)........	»	»	»	»	»	
Anjou......	Maine-et-Loire......	30,689	162	»	49,390	11,953,149	20
Artois.....	Pas-de-Calais.......	97	»	20	14,964	375,264	30
Auvergne...	Puy-de-Dôme.......	»	»	»	»	»	
Berry.....	Cher.............	1,335	27	»	62,066	1,872,552	88
	Indre	2,581	25	»	35,736	1,723,704	48
Bourbonnais	Allier.............	1,856	47	»	1,609	698,640	12
Bourgogne..	Ain...............	»	4	»	162	4,426	16
	Côte d'Or...........	1,622	65	»	7,160	745,652	80
	Saône-et-Loire......	189	»	»	»	66,528	»
	Yonne.............	412	26	29	21,581	641,742	44
Bretagne...	Loire-inférieure.....	388	»	10	458	147,781	84
	Côtes-du-Nord......	46	»	»	»	16,192	»
	Morbihan...........	20	»	»	»	7,040	»
Champagne.	Ardennes	»	»	427	790	52,862	88
	Aube	52	4	131	23,476	562,212	72
	Marne.............	22	»	858	63,720	1,521,495	52
	Marne (Haute-).....	84	»	»	4,022	120,786	96
Flandre....	Nord.............	114	»	»	19,132	474,041	76
Franche-Comté	Doubs.............	»	»	»	1,815	41,164	20
	Jura.............	»	»	»	»	»	
	Saône (Haute-).....	127	»	»	»	44,704	»
	A reporter........	39,614	358	1,455	306,081	21,069,942	26

PROVINCES.	DÉPARTEMENTS.	BŒUFS.	VACHES.	VEAUX.	MOUTONS	VALEUR vénale.
						fr. c.
	Report.......	39,614	358	1,455	306,081	21,069,942 26
Guyenne.'..	Dordogne..........	5,764	189	»	8,028	2,146,535 04
	Gironde...........	367	422	1	»	208,601 84
	Garonne (Haute-)...	»	»	»	»	»
	Landes............	54	5	»	»	12,908 »
	Lot-et-Garonne.....	371	20	»	»	134,352 »
Ile-de-France	Aisne............	»	»	252	9,998	247,378 32
	Oise............	55	220	8,505	18,558	1,155,552 64
	Seine............	1,345	10,290	680	16,570	2,859,426 80
	Seine-et-Oise.......	736	5,295	43,595	171,779	8,718,150 84
	Seine-et-Marne.....	215	875	15,224	30,450	2,013,058 16
Limousin...	Corrèze...........	2,713	455	2,044	17,898	1,613,102 08
	Vienne (Haute-).....	4,872	781	784	24,041	2,271,184 44
Lorraine...	Meurthe..........	»	»	»	751	17,032 68
	Meuse............	»	»	»	»	»
	Moselle...........	»	»	»	1,562	35,426 16
	Vosges............	»	»	»	124	2,812 3?
Maine......	Mayenne..........	»	»	»	141	5,197 88
	Sarthe...........	4,660	2,519	615	621	2,101,109 68
Marche.....	Creuse...........	2,574	76	»	5,929	1,052,749 72
Nivernais...	Nièvre...........	5,598	396	87	2,411	2,106,745 56
Normandie.	Calvados..........	35,199	817	»	2,418	12,576,484 24
	Eure............	110	164	16,484	5,507	1,543,501 32
	Manche..........	5,882	135	143	4,709	2,214,347 24
	Orne............	15,504	3,999	»	3,504	6,281,154 72
	Seine-Inférieure....	391	952	1,089	7,730	577,288 16
Orléanais...	Eure-et-Loir......	84	234	16,601	11,264	1,987,655 56
	Loir-et-Cher.......	»	8	20	345	10,965 40
	Loiret	162	82	11,828	61,182	2,428,051 28
Picardie....	Somme..........	77	156	13	17,695	458,818 52
Poitou	Sèvres (Deux-).....	627	»	»	47,689	1,302,290 52
	Vendée....,......	11,204	66	363	3,767	4,071,449 48
	Vienne...........	1,235	76	»	19,376	888,455 48
	A reporter.......	139,368	28,548	117,578	799,906	82,090,885 34

PROVINCES.	DÉPARTEMENTS.	BŒUFS.	VACHES.	VEAUX.	MOUTONS	VALEUR vénale.	
	Report........	139,368	28,548	117,578	799,906	82,090,885	34
Saintonge.. et Angoumais.	Charente..........	4,645	635	356	285	1,790,018	84
	Charente-Inférieure.	3,931	94	»	3,097	1,471,623	96
Touraine...	Indre-et-Loire......	73	12	100	4,944	148,263	92
Allemagne....................		5	52	»	100,561	2,292,259	48
Angleterre....................		»	»	»	»	»	
Belgique.................... Hollande....................		»	»	»	7,589	172,118	52
Prusse....................		»	»	»	»	»	
Suisse....................		»	»	»	»	»	
	TOTAUX.......	148,042	29,363	118,054	916,404	87,974,973	26

Sur cette quantité de bestiaux vendus sur les marchés d'approvisionnement, la boucherie de Paris a acheté en têtes d'élites : 80,272 bœufs, 22,023 vaches, 84,216 veaux et 487,537 moutons, qui, en totalité, ont été payés par la caisse de Poissy la somme de 60,094,733 fr. 25 c. La banlieue et la boucherie foraine ont donc acheté pour une somme de 27,880,240 fr. 01 c.

Par l'état de la consommation de l'année 1846, on voit qu'une somme de 87,974,973 fr. 26 c. a été déboursée pour être distribuée à tous les départements fournisseurs, et que, sur cette somme, la boucherie de Paris a payé celle de 60,094,733 fr. 25 c.

Cette énorme charge est encore plus lourde pour les
habitants de Paris, car, obligés à faire ce payement, bien
qu'en détail, pour leur nourriture quotidienne, ils sont
obligés d'y ajouter les droits d'octroi, les frais et les profits inhérents au commerce de la boucherie; mais au delà
de ces dépenses ils payent encore, pour leur consommation, les viandes amenées sur les marchés de la ville, les
mercredi et les samedi de chaque semaine, plus les viandes, dites à la main, introduites par les barrières, viandes amenées et vendues par les bouchers forains et les
bouchers de la banlieue. Les sommes produites par ces
viandes sont imputables sur celles estimées dans l'état
général des marchés d'approvisionnement et augmentent
naturellement la part afférente aux habitants de la ville
de Paris.

Or, la quantité de viandes introduites sur les marchés,
ou à la main, s'élève annuellement, en moyenne, au
poids de 3,500,000 kilogrammes, qu'en moyenne également, on ne peut estimer à moins de 80 c. le kilogramme,
ce qui forme une somme de 2,800,000 fr. pour les prix
payés par les bouchers forains et de la banlieue; et en
dehors de leurs frais et profits, à ajouter aux sommes
attribuées à Paris seulement, ce sera donc, d'une part,
pour 1844................... 54,075,173 fr. 81 c.
et d'autre part,............. 2,800,000 »

Total général. 56,875,173 fr. 81 c.

Nous verrons plus tard comment le commerce de la
boucherie exploite ce capital et quelles sont les indus-

tries qui viennent puiser les matières premières qu'elles emploient dans les débris des bestiaux, dont la destination ne semblerait propre, au premier aperçu, qu'au service de notre infatigable appétit ou à celui de notre modeste pot au feu.

Le poids des viandes produites par les bestiaux amenés sur les marchés, en 1844, a été officiellement constaté ainsi : pour les bœufs, 1re qualité, 468 kil. 3/10; 2e qualité, 362 kil. 1/10; 3e qualité, 264 kil. 3/10; moyenne générale de 345 kil. 1/10 par tête de bœuf. Pour les vaches : 1re qualité, 309 kil. 1/10; 2e qualité, 245 kil. 2/10; 3e qualité, 205 kil. 6/10; moyenne générale par tête de vache, 244 kil. 1/10. Pour les veaux : 1re qualité, 73 kil. 1/10 ; 2e qualité, 63 kil. 1/10; 3e qualité, 53 kil. 1/10; moyenne générale, 63 kil. 1/10 par tête de veau. Pour les moutons : 1re qualité, 23 kil. 3/10; 2e qualité, 20 kil. 2/10; 3e qualité, 17 kil. 1/10; moyenne générale par tête de mouton, 20 kil.

L'approvisionnement des marchés a donc produit en 1844, en viandes :

Pour 139,545 bœufs en poids moyen
de 345 kil. 1/10 . . . .   48,156,959 kil.

Pour 21,080 vaches en poids moyen
de 244 kil. 1/10   4,334,738

Pour 116,130 veaux à 63 kil. 1/10 . . .   7,327,803
Pour 825,418 moutons à 20 kil.   16,508,360

Total . . . .   76,327,860 kil.

Les viandes ont été vendues, comme je l'ai dit plus haut, 81,060,620 fr. 64 c.; ce qui élèverait leur prix, en moyenne, à 1 fr. 06 c. le kilogramme à peu près ; mais ce prix serait exagéré, parce qu'il y a la valeur des suifs, des cuirs et des autres déchets à en défalquer ; nous verrons, plus tard, je le répète, la valeur de tous les déchets.

On a dit, on dit encore tous les jours, que les départements jalousent Paris ; en général on dit vrai, parce que la jalousie et l'envie sont plutôt un instinct qu'un sentiment, car tous les individus à qui Dieu a donné la vie en forment la preuve. Or, les avantages que procurent, en les multipliant chaque jour, les intelligences surexcitées d'un million d'habitants, font envie et stimulent la jalousie des habitants des provinces où les intelligences, les capacités plus divisées, et conséquemment moins à même de mettre en pratique ces précieux dons de la Providence, ces habitants, dis-je, ne voient qu'avec regret le grand mouvement industriel de Paris ; il leur semble que c'est à leurs dépens que s'élèvent le luxe et le superbe confortable de la capitale ; ils oublient, mûs par ce triste instinct de jalousie, que si la capitale brille d'un éclat aussi vif, elle ne le doit qu'à la persévérance d'un travail continu, sans lequel la misère l'accablerait ; ils oublient que la très-grande partie des produits de ce travail va s'écouler dans les départements qu'elle va féconder et enrichir plus réellement ; car la vie, les vêtements ; qui sustente l'une, qui fournit les autres ? Evidemment l'agriculture qui produit les grains, les fourrages, le bétail, les vins, les bois, et avec eux le

chanvre, les laines, éléments indispensables à nos premiers besoins. Que de millions Paris exporte dans nos
départements pour ces matières seulement! On vient
de voir, pour la viande, l'importance du capital payé
par les Parisiens; ajoutez-y les millions pour le pain,
pour le vin, pour le bois, pour les charbons, pour les
laines et les chanvres auxquels il faut joindre le prix de
la main-d'œuvre, et vous verrez que Paris ne trouve
guère dans ses murs que les maisons pour y loger ses
habitants. Encore les meubles, les tentures, les glaces, les
tapis, les objets de luxe enfin qui les décorent, et même
les matériaux qui ont servi à les bâtir, ne proviennent
pas de son sol, dont la surface ne produit, je le répète,
que le travail et le développement de l'intelligence humaine. Béni soit le ciel d'avoir permis la création d'une
œuvre si magnifique, puisque c'est à elle que nous devons le bienfait de la civilisation dont nous jouissons!
Sans cette œuvre merveilleuse, en effet, nous serions
encore dans les ténèbres de la barbarie, sous le joug,
sous la tyrannie d'une féodalité dont les chefs, enfermés
dans leurs châteaux-forts, taillaient à merci les malheureux serfs de leur domaine ou des domaines voisins.
Aussi, remarquez-le, c'est avec l'accroissement de Paris
que la civilisation a marché de progrès en progrès, et
qu'enfin la liberté a été conquise. Il ne fallait pas moins
que la réunion d'une nombreuse population pour opposer sa force et sa volonté contre les actes arbitraires dont
on voulait l'accabler.

En définitive, pour tout homme qui réfléchit, et qui
sait observer les effets en remontant jusqu'à la cause qui

les a produits, Paris excitera son admiration, non-seulement par la beauté de ses monuments, mais plus encore
par l'immensité des services qu'il a rendus, et qu'il ne cesse
de rendre à la population entière du royaume. Envier,
jalouser Paris, gémir et se plaindre de son activité et de
ses richesses, c'est involontairement rappeler l'apologue
des membres et de l'estomac, et constater, s'il en était besoin, qu'il n'est pas une question morale, qui n'ait été
traitée et résolue par notre divin Lafontaine.

Gémir, se plaindre, quand le commerce de la boucherie de Paris, à lui seul, distribue, chaque année, une
somme qui dépasse 60 millions, à plus de cinquante départements! Je sais bien que cette somme n'est point
également répartie à chacun d'eux; mais cela tient à la
nature de leur sol, à l'intelligence, à l'activité de leur industrie agricole. Ceux que la nature n'a point favorisés,
aussi richement que la Normandie, l'Anjou, le Maine, le
Limousin, qui participent pour une plus large part dans
les sommes que donne Paris, sont évidemment les départements où les travaux de l'agriculture ont été en progrès.
Que ces progrès se multiplient, par l'abandon des vieilles
habitudes, des routines séculaires, trop malheureusement
suivies par la majeure partie des agriculteurs, et une répartition des sommes payées par la boucherie de Paris sera
plus également faite; le département de Maine-et-Loire
n'absorbera pas à lui seul une somme de 12,000,000 fr.
et celui du Calvados, 11,000,000 fr.

Nous verrons dans le chapitre suivant la nature des
bestiaux qui concourent à l'approvisionnement de Paris.

CHAPITRE II.

De la nature des bestiaux qui concourent à l'approvisionnement de Paris.

La boucherie de Paris établit son commerce sur les viandes des bœufs, des vaches, des veaux et des moutons, et sur les matières que produisent ces quatre espèces de bétail, matières accessoires naturelles, mais qui ne sont et ne peuvent pas être considérées comme viandes; tels que les suifs, les cuirs, les peaux, les abats, etc., etc.

Les bœufs forment la base principale du commerce de la boucherie; ce sont leurs chairs qui sustentent le plus largement et le plus généralement nos estomacs, et qui donnent à nos organes une nouvelle vie, une plus grande vigueur.

Le sol de la France, son heureux climat, ont permis à la race bovine de s'y multiplier et d'acquérir une perfection qui ne laisserait rien à désirer, si les travaux des agriculteurs s'appliquaient à réformer, sur les terrains ingrats qu'ils cultivent si péniblement, les vieux usages de la culture des céréales, qu'ils remplaceraient plus utilement par des prairies artificielles, sources intarissables des fourrages, des bestiaux et des fumiers, sans lesquels l'agriculteur ne fait que languir.

Il me semble nécessaire de faire connaître, avec quelques détails, les diverses natures de bétail qui concourent à l'approvisionnement de Paris, leurs espèces, leurs provenances, leurs qualités; c'est pourquoi je diviserai ce chapitre en autant de sections que l'on compte d'espèces, et chacune de ces sections se subdivisera ensuite en paragraphes, afin de mieux préciser les différences qui existent dans les bœufs, les vaches, les veaux et les moutons produits ou élevés dans les provinces ou les départements fournisseurs des marchés de la capitale.

SECTION PREMIÈRE.

DES BŒUFS.

Le bœuf (*bos taurus*) est un mammifère ruminant; sa mâchoire supérieure n'a point de dents incisives, mais elle compte douze molaires, six de chaque côté, dans sa partie supérieure. La mâchoire inférieure a huit incisives larges, en forme de palettes et régulièrement rangées, et douze molaires rangées comme à la mâchoire supérieure; en tout trente-deux dents. La tête du bœuf forme un ovale irrégulier, comme un violon mal fait; elle est ornée de cornes dont la direction est latérale pour se relever semi-circulairement; son œil est doux et bon; son mufle, large, épais, est toujours humecté par une constante sécrétion; son encolure inférieure se termine par un fanon que constitue un repli de la peau, et dont l'ampleur quelquefois prend la forme d'une pittoresque draperie; il a quatre mamelles inguinales, et sa longue queue est terminée par un flocon de poils; ses pieds lourds sont emboîtés dans des sabots, derrière lesquels se trouvent deux onglons; sa taille est portée par des membres épais.

Toutes les espèces de ce genre sont sociables. Elles n'ont pas cependant, à l'état sauvage, la timidité des autres ruminants, comme les antilopes, cerfs, daims, etc.; elles se défendent vaillamment avec leurs cornes contre les attaques des espèces carnassières les plus redoutables; elles se réunissent en troupe nombreuse et paissent sous la conduite d'un mâle; on remarque que même, à l'état de domesticité, un troupeau de bœufs, abandonné à lui-même, s'il est menacé par un animal carnassier, se range en cercle, au milieu duquel se placent les veaux, et présente à l'ennemi un rempart circulaire hérissé de cornes puissantes et acérées. On a observé encore que les vaches domestiques, qui pâturent en liberté sur les montagnes, reconnaissent pour chef l'une d'entre elles.

Cette sociabilité de l'espèce bovine, le besoin qu'elle a d'une protection continuelle, malgré l'énergie et la puissance de ses forces physiques, l'ont facilement placé sous la domination de l'homme, qui en a fait l'instrument principal au moyen duquel il se procure les

aliments les plus indispensables au maintien de sa vie, à
savoir: le pain et la viande. Le pain, en employant les
forces et le patient et persévérant labeur du bœuf aux
travaux de l'agriculture; la viande, en engraissant le même
bon animal avec les fourrages qu'il a contribué à produire, afin que ses chairs offrissent à notre goût une délicatesse plus exquise. Quel bienfait de la Providence, d'a-
voir accordé à l'humanité cette abondante alimentation,
sans laquelle son existence ne pourrait être employée qu'à
la recherche des vivres rares qu'il lui faudrait trouver sous
peine de mort! Sans ce bienfait, que seraient devenus la
civilisation et les immenses travaux de la science, des arts
et du génie de l'homme? C'est par la garantie de sa nourriture qu'il a pu se livrer avec sécurité à toute la grandeur de ses pensées, qu'il a pu révéler la puissance et la
sublimité de son esprit. Nous jouissons des effets avec une
indifférente bonhomie, sans nous occuper des causes
qui les ont produits; nous jouissons du bien-être que la
civilisation a répandu sur notre époque, sans penser aux
inextricables tourments, aux monstrueuses difficultés
que les générations, qui nous ont précédées, ont eu à
surmonter pour nous amener au terme où nous sommes
parvenus.

Je reviens à la race bovine.

C'est dans l'espèce que les diverses races se sont formées. Celles-ci varient selon le climat et la nourriture qui
leur est donnée. Chaque province de France produit des
races, qui, bien qu'identiques en apparence, offrent à l'œil
observateur des formes et certaines nuances de physionomie et de couleur qu'il est assez facile de saisir.

Ce sont principalement les races des provinces et des départements qui approvisionnent Paris, dont je dois particulièrement m'occuper. On a vu dans l'état qui précède quels étaient les pays producteurs ; nous allons voir maintenant les qualités des bœufs de chacun de ces pays, et apprécier les progrès qui se font remarquer dans la manière de les élever, et leur importance relativement au commerce de la boucherie de Paris.

Je suivrai l'ordre alphabétique des états ci-dessus, et commencerai par l'Anjou, représentant le département de Maine-et-Loire, celui de tous les départements qui fournit le plus à la capitale.

§ 1ᵉʳ. Les bœufs de l'Anjou, ou du département de Maine-et-Loire, ont pris le nom de race *cholette*, parce que c'est principalement dans l'arrondissement de Cholet que se forment les plus beaux et les plus nombreux élèves.

Le bœuf *cholet* est de moyenne taille, elle est d'environ 1 mètre 30 à 40 centimètres. Sa robe est d'un rouge pâle ; son poil fin et luisant ; son œil a de la vivacité, les cils qui le bordent sont d'un beau noir ; c'est la couleur que l'on observe à l'extrémité de ses cornes et de ses oreilles, à son mufle, à l'anus, au bout de la queue, aux sabots et aux onglons.

Le bœuf *cholet* a la tête large et courte, ses cornes sont longues, blanches à la base, et noires, comme je l'ai dit, à la pointe ; son corps est long et le dos est horizontal ; il a peu de fanon ; sa queue est attachée bas et enfoncée ; enfin son cuir est léger, et le suif qu'il produit est d'excellente qualité.

Les viandes du bœuf *cholet* sont considérées par la boucherie comme étant de première qualité; elles sont compactes, et leur poids, à volume égal, surpasse de beaucoup le poids des viandes de toutes les autres races de bœufs.

Les bœufs de l'Anjou sont employés au travail jusqu'à l'âge de 7 à 8 ans. Ils sont alors conduits à l'engrais où ils restent à peu près 2 ans, pour arriver ensuite approvisionner la capitale depuis le mois de février jusqu'au mois de juillet. Toutefois, cette précieuse race, si habilement élevée aujourd'hui, s'exporte plus largement qu'autrefois, et les marchés d'approvisionnement en reçoivent pendant tout le cours de l'année. Seulement leur nombre est plus considérable dans les mois que je viens de citer. Il faut remarquer que dans le nombre de bœufs élevés dans l'Anjou, tous ne sont pas indigènes malheureusement; mais le commerce des bestiaux s'est tellement étendu dans le département de Maine-et-Loire, que tous les élèves de tous les départements environnants, et même des départements éloignés, sont amenés dans les étables du *cholet*, pour y recevoir le degré d'engraissement propre à la consommation. Ainsi on rencontre, dans l'Anjou, des bœufs vendéens, nantais, bretons, manceaux, maraichins, bérichons, auvergnats, et jusqu'à ceux de la Dordogne. Il faut dire, à la louange des éleveurs angevins, qu'ils savent engraisser les races qui paraissent le moins susceptibles de perfectionnement.

§ 2. Les bœufs du Berry, ou des départements du Cher et de l'Indre, forment une race que l'on pourrait appeler *composite*, car elle se compose des races circonvoisines, qui se sont mêlées pour former une famille dont

3

les individus n'ont souvent aucune ressemblance, ce qui a donné lieu à un proverbe de la boucherie : que *le berrichon est de toute nation.* Toutefois, la race endémique se distingue encore par sa taille, un peu plus élevée que celle de la race cholette, assez bien garnie de chair; par la couleur de la peau qui est d'un gris roux, par des yeux bénins, entourés de cils roussâtres, par des cornes assez longues et de couleur blonde. L'élève des bœufs a fait de grands progrès depuis 8 à 10 ans dans le Berry ; cette race, que la boucherie classait entre les troisièmes et deuxièmes qualités pour les viandes qu'elle fournit, est arrivée aujourd'hui à fournir des viandes qui approchent la première qualité; aussi est-elle fort recherchée par le commerce de la boucherie de Paris.

§ 3. Le Bourbonnais, ou le département de l'Allier, a sa race particulière. Le bœuf bourbonnais est d'assez grande taille; il a quelque chose de la forme du bœuf limousin, mais il est plus chargé en viandes ; sa robe est entièrement blanche et toujours d'une remarquable propreté, quels que soient l'état et la longueur des routes qu'il a parcourues; sa corne est longue et grosse, la pointe en est dirigée en avant ; il est mis à l'engrais après 6 ans de travaux, avec des foins naturels et artificiels. Grâce à la pratique de la grande culture, introduite depuis quelques années dans le département de l'Allier, l'éducation des bœufs a fait d'immenses progrès. Ces progrès sont tels qu le poids, en viandes, d'un bœuf bourbonnais, que l'on estimait, en moyenne, à 325 kilogrammes il y a peu d'années, est arrivé aujourd'hui au poids de 380 kilogrammes, et que ses viandes sont arrivées, d'une

très-médiocre seconde qualité, presque à la première,
par la délicatesse qui les distingue.

§ 4. La Bourgogne, ou les départements de l'Ain, de
Saône-et-Loire, de la Côte-d'Or et de l'Yonne, la Bour-
gagne produit plusieurs races de bœufs assez distinctes
dans leurs formes et leur nature, à savoir, la race bressane, la charolaise et la race du Morvan.

La race bressane forme une espèce qui a son type spécial, et bien qu'elle fournisse rarement quelques sujets sur
les marchés d'approvisionnement de Paris, il me semble
utile de la faire connaître.

La Bresse, ou le département de l'Ain, enclavée entre
les Alpes, le Jura, le Lyonnais et la Bourgogne, possède
un sol précieux pour l'élève des bestiaux et pour les
animaux de basse-cour. Les bœufs qui couvrent ses guérets, et qui sembleraient devoir procéder des bœufs suis-
ses ou francs-comtois, n'en ont cependant ni la forme ni
la robe.

La taille du bœuf bressan est dans les grandes moyennes; sa robe est à peu près blanche; ses cornes sont
fines, ayant les pointes en avant; il est assez leste, bien
qu'à l'engrais il se charge promptement de belles viandes.
Cet engrais, après 6 ans employés au travail, s'effectue
avec de la farine de froment, ce qui donne beaucoup de
délicatesse aux viandes qu'il fournit.

Cette race, distinguée par divers croisements, a formé
la race charolaise. Celle-ci s'est croisée également avec
les bœufs d'Auvergne et se perfectionne d'une manière
bien remarquable depuis quelques années.

La taille du bœuf charolais est aussi dans la grande

moyenne. Le poids de ses viandes varie de 325 à 375 kilogrammes. Son poil, généralement blond, se nuance de blanc et quelquefois d'un rouge tendre; il a la tête courte et carrée, le front large , les cornes grosses , courtes et polies , de couleur tirant sur le vert , dirigées horizontalement et se relevant un peu en pointe; ses yeux sont tout à la fois vifs et doux; ses oreilles horizontales et velues; son ventre est volumineux et ses membres sont courts; ses jarrets larges, droits et bien évidés ; son allure est pesante et sûre comme celle du bœuf auvergnat.

Après avoir travaillé au labour pendant 6 ans , le bœuf charolais est mis à l'engrais, dans ce qu'on nomme dans le pays les *ambouches,* où il profite rapidement.

Cette belle race , dont naguère les viandes étaient considérées comme étant de troisième qualité, et qui sont arrivées aujourd'hui , grâce aux progrès constants de l'agriculture dans ces contrées , à une grande seconde qualité; cette belle race , qui était fort peu nombreuse dans le département de Saône-et-Loire , dans la petite province du Charolais, s'est répandue petit à petit dans le département de la Côte-d'Or et principalement dans le Nivernais, où elle a singulièrement profité.

Les bœufs du Charolais sont donc considérés, par la boucherie de Paris, comme race bourguignonne, ainsi que les bœufs du Morvan.

Pour ceux-ci, ils forment une espèce qui a aussi sa spécialité, son caractère endémique.

Les bœufs du Morvan sont d'une taille moyenne; ils sont lourds, mal bâtis, irascibles, traîtres comme on les appelle, parce qu'au moment où ils paraissent le plus tranquilles, ils lancent des coups de pied aux personnes qui les approchent; leur couleur est rousse, une sorte de croix blanche suit le parcours de la colonne vertébrale depuis la nuque jusqu'à la racine de la queue en se divisant près des épaules; les cornes sont grandes et fortes, placées horizontalement, ayant les pointes en avant. Ils sont très-laborieux et travaillent jusqu'à l'âge de 9 à 10 ans, principalement aux transports des merrains et des bois que produisent si abondamment les forêts du Morvan, transports qu'ils effectuent jusqu'à Dijon d'un côté, et jusqu'à Sens de l'autre.

Il faut beaucoup de précautions pour employer les bœufs du Morvan, parce que, ai-je dit, ils sont méchants, capricieux et sournois; ces précautions doivent redoubler quand il s'agit de les abattre. C'est à l'âge de 10 ans qu'ils sont mis à l'engrais, opération qui se fait avec des fourrages secs, ou dans les *ambouches*; leur viande est bonne mais dure, ce qui les a fait classer dans les troisièmes qualités.

§ 5. La race bretonne ou des départements de la Loire-Inférieure et du Morbihan, telle est celle qui arrive à Paris et dont j'ai à m'occuper.

Cette race nantaise est fort estimée par la boucherie de Paris; elle procède de celle de Cholet ou de l'Anjou. Les bœufs nantais ont donc la même taille, mais la couleur de leur peau est plus foncée, elle est quelquefois toute noire; mais les yeux, l'extrémité des cornes, les naseaux et l'anus sont identiques; ils sont bons travailleurs et s'engraissent facilement; leur viande est bonne, mais moins délicate que celle des bœufs cholet. Cette viande est classée dans les bonnes secondes qualités.

Les bœufs du Morbihan, ou bretons proprement dits, ont beaucoup de rapports avec la race nantaise, et la boucherie estime les uns autant que les autres.

§ 6. La Champagne, ou les départements de la Marne et de la Haute-Marne, ne fournit presque pas de bœufs à la capitale. Cette province ne pratique que fort peu l'élève des bœufs, et les races qu'on y rencontre sont des races importées, la plupart venant des Vosges.

§ 7. La Flandre, ou le département du Nord, n'envoie que fort peu de bœufs à Paris, cependant la race flamande a son type spécial et mérite qu'on s'en occupe. Elle est grande et belle, et les agriculteurs de cette riche province s'appliquent chaque jour à l'améliorer ; les bœufs flamands sont de haute taille ; leur robe est diaprée de noir et de blanc et a quelque rapport avec la robe et même avec la forme des bœufs hollandais. Le bœuf flamand est essentiellement osseux et les viandes qu'il produit sont considérées comme étant de seconde qualité, c'est pourquoi la boucherie de Paris recherche peu cette race.

§ 8. La Franche-Comté, ou les départements du Doubs, du Jura et de la Haute-Saône, est l'une des provinces de France qui produit les meilleurs bœufs sous le rapport de la viande, surtout la race connue sous le nom de *fémeline ;* la race dite *taurache* est moins fine.

Cette race *taurache* commence à peupler les environs de Pontarlier, puis se prolonge au sud sur tout le plateau du Jura jusqu'au Rhône.

La race *fémeline* se maintient au nord ; elle suit le

cours de l'Oignon et de la Saône et s'étend jusque dans les plaines de la Bresse.

La taille de l'une et de l'autre race en moyenne s'élève de 1 mètre 58 centimètres à 1 mètre 66 centimètres de hauteur, et le poids de leurs viandes varie de 300 à 350 kilogrammes.

La couleur dominante du poil des bœufs *tauraches* est le rouge foncé. Ce poil est fort, épais, dur et frisé sur la tête ; il se prolonge hérissé le long des vertèbres cervicales et dorsales, s'affaissant insensiblement à mesure qu'il arrive à l'extrémité de la colonne vertébrale. Sa peau est épaisse et dense, elle est presque adhérente et présente sa plus grande épaisseur sur le cou et sur les épaules ; sa tête est forte et lourde, le chanfrein court et large, le regard vif et sombre, les naseaux étalés et bruns, les cornes grosses, surtout à leur base ; le cou, large et court, présente inférieurement un fanon qui flotte entre les genoux, tandis que son épaisseur se relève entre le garrot et les cornes ; les côtes relevées et arrondies rendent la poitrine large et les épaules écartées. Le corps assez ramassé se termine d'une manière étroite, les hanches étant rapprochées et les cuisses peu saillantes ; les os sont gros et larges, les jambes courtes mais d'aplomb.

Cette sorte de bœufs est meilleure pour le travail que pour la boucherie, attendu qu'elle est peu susceptible de s'engraisser. Il en est autrement de la race *fémeline*.

Celle-ci a le poil châtain clair, que l'on désigne dans le pays sous le nom de *fromenté*. Le bœuf *fémelin* a la tête étroite et mince, les yeux rapprochés des cornes, le

regard doux et tranquille; les cornes assez longues, minces et dont les spirales presque doublées tournent leurs
pointes au-dessus des épaules; les naseaux sont couleur
de chair ; le cou est presque grêle; la poitrine ovale
ne supporte qu'un étroit fanon; le corps est allongé, et
en général la forme de ces bœufs rappelle celle de la
chèvre.

Les viandes de la race fémeline sont considérées par
la boucherie comme étant de première qualité; cette
qualité est même désignée comme superfine, malheureusement elle n'arrive qu'en très-petite quantité sur les
marchés de Paris.

§ 9. La Guyenne, ou les départements de la Dordogne,
de la Gironde, de la Haute-Garonne, des Landes, de Lot-
et-Garonne.

Les bœufs de la Guyenne sont d'une nature qui se
rapproche des espèces produites par la Gascogne , l'Angoumois, la Saintonge, le Périgord.

Après la race normande, la race de la Guyenne est la
plus élevée en France ; sa couleur est le plus ordinairement grise avec des teintes brunâtres , particulièrement
à la tête, qui est très-volumineuse dans toutes ses dimen-
sions; les cornes sont grosses et longues ; le fanon largement drapé, descendant fort bas ; les épaules épaisses,
le garrot bas, les jarrets larges, le cuir fort.

Cette belle race tient le milieu entre celles *de haut
crû* et celles *de nature ;* elle est presque aussi estimée
par la boucherie que les races normandes ; elle les surpasse peut-être par la bonté du suif.

Les bœufs de la Guyenne et des provinces environnantes, sont le plus souvent engraissés, depuis quelques années, par la betterave, qui a provoqué les plus excellents résultats.

Ces provinces doivent beaucoup à la rare intelligence qu'a développée M. le maréchal Bugeaud, dans l'élève des bestiaux; et son exemple suivi ne cesse d'amener, chaque année, de nouveaux progrès et de merveilleux résultats.

§ 10. L'Ile-de-France, ou les départements de la Seine, de l'Aisne, de l'Oise, de Seine-et-Oise et de Seine-et-Marne, l'Ile-de-France n'a pas de race proprement dite; il se trouve, dans les cinq départements qui composent cette ancienne province, des bœufs de toute provenance, dont la race au lieu de prospérer ne fait que s'amoindrir, de sorte que les viandes qui en proviennent sont considérées, par la boucherie, comme étant d'une faible seconde et de troisième qualité.

§ 11. Le Limousin, ou les départements de la Corrèze et de la Haute-Vienne, fournit, avec le Quercy, une race fort estimée. Les bœufs du Quercy sont d'une taille élevée; leur poil est uniforme d'un rouge sanguin ou blanc rouge; on méprise ceux d'une autre couleur, et on ne les élève pas; le corps est long et peu massif, les épaules sont fortes, les jambes allongées, les hanches saillantes, les cuisses plates, les cornes courtes. Cette sorte de bœuf est plus vigoureuse que robuste; elle travaille avec ardeur, mais peu de temps de suite; ils ne s'engraissent pas facilement, ils maigrissent à mesure qu'ils avancent en âge.

La taille des bœufs du Limousin diffère peu de celle

du Quercy; ils sont plus forts et moins vifs; leur poil est rouge, blond ou jaune paille; la tête est allongée, les cornes plus longues que celles que l'on voit sur les bêtes de *haut crû*; elles se contournent souvent de manière à ce que la pointe se dirige en bas et de côté, ce qui rend nécessaire l'amputation de l'une des deux pour le placement sous le joug; les épaules sont épaisses et le garrot peu saillant; le fanon large.

Les viandes des bœufs du Limousin sont fort estimées par la boucherie de Paris; elle les classe entre la seconde et la première qualité.

§ 12. La Lorraine, ou les départements de la Meurthe, de la Meuse, de la Moselle et des Vosges, ne fournit que peu de bœufs à la boucherie de Paris; à peine si cette province en fournit pour la consommation du pays, qui s'alimente plus volontiers avec les bœufs de la Bavière rhénane, nonobstant l'énormité des droits de douane que coûte leur introduction en France.

§ 13. Le Maine, ou les départements de la Sarthe et de la Mayenne, ne forme pas une espèce proprement dite, mais une race qui s'est formée par le croisement des espèces normandes et angevines. Cette race est devenue belle, forte, laborieuse; sa taille est élevée, sa robe est tachée de plaques blanches, presque toujours circulaires, sur un fond blond; ses cornes sont fortes et assez longues; le bœuf du Maine, ou manceau, est de forme lourde; il travaille jusqu'à six ou sept ans, puis il est vendu maigre, pour aller s'engraisser dans la vallée d'Auge, d'où il sort pour arriver sur les marchés de Paris.

La boucherie classe ses viandes dans la bonne seconde qualité, à cause de leur dureté.

§ 14. La Marche, ou le département de Creuse, fournit des bœufs à la boucherie, dont les formes et les qualités ont beaucoup de rapport avec les bœufs du Berry. Toutefois, on doit faire observer que cette race est en progrès, car la qualité de ses viandes, autrefois classées dans la troisième qualité est arrivée aujourd'hui à la seconde.

§ 15. Le Nivernais, ou le département de la Nièvre, a formé une race presque identique avec celle du Charolais et du Bourbonnais et un peu du Morvan. Cette province a fait, depuis quelques années, d'immenses progrès dans l'élève de ses bœufs, puisque les qualités de ces bestiaux rivalisent presqu'aujourd'hui avec les bœufs du Bourbonnais et du Charolais. Leurs viandes ont été classées par la boucherie à une bonne seconde qualité, d'une médiocre troisième qu'elles étaient estimées. La forme et la couleur de cette race de bœufs est à peu près la même que celles des bœufs charolais.

§ 16. La Normandie, ou les départements du Calvados, de la Manche, de l'Eure, de l'Orne et de la Seine-Inférieure, la Normandie est la province de France qui produit la plus belle espèce de bœufs. Cette belle province compte deux races, celle du Cotentin et celle du pays d'Auge; l'une et l'autre remarquables par leur taille et leur corpulence.

La race cotentine doit être classée au premier rang de l'espèce bovine, tant sous le rapport de la forme, de la variété de ses couleurs, que sous celui de la supériorité de ses viandes.

La taille du bœuf cotentin s'élève de 1 mètre 66 centimètres à 1 mètre 80; quelques-uns, dont font partie les bœufs gras promenés dans Paris pendant les journées du carnaval, s'élèvent, à la partie postérieure de leur corps, jusqu'à 2 mètres.

La race cotentine se distingue des autres races de bœufs par l'élégance de ses formes; peut-être aux yeux des artistes offrirait-elle moins d'effets pittoresques, par une structure plus svelte, des membres plus minces, des jarrets plus étroits, surtout par une robe diaprée de couleurs variées, et dont les bandes sillonnent perpendiculairement et avec une sorte de régularité toute la longueur du corps de l'animal; ou encore par un semis de petites taches blanches et circulaires, se détachant sur un fond brun, rouge ou blond, ces deux sortes de dessins naturels offrant à l'œil une espèce de symétrie que la peinture n'aime pas à reproduire.

Mais, considéré en dehors de l'art pittoresque, le bœuf du Cotentin est un magnifique animal; son corps est long, sa structure peu massive, ses cornes sont minces et peu allongées, leur légère volute se termine en pointes, leur couleur est un blond tendre. La queue est attachée bas et les fesses sont d'une médiocre ampleur. La variété des couleurs dont je viens de parler plus haut, plaît aux habitants du pays (de la Manche); les fermiers estiment fort les bœufs qu'ils appellent à poil *truité* ou *bringi*.

La meilleure viande de bœuf est celle de la race cotentine, au dire de la boucherie et des amateurs; cette grande

qualité provient autant de la riche constitution de l'animal que de la qualité du pâturage dans lequel on l'engraisse. Cette race est peu propre au travail, et ne donne
pas de lait en proportion de son volume et de sa confor-
mation ; c'est pourquoi elle est élevée spécialement pour
la boucherie à laquelle elle fournit ses excellentes viandes et de non moins excellent suif.

Les bœufs du Cotentin sont envoyés sur les marchés
d'approvisionnement à l'âge de 3 ou 4 ans. Les gour-
mets désireraient qu'on les élevât jusqu'à 8 ans, per-
suadés que les viandes acquerraient encore une qualité
supérieure ; mais les gens du pays ne veulent pas y con-
sentir, attendu les grands frais que coûterait un si long
entretien.

La race du pays d'Auge, est le produit d'une importation de la race hollandaise, importation qui n'est pas
ancienne ; elle est encore nommée dans le pays *race de
Hollande*. Elle se propage dans une limite assez étroite,
car dans les riches pâturages de la Normandie il convient
beaucoup plus d'engraisser que d'élever des bestiaux.

Cette belle race diffère de la précédente par les caractères suivants : taille un peu moins élevée, poids
moins considérable ; couleur bigarrée de rouge, de noir
et de blanc, et des nuances intermédiaires ; la tête est plus
courte et plus large, les cornes courtes et grosses, blanches et arrondies au bout ; le dos est moins courbé, le
ventre moins volumineux, les extrémités moins menues
et le cuir plus épais.

Cette race n'a pas dégénéré dans sa nouvelle patrie ;
elle a conservé sa taille en acquérant de l'embonpoint,

et ses formes sont devenues plus belles. Elle a changé de destination : c'était pour obtenir du lait qu'elle avait été importée, et non pour être livrée presque immédiatement à la boucherie; or, comme elle n'a presque pas produit de lait, et qu'elle est peu propre au travail, elle a eu la même destination que la race cotentine. Toutefois, ses viandes, quoique d'une très-bonne qualité, sont inférieures à celles de cette dernière race.

Comme j'ai déjà eu l'occasion de le dire, les pâturages de la vallée d'Auge rassemblent pour les engraisser des bœufs provenant de toutes les parties du royaume; ainsi, tous les bœufs des départements normands sont les premiers appelés au pacage de cette riche vallée qui leur donne une abondante et succulente nourriture, laquelle perfectionne merveilleusement toutes les races qui la consomment, et en première ligne les bestiaux élevés dans toute l'ancienne province de la Normandie.

§ 17. L'Orléanais, ou les départements du Loiret et de Loir-et-Cher, n'élève que peu de bœufs; la race que l'on rencontre dans ce pays a beaucoup de rapport avec celle du Berry.

§ 18. La Picardie , ou le département de la Somme. Cette province est peu propre à l'élève des bestiaux; son sol étant couvert de prairies jonqueuses et tourbeuses ne peut que faire dépérir le bétail qui y est importé. Aussi les quelques bœufs qui apparaissent sur les marchés sont-ils remarquables par leur maigreur et par la pauvre qualité de leurs viandes. Si la grande culture s'introduit d'une manière plus large dans la Picardie, on peut espérer que les prairies artificielles obtiendront un meilleur résultat que les fourrages des prairies naturelles.

§ 19. Le Poitou, ou les départements de la Vendée, des Deux-Sèvres et de la Vienne. Cette province produit une grande quantité de bœufs d'une très-bonne qualité; c'est la race de l'Anjou qui s'est propagée dans cet excellent pays d'engrais; mais elle n'a pas conservé sa pureté primitive, sans doute par des croisements qui n'ont pas toujours été faits avec assez de discernement. Toutefois, les viandes provenant des bœufs poitevins sont classées par la boucherie dans une grande seconde qualité; les bœufs de *haut crû* élevés en Poitou , en produisent de première. La configuration du bœuf du Poitou a beaucoup d'analogie avec celle des bœufs du Cholet, seulement, le poil est plus rèche et la couleur plus variée.

§ 20. La Saintonge, ou les départements de la Charente et de la Charente-Inférieure. Les bœufs de ces deux départements sont désignés par la boucherie sous le nom de *maraichins*. Cette race descend évidemment de la race cholette, mais elle a perdu tout à fait son caractère dans les prairies jonqueuses de ce pays; la couleur même est devenue d'un gris noir; la forme s'est développée en grosseur; les membres sont devenus lourds et épais; les cornes fortes et longues; en somme, élevés comme des buffles, ils ont pris quelque chose de leur caractère à demi sauvage.

Cette race, dégénérée dans les marécages des Charentes, s'est singulièrement améliorée, depuis que Napoléon a fait désséécher une grande partie des marais et rendu la salubrité à un pays qui voyait sa population, à l'automne, décimée par des fièvres intermittentes. Avant les dessé-chements, la boucherie ne voulait des bœufs maraichins à aucun prix, parce que leurs viandes tombaient en putré-faction en moins de vingt-quatre heures. Aujourd'hui, ils sont recherchés, et ces mêmes viandes, dont on ne voulait pas, sont classées dans une bonne seconde qualité.

§ 21. La Touraine, ou le département d'Iudre-et-Loire, n'a pas de race proprement dite; elle fait quelques élèves avec des bœufs provenant du Berry, de l'Anjou et du Poitou, et comme cette province ne fournit que peu à la boucherie de Paris, leurs viandes ne sont pas classées avec la régularité des autres pays. Elle est estimée sur l'ap-parence de l'animal.

§ 22. *Des races anglaises, principalement de celle de Durham.*

J'emprunte à M. Grognier, savant professeur à l'école vétérinaire de Lyon, ce qu'il dit des races bovines an-glaises:

« Les races anglaises étant fort peu employées en Angle-terre, soit aux labours, soit aux charrois, ce n'est pas vers une grande aptitude à de rudes travaux qu'on dirige l'a-mélioration de leurs races. On veut des bœufs de boucherie énormes et d'une saveur délicate, et d'abondantes laitières.

« Les races les plus estimées ne sont pas les plus ro-bustes, telles que celles de Lincoln, dont la robe est pie, de Sommerset et de Glocester, ordinairement roux, tous de grande taille, gras et forts.

« On préfère les bœufs de Suffolck, du Hereford-Shire,

Shire, etc., qui, à une corpulence colossale, joignent une grande aptitude à l'engraissement. Ils sont caractérisés par une petite tête, une encolure mince, le dos horizontal, etc.

« Il est des veaux de ces races qui, à quatre mois, pèsent plus de 400 livres, et des bœufs gras qui pèsent plus de 3,000 livres.

« Parmi les meilleures laitières, sont les vaches, sans cornes, de la race écossaise; mais de toutes les races anglaises, la plus estimée, sous le double rapport du lait et de la chair, est celle à courtes cornes *de Durham*; voici ses caractères:

« Poils doux et moelleux, nuancés d'un beau rouge et d'un blanc bien pur, tantôt disposés par de larges plaques, tantôt régulièrement mélangés, couvrant toutes les parties supérieures et latérales du corps; les jambes, menues, réunissent la finesse à la vigueur; la tête, petite, va en rétrécissant jusqu'au museau; elle est portée sur un cou large, musculeux et plein de force; les narines sont très-ouvertes, les yeux proéminents et d'une remarquable douceur; les oreilles sont minces et près du sommet de la tête; les cornes sont arquées, très-courtes, lisses et très-pointues; la poitrine est large, les épaules rejetées en arrière; le dos horizontal depuis le garrot jusqu'à l'origine de la queue; les reins sont larges, l'arrière-main long, la peau douce et souple.

« Cette race n'est pas ancienne : on l'a obtenue par le soin constant de n'allier entre eux, dans la race même, que des individus offrant au plus haut degré les formes et les qualités recherchées; c'est par ce mode, nommé *sélection*, que Backewel a opéré des prodiges.

4

« A mesure que cette race engraisse, elle exige moins de nourriture. »

Les éleveurs français, dans plusieurs de nos départements, ont acheté à grand frais des taureaux et des vaches de la race de Durham, en Angleterre, pour les faire croiser avec nos races indigènes.

Depuis plusieurs années, le concours de Poissy a vu arriver des élèves croisés qui ont fait l'admiration de toute la boucherie et des herbagers réunis pour les juger.

Ce que j'ai vu de mieux, par mes yeux, ce sont des bœufs du Charolais, croisés avec des Durham. Non-seulement ces animaux étaient magnifiques sur pied, leur forme s'étant conservée beaucoup plus svelte, plus élégante, que celle des bœufs de Durham, dont l'aspect a quelque chose de disgracieux, de disparate, puisqu'il ne présente qu'un animal, lourd, pesant, ayant un corps large, et d'une ampleur considérable, soutenu sur des jambes courtes et d'une finesse qui n'a aucune proportion avec la masse qu'elles sont chargées de porter. Le bœuf charolais croisé, au contraire, conserve toute sa beauté native ; il n'a acquis qu'une extrême perfection dans ses chairs, qui arrivent, par ce mélange des deux races, à former des viandes de première qualité.

J'ai vu également des bœufs de la Dordogne, et du Cotentin croisés avec la race de Durham, obtenir d'aussi beaux résultats. Il n'est pas douteux que tous les pays d'élèves qui tenteront les mêmes essais n'y trouvent plus tard un grand profit.

Je viens de donner sommairement la nomenclature des races de bœufs qui sont amenés sur les marchés d'approvisionnement de Paris, en plus ou moins grande quantité, ainsi que les diverses qualités de leurs viandes. Mais le choix des qualités est chose difficile et qui ne s'acquiert que par une longue pratique. On a bien cherché, au moyen de mesures, de machines, à se rendre compte du poids d'un bœuf, pour en tirer des conséquences sur le mérite de ses viandes et du poids de son suif; mais ces mesures et ces machines n'ont point obtenu les résultats qu'on en attendait. Le très-honorable M. Mathieu de Dombasle a lui-même échoué dans ses tentatives, et cependant il faut reconnaître que c'est lui qui avait le plus approché de la vérité.

Je le répète: la pratique, l'habitude de manier les bœufs, sont plus certaines que les mesures et les machines. Un boucher expert, comme le sont en général les bouchers de Paris, ne se trompe guère sur l'appréciation du poids d'un bœuf, en viandes, et en suif. Il le palpe sous les plis de la peau, au-dessous des flancs, entre la cuisse et le ventre et à l'endroit où étaient les testicules; il palpe également soigneusement la poitrine, les côtes, la colonne vertébrale, les os saillants du bassin, enfin la base de la queue; et suivant que les os sont plus ou moins couvert de chairs, suivant le degré de souplesse des parties charnues, il estime le degré d'engraissement et de quelle façon le bœuf a été engraissé, si c'est à l'écurie, ou dans les herbages. Il remarque dans le premier une attitude embarrassée, la marche et les mouvements lents, le poil hérissé, les ongles longs; il observe sur la peau, surtout à gauche, côté sur lequel le bœuf se couche, des traces de fumier ou de la corde qui a enlevé cette ordure; puis il tire ses conséquences.

Un bœuf, ainsi vérifié par le coup d'œil et le maniement, est presque toujours apprécié à son juste poids, en viandes et en suif ; aussi cette méthode est tellement certaine, que l'éleveur et le boucher n'ont presque jamais de contestation sur cette appréciation, mais seulement sur le prix plus ou moins élevé que veut obtenir naturellement le vendeur. Il en est ainsi pour les autres spc es de bétail.

J'ajouterai, pour terminer cette section, que, dans toutes les races de bœufs, il y a des nuances dans les qualités de leurs viandes, nuances appréciées par les bouchers, et qui sont divisées en trois qualités, que la mercuriale de chaque marché a le soin de constater.

LE BŒUF GRAS.

Après avoir parlé de toutes les races ou nations de bœufs qui approvisionnent Paris, il me semble que je ne dois pas passer sous silence la cérémonie annuelle consacrée au *bœuf gras*, dans nos fêtes du carnaval, les dimanche et mardi gras.

Assurément, de toutes les cérémonies que nous a léguées l'antiquité, la promenade du bœuf gras est la plus ancienne ; elle était déjà bien vieille quand le christianisme a fait son apparition dans le monde.

Il n'est pas possible de douter que cette cérémonie ou cette fête ne nous vienne des Egyptiens, le plus ancien peuple de l'univers, et qu'elle ait été conservée parce que les services rendus par les bœufs à l'agriculture et à nos estomacs leur ont mérité une reconnaissance que j'appellerai instinctive, car l'hommage que l'on rend à ces animaux n'est pas raisonné par la foule, qui se réjouit de la cérémonie et concourt à la rendre plus solennelle.

Les Egyptiens donc, peuple primitif, ont compris, les premiers peut-être, les immenses services rendus par la race bovine, à l'humanité. Dans leur reconnaissance, ils n'ont pas craint de diviniser l'animal dont les bienfaits les nourrissait. Ils le nommèrent *Apis*, et lui élevèrent des temples. Selon Strabon, le bœuf *Apis* avait le front blanc ainsi que quelques parties du corps, et le reste noir. Hérodote, le doyen des historiens, prétend que ce bœuf avait sur le dos l'image d'un aigle, que la figure blanche imprimée sur son front était gravée, et que du reste il était tout noir; qu'il avait un escarbot à la langue, et que les crins de sa queue étaient doubles, ou de deux couleurs, ou de deux sortes. Pline vient ensuite raconter qu'il lui avait vu la figure d'un croissant au côté, et en effet on aperçoit cette marque dans une médaille d'Adrien rapportée par Tristan. Ammien Marcellin, partage l'opinion de Pline. Cette différence, dans les opinions des anciens, résulte de la fréquence des changements du bœuf sacré; car un des principaux points du culte d'*Apis* était de ne pas le laisser vivre longtemps.

Après qu'on l'avait tué, on lui faisait des obsèques magnifiques; et on en portait un grand deuil jusqu'à ce que les prêtres en eussent trouvé un autre.

Les Egyptiens prétendaient qu'*Apis* était conçu du feu du ciel; mais Cambyse, leur vainqueur, se moqua d'eux, en faisant tuer tous ceux qui célébraient la fête d'*Apis*, fouetter ses prêtres, et blessa lui-même le bœuf à la cuisse.

Le pauvre *Apis* en mourut quelque temps après. L'abominable tyran paya chèrement ce sacrilége, qu'il voulut faire suivre d'un autre non moins odieux, en détruisant le fameux temple de *Jupiter-Ammon*; mais la faim, la soif, le terrible *simoun*, ou vent du Midi, les sables qu'il souleva, détruisirent cette troupe de brigands, qui s'appelait l'armée de Cambyse. Celui-ci voulut encore faire une expédition contre les Éthiopiens; mais une cruelle famine arrêta son armée et réduisit les soldats à se manger les uns les autres : Cambyse fut donc forcé de revenir sur ses pas. Arrivé à Thèbes, de nouveaux sacriléges marquèrent son passage : il pilla et brûla tous les temples. Il mourut, quelque temps après, d'une blessure qu'il se fit à la cuisse, en montant à cheval; c'était l'épée avec laquelle il avait frappé le bœuf *Apis* : la même arme avait donc puni le sacrilége, comme elle avait servi à la mort d'*Apis*. Ceci se passait l'an 522 avant Jésus-Christ.

Ces épouvantables catastrophes, arrivées sous les yeux d'un peuple superstitieux, donnèrent à la religion du bœuf *Apis* un crédit immense; il fut plus que décuplé, car le dieu avait manifesté sa puissance par les vengeances qu'il paraissait avoir exercées.

Ces grandes époques néfastes se gravent dans la mémoire des peuples et se répandent promptement chez toutes les nations. Le bœuf *Apis* fut donc universellement connu, et sa puissance, non contestée, devint un culte; car toute puissance n'a-t-elle pas ses flatteurs? Les rois et les princes sur la terre en sont entourés; et les dévots de toutes les religions, sans qu'ils s'en doutent, ne sont-ils pas eux-mêmes les courtisans obséquieux du Dieu qu'ils adorent ? Ils le complimentent sous toutes les formes, ils lui chantent des chansons, ils se flagellent, ils se macèrent, ils s'affament à certains jours, tout cela dans la singulière pensée de plaire à leur divinité, qui devra tenir bonne note de pareils sacrifices, afin de les récompenser largement des maux qu'ils se sont fait souffrir à son intention. Que de calculs intéressés dans cette seconde nature de courtisans !

Quelques siècles après Cambyse, l'Egypte fut soumise aux lieutenants d'Alexandre, et voilà les Grecs, moins barbares que ce tyran farouche, qui s'emparent d'*Apis*, et qui le fêtent comme le symbole de l'agriculture ; ils le fêtent avec ce bon goût, avec l'esprit et l'art que ce peuple unique sut répandre partout. Les Romains, dominateurs de l'Egypte et des Grecs eux-mêmes, acceptèrent les usages qu'ils trouvèrent établis parmi ces peuples, et finirent par transmettre à la Gaule les traditions qu'ils avaient puisées chez les peuples dont ils avaient fait la conquête. La vieille France fêta donc, à certaines époques de l'année, le bœuf *Apis*, sans se douter de son origine. Elle fixa l'époque du carnaval, époque de saturnales et de joies vivaces, pour faire promener le plus beau bœuf possible, le mieux engraissé, dans les rues de nos cités, escorté d'abord des bouchers, de leurs garçons, puis de gardes, le tout marchant au son des tambours et des fanfares.

Après la pompe de la cérémonie, le bœuf était conduit au supplice, habillé, dépecé, découpé, pour être distribué au public qui dévorait ses chairs dans les derniers jours qui précèdent le carême.

Les autorités municipales intelligentes voyaient, à ces

époques reculées, la cérémonie du bœuf gras avec un certain plaisir. C'était un stimulant pour les éleveurs de bestiaux, une prime accordée aux nobles travaux de l'agriculture, un honneur pour celui qui avait fourni le bœuf gras.
On voit qu'il n'y a rien d'absolument nouveau sous le soleil,
car les médailles, les primes, accordées aujourd'hui par
le ministre de l'agriculture, ne sont que le développement
de très-anciennes pensées sur le bien public, mises en
pratique par l'intelligence de notre civilisation moderne.

Paris, fils de la vieille Lutèce, devait, plus que toute autre
ville, conserver une sorte de religion pour le bœuf *Apis*,
puisque plusieurs antiquaires de renom prétendent que
Notre-Dame, notre magnifique cathédrale, a été fondée
sur les débris d'un temple égyptien, d'un temple élevé à
Isis; aussi Paris consacre-t-il les deux jours les plus notables du carnaval, les dimanche et mardi gras, aux cérémonies ou promenades du bœuf gras.

Aujourd'hui, presque toujours, le bœuf gras appartient
à la race cotentine, et depuis bien des années, c'était le
célèbre éleveur M. Cornet, de Caen, que l'agriculture supérieure vient malheureusement de perdre, c'était, dis-je,
M. Cornet qui fournissait les plus beaux bœufs gras; il les
fournissait à M. Louis-Jacques Rolland, marchand boucher, rue Saint-Honoré, n° 365, qui s'était en quelque sorte
rendu le monopoleur des bœufs gras, et qui, par cette honorable persistance à se pourvoir des plus belles viandes,
avait mérité, de la part de M. le ministre du commerce,
une médaille d'argent.

Le bœuf gras est donc promené à Paris, tous les ans,
le dimanche et le mardi gras. On a le soin, dans la se-

maine qui précède ses promenades, de le faire sortir dans
les cours de l'abattoir où il est logé, et de le faire marcher
au son des tambours, afin de l'habituer à un bruit qui
pourrait l'effaroucher et lui faire causer quelques malheurs
lorsqu'il serait conduit dans les rues de la capitale.

Le matin de sa sortie, on dore ses cornes, puis on le
drape avec de riches étoffes à la manière antique. Des
garçons bouchers, déguisés en licteurs, sont spécialement
chargés de sa conduite; ils tiennent des cordes disposées en
entraves, de sorte que si le bœuf faisait un écart, il pourrait être immédiatement renversé, c'est une sage précaution exigée par la police. D'autres garçons bouchers,
également déguisés avec des costumes de tous les âges,
sont à cheval, et environnent le bœuf, qui, de plus, est
suivi d'un char de forme antique, peint et doré à neuf,
chaque année. Ce char porte une multitude de personnes
des deux sexes, appartenant à la boucherie, et déguisées
également, mais en dieux de l'Olympe. Tout ce cortége
est précédé et suivi par un peloton de gardes municipaux
à pied et à cheval, marchant tambours et musique en
tête.

Après la promenade, tous les gens de la fête sont con-
viés à un festin donné par le propriétaire du bœuf gras;
le festin est suivi d'un bal de nuit, où se trouvent réunis
la plupart des bouchers avec leur famille.

Les frais de deux pareilles fêtes, sont à la charge du
propriétaire du bœuf. Il est aidé, dans ses dépenses, par
la préfecture de police, par le syndicat de la boucherie et
par les dons des personnages chez lesquels le bœuf gras
a été présenté. Toutefois, on estime que, malgré ces se-

cours, le boucher ajoute encore de sa bourse une somme
de 1,500 à 2,000 fr.

Après les deux promenades publiques, le bœuf est re-
conduit dans l'écurie spéciale qui lui est destinée; il y
séjourne encore trois ou quatre jours, après lesquels il
est conduit au supplice. Ce n'est donc que dans les premiers jours du carême qu'il est livré à la consommation.
Autrefois, il n'eût point été permis d'ajourner ainsi la
mort du bœuf gras, il fallait s'en régaler pendant le carnaval, et c'eût été commettre un péché capital que de ris-
quer de telles viandes dans un temps où il était défendu
d'en manger. Aujourd'hui, la religion est plus tolérante,
ou les prêtres ont sans doute moins de puissance, puisque les morceaux des chairs du bœuf gras sont très-re-
cherchés, malgré leur grand prix, lequel est toujours fixé
au double des prix ordinaires.

Voilà où en sont arrivées les magnifiques cérémonies
du *bœuf Apis*; elles servent à l'amusement des enfants
et de la population de Paris, qui s'en font toujours une
grande fête; ils ne se doutent guère, en voyant passer le
bœuf gras, qu'ils assistent aux débris de l'un des plus
antiques usages qui nous soient restés des peuples his-
toriquement considérés, comme les plus civilisés.

S'il m'était permis de donner un conseil aux syndics
de la boucherie, je les engagerais à changer un peu la
forme banale de leur cérémonie du bœuf gras, et d'essayer
de reproduire à nos yeux les antiques fêtes des Egyptiens;
ce serait un beau spectacle, pour nous autres Parisiens,
de revoir les magnificences des fêtes que la vieille Egypte
célébrait en l'honneur du bœuf Apis.

Les dessins de ces pompeuses cérémonies se trouvent dans le grand ouvrage d'Egypte; il ne serait donc pas difficile de se les procurer, pour les reproduire en action.

DES VACHES.

Le commerce des vaches destinées à l'approvisionnement de Paris offre moins de régularité que celui des bœufs. En effet, ce précieux bétail a beaucoup de services à rendre avant que de livrer ses chairs à nos appétits. A ceux-ci, d'abord, il doit son laitage, sous la forme liquide et sous la forme solide du beurre et des nombreuses sortes de fromages; produits si abondants, si recherchés, qu'ils enrichissent les pays d'où ils sortent, pour enrichir encore le commerce qui les distribue au monde entier; ce bétail doit ensuite à l'agriculture, aux éleveurs, la reproduction de la race bovine, source inépuisable de ces bienfaisantes richesses sans lesquelles l'humanité ne pourrait satisfaire les besoins les plus pressants : son désir de manger.

Les vaches donc ne sont livrées, en grande partie, à la boucherie que lorsqu'elles ont accompli les conditions qui leur sont imposées, et qu'elles ont rendu les immenses services qui en sont la conséquence.

Le plus grand nombre des vaches amenées aux abattoirs de la capitale sont des vaches laitières de Paris et de sa banlieue; elles sont mises à l'engrais à l'étable, lorsqu'elles sont devenues improductives. Elles sont originairement élevées dans les cantons de Bray et de Liva rot , cantons des arrondissements de Neufchâtel (Seine-Inférieure) et de Lisieux (Calvados). Leur race est normande.

Après ces natures de vaches, il en est livré aussi à la consommation à l'état de génisse ; celles-ci proviennent à peu près de tous les départements qui fournissent des bœufs à Paris. Elles forment le tiers de celles qui sont abattues ; ce tiers s'élève à environ 6,000 , puisque la consommation générale est en moyenne décennale de 18,000.

Toutefois , il est un fait que je crois utile de constater ici, c'est la différence qui existe dans le rendement, en viandes et en déchets, de ces deux sortes de vaches.

Les vaches laitières ne rendent, en viandes, dans une grande moyenne, que 44 pour °/₀ de leur poids général , et 56 pour°/₀ de déchets.

Les génisses ou vaches jeunes et qui n'ont point porté, fournissent 56 pour °/₀ en viandes , et 44 pour °/₀ de déchets.

Cette identité de chiffres en sens inverse paraîtrait presque une anomalie, si elle ne s'expliquait par la manière dont ces vaches sont nourries. Les laitières enfermées dans des étables sont exploitées surabondamment ; et pour en obtenir tous les résultats possibles , on les excite par la succulence des aliments qu'on leur présente constamment. Cet excès de nourriture donne une telle ampleur à leurs organes intérieurs, que les déchets s'en accroissent dans la proportion que je viens de signaler.

Les génisses, au contraire, élevées dans les prairies, libres dans leurs mouvements, ne se repaissent, le plus souvent, que des pauvres herbes qu'elles rencontrent après la fauchaison, ou de celles qu'elles trouvent dans les fossés ou sur les bords des routes. Elles n'ont donc que peu de ventre, et leurs chairs sont relativement plus abondantes.

Les viandes des vaches sont, en général, mal notées dans l'esprit du public; elles sont considérées toutes comme étant de la plus médiocre qualité. Une partie de cette opinion est un préjugé, parce qu'une vache saine et bien engraissée fournit des viandes d'une très-bonne qualité, comparables souvent aux meilleures viandes du bœuf; mais il faut convenir qu'il y a du vrai dans l'autre partie du jugement public : un trop grand nombre de vaches sont conduites à l'abattoir lorsqu'elles sont épuisées et qu'on leur a extrait la dernière goutte de leur lait; fatiguées, harassées par une nourriture abondante et succulente tout à la fois; privées d'air dans des étables basses et étroites où elles sont enfermées, il en résulte que leur poitrine est presque toujours attaquée, et qu'elles succomberaient par la pulmonie ou la *pomelière* si elles n'étaient pas promptement livrées à la boucherie. Moins prudents que les Juifs, auxquels leur loi défend de consommer les viandes de la vache, et qui ne consomment le bœuf qu'après la préalable vérification du sacrificateur qui doit s'assurer s'il n'existe pas dans leur intérieur aucun organe adhérent; moins prudents, dis-je, que les Juifs, nous livrons à la consommation, des vaches dont les poumons tuberculeux ont nécessairement altéré la salubrité de leurs viandes. Mais la loi de Moïse est une loi religieuse que quarante siècles de foi ont consacrée, tandis que nos lois purement civiles, modifiées ou augmentées par des ordonnances ou des règlements, le plus souvent arbitraires, n'ont été et ne seront encore que transitoires, comme les institutions civiles qui se succèdent, ainsi que les passions humaines, passant du calme à l'irritaiton, de la guerre à la paix ; imprimant ainsi à chacune de ses phases le caractère qui les distingue, et dont se ressentent la législation et les règlements d'administration publique. Ces considérations générales ont leur application particulière dans la question qui nous occupe, puisque les règlements concernant la salubrité des viandes ne se sont occupés que superficiellement de la vérification sérieuse à laquelle les viandes devraient être soumises.

Si Moïse, en imposant sa loi de salubrité aux Hébreux, a fait un acte de haute sagesse et de véritable philanthropie, je ne vois pas pourquoi nous ne prendrions pas de cette loi ce qu'elle a de bon. Nous avons sans doute la prétention de nous croire de plus grands docteurs que lui, notre vanité en a le droit; mais nous devons être assez justes aussi pour reconnaître ce qu'il y avait d'utile et de praticable dans la sagesse de sa pensée ; c'est pourquoi il me semble qu'il serait raisonnable de se mettre à la remorque d'un pareil modèle, de profiter de l'expérience des siècles, et de mettre en pratique, à notre profit, une partie de sa règle en ce qui concerne la salubrité des viandes.

On nous reproche d'être un peuple imitateur et

léger, parce qu'on nous a vus tour à tour dévots jusqu'au fanatisme et manquant de foi et de piété jusqu'au cynisme; parce qu'on nous a vus républicains farouches ne parlant que de Lacédémone ou du peuple romain, croyant les imiter en nous couvrant de leurs antiques costumes; et qu'ensuite on nous a vus nous soumettre au plus absolu despotisme, qui avait eu l'art de cacher l'immensité de sa puissance sous les prestiges d'une gloire plus immense encore. J'y consens donc, nous sommes un peuple imitateur; mais, de grâce, imitons surtout ce que nous trouvons de bien, de bon, d'utile chez les autres peuples antiques ou modernes; mais abstenons-nous des folies de ces peuples, et surtout d'imiter leurs mœurs, leurs usages que nous ne saurions nous approprier sans changer la nature des choses, puissance refusée à l'humanité.

Paris, au surplus, est le pays de France où il se consomme le moins de vaches, il est singulièrement privilégié sous ce rapport. Ainsi, d'après une moyenne décennale, Paris consomme annuellement 72,000 bœufs et ne consomme que 18,000 vaches. Cette proportion, qui donne un si grand avantage aux bœufs, s'établit presque en sens inverse dans la consommation des départements. Il faut dire aussi que le nombre des vaches qui peuplent nos campagnes est de moitié plus considérable que celui des bœufs. En 1840, par exemple, la France comptait 5,501,800 vaches, et ne comptait que 1,968,800 bœufs et 399,000 taureaux; sur ces nombres, 718,900 vaches furent livrées à la boucherie et seulement 492,900 bœufs y compris les taureaux. On peut considérer, en moyenne, que les vaches abattues chaque année s'élèvent à 12 p. %₀ de la quantité existante sur notre sol, et que les bœufs abattus s'élèvent à 20 p. % de la quantité existante également sur notre sol.

Si la proportion de l'abatage des vaches est moins considérable, cela tient à ce qu'elles sont conservées plus longtemps dans les étables, aux fatigues qu'elles éprouvent pendant la gestation et dans les travaux agricoles auxquels elles sont souvent employées là où les bœufs manquent, fatigues qui les déciment avant de pouvoir être livrées à la boucherie.

Paris, je le répète, est beaucoup plus favorisé que les départements, puisqu'en définitive il ne consomme que fort peu de vaches, et que celles qui lui sont fournies sont en général d'un bon choix et produisent des viandes dont la salubrité est mieux assurée.

Pour terminer ce qui concerne les vaches consommées dans la capitale, je dirai que le rendement en viandes de celles qui sont amenées dans les abattoirs s'élève au poids moyen de 230 kilogrammes pour chacune d'elles, tandis que le poids moyen des viandes des vaches abattues dans les départements ne s'élève en moyenne qu'au poids de 125 kilogrammes. Cette différence de poids prouve évidemment la supériorité des qualités des viandes des vaches consommées à Paris.

SECTION III.

DES VEAUX.

Un proverbe de la boucherie dit : *Qu'on tue plus de veaux que de bœufs*, voulant prouver qu'il meurt plus d'enfants que de vieillards. Rien n'est plus vrai que ce proverbe en ce qui concerne l'abatage des veaux. J'ai dit, dans la section précédente, qu'en 1840 on avait abattu, en France, 492,900 bœufs et 718,900 vaches. Eh bien ! dans cette même année on a abattu 2,487,400 veaux. On peut voir ainsi dans quelle proportion cette nature de bétail entre dans la consommation générale.

Mais cette proportion ne peut s'appliquer à la boucherie de Paris. Dans les moyennes décennales de la consommation de cette ville, si les bœufs s'élèvent, en nombre rond, à 72,000 et les vaches à 18,000, le nombre des veaux ne dépasse guère 74,000.

Cette restriction dans la proportion de la consommation générale tient à une mesure de salubrité prise par l'autorité municipale de la ville de Paris. Les ordonnances de police exigent que les veaux introduits dans les abattoirs soient âgés au moins de deux mois, parce qu'à cet âge les viandes ont pris une consistance, une solidité qui garantissent leur salubrité.

Malheureusement il n'en est pas de même dans les départements, puisque dans beaucoup de villes grandes ou petites et dans les campagnes les veaux sont égorgés dès l'âge de quinze jours, alors qu'ils sont encore en lait.

Cette grande destruction des veaux est funeste à l'agriculture, ou plutôt il est fâcheux que les capitaux manquent à celle-ci, et que sa pénurie la contraigne à vendre presqu'à leur naissance des produits, qui l'enrichi-
raient si elle avait les moyens de les conserver jusqu'à
l'âge du travail. C'est à cette destruction prématurée que
l'on doit en France la rareté des bœufs et conséquemment les hauts prix où sont arrivées leurs viandes. Cette
cherté alarme toute la population, chacun s'en émeut,
le gouvernement s'en afflige, les chambres s'en plaignent,
mais personne, que je sache, ne s'occupe sérieusement
d'y trouver un remède. On parle bien, on discourt de
même, mais on tremble de blesser certains intérêts qui,
se trouvant ainsi privilégiés, proclament le maintien du
statu quo. C'est pourquoi une sorte de monopole se
trouve réservée en faveur de quelques départements producteurs, monopole favorisé d'ailleurs par l'abondance
des herbages que fournit un sol si généreusement doté
par la nature, qu'il n'a presque pas besoin de l'intelligence humaine pour produire les nombreuses races de
bétail qu'il nourrit. On parlera donc encore longtemps
avant d'agir, et si le malheur veut qu'on agisse, ce sera
par des mesures prises à côté de la véritable question, ou
par des moyens qui rendront la condition actuelle plus
mauvaise qu'elle ne l'est. C'est l'excès du mal, c'est-à-
dire, la rareté du bétail, marchant toujours dans une
progression décroissante, c'est cet excès qui éveillera un
jour l'attention sérieuse du gouvernement, et qui lui fera
sans doute prendre des mesures dont l'efficacité sera probablement plus heureuse.

Cependant on trouve une grave difficulté pour l'élève des veaux, c'est la nécessité où l'on est de leur donner pour première nourriture tout le lait que produit leurs mères ; or, ce lait donne un revenu plus lucratif que celui que donne la vente d'un veau ; on se défait donc bien vite de celui-ci pour jouir des profits prolongés du lait qui était destiné à l'élever. Ces deux intérêts ne laissent aucun doute dans l'esprit des éleveurs ; ils préfèrent naturellement le plus lucratif, et les veaux sont sacrifiés. Que leurs chairs soient salubres ou non, peu leur importe, ce n'est pas à eux qu'appartient le droit de les juger ; ils trouvent un prix, et ce prix ils s'en emparent.

Les Anglais, plus soigneux que nous, ont depuis longtemps cherché les moyens d'élever les veaux en dépensant le moins possible de lait ; ils forment un breuvage avec une sorte de décoction de foin ou de trèfle sec, mêlée d'abord avec du lait, par parties égales. On diminue par degrés la dose du lait et on finit par le supprimer vers le quinzième ou vingtième jour. Ce mode économique a produit les meilleurs résultats. Mais je n'ai point à traiter les hautes questions de la science agronomique, pour laquelle il est indispensable d'avoir une pratique qui me manque, je n'ai à m'occuper que d'une partie de ses produits, que des élèves qui sont livrés à la boucherie de Paris.

Comme toute la France a besoin du lait pour sa cuisine comme pour ses petits repas ; que ce lait soit liquide ou soit transformé en crème, en beurre ou en fromage, il n'en est pas moins certain qu'on ne peut se le procurer sans la naissance du veau. Malheureux animal qui n'apparaît un moment dans le monde que pour être torturé et périr, en laissant à nos appétits gourmands le blanc et délicieux breuvage que la nature avait destiné à sa nourriture!

Toute la France produit donc des veaux; mais chaque département en produit en plus ou moins grande quantité, suivant la nature de sa culture.

Là province de l'Ile-de-France, et surtout la partie de cette province qui a pris le nom du département de Seine-et-Oise, est celle où l'élève des veaux se fait en plus grand nombre pour les fournir à la boucherie de Paris; viennent ensuite les départements de Seine-et-Marne, de l'Oise, de l'Eure, d'Eure-et-Loir, du Loiret, et en plus petit nombre, des départements voisins. Ces départements ne sont point, en général, producteurs des veaux qu'ils élèvent. Ils sont achetés souvent au loin, puis ils sont amenés pour être raffinés et livrés ensuite à la boucherie. C'est donc quelques jours seulement après leur naissance qu'ils sont enlevés aux pâturages qui les ont vus naître, pour être garrottés et traînés, souffreteux et halctants, sur de détestables voitures, au lieu où les attendent un repos et un bien-être de quelques semaines; mais bientôt leurs membres vont être meurtris de nouveau par la terrible étreinte des liens qu'ils ont à peine quittés, pour être conduits au marché et de là au lieu de leur supplice.

C'était, il y a peu d'années, l'arrondissement de Pontoise qui avait la suprématie pour l'élève des veaux. Ils étaient là merveilleusement perfectionnés. Abreuvés d'abord avec un excellent laitage, puis nourris avec une buvéc qui se composait avec de l'eau tiède, de la farine de froment et des œufs ; bientôt leurs chairs devenaient du plus beau blanc, et faisaient les délices des festins de la capitale. Cette perfection de la préparation des veaux avait donné une juste réputation à la ville de Pontoise, dont le nom s'alliait naturellement à celui du bétail dont elle faisait l'éducation. Il n'en est plus ainsi aujourd'hui, Pontoise s'est laissé entraîner par le mouvement que nous appelons le progrès de la civilisation, il vend son lait à Paris ; il est enlevé avec le tourbillon des wagons qui parcourent le chemin de fer de Rouen, de sorte que le veau de Pontoise dont Paris se glorifiait, que la province enviait, et dont elle venait se régaler dans la capitale, le veau de Pontoise n'est plus, il n'existe plus que dans nos souvenirs.

Toutefois ces souvenirs trouvent encore quelques réalités dans les élèves que forment les pays circonvoisins et que n'ont point encore atteints les lignes de chemins de fer. Les départements que j'ai cités plus haut se sont emparés d'une partie de l'industrie des habitants de Pontoise, et fournissent encore à la boucherie de Paris des veaux d'une très-grande qualité.

Cette qualité est surtout assurée, je le répète, par les mesures de police municipale qui interdisent l'entrée, sur les marchés d'approvisionnement de Paris, des veaux s'ils ne sont âgés au moins de deux mois.

Si les hommes avaient la patience, ou plutôt trouvaient un profit à élever les veaux d'après les règles de la nature, leurs viandes acquerraient sans doute une salubrité plus complète. L'allaitement normal est de six semaines, pendant lesquelles un veau peut consommer, en moyenne, 10 litres de lait par jour. Mais l'absorption et l'assimilation sont tellement actives chez cet animal, que son poids acquiert un kilogramme également par jour. Ce fait constaté peut servir de base à un règlement d'administration publique qui, ayant plus de portée que des arrêtés municipaux, assurerait à la France une garantie de salubrité qu'une ordonnance locale ne peut lui imposer. C'est là où les hommes s'aveuglent sur leurs intérêts que devient nécessaire l'intervention éclairée du gouvernement.

La viande du veau est considérée à Paris comme viande de luxe; son prix est excessif, attendu que les veaux élevés pour la consommation de la capitale sont conservés jusqu'à l'âge de trois, quatre, et jusqu'à cinq mois, bien qu'ils puissent être admis dès l'âge de deux mois. Or, ce n'est pas sans une dépense considérable qu'on peut amener les veaux jusqu'à ces différents âges, surtout lorsqu'on veut suivre leur engraissement avec toutes les précautions et les soins qu'exige la perfection qu'on donne à leurs chairs, dont la blancheur indique la haute qualité.

Les veaux livrés à la boucherie de Paris n'ont donc pas d'analogie avec ceux qui sont livrés à la consommation générale de la France. C'est une heureuse exception en faveur de la capitale, sous le rapport de la salubrité et de la qualité, si ce n'en est pas une sous le rapport du prix.

SECTION IV.

DES MOUTONS.

Le précieux et doux animal dont les chairs nous alimentent, la toison nous couvre et le suif nous éclaire, auquel on a donné le nom de *mouton*, est devenu, Dieu aidant, à peu près l'œuvre de l'homme. Sa race originaire est attribuée au *mouflon*, espèce de mouton à demi sauvage, que l'on trouve encore habitant quelques hautes montagnes de l'Europe. Il y a, en effet, beaucoup de rapports organiques entre le mouflon et le mouton : le tempérament, les mœurs, la stupidité sont les mêmes. Le squelette est identique; mais le mouflon a plutôt du poil que de la laine; celle-ci ne se trouve que par petits flocons frisés; il est presque sans queue, et ses cornes sont longues, rejetées en arrière et recourbées au-dessus des épaules. C'est de ce type que l'industrie de l'homme a su faire produire les innombrables variétés des moutons, qui se sont tellement multipliées sur le globe que, dans les pays civilisés et même à demi civilisés, la population ovine est plus nombreuse que la population humaine.

Le nom de mouton est la dénomination générique de toutes les espèces qui composent la *race ovine*, ainsi appelée par les vétérinaires, ou *bêtes à laine* et *bêtes blanches* par les cultivateurs.

Mais ces bêtes à laine ou bêtes blanches ont pris toutes les formes pour satisfaire aux besoins des pays qui les élèvent, en même temps qu'elles se soumettent à ne vivre

que des produits du sol plus ou moins ingrat sur lequel
elles sont placées. Les variétés se sont donc formées, par
la différence de la nourriture d'abord, puis par l'application intelligente de la volonté de l'homme, qui, en suivant
un principe d'alimentation avec beaucoup de soins et de
persévérance, est parvenu à changer les formes et les produits de l'espèce primitive.

C'est ainsi que du mouflon sans queue, et armé de
longues cornes, les habitants de la Barbarie ont su faire
un mouton sans cornes, en lui donnant une queue presque égale au volume de son corps, queue dont le poids
s'élève quelquefois jusqu'à 3o kil.; que, dans d'autres contrées de l'Afrique, on a fait des moutons avec des cornes
dont les volutes entourent assez gracieusement les yeux
de l'animal, on lui a imposé une crinière dont les longues
laines viennent joindre les laines non moins longues d'un
ample fanon. Chaque peuple a su soumettre la race ovine
à la nature du climat qu'il habite : les Anglais l'ont forcée
à se plaire dans des pâturages frais et gras ; les Hollandais et les Flamands ont agi de même. Dans les pays de
montagnes, et dans les plaines sèches et arides, le mouton sait se contenter des tristes plantes qu'il rencontre
dans le long parcours qu'on lui fait faire pour les trouver ; enfin, dans l'Inde, on l'a rendu omnivore, il est devenu comme le chien, et sait vivre des débris du repas
de son maître.

En se soumettant ainsi à l'empire de l'homme, le mouton a perdu la faculté de savoir se suffire à lui-même ; il
est devenu plus délicat, plus faible, plus timide ; il n'a
plus sérieusement l'instinct de conservation ; un senti-

ment de crainte constante est ce qui se manifeste presque
toujours en lui ; dans les grands dangers, lorsqu'un loup
se présente, par exemple, l'imminence du péril le fait se
ranger en groupe serré, sous la protection du chien,
qu'il reconnaît alors comme son défenseur. Mais l'idée
de se défendre lui-même ne se manifeste jamais ; il fuit,
mais ne résiste pas ; ou, s'il résiste, ce n'est par pour rendre coup pour coup, mais pour chercher à fuir encore,
à fuir pour retrouver son troupeau, ses compagnons près
desquels il vient se ranger bêtement, si le bonheur veut
qu'il ait échappé au danger. S'il rejoint ce troupeau dans
un parc, le bruit de sa course, en arrivant, épouvante
tous ses compagnons hébétés, qui se précipitent en masse
contre les barrières de ce parc ; puis le calme paraît se
rétablir partout ; chaque animal, l'un après l'autre, s'age-
nouille pour se coucher. On pourrait croire qu'un doux
sommeil va suivre l'émotion générale qui vient d'avoir
lieu ; pas du tout : deux moutons sont restés debout
sur trois cents qui sont réunis ; ces deux moutons se
regardent avec un air de tristesse et d'ennui ; puis, l'un
d'eux se précipite sur l'autre en lui donnant, au beau milieu du front, un violent coup de sa tête ; c'est le commencement d'un combat qu'aucun prétexte ne peut justifier ; les
deux champions se reculent alors, prennent leur terrain, et
se jettent l'un sur l'autre, avec la plus furieuse tranquillité
pour se frapper en plein visage. Le troupeau, nonchalam-
ment couché, se lève lentement, s'allonge, puis se met en
devoir d'imiter les combattants. Bientôt, les trois cents
moutons sont aux prises, et l'on n'entend plus que le
bruit sourd des coups de tête, qui cesse ensuite avec le

même calme, car chacun se recouche sans que la colère
ou la rancune laissent de trace sur toutes ces physionomies qui n'ont absolument rien perdu de leur habituelle
bienveillance. Une autre fois, au lieu de se battre, deux
moutons, bien qu'ayant subi la castration, useront d'un
moment de loisir pour simuler un accouplement dont la
cruelle main de l'homme les a privés ; aussitôt, tout le
troupeau se lèvera pour imiter le jeu de leurs deux camarades ; après quoi, on se recouche comme devant. Enfin, l'heure de la sortie du parc est arrivée ; il faut passer
par une seule porte ; cent cinquante moutons sont sortis
sans nul souci, sans que rien n'ait altéré leur quiétude,
mais un caprice du cent cinquante et unième le fait sauter
du parc dans le champ, le fait sauter un espace de 2 à 3
mètres, comme s'il avait à franchir un fossé de cette largeur ;
tout aussitôt le reste du troupeau, qui sort un à un, croirait manquer à son devoir s'il n'imitait pas en sautant,
l'exemple donné par le cent cinquante et unième mouton.
Cette stupide et servile imitation est devenue proverbiale
depuis bien des siècles ; j'en parle, parce que j'ai eu souvent l'occasion de l'observer. Une autre observation que j'ai
été à même de faire, c'est que le mouton élevé seul, apprivoisé à l'instar d'un animal vraiment domestique, est beaucoup plus intelligent que lorsqu'il vit en troupe ; il prend
beaucoup des habitudes du chien ; il vient quand on l'appelle ; il connaît les heures des repas et sait demander ce
qui lui plaît ; il devient même caressant et reconnaît son
maître. Au surplus, cette observation peut être appliquée
à presque toutes les espèces privées qui vivent en troupe
ou en société ; pris chacun individuellement, un animal

manifeste une intelligence qui se développe beaucoup
plus facilement que lorsqu'il est réuni à ses congénères.
Il semble alors que les individus font abnégation de leurs
instincts ou de leur intelligence, au profit de la masse sur
laquelle ils comptent pour les diriger; et c'est par cet
abandon général, que l'inertie ou la sottise domine la
troupe, qui devient ainsi la proie ou la victime d'une force
beaucoup moindre que la sienne, mais d'une force intelli-
gemment dirigée. Cette observation peut, hélas! s'appliquer à l'humanité, quoi qu'on en puisse en dire : car l'homme en troupe, ou réuni en grand nombre pour s'occuper
d'une même chose, a certainement moins d'intelligence
que lorsqu'il agit isolément. Mettez cent mathématiciens,
des plus savants, des plus puissants de la science, et faites-
leur découvrir ce que le génie de Newton a su découvrir
à lui seul, et vous les verrez ne produire qu'un travail in-
cohérent, qui se composera de cent systèmes, dont les véri-
tés, quoique revêtues de formes mathématiques, n'obtiendront pas même la majorité des suffrages de cette assemblée
toute scientifique. Mais, si vous quittez la science pour entrer dans la philosophie pratique des choses de ce monde,
dans l'organisation sociale, dans l'économie politique et morale, dans les droits et les devoirs des citoyens, etc., etc.,
et que vous soumettiez ces hautes questions à la discussion
d'une assemblée, vous serez surpris de l'immense désordre d'idées qui surgira de toutes les têtes, pour n'arriver
qu'à une solution impraticable. Si un homme de génie,
au contraire, s'empare de l'une de ces questions, et qu'il
a traité seul, comme Montesquieu s'est emparé de l'esprit
des lois, il fera un bon et beau livre, tandis que l'assem-

blée n'aura rien pu produire, quand bien même elle eût été composée de génies égaux à celui de Montesquieu. La raison de ceci me semble toute naturelle, c'est que chaque individu est logique dans ce qu'il conçoit, et que ce qu'il produit est la conséquence rationnelle de son idée. Mais une idée, lancée à travers une discussion, va heurter des intelligences qui n'ont rien d'homogène avec l'intelligence de l'auteur de l'idée ; chacun la concevant à sa façon, ou ne la comprenant pas du tout, il en résulte une confusion et un désordre qui éteignent la lumière au lieu de la répandre.

Qu'on me pardonne cette digression à propos des moutons, j'en reviens à eux.

On a vu, par le tableau ci-dessus, que quarante-six départements envoyaient des moutons sur les marchés de Sceaux et de Poissy, et que quatre pays étrangers, notamment l'Allemagne et la Belgique, suppléaient, en quelque sorte, à ce qui pouvait manquer à l'approvisionnement de la capitale.

Cependant toutes les provinces de France ont des moutons; chaque département a ses troupeaux ; mais la différence des climats, de leurs productions agricoles, exerce une influence naturelle sur la forme, la taille et la qualité des laines et des viandes des moutons; l'intelligence des éleveurs exerce, en outre, une égale influence, ce qui fait que le nombre des départements qui peuvent approvisionner Paris se trouve forcément restreint.

Une cause ajoute encore à cette restriction : c'est que la boucherie de cette grande ville ne peut faire utilement son commerce qu'en se procurant des moutons de grande taille. Les petites espèces ne peuvent convenir à la consommation, attendu que ce qu'on appelle les basses viandes, dans ces sortes de moutons, ne se composent que de matières cartilagineuses et osseuses, dont la vente est impossible. Il ne se trouve vraiment de vénal que les deux gigots et les deux épaules. Dans les grands moutons, au contraire, toutes les viandes ont leur valeur relative jusqu'à celle du *collet*, qui sert à faire ce qu'on nomme le *haricot de mouton*. Aussi les bouchers de Paris disent-ils que dans cette ville on veut bien des *petits gigots*, mais que l'on ne veut en même temps que de *grosses côtelettes;* or, comme il est plus facile de rogner sur un gigot que d'ajouter à une côtelette, ils se trouvent obligés d'acheter de gros moutons, dont les viandes, très-généralement, sont supérieures à celles des petits moutons.

Les anciennes provinces qui fournissent le plus de moutons à Paris, sont la Flandre, l'Artois, la Champagne, le Gâtinais, le Berry, l'Ile-de-France, la Picardie.

Chacune des races de ces provinces a son caractère particulier et ses époques d'arrivage sur les marchés. Ainsi, le Gâtinais envoie toute l'année; la Champagne expédie à dater du 15 août, pendant cinq à six mois; la Flandre et l'Artois expédient aussi pendant le même espace de temps, à compter du 15 novembre; le Berry et l'Ile-de-France, pendant sept à huit mois, à compter du mois de septembre; les moutons allemands arrivent depuis septembre jusqu'à la fin de l'année, et les hollandais d'août à la fin d'octobre.

Telle est la marche des pays qui produisent les moutons propres à la consommation de Paris. Les départements qui s'adjoignent à cette grande fourniture sont moins réglés dans leurs envois ; ils expédient dans toutes les saisons.

Les moutons les plus estimés par la boucherie de Paris, comme qualité de viande, sont les *artésiens*, les *flandrins* et les *champenois* ; puis viennent les *gatines* et les *berrichons* ; ces races sont préférées parce qu'elles conservent davantage leurs qualités natives ; elles sont moins mélangées que celles des autres pays ; ce n'est pas que les mérinos, que les métis soient dépourvus d'une certaine valeur pour leurs viandes ; mais, en général, ils ne sont livrés à la boucherie que dans un âge déjà avancé, quand enfin leurs produits en laine commencent à diminuer. Les viandes de ces sortes de moutons sont classées aussi dans les seconde et troisième qualités.

Les grandes premières qualités des viandes de mouton sont attribuées, pour la boucherie de Paris, aux moutons allemands. Elle les paye toujours beaucoup plus cher que les moutons français. Mais aussi il faut reconnaître que ces espèces sont infiniment plus soignées que les nôtres.

Les sociétés d'agriculture se sont multipliées en France, depuis 1830, d'une manière remarquable ; il semble qu'on a compris enfin que la véritable richesse d'une nation consistait dans la culture intelligente de ses terres, surtout quand ces terres, comme celles de la France, sont susceptibles de produire tout ce qui est nécessaire aux habitants qui la couvrent. La science agricole se répand donc, mais je crains qu'elle ne reste longtemps encore à l'état de théorie. Les praticiens sont gens de routine, et les préjugés qui les environnent arrêtent les progrès si désirables que les sociétés d'agriculture enseignent dans leurs discours, mais ne parviennent que bien lentement à réaliser.

Ainsi les bestiaux sont rares en France, l'agriculture en manque, et pour ses travaux et pour le fumier dont elle a le plus indispensable besoin pour l'engrais de ses terres. Il faudrait donc multiplier les espèces à tout prix et par tous les moyens possibles. Eh bien! une législation fiscale, défendue par ces mêmes sociétés d'agriculture impose à la douane des droits tellement considérables que l'introduction des bestiaux étrangers, au moyen desquels la France pourrait se recruter, ne peut pas pénétrer dans ce royaume. Il faut donc vivre sur nous-mêmes et attendre que la multiplication s'établisse par une production plus active que la production de l'espèce humaine, car si celle-ci devient plus nombreuse, sa consommation deviendra nécessairement plus grande, et comment y fournir si les races bovines et ovines diminuent au lieu d'augmenter?

En suivant pour la race ovine, dont je parle dans cette section, la marche de sa population en France, comparée avec celle de la population de ses habitants, je vois, dans l'ouvrage de M. Chaptal sur l'industrie française, que le nombre des têtes ovines existantes en France, en 1812, s'élevait alors à 35,188,910 têtes, composées de 766,810 mérinos purs, 3,578,748 métis et 30,843,852 moutons indigènes.

La population du royaume, réduite à quatre-vingt-cinq

départements, s'élevait alors à 29,237,388 habitants. L'abatage des moutons, pour la boucherie, s'élevait à cette époque à 5,575,000 moutons.

En 1830, la France comptait, d'après les documents officiels publiés par M. le ministre du commerce, 31,815,000 habitants.

A cette même époque, la race ovine ne comptait que 29,130,200 têtes.

Dans cette même année, la boucherie a abattu 3,021,100 moutons.

En 1840, la population du royaume s'élevait à 34,226,000 habitants.

La race ovine comptait 32,151,430 têtes, et la boucherie en a abattu 5,804,700.

Depuis cette époque, la consommation des moutons n'a pas cessé d'augmenter, mais la multiplication de l'espèce n'a point suivi cette progression. A Paris surtout cette consommation augmente tous les jours; en 1831, elle ne s'est élevée qu'à 288,000 têtes environ; en 1845 elle a dépassé 450,000; en 1846, elle a été de 487,500.

On voit que la consommation ne peut se balancer avec la multiplication que par l'introduction des moutons étrangers, qui viennent compléter l'approvisionnement des marchés de Sceaux et de Poissy, et par la privation, pour la majeure partie de la population, de consommer de la viande de mouton.

Si un tel état de choses pouvait continuer pendant dix ans encore, il est évident que la chair du mouton deviendrait une rareté, et conséquemment d'un prix qu'il ne serait permis qu'aux personnes riches d'atteindre.

Mais il faut espérer que cette situation, bien connue, éveillera l'attention de l'autorité et surtout celle des producteurs, dont les intérêts sont un véhicule plus puissant que celui d'une simple philanthropie.

Voyons maintenant l'arrivage et le classement des diverses espèces de bestiaux sur les marchés d'approvisionnement de la capitale.

———

CHAPITRE III.

—

**Formation des troupeaux, voyage et classement
des bestiaux sur les marchés de Sceaux, de Poissy, de
la Chapelle et de Paris ; leur entrée et leur sortie de
ces marchés.**

SECTION PREMIÈRE.

On vient de voir quelle quantité de bétail il fallait, à
Paris, pour ne satisfaire, hélas ! aux appétits que d'une
faible partie de ses habitants, car chacun d'eux, en
moyenne, ne consomme pas plus de 40 kil. de viandes,
dans une année, ce qui fait, par jour, environ la huitième
partie d'un kil. ou *le quarteron* (ancienne mesure). Or,
comme dans ce quarteron il faut déduire au moins le
quart en os ou en *réjouissance*, il s'ensuit qu'en moyenne
chaque individu consomme moins de trois onces de
viandes dans sa journée.

Le poids total des viandes introduites dans Paris, s'é-
levant en moyenne, chaque année, à 48 millions de kil.,

savoir: 45 millions de kil. de viandes sorties des abattoirs et 3 millions de kil. entrées à la main, par les barrières.

Un tel approvisionnement, quelle que soit la faible part qui en advienne à chaque individu, n'en demande pas moins un travail constant, assidu, perpétuel, car il faut qu'il satisfasse à des besoins incessants.

Aussi que d'hommes en mouvement, jour et nuit, dans une grande partie de la France, pour élever les bestiaux, les acheter, les agglomérer, les mettre en bandes ou en troupeaux, et les diriger sur les marchés de Paris.

En général, les herbagers des départements de l'ancienne Normandie, qui élèvent, nourrissent et engraissent leurs bestiaux, les amènent eux-mêmes sur les marchés, pour les livrer directement à la boucherie depuis le mois de juillet jusqu'à la fin de décembre.

A l'époque du départ, chaque herbager envoie le nombre de bœufs qu'il juge propre à être vendus, soit quatre, six, dix, etc., à Lisieux, lieu de rassemblement des bœufs normands. C'est là que les bandes sont formées avec les bœufs appartenant à divers, mais portant chacun la marque de leur propriétaire, et que, composées de 25 à 30 têtes, elles se mettent en route pour les marchés.

Elles sont conduites, avec beaucoup de soins, par des bouviers spéciaux ; leur journée d'étape n'est que de six à sept lieues. Pendant le voyage, la bande est nourrie avec des fourrages choisis, afin d'éviter l'amaigrissement considérable qu'éprouvent toujours les bestiaux lorsqu'on les sort de leurs habitudes locales et de nutrition.

Il est payé à chaque bouvier un salaire de 2 à 3 francs par jour, et il lui est alloué, en outre, une somme de

10 fr. pour la nourriture de chaque bœuf, pendant le trajet de Lisieux à Poissy ou à Sceaux.

Les autres provinces qui approvisionnent Paris n'ont pas les mêmes usages que la Normandie pour l'élève et l'envoi de leurs bestiaux. Ce n'est que secondairement que ceux-ci sont destinés à la boucherie ; leur première destination est celle des travaux de l'agriculture, et ce n'est que lorsqu'ils y deviennent impropres par l'âge qu'ils sont mis à l'engrais pour être ensuite livrés à la consommation.

Mais les bœufs ainsi engraissés se trouvent divisés dans une fort grande étendue, de communes, de fermes isolées les unes des autres. Il serait à peu près impossible à leurs propriétaires de s'entendre pour en former des bandes assez nombreuses, pour être envoyées à moindres frais sur les marchés d'approvisionnement de Paris ; c'est pourquoi chaque propriétaire, en général, trouve plus d'avantage à vendre soit sur place, à des hommes qui font spécialement le commerce des bestiaux, soit à des commissionnaires qu'ils savent rencontrer sur les foires ou marchés des environs des localités qu'ils habitent.

Les bandes formées par ces marchands se composent de 30 ou 40 têtes ; elles sont moins ménagées dans leur marche que les bandes des bœufs normands. Leurs étapes sont de 10 à 12 lieues par jour et quelquefois plus, lorsque l'on sait que les bestiaux seront peu nombreux sur les marchés de Paris. En route, ces bandes ne reçoivent qu'une nourriture médiocre qui se complète par la vaine pâture des abords des routes.

Chaque province fait ses envois dans une saison déterminée ; ainsi l'Anjou, la Bretagne et la Vendée expédient de février à la fin d'avril ; le Limousin, la Marche et le Berry, de novembre à juillet ; la Bourgogne, le Charolais et le Morvan, forment leurs bandes principales de juin à septembre ; mais ces provinces en envoient assez souvent pendant tout le courant de l'année ; le Bourbonnais et le Nivernais font leurs envois de décembre à la fin de mars ; la Franche-Comté et la Champagne, de février à la fin de mai ; enfin les normands, les *maraichins* et les *nantais*, arrivent de juillet jusqu'en décembre.

On voit que ce mouvement régulier assure à la capitale, d'une manière certaine, l'immense approvisionnement dont elle a besoin.

Je dois faire observer que presque toujours les bouchers, lors de leurs transactions sur les marchés, préfèrent de beaucoup traiter directement avec les propriétaires de bestiaux lorsqu'ils y sont présents, qu'avec leurs mandataires, ou les commissionnaires. Ils trouvent que les affaires s'arrangent plus vite avec les premiers qu'avec ces derniers.

Les deux tiers de l'approvisionnement de Paris, pour les viandes de vache, se composant des vaches laitières des nourrisseurs de la capitale et de ses environs, il n'y a plus que le troisième tiers qui arrive sur les marchés de Sceaux et de Poissy. Or, comme ce tiers ne forme qu'un nombre de 6 ou 7,000 pour l'année, ces vaches-génisses, sont mêlées aux bandes de bœufs et arrivent avec eux des diverses provinces où elles ont été achetées.

Les veaux sont presque toujours amenés par leurs propriétaires sur les marchés. Ces pauvres animaux ont le malheur d'être trop jeunes pour marcher, trop enfants pour comprendre qu'en voiture toute locomotion leur est interdite, de sorte que, pour satisfaire à la gourmandise de nos appétits, au luxe et à la variété des mets qui couvrent nos tables, on contraint les hommes qui font le commerce des veaux, à être les premiers bourreaux de cette misérable espèce, qui semble vouée aux plus affreux supplices; et cela, je le répète, pour nous donner la joie bourgeoise d'un fricandeau, d'un rognon rôti, ou d'une côtelette enveloppée d'une élégante papillote.

Ces propriétaires, lorsque les veaux sont arrivés à l'âge de 2 à 5 mois, les disposent pour les conduire sur les marchés. On lie d'abord les pieds de devant, ensuite ceux de derrière de l'animal, puis on les réunit tous les quatre par un lien plus fort encore. Ce lien est une ficelle d'un assez fort calibre, mais tellement serré, qu'il pénètre dans la peau qu'il entoure cinq ou six fois. Cette opération terminée, les veaux sont entassés sur des voitures, et placés de manière à ce que leurs têtes, comme étant la partie la plus légère de leurs corps soient pendantes autour des ridelles extérieures du véhicule. C'est, empilés ainsi, serrés, foulés, haletants, qu'ils sont voiturés dans toutes les saisons et amenés sur les marchés, où ils sont étendus sur de la paille, en attendant qu'ils soient revendus; puis, la vente opérée, ils sont remis de la même façon dans de nouvelles voitures, pour être conduits aux abattoirs où, enfin, leurs pieds enflés, engourdis, sont déliés, mais non pour devenir libres, car ils sont comme paralysés et plient sous les efforts que fait l'animal quand il cherche à s'en servir. Quelques heures de repos après cette longue torture, puis la mort. Tel est le sort des veaux destinés à la boucherie, c'est-à-dire, à nos bouches qui les dévorent gaiement, en admirant et en dégustant la saveur et la blancheur de leur viande, encadrée dans l'enveloppe dorée d'un rôti cuit à point.

Le prix du charroi d'un veau est généralement de 1 fr. 20 c., à 1 fr. 50 c. pour un parcours de 7 à 8 lieues. Lorsque la route est longue, on rafraîchit les veaux, en leur faisant boire un brouet, composé avec de la farine de froment, mêlée avec de l'eau tiède et plusieurs douzaines d'œufs. Cette sorte de breuvage nourrissant, entretient la blancheur des chairs, chose essentielle pour faciliter la vente.

Les moutons, à l'exception des moutons étrangers et de ceux du département du Nord, sont, en général, vendus par leurs propriétaires; les autres le sont par des commissionnaires.

Les moutons les mieux traités et les plus soignés, en route comme chez eux, sont les moutons allemands: Ils voyagent par troupeaux de 120 à 150, et ne font guère que 3 à 4 lieues par jour. Ils sont nourris avec de l'avoine, et coûtent jusqu'à 12 fr. par tête, pour se rendre, de leurs pays, sur les marchés de la capitale, somme énorme quand on y réunit les droits de douane, qui sont de 5 fr. 50 c par mouton.

Les conducteurs de ces troupeaux sont nourris et reçoivent un salaire de 20 fr. pour leur voyage. On ne saurait croire que, pour une rémunération aussi minime, on pût obtenir un service honnête, irréprochable. C'est cependant ce qui arrive. Les bergers allemands, affectionnent leur troupeau; ils l'aiment avec une sorte de passion, et il n'est aucun soin qui ne soit prodigué à chaque tête qui le compose. Aussi, à leur arrivée sur les marchés, on admire la beauté des moutons allemands, leur propreté extrême, qu'ils soient ou non en laine, et quelle que soit la saison; la boue, la crotte ne semblent pas faites pour eux. Ces sortes de montons obtiennent toujours une juste préférence sur les marchés, car avec tous les avantages que je viens de dire, et probablement à cause des bons soins qu'ils reçoivent, leurs viandes possèdent une qualité supérieure.

Les économistes, qui s'occupent d'agriculture et de l'élève du bétail, sont encore à se demander comment les moutons allemands peuvent arriver en si utile concurrence avec les moutons français, puisque ce bétail étranger est frappé d'un droit de douane de 5 fr. 5o c. par tête, plus des frais d'un parcours estimé à 12 fr., également par tête, ce qui forme une somme totale de 17 fr. 5o c., qui devrait protéger plus que suffisamment les moutons français, s'il ne leur donnait pas un complet monopole. Cela tient-il au sol ingrat du pays, ou bien au laisser aller, à la routine des éleveurs, qui, se croyant en sécurité, par la facile protection de la douane, négligent leurs travaux ou méprisent tout progrès, dont ils croient n'avoir pas besoin pour vivre, puisque leurs pères ont bien vécu ainsi?

Cependant le sol de la France n'est point ingrat, il est généreux, et rend, avec usure, à qui sait le cultiver, les produits des soins et du travail qu'il a reçus. Ce qu'il y

a de funeste dans notre beau pays, c'est une routine in-
vétérée. Rien de plus léger, de plus fugace, que les idées
et même que les sentiments en France; mais, à côté de cela,
rien de plus tenace, de plus enraciné que les habitudes
matérielles. Comme idée, chacun parle à merveille de la
nécessité du progrès en toutes choses, les plus beaux discours ont été prononcés et fort applaudis sur cet intaris-
sable sujet; mais lorsqu'il s'agit de mettre en pratique ce
qu'on a discuté théoriquement, il n'y a plus personne,
tout le monde se retire, effrayé de la pensée de déranger
en quoi que ce soit la marche de ses habitudes. C'est ainsi
que l'agriculture et l'une de ses branches les plus importantes, l'élève du bétail, sont restées stationnaires à peu
près depuis des siècles, malgré les quelques encourage-
ments donnés de temps à autre par les gouvernements qui
se sont succédé.

Aujourd'hui, il faut le reconnaître, l'administration
s'occupe plus utilement à propager, à aider les travaux de
l'agriculture; les primes qu'elle distribue ont eu d'assez
bons résultats. L'exemple, partant de haut, a eu pour
heureux effet de stimuler les sociétés d'agriculture des
départements; ces sociétés se sont multipliées; elles ont
appelé dans leur sein des hommes formés par la pratique, lesquels étant en contact avec les simples manouvriers, ont pu diriger leurs travaux et leur démontrer
matériellement le bienfait de tel ou tel mode de procéder
pour obtenir de meilleurs et de plus abondants produits.
Tout porte donc à penser que le progrès s'infiltrera dans
cette branche si importante de l'économie politique, comme il s'est emparé de tout ce qui concerne l'industrie

proprement dite; mais seulement le progrès dans cette première partie sera plus lent, parce que le mouvement intellectuel qui le provoque chaque jour dans la seconde, a sa principale action dans les grands centres où la population est agglomérée, et qu'il ne peut arriver que tardivement dans l'isolement des campagnes où résident la presque totalité des agriculteurs.

J'en reviens à la formation des troupeaux : ceux qui viennent de nos départements sont, en général, composés de 200 têtes; leurs conducteurs sont payés à raison de 30 fr. par mois et nourris. On remarque, avec peine, que ces troupeaux ne reçoivent pas les mêmes soins que ceux donnés aux troupeaux allemands. Leurs étapes sont de 10 et 12 lieues quelquefois, ce qui fatigue horriblement ce bétail. Leur nourriture se compose le plus souvent de foin et de la vaine pâture rencontrée sur les routes. Aussi remarque-t-on, encore, qu'arrivés sur les marchés, ces troupeaux sont haletants, fatigués; et lorsque leur voyage se fait en mauvaise saison, il est impossible de reconnaître la couleur de leur lainage sous les couches de boues qui le couvrent.

Enfin, lorsque toutes les sortes de bestiaux se présentent pour entrer sur les marchés de Sceaux et de Poissy, ils sont inscrits d'abord par espèces et la quantité de chacune d'elles, avec le nom de leurs propriétaires. Ces bestiaux sont distribués ensuite de la manière suivante, savoir :

1° Les bœufs, dans la partie du marché qui leur est spécialement affectée, laquelle est divisée en zones séparées parallèlement par de longues barres de fer; c'est à ces barres que les bœufs sont attachés méthodiquement , c'est-à-dire avec le soin de mettre , à côté les uns des autres, les bœufs qui appartiennent au même propriétaire. Ainsi rangés , ces bestiaux forment de longues lignes à travers lesquelles les acheteurs et les vendeurs peuvent facilement circuler, pour visiter , palper et apprécier le poids, la qualité et la valeur de la marchandise.

2° Les vaches sont classées et placées de la même manière.

3° Les veaux sont placés sous des hangars ; étendus sur de la paille, ils sont espacés de façon à ce que l'on puisse circuler facilement autour de chacun d'eux.

4° Enfin la partie réservée aux moutons est divisée en *parquets*, disposés, séparés et alignés comme le sont les pelotons d'un régiment. Ces *parquets* sont construits avec de fortes tringles en fer et peuvent avoir 1 mètre de largeur sur 5 de longueur. C'est dans cette sorte de prison ou plutôt de gêne que l'on entasse 25 à 30 moutons, qu'on les y presse tellement qu'il leur devient impossible de faire aucun mouvement. Il est pénible de voir la torture qu'ils éprouvent ainsi placés ; l'été surtout , lorsque le soleil joint sa chaleur à celle de leurs corps , multipliée encore par une adhérence aussi complète ; il est pénible, dis-je, de voir toutes ces têtes penchées sur la barre de fer qui presse leurs poitrines, ayant les yeux languissants, la bouche béante, la langue pendante et noirâtre, de voir enfin les souffrances, les douloureuses angoisses qu'éprouvent ces pauvres animaux.

Ce supplice appliqué à la race ovine sur les marchés est expliqué administrativement par la difficulté de

maintenir les moutons en repos pendant la vente, et en
même temps d'empêcher les différents troupeaux de se
mêler, ce qui ne manquerait pas d'arriver s'ils avaient
la moindre liberté, leur instinct de se rapprocher les uns
des autres étant invincible. Mais comme les marchands
savent profiter de tout pour mettre en relief leurs plus
belles marchandises et pour masquer celles dont les qualités sont douteuses, ils ont le soin de placer à chaque
extrémité des parquets les deux moutons les plus gras,
les plus beaux du lot qu'ils emparquent, parce que ceux-
ci présentent avec leurs dos un de leurs flancs à la palpation de l'acheteur et peuvent ainsi lui faire croire que
les moutons placés au centre sont de même qualité.
Quoique cette ruse soit fort connue des bouchers et qu'ils
s'en défient, elle n'en est pas moins toujours employée
et quelquefois avec succès.

Il est encore des bestiaux qui peuvent être introduits
sur les marchés d'approvisionnement : ce sont les taureaux ; mais, attendu qu'ils sont à juste titre considérés
comme dangereux, ils ne sont autorisés à entrer que
lorsqu'ils sont attelés à une charrette, pour être ensuite
attachés par une double corde à des anneaux disposés
pour ce service le long des murs des bouveries des marchés. Ils ne peuvent sortir également qu'attachés à une
charrette.

Les marchés d'approvisionnement de Paris se composent des marchés de Sceaux, de Poissy, de la Chapelle,
et de Paris à la halle aux veaux.

Le marché de Sceaux se tient le lundi de chaque semaine, celui de Poissy le jeudi, celui de la Chapelle le

mardi et le vendredi, et celui de la halle aux veaux les mardi et vendredi également.

Les propriétaires ou les conducteurs de bestiaux doivent, en arrivant aux marchés, déclarer la nature et la quantité du bétail qu'ils ont amené ; cette déclaration est vérifiée et portée sur un registre.

Les bestiaux présentés après l'ouverture de la vente ne sont plus admis à moins d'une justification d'un légitime retard.

La vente des veaux sur le marché de Sceaux est ouverte, en toute saison, à huit heures du matin pour être fermée à midi.

Cette vente sur le marché de Poissy est ouverte à six heures du matin depuis le 1er avril jusqu'au 1er octobre ; et à sept heures du matin depuis le 1er octobre jusqu'au 1er avril ; cette vente est également fermée à midi.

Une cloche annonce la vente des bœufs à neuf heures du matin sur le marché de Sceaux ; et à huit heures sur le marché de Poissy ; cette vente doit être terminée à trois heures après midi.

C'est à midi, sur le marché de Sceaux, que commence la vente des moutons depuis le 1er avril jusqu'au 1er octobre, et à une heure depuis le 1er octobre jusqu'au 1er avril ; sur le marché de Poissy, la vente s'ouvre pendant toute l'année à une heure.

Le renvoi des veaux non vendus commence à midi et doit être terminé à une heure.

Le renvoi des bœufs et des vaches doit s'effectuer à trois heures, et celui des moutons à quatre heures.

Toutes les ventes et les renvois doivent être terminés à quatre heures.

Une cloche annonce la clôture des marchés après laquelle toute vente est interdite; cette vente est également interdite avant leur ouverture annoncée aussi par un coup de cloche.

Il est défendu de vendre ou d'acheter en aucun temps des bestiaux dans les auberges, les bouveries ou les bergeries hors les marchés, sous peine de 100 fr. d'amende, aux termes des lettres patentes du 1er juin 1782, enregistrées au parlement.

Les bestiaux doivent être visités avant l'ouverture de la vente pour s'assurer s'ils sont ou non susceptibles d'être livrés à la boucherie; ceux qui n'auraient pas l'âge requis ou qui seraient trop maigres devraient être exclus.

Cette prescription me semble d'une grande sagesse; suivie rigoureusement, exécutée par des hommes experts dans la matière, elle aurait pour résultat de garantir la salubrité de toutes les viandes livrées à la consommation. Je reconnais les difficultés de l'exécution d'une pareille prescription, car le nombre des bestiaux à vérifier étant très-considérable et le temps destiné à ce travail très-limité, il en résulte, que les agents, pressés par les besoins d'un service impérieux, comme les appétits d'un million d'âmes qu'il faut satisfaire, n'ont, pour ainsi dire, qu'un instant, pour donner un coup d'œil sur les masses de bestiaux qu'ils devraient vérifier en détail avec un certain soin. Le moyen d'obvier à ce grave inconvénient est facile, ce me semble; ce serait d'étendre au lieu de restreindre le nombre des employés à la vérification. Toute économie dans cette matière, me paraît mal entendue; quand il s'agit de l'hygiène publique, ce n'est pas quelques mille francs de plus ou de moins qui importent, mais l'assurance qu'un travail d'utilité première est fait et bien fait.

Il est expressément défendu d'acheter des bestiaux sur les marchés de Sceaux et de Poissy pour les revendre sur pied (ce qu'on appelle *le regrat*), sous peine de saisie et de 100 fr. d'amende, aux termes des lettres patentes susdites du 1er juin 1782.

Il est également défendu d'exposer sur les marchés des bestiaux qui se trouveraient dans des cas rédhibitoires. C'est d'après ce principe qu'il est réglé que si un bœuf ou une vache viennent à mourir dans les neuf jours de la vente, il doit être procédé à la constatation des causes de la mort par un procès-verbal pour assurer l'action en garantie contre le vendeur. (Arrêt de règlement du parlement, du 13 juillet 1699, — Ordonnance de police de mars 1830, — art. 1648 du Code civil.)

D'après l'arrêté des consuls du 30 ventôse an XI, il ne peut être acheté ni vendu des bestiaux propres à la boucherie que sur les marchés de Sceaux et de Poissy, dans le rayon de 10 myriamètres de Paris (environ 25 lieues), à l'exception des marchés aux veaux et aux vaches établis dans le rayon.

Les bestiaux destinés pour les marchés de Sceaux et de Poissy et à la halle aux veaux de Paris doivent être conduits directement sur les marchés, sous peine de saisie et d'amende

Les bouchers peuvent acheter des bestiaux au delà du

rayon fixé (10 myriamètres), mais à la charge par eux de les faire amener et exposer sur les marchés de Sceaux et de Poissy, afin que les prix ne subissent pas d'altération par une diminution de l'approvisionnement normal, et que la spéculation particulière ne fasse pas son profit spécial sur des denrées que réclame, au meilleur marché possible, l'alimentation publique.

C'est par un motif aussi puissant, aussi bien entendu, que, dans l'intérêt de l'approvisionnement de Paris, les bestiaux qui lui sont destinés sont déclarés *insaisissables*. Les oppositions qui peuvent survenir n'en arrêtent point la vente ; seulement le produit de cette vente doit être versé dans la caisse du cautionnement des bouchers, pour être délivré à qui de droit. (Arrêt du 13 juillet 1769.)

Les bestiaux achetés sur les marchés de Sceaux et de Poissy sont classés immédiatement dans cinq bouveries qui portent les noms des cinq abattoirs de Paris. Les abattoirs *Montmartre*, *Ménilmontant*, *Grenelle*, *Roule* et *Villejuif* ; une sixième bouverie est destinée aux acquisitions faites pour la banlieue et les bouchers forains.

Les bestiaux achetés sur les marchés ne peuvent être conduits que par des *bouviers* agréés par le préfet de police, sur la présentation du syndicat de la boucherie.

Ces fonctions, à peu près inconnues dans ce qu'on nomme à Paris les affaires, sont converties en une sorte de charge qui a acquis une valeur vénale assez considérable. Je vais donner quelques détails sur leur organisation.

Il y a cinq bouviers chargés spécialement de faire conduire les bœufs des marchés dans les divers abattoirs de Paris, où ils doivent être classés dans les localités affectées à chaque boucher. Ils reçoivent des bouchers pour ce service 6o c. par tête de bœuf. Or, comme la moyenne de l'approvisionnement, dans cette espèce de bestiaux, est d'environ 72,000, ces bouviers reçoivent une somme de 43,200 fr. Les frais du personnel qu'ils emploient pour la conduite de cette quantité de bœufs ne dépassent pas 13,200 fr., de sorte qu'il reste un profit de 30,000 fr. à diviser entre cinq personnes. Il est vrai qu'elles ont la responsabilité de tous les accidents qui peuvent arriver pendant le voyage, et cette éventualité justifie le bénéfice que l'on pourrait estimer trop grand sans cette clause.

Il n'y a que deux bouviers pour les vaches. Il est vrai que leur nombre est moindre que celui des bœufs, et que beaucoup sont amenées directement aux abattoirs par les nourrisseurs. Il leur est alloué 75 c. par tête de vache. Ils en conduisent environ 15,000 en moyenne, ce qui donne une somme de 11,250 fr. par an.

Les taureaux qui sont amenés dans les abattoirs ne peuvent y être conduits qu'attachés derrière une voiture; il est alloué pour la conduite de chaque taureau une somme de 2 fr. Il s'en consomme en moyenne environ 1,800, chaque année, ce qui forme une somme de 3,600 fr.

Enfin, la préfecture de police ne reconnaît que deux

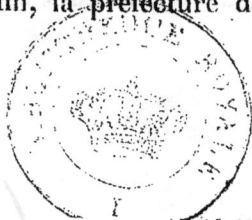

7

conducteurs de moutons. Ils reçoivent 8 centimes par
tête de mouton ; or la moyenne de la consommation de
cette sorte de bétail s'élevant annuellement à plus de
400,000, il en résulte que ces conducteurs reçoivent de la
boucherie une somme qui s'élève au-dessus de 32,000 fr.,
sans compter les profits qui résultent de la vente du
crottin de ce bétail, acheté très-cher par les cultivateurs,
qui le considèrent comme le meilleur des engrais. Les
profits résultant de la vente des fumiers, suffisent, à
peu près, aux frais de conduite des troupeaux.

La conduite des veaux est plus divisée ; elle est faite
à prix débattu par les bouchers avec des voituriers de
Sceaux et de Poissy et avec des conducteurs de viandes.
Ce prix pour les deux marchés peut être estimé en
moyenne à 1 fr. par tête de veau, soit une somme annuelle de 72,000 fr., faible moyenne des veaux consommés à Paris.

D'après ces estimations approximatives, puisque chaque
année il y a variation dans la consommation, on peut voir
que la boucherie paye une somme annuelle de 162,050 fr.
pour la conduite de ses bestiaux, des marchés dans les
abattoirs de la capitale.

Les conducteurs de bestiaux, pour la boucherie de
Paris, sont nommés par le préfet de police, sur la présentation du syndicat de la corporation. Les hommes employés à la conduite doivent avoir dix-huit ans au moins.

Les bandes de bœufs et de vaches ne peuvent former,
au plus, qu'un nombre de 40 têtes ; elles doivent être dirigées par deux conducteurs, afin d'éviter les accidents.

Les conducteurs des bestiaux achetés pour la boucherie de Paris ne peuvent se charger de la conduite de ceux achetés par les bouchers de la banlieue, à peine d'une amende de 200 fr., aux termes de l'ordonnance du 14 avril 1769. La même amende les frapperait s'ils conduisaient les bestiaux autrement qu'au pas. (Art. 27 des lettres patentes de 1782.)

Les bestiaux achetés sur les marchés de Sceaux et de Poissy, et destinés à la consommation de Paris, ne peuvent être introduits dans cette ville que pendant le jour, et seulement par les barrières suivantes, savoir : les bestiaux achetés à Poissy, par la barrière du Roule, et ceux achetés à Sceaux, par la barrière d'Enfer, sous peine de 300 francs d'amende. (Art. 9 de l'ordonnance du 14 avril 1769.)

Les bouchers et les conducteurs ne peuvent faire sortir les bestiaux des marchés qu'après avoir obtenu des bulletins d'achat du préposé chargé de la surveillance des marchés. Ces bulletins, nommés *ayons*, doivent mentionner le nombre et l'espèce des bestiaux, ainsi que les lieux où ils seront conduits. Ces bulletins ou *ayons* doivent être représentés aux employés de l'octroi, aux barrières ; aux préposés de la préfecture de police, à toute réquisition, et à l'entrée des abattoirs. Les contrevenants à cette disposition réglementaire doivent être punis d'une amende de 300 fr., d'après l'article 4 de l'ordonnance du 14 avril 1769.

Il est expressément défendu aux conducteurs de bestiaux de les laisser stationner sur les ponts, sur les places publiques, dans les rues et sur les routes de Sceaux et de Poissy, dont ils ne doivent occuper qu'un seul côté, afin de ne point interrompre la circulation.

SECTION II.

DES MARCHÉS AUX VACHES DE PARIS ET DE LA CHAPELLE.

Deux marchés aux vaches dites *grasses* sont destinés à l'approvisionnement de Paris. L'un est situé aux Bernardins, proche le marché aux veaux, l'autre à la Chapelle (banlieue de Paris).

Ces marchés se tiennent, à Paris, les mardi et les vendredi de chaque semaine ; à la Chapelle, les mardi et le vendredi, depuis une nouvelle ordonnance de police.

Ces marchés sont ouverts en toute saison, depuis onze heures du matin, jusqu'à deux heures.

Les bouchers ne peuvent entrer dans ces marchés que lorsque le son d'une cloche en annonce l'ouverture.

Les vaches destinées à la consommation de Paris ne peuvent être achetées que sur les marchés affectés à cette destination.

Les taureaux sont également admis sur ces marchés, qui en général, ne sont approvisionnés que par les nourrisseurs de Paris et de ses environs. Ce sont donc des vaches réformées, des vaches qui ne fournissent plus de lait que l'on expose en vente. Quelques soins que prennent les nourrisseurs pour engraisser ces vaches épuisées, et leur donner une apparence de santé, il faut reconnaître, en les observant de près et surtout en visitant leurs poumons, presque toujours viciés par de nombreux tubercules, que les viandes provenant de ces vaches, sont d'une très-médiocre qualité, et que le plus souvent, elles devraient être rejetées de la consommation à cause de leur insalubrité.

La vérification ordonnée par les règlements administratifs, pour cette nature de bétail et pour les autres bestiaux, en général, aurait besoin d'un règlement sévère, et sérieusement exécuté ; car la santé publique peut dépendre de cette exécution ; elle est assez grave pour mériter une scrupuleuse attention.

Indépendamment des vaches qui sont présentées sur les marchés de Paris et de la Chapelle, il en est encore, mais en petite quantité, qui viennent dans les abattoirs. Ce sont des vaches de nourrisseurs qui, attaquées d'une maladie qui pourrait promptement causer leur mort, ont besoin d'être abattues immédiatement, afin d'éviter la perte de leurs viandes. Ces sortes de vaches, vendues à des bouchers par leurs propriétaires, arrivent donc aux abattoirs sans avoir passé sur les marchés, et appellent particulièrement l'attention de la police. L'affection dont elles sont attaquées mérite un sévère examen ; on les vérifie donc sur pied d'abord, puis leurs viandes et leurs organes intérieurs doivent être encore plus sévèrement examinés, car c'est surtout la *rate* que les experts en cette matière considèrent comme l'organe dont l'état plus ou moins sain indique la salubrité générale de l'animal. Cette vérification amène assez souvent des conflits entre le boucher et les experts, et voici pourquoi : Un vieil usage de la boucherie accorde certains *droits* aux viandes dont la qualité peut être assurément douteuse ; or, ces *droits*, qu'aucune loi, qu'aucun règlement écrit ne constatent, sont toujours défendus avec une sorte d'acharnement par le boucher, propriétaire des viandes douteuses; or, comme je l'ai dit, les juges, dans cette matière, sont des bouchers ou un inspecteur de la boucherie, payé par la corporation et ancien boucher lui-même, de sorte que lorsqu'un conflit s'élève à propos des viandes d'une vache malade introduite dans les abattoirs, sans avoir passé dans les marchés, les bouchers et l'inspecteur déclarent, avec une sorte de solennité, que la vache et ses viandes sont dans *leurs droits*. Fort heureusement que ce jugement n'est pas sans appel, et que le préposé de police de l'abattoir, assistant au débat, remplit en quelque sorte les fonctions du ministère public; et que, s'il n'est pas assez expert dans la matière, pour que son opinion puisse triompher de la décision des juges, il a le droit d'appeler, et il appelle souvent un quatrième juge plus compétent et moins intéressé dans la question; il appelle l'un des vétérinaires désignés par M. le préfet de police pour la spécialité des vérifications des viandes; et c'est le jugement de ce vétérinaire qui reçoit son exécution. Sans cette sage précaution, de fort mauvaises viandes seraient livrées à la consommation.

Il me semble qu'il serait facile d'éviter les conflits qui s'élèvent quelquefois entre les agents de la préfecture de police et la boucherie, à propos des *droits* que celle-ci prétend accorder à certaines viandes. Ce serait, en principe général, de n'accorder aucun droit à une marchandise douteuse; et, sous ce rapport, les ordonnances de police me paraissent suffisantes. Elles déclarent formellement que lorsqu'un animal meurt naturellement, il doit sortir immédiatement de l'abattoir, pour être conduit au jardin du Roi, afin que ses viandes soient livrées pour la nourriture des animaux féroces. Or, la mort naturelle est souvent causée par une attaque d'apoplexie, par la fatigue d'un long voyage, et, dans ce cas, les viandes de l'animal mort ainsi pourraient être parfaitement saines, car il n'était pas malade quand la mort l'a surpris à l'improviste; cependant, nonobstant les raisons qu'on pourrait peut-être justement donner, la loi s'exécute et l'animal est conduit au jardin du Roi. J'approuve fort cette manière d'agir. Je voudrais la voir appliquée avec la même fermeté aux animaux malades, et éviter toutes les discussions qui s'élèvent sur les soi-disants *droits* qu'on réclame toujours avec une sorte d'énergie, comme si ces *droits* étaient écrits dans l'un de nos Codes. Le doute seul devrait déterminer la décision de l'autorité : un animal est introduit malade; par ce seul fait constaté, il devrait être rejeté de la consommation, comme le sont les bestiaux morts naturellement.

On objectera la perte qu'éprouverait le nourrisseur, vendeur de la bête malade; mais sa perte est la même que celle qu'éprouve le vendeur de l'animal mort naturellement. C'est un cas rédhibitoire. Je dirai mieux, c'est que le vendeur sur les marchés est beaucoup plus lésé que ne le serait le nourrisseur ; car il a élevé le bétail tout exprès pour être livré à la consommation; et, s'il le perd, par une mort subite, c'est une perte absolue ; tandis que le nourrisseur a tiré parti de ses vaches; elles lui ont fourni du lait en abondance et souvent des sommes qui ont plus que doublé le capital de leur acquisition. Je ne vois donc pas que la perte qu'ils pourraient supporter puisse se comparer à celle du marchand de bestiaux. Les nourrisseurs me paraissent placés à peu près dans la condition des propriétaires de fiacres ou de cabriolets qui, eux aussi, achètent des chevaux pour tirer profit de leur travail ; mais si l'un de leurs chevaux meurt, son travail a produit très-souvent plus que le prix de son acquisition, et l'administration ne s'occupe pas de ce que deviendra son cadavre, elle ne cherche pas même à lui donner une valeur vénale. N'en est-il pas de même des vaches des nourrisseurs ? elles sont achetées pour produire du lait, comme les chevaux pour traîner des voitures ; si elles sont malades, qu'on les soigne, et si elles meurent, que leurs viandes soient livrées aux animaux féroces du jardin du Roi.

Ce principe, une fois posé et exécuté, on ne verra plus s'élever de déplorables conflits à propos des *droits* de leurs viandes.

SECTION III.

DU MARCHÉ AUX VEAUX.

Les marchés aux veaux se tiennent les mardi et vendredi de chaque semaine, à la halle *dite aux Veaux*, située entre les rues de Poissy et de Pontoise, quartier du Jardin-du-Roi, à Paris.

La vente annoncée au son d'une cloche, est ouverte depuis dix heures du matin jusqu'à trois heures après midi, et depuis neuf heures du matin jusqu'à deux heures, pendant le reste de l'année.

Les veaux destinés à l'approvisionnement de Paris

doivent être directement conduits à la halle pour y être vendus, sous peine de saisie, de 100 fr. d'amende, aux termes des lettres patentes du 1er juin 1782 articles 22 et 23.

Les bouchers ne sont admis à la halle qu'au moment où son ouverture est annoncée; ils ne peuvent acheter ni vendre avant cette ouverture sous peine de saisie et d'une amende de 50 fr.

A leur arrivée à la halle, les marchands doivent déclarer le nombre de veaux qu'ils ont amenés, à l'inspecteur général des halles et marchés. Ils doivent justifier ce nombre par la quittance du receveur de l'octroi.

Les marchands ont le droit de décharger eux-mêmes leurs voitures, ou de les faire décharger par leurs domestiques; à leur défaut, ils sont tenus de se servir des forts permissionnés et médaillés pour le déchargement et le placement des veaux.

Les veaux doivent porter la marque de chaque marchand.

Il est expressément défendu d'exposer en vente des veaux âgés de moins de *six semaines*, et d'en vendre la viande dans les marchés ou étaux, et dans quelque lieu que ce soit de la capitale, à peine de saisie et de 300 fr. d'amende. (Lettres patentes de 1782, art. 7.)

Avant l'ouverture de la vente, le commissaire des halles et marchés, ou le préposé commis par lui, doit examiner les veaux, pour s'assurer s'ils sont dans un état sain, et si leurs viandes peuvent être livrées à la consommation.

CHAPITRE IV.

De la caisse de Poissy ; son origine, ses règlements et son intervention dans les transactions entre les bouchers et les éleveurs.

Le commerce de la boucherie est un commerce à part, surtout lorsqu'il s'applique à la nombreuse population d'une grande ville. Les conditions de son crédit ne sont plus les mêmes que dans les autres natures de commerce; l'activité de ses transactions ne lui laisse pas le temps de s'assurer de ses approvisionnements par une correspondance régulière avec des pays plus ou moins éloignés, où se pratique l'élève des bestiaux, d'assurer le payement de ces approvisionnements par la création ou la circulation de billets à ordre. Il faut que ce commerce trouve sa marchandise tout de suite, qu'il la paye comptant, et qu'il suive le plus près possible les besoins incessants des estomacs humains.

C'est pourquoi l'on remarque que, dès le moyen âge, aussitôt que les communes eurent joui d'une certaine franchise, de ce premier crépuscule d'une petite liberté, elles se sont municipalement occupées du commerce des bestiaux et de celui de la boucherie. Des foires dites *grasses* furent établies pour la vente du bétail, et la boucherie fut constituée en corporation dirigée par un syndicat électif. On cherchait donc déjà à garantir l'approvisionnement des choses les plus nécessaires à la vie, et à en assurer la salubrité dans le débit.

Mais on reconnut bientôt que, pour ces foires grasses et pour les marchés, on avait besoin d'intermédiaires pour opérer les transactions entre les vendeurs et les acheteurs, et qui offrissent des garanties pour assurer le payement des marchandises livrées. Cette nécessité reconnue provoqua de la part de Jean Fleury, prévôt des marchands, une ordonnance, en date du 22 novembre 1375, qui institua des commissionnaires ou facteurs, qu'elle revêtit d'une sorte de caractère public ; ce furent de véritables courtiers, comme ceux qui ont été créés depuis (par le chancelier de l'Hôpital), pour plusieurs genres de commerce.

D'autres règlements intervinrent, tant pour la fixation du nombre des facteurs que pour la qualité du droit de commission qui leur était attribué, et qui fut fixé d'abord à 6 deniers, puis à un 1 sou, pour livre, le tout en vertu de lettres patentes du 31 janvier 1392, sous la prévôté de Jean Juvénal des Ursins ; du 19 septembre 1403 ; du 18 mars 1477, sous la prévôté de Henri de Livres, et d'autres rendues en 1491, 1567 et 1577, sous les prévôtés de Pierre Poignant, de Nicolas Legendre, seigneur de Villeroy, et de messire Nicolas l'Huillier.

Un édit du mois de janvier 1690, qui fut rapporté peu de temps après, créa 60 offices héréditaires de vendeurs; mais, le 10 mars 1700, le roi rendit un nouvel édit, enregistré au parlement, dont on doit faire connaître l'esprit et les principales dispositions, parce que plus tard ces dispositions ont été en quelque sorte reproduites dans l'institution de la caisse de Poissy.

Voici ce que porte le préambule de cet édit :

« Ayant toujours été d'une extrême importance qu'il y « ait dans les marchés où le peuple se fournit, une grande « abondance de marchandises et denrées nécessaires pour « la subsistance, S. M. a toujours cherché à procurer cette « abondance, et, pour cet effet, elle a créé, en différents « temps, des jurés, vendeurs de bestiaux et autres den-« rées, pour avancer aux forains le prix de leurs marchan-« dises, à la déduction d'un sou pour livre ; mais les 60 « offices de jurés vendeurs, institués par l'édit de janvier « 1690, ayant été supprimés, S. M. a été informée que « plusieurs particuliers, sans titres ni qualités, et de leur « autorité privée, se sont ingérés et continuent d'aller « dans les marchés de Sceaux et de Poissy pour y prêter de « l'argent *à gros intérêts,* au préjudice des défenses por-« tées par divers arrêts et règlements ;

« Considérant, d'un autre côté, que les forains ont « trouvé de l'utilité dans l'établissement des offices de jurés « vendeurs, parce que, étant payés au moment de la « vente, ils sont en état de partir sur-le-champ et de « continuer leur commerce sans interruption ;

« D'après ces motifs, S. M. a créé et érigé en titres

« d'offices héréditaires, cent conseillers trésoriers de la
« bourse des marchés de Sceaux et de Poissy, lesquels
« seront tenus d'avoir un bureau ouvert et d'avancer aux
« marchands forains, dans l'intérêt de la vente, le prix des
« bestiaux amenés dans lesdits marchés, et qu'ils rendront
« aux bouchers ;

« Accorde auxdits trésoriers un sou pour livre, etc. »

Le 10 novembre 1733, l'institution des trésoriers fut
remplacée par une caisse ayant les mêmes fonctions et attributions.

En septembre 1743, confirmation de l'existence de
cette caisse, qui fut adjugée le 11 février 1744, à titre de
bail, à un sieur Huel, et le 16 mars 1755 à un sieur Du-
rivault.

La dénomination de CAISSE DE POISSY paraît avoir été
consacrée à l'époque de ces baux.

Après l'avénement de Louis XVI au trône, parut, au
mois de février 1776, un édit qui supprima la caisse de
Poissy, et un autre édit la rétablit trois ans plus tard, le
18 mars 1779.

C'était donc après beaucoup d'essais plus ou moins
infructueux, tentés pendant quatre siècles, que l'institution de la caisse de Poissy avait été à peu près constituée
et appropriée pour les besoins du commerce des bestiaux
et de la boucherie.

Mais la révolution arrivant, cette caisse parut bientôt
un privilége, un monopole, titres odieux à l'opinion nationale, peu capable de comprendre l'utilité et les services
de la caisse de Poissy. Elle fut donc supprimée par un

décret du 13 mai 1791, exécutoire à compter du 15 juin suivant.

Le commerce de la boucherie de Paris devint alors libre, comme les autres commerces. Mais cette liberté de commerce pour la spécialité de la boucherie d'une commune aussi peuplée que Paris ne donna que les plus funestes résultats. Les économistes de bonne foi reconnurent, en cette circonstance, que beaucoup de leurs principes, en théorie, devenaient de pures utopies lorsqu'ils étaient mis en pratique. Une perturbation générale s'établit immédiatement. Les herbagers cessèrent de fréquenter les marchés et ne firent plus d'élèves, et les bouchers, comme je l'ai déjà dit, ne purent livrer à la consommation que les quelques têtes de bétail rachitique et malsain, qu'ils achetaient à grands prix dans les environs de la capitale. Cependant la liberté était aussi complète que possible; elle n'était pas même gênée par le fisc, par des droits d'octroi ou autres; la liberté d'entrer dans Paris, d'en sortir, appartenait, on peut le dire, plus aux bestiaux qu'elle n'appartenait aux hommes; on pouvait les acheter, on pouvait les vendre en gros, en détail, comme bon semblait, sans qu'aucune entrave fût apportée à cette nature de commerce qui, cependant, avait appelé l'attention de tous les législateurs, en remontant à la plus haute antiquité, lesquels avaient prescrits la plus active surveillance sur les boucheries et la vérification des viandes, afin de garantir leur salubrité, et d'assurer, autant que possible, la vie par l'hygiène publique.

Mais, en 1791, le mot de monopole effarouchait tous les esprits; l'expérience des siècles, en ce qui concerne le commerce de la boucherie, n'était ni connue ni comprise. Il y avait un privilége, une corporation, il fallait les renverser; on les renversa, espérant retrouver dans leurs ruines un bien-être dont on avait été si longtemps privé.

Ce bien-être, malheureusement, n'était qu'une utopie économique; car les faits vinrent immédiatement détruire l'absolutisme du dogme de la science. La boucherie libre, affranchie de tous les droits, trouva sa ruine dans sa liberté; mais ce qui fut plus déplorable, c'est que la population, qui croyait voir tomber les viandes à vil prix et les manger meilleures, fut réduite à payer très-cher le misérable pot-au-feu qu'on lui vendait, lequel encore n'était composé qu'avec les chairs souvent infectes des bestiaux amaigris qui, seuls, se présentaient sur les marchés d'approvisionnement.

Avec ce décret de 1791, l'agriculture et les herbagers cessèrent de faire des élèves; ils n'y trouvaient plus d'intérêts et reportèrent sur la race chevaline ce qu'ils dépensaient sur les races bovine et ovine.

Cette pénurie de bétail et l'exécrable qualité de celui qui empoisonnait Paris inquiétèrent, je le répète encore, le Gouvernement, même la Convention nationale, qui fit acheter des bœufs en Suisse et en Franconie pour approvisionner les marchés de Sceaux et de Poissy, bœufs qu'elle payait en or, attendu que les assignats n'avaient aucune valeur dans les pays étrangers.

Le directoire exécutif, également inquiété de la déplorable situation du commerce de la boucherie, fit prendre un arrêté par le bureau central, le 24 floréal an IV,

approuvé par l'administration départementale le 27 du
même mois, arrêté qui portait, en substance, « que s'il
« était important de vivifier le commerce de la boucherie
« par tous les moyens qui pouvaient se concilier avec les
« principes de la liberté, il n'était pas moins indispensa-
« ble de la soumettre à une surveillance active et sévère,
« qui fît cesser les désordres qui s'y étaient introduits et
« qui finiraient par en opérer la ruine. » De là, plusieurs
prescriptions restrictives qui furent encore renouvelées
par des actes de l'autorité, en date des 3 thermidor an v
et 9 germinal an VIII.

Le 8 vendémiaire an XI (30 septembre 1802), les
consuls rendirent un arrêté qui créait une caisse pour le
commerce de la boucherie, et assujettissait les bouchers
à fournir un cautionnement. Voici un extrait de cet
arrêté :

Art. 5. Il y aura trois classes de cautionnement : la première de 3,000 fr.; la deuxième de 2,000 fr.; la troisième
de 1,000 fr.

Art. 7. Les bouchers verseront cette somme entre les
mains du caissier.

Art. 10. Les prêts seront faits sur la demande des bouchers, sur l'avis du syndicat de la boucherie et la décision
du préfet de police.

Art. 11. Le prêt sera fait sur engagement personnel de
commerce, à terme, dont le délai ne pourra excéder un
mois; l'intérêt de demi pour °/₀ par mois.

Ce décret de l'an XI, qui avait reconstitué le commerce
de la boucherie sur une partie de ses anciennes bases,
eut d'excellents effets; l'agriculture reprit courage, les éle-

veurs se multiplièrent, et bientôt Paris put enfin manger de bonnes viandes et à bon marché.

Mais la nouvelle assiette sur laquelle se trouvait rétablie la corporation de la boucherie parut insuffisante, et le conseil d'État fut chargé de la reconstituer, et de constituer d'une manière plus forte et plus régulière la caisse dite de la boucherie ; cette reconstitution, qui devait être définitive, et qui paraissait devoir l'être, par la sagesse de ses dispositions et de ses prescriptions ; cette reconstitution fut établie par le décret impérial du 6 février 1811.

Je crois nécessaire d'en rappeler les dispositions principales :

Art. 1ᵉʳ. A compter du 1ᵉʳ mars prochain, la caisse du commerce de la boucherie prendra le titre de caisse de Poissy ; elle sera au compte et au profit de la ville de Paris ; elle sera chargée de payer comptant sans déplacement, aux herbagers et marchands forains, le prix de tous les bestiaux que les bouchers de Paris et du département de la Seine achèteront aux marchés de Sceaux et de Poissy, aux marchés des vaches grasses et à la halle aux veaux.

Art. 2. L'administration de cette caisse et la surveillance de toutes les opérations dont elle sera chargée appartiendront au préfet du département de la Seine.

Art. 3. Le préfet de police interviendra dans les rapports de la caisse avec les bouchers pour les avances et crédits qui leur seront faits, les versements de leurs cautionnements, le rachat des étaux et autres opérations relatives aux bouchers et à leur communauté.

8

Art. 4. Le fonds de la caisse de Poissy sera composé : premièrement du montant du cautionnement des bouchers, qui existe actuellement dans la caisse de la boucherie ; secondement, des sommes qui y seront versées par la caisse municipale, d'après un crédit ouvert par le préfet de la Seine , jusqu'à concurrence de ce qui sera nécessaire pour payer comptant tous les forains, selon l'article premier.

Les articles 5, 6 et 7 sont relatifs à la nomination du directeur et du caissier de ladite caisse, dont l'un était nommé par l'empereur , l'autre par le préfet, et à la surveillance que le premier doit exercer sur le second.

Art. 8. Il sera perçu, à compter du 1er mars prochain, aux marchés de Sceaux et de Poissy, aux marchés des vaches grasses et à la halle aux veaux , un droit sur tous les bestiaux qui y seront vendus, au profit de notre bonne ville de Paris.

Art. 9. Le produit de ce droit sera affecté : 1° aux dépenses de la caisse destinée à payer aux marchands forains et herbagers le prix de toutes leurs ventes aux bouchers de Paris ; 2° aux dépenses de la ville de Paris.

Art. 10. Ce droit sera de 3 centimes 1/2 par franc du montant de toutes les ventes.

Art. 11. Ce droit sera à la charge du forain et retenu sur lui , par le caissier, au moment où il payera le montant de ses ventes, comme il a été dit article 1er.

Les articles 12 et suivants, jusqu'à l'article 16, règlent le mode de perception du droit, la comptabilité des dépenses de la caisse. L'article 17 détermine les rapports de la caisse avec la caisse municipale.

Art. 18. Le directeur se concertera avec la caisse de

service de notre trésor, pour opérer, sans déplacement de fonds, et quand les herbagers ou forains en feront la demande, le payement de tout ou partie de leurs ventes, par des mandats sur les départements, selon le règlement qui sera fait à cet égard par notre ministre du Trésor.

Art. 19. Le directeur fera ouvrir à la caisse, pour le payement des forains, un crédit général au montant présumé des ventes les plus considérables de chaque marché. Le montant de ce crédit sera réglé par le directeur de la caisse, d'après les ordres du préfet de la Seine, qui prendra l'avis du préfet de police et du syndicat de la boucherie.

Art. 20. Le crédit sera divisé entre tous les bouchers de Paris et du département de la Seine.

Aux termes de l'article 21, le montant du crédit de chaque boucher doit être au moins égal au montant de son cautionnement; il peut être suspendu, même interdit, d'après l'article 22, en cas de dérangement de ses affaires.

Art. 23. Tout boucher dont le crédit serait épuisé ou insuffisant pour couvrir le prix des achats, sera tenu de verser à la caisse, marché tenant, le montant ou le complément du prix des bestiaux qu'il aura achetés; à défaut de quoi le directeur pourra ordonner au caissier de faire consigner les bestiaux et de ne les délivrer au boucher qu'au fur et à mesure des versements. Dans ce cas, il sera tenu compte au caissier, par le boucher, des frais de nourriture, seulement pendant le temps que durera la consignation des bestiaux.

Art. 24. Les prêts seront faits aux bouchers dans les

marchés de Sceaux et de Poissy, sur engagement emportant obligation par corps, de vingt-cinq à trente jours de date, au choix des emprunteurs.

Art. 25. Les prêts seront faits à la halle aux veaux, par simples bordereaux à huit jours d'échéance.

Art. 26. L'intérêt des prêts faits aux marchés de Sceaux et de Poissy est fixé à 5 p. o/o par an.

Art. 27. Les prêts à la halle aux veaux seront faits moyennant une rétribution de 5o centimes par veaux.

Art. 28. Tout boucher qui, à l'échéance des effets de commerce ou bordereaux mentionnés aux articles 26 et 27 du présent décret, n'en aura pas remboursé la valeur, ne pourra obtenir de nouveau crédit; et si, dans le délai qui lui sera accordé par le directeur, lequel sera de deux mois au plus, il ne s'acquitte pas, son étal pourra être vendu, s'il est nécessaire, pour acquitter ses effets, ou fermé sans être vendu, si le payement des effets peut être assuré autrement.

Art. 29. Le boucher qui sera dans le cas de l'article précédent, payera à la caisse, outre l'intérêt des fonds, une commission d'un demi pour cent sur les fonds en retard.

Les articles suivants chargent le directeur de faire les poursuites nécessaires contre les bouchers en retard, et assurent un privilége à la ville de Paris, tant sur le cautionnement que sur le prix des étaux et sur les sommes dues aux bouchers pour fournitures de viande. Ils règlent aussi divers objets relatifs aux frais de syndicat de la boucherie, au nombre des bouchers et au rachat des étaux.

Art. 39. Tous les bénéfices résultant des prêts faits aux bouchers par le caissier, virement de parties, négociations, et de toutes les opérations quelconques, appartiennent à la ville de Paris, et seront versés à sa caisse après arrêté de compte.

Le 15 mai 1813, un décret régularisa le mode des prêts faits par la caisse de Poissy, sur les marchés aux vaches grasses et à la halle aux veaux.

En voici les dispositions :

Art. 1er. Les prêts seront faits aux marchands de vaches grasses, par la caisse de Poissy, sur simples bordereaux, à 8 jours déchéance, et leur montant sera réglé sur le pied de 5 p. o/o.

Art. 2. A l'avenir, les prêts à la halle aux veaux seront faits moyennant le même intérêt de 5 p. o/o par an, au lieu de la rétribution de 50 centimes par veau, fixé par le décret du 6 février 1811.

L'article 3 indique le mode de recouvrement de ces prêts.

Art. 4. Le privilége accordé à la ville de Paris sur le cautionnement des bouchers, sur ce qui leur est dû pour viande fournie, et sur la valeur estimative de leurs étaux, aura également lieu sur leurs créances pour peaux et suifs.

On vient de voir que l'article 10 du décret du 6 février 1811 fixait, en faveur de la caisse de Poissy, une commission de 3 1/2 p. o/o sur le montant du prix de chaque vente, et que cette commission était à la charge du vendeur, et retenue par la caisse, au moment où elle payait le prix des bestiaux achetés.

Ce système cependant était dans la logique des opérations commerciales, logique qui met, en général, la commission à la charge de celui des contractants qui a le besoin immédiat des sommes qu'on peut lui devoir. Mais
cette logique ne fut pas comprise par le conseil municipal, ni par le ministre de l'intérieur, qui en fit un rapport
au roi, pour obtenir une ordonnance de réduction des
3 1/2 p. o/o, en un droit de 3 p. o/o, qui serait à l'avenir payé par les bouchers. Cette ordonnance, du 22 décembre 1819, restreignit aussi le service de la caisse de
Poissy, en ne réservant ses prêts qu'à la boucherie de
Paris, et lui enlevant ceux qu'elle pouvait faire aux bouchers de la banlieue.

Voici quelques-uns des articles de cette ordonnance :

Art. 1er. Le droit de 3 1/2 p. o/o du prix des bestiaux
vendus aux marchés de Sceaux et de Poissy, à celui des
vaches grasses et à la halle aux veaux de Paris, attribué
à notre bonne ville de Paris, par les articles 8, 9, 10 et
11 du décret du 6 février 1811, cessera d'être perçu à
compter du 1er janvier prochain.

Art. 2. La caisse de Poissy continuera de payer
comptant et sans déplacement aux propriétaires herbagers et marchands forains, le prix de tous les bestiaux
que les bouchers de Paris achèteront auxdits marchés.

Art. 4. A compter du 1er janvier 1820, il sera perçu
sur les bœufs, vaches, veaux et moutons achetés pour
l'approvisionnement de Paris, un droit de consommation
de 3 p. o/o de la valeur desdits bestiaux, déterminé par
leur prix d'achat.

Art. 5. Les bouchers de Paris jouiront, dans le payement de ce droit, d'un crédit de trente jours, pour les
achats faits aux marchés de Sceaux et de Poissy, et de
huit jours pour les achats provenant du marché aux
vaches grasses et de la halle aux veaux. Le directeur de
la caisse de Poissy est chargé d'exercer le recouvrement
de ce droit sur les bouchers, simultanément avec celui
des avances à eux faites par la caisse.

L'art. 6 maintient le produit du droit, en faveur de
la ville de Paris.

La perception du droit proportionnel, ayant occasion-
né de nombreuses difficultés et quelquefois des conflits,
résultant des déclarations des divers prix d'acquisition,
que l'on avait lieu de soupçonner souvent comme frau-
duleuses, on pensa qu'il serait peut-être plus convenable
d'exiger un droit fixe par tête de bétail. Tel fut l'objet
d'une ordonnance rendue le 28 mars 1821, sur la délibération du conseil municipal de Paris et le rapport du
ministre de l'intérieur.

Art. 1er. Le droit établi par l'article 4 de l'ordonnance
du 22 décembre 1810, et proportionnel à la valeur des
bestiaux achetés pour la consommation de Paris, est supprimé à partir de la publication de la présente.

Art. 2. En remplacement de ce droit, il sera perçu
immédiatement, par tête de bestiaux vendus pour la
même destination, savoir : pour chaque bœuf, 10 fr.;
vache, 6 fr.; veau, 2 fr. 40 c.; mouton, 70 c.

En 1825, l'idée que le commerce de la boucherie
exerçait un odieux monopole, dont les habitants de Paris
et les herbagers étaient les victimes, fut reprise par

quelques économistes qui attaquèrent vivement cet incroyable privilége, disaient-ils, dans un temps où la liberté de toutes les industries était proclamée par la Charte comme un dogme sacré auquel il n'était pas permis de déroger sans forfaire. Les éleveurs, les herbagers, qui trouvaient qu'ils ne vendaient jamais assez cher, pensèrent, avec les économistes, qu'en rendant la boucherie de Paris libre, la concurrence amènerait forcément une élévation dans le prix de leurs marchandises; en conséquence, ils sollicitèrent vivement l'abolition des priviléges de la boucherie parisienne, et firent si bien que M. Syriès de Marinhac, alors directeur de l'agriculture, jugea qu'il devait se rendre aux bonnes raisons qu'on lui donnait. En conséquence, il fit rendre, les 12 janvier et 25 septembre 1825, deux ordonnances, l'une au profit, croyait-on, de l'engrais et de la propagation des bestiaux, l'autre qui rendait le commerce de la boucherie libre, en ruinant sans pitié les bouchers qui avaient acquis à grand prix les étaux qu'ils occupaient, dans la confiance que la propriété de leur industrie était aussi bien garantie par la loi, que l'était celle des notaires, des avoués, des agents de change, des courtiers de commerce, des commissaires-priseurs, des greffiers et des huissiers. C'est par cette confiance que certains étaux avaient été payés jusqu'à l'énorme prix de 140,000 fr. L'ordonnance fut impitoyable, elle sacrifia la fortune de 370 bouchers, sans faire la réflexion qu'ils avaient évidemment droit à une juste indemnité, puisqu'il plaisait au gouvernement de briser la puissance des décrets impériaux auxquels la cour de cassation avait décerné l'autorité sacrée de la loi. L'ordonnance accorda donc à chacun le droit de se faire boucher sous la condition seulement de verser un cautionnement égal de 3,000 fr. Le prix de ce cautionnement fut celui auquel furent réduits naturellement tous les étaux. Cette réduction porta un préjudice au commerce de la boucherie, qu'on ne peut évaluer à moins de 17,390,000 fr. Car il y avait alors 370 étaux dont la valeur moyenne était estimée à 50,000 fr.; en retranchant 3,000 fr. de cette valeur, il restait 47,000 fr. de perte par chaque étal.

La liberté accordée augmenta le chiffre des bouchers; de 370 il fut presque immédiatement porté à 514, c'était 144 de plus.

Cette grande satisfaction donnée aux économistes reçut et dut recevoir leurs unanimes applaudissements, car ils étaient bien convaincus que l'abondance allait régner partout, que les herbagers vendraient leur bétail plus cher, et que le public payerait la viande meilleur marché. On s'aveuglait à ce point qu'on ne s'apercevait pas que le principe devait entraîner une tout autre conséquence, une conséquence contraire d'après les premiers éléments de la logique.

En effet, cette liberté de commerce eut un résultat absolument opposé à celui qu'on en attendait. La perturbation fut bientôt mise à la place de l'ordre et de la régularité. Les éleveurs et les herbagers qui soignaient le mieux l'engrais de leurs bestiaux ne trouvèrent plus d'acheteurs, ou n'en trouvèrent qu'à des prix inférieurs; les bestiaux recherchés étaient naturellement les plus mauvais, parce qu'ils coûtaient moins, et que les nouveaux bouchers comme les anciens avaient un intérêt à se procurer de la marchandise à vil prix, afin d'y trouver un plus grand profit. Mais la concurrence que l'on voulait tant ne fit pas pour cela baisser le prix des viandes, tout au contraire, il augmenta. On le conçoit facilement : les frais d'étal sont considérables à Paris, et ces frais étaient plus grands pour 514 bouchers qu'ils ne l'étaient pour 370. Mais ce n'est pas tout, la consommation est une, et ne s'augmente pas par la volonté de l'autorité, ni par le plus grand nombre de marchands de certaines marchandises ; s'il y avait un profit pour 370 bouchers, il n'y en avait plus pour 514, ou il y en avait un si léger qu'il était insuffisant aux frais. Aussi de là arrivèrent de nombreuses faillites et une augmentation du prix des viandes. Le public, les herbagers, les marchands forains furent donc les dupes d'une spéculation économique mal conçue et mal appliquée. Si l'on avait pu réfléchir et entrer un peu dans la pratique du commerce de la boucherie, on aurait vu que ce n'est pas le grand nombre des bouchers qui peut amener une baisse sur le prix des viandes, mais au contraire un nombre restreint dans une proportion qui ne lui permette pas d'exercer un véritable monopole (1). Ce nombre fixé à 3 ou 400 était raisonnable pour la population de Paris à cette époque. Par cette réduction on pouvait être assuré que chaque étal pouvait débiter 4, 5 ou 6 bœufs par semaine, que le public serait bien servi, parce que les viandes étant incessam-

---

(1) Voir ci-après le Rapport de M. Boulay de la Meurthe au Conseil municipal.

ment renouvelées, condition indispensable pour en avoir toujours de bonnes, le public les payerait un moindre prix ; parcequ'il serait dans les intérêts bien entendus du boucher de se contenter d'un plus léger bénéfice, attendu la multiplication de ce bénéfice par la multiplication de la vente. Par l'augmentation des bouchers, il devait logiquement en résulter que chacun d'eux ne vendant plus qu'un ou deux bœufs par semaine, ce même public serait contraint de manger jusqu'au dernier morceau une viande rassise, souvent avancée, si elle n'était, pas tout à fait en putréfaction, et cela au plus haut prix possible, car le boucher aurait toujours les mêmes frais à couvrir.

L'ordonnance de 1825, rendue, fut exécutée dans toutes ses prescriptions ; le gouvernement était dans la confiance qu'il avait satisfait tous les intérêts et que l'abondance allait remplacer des approvisionnements incomplets, cause évidente des hauts prix de la viande. Voilà où conduisent certaines théories, qui considèrent comme démontrées les spéculations utopiques de l'esprit, prenant la logique d'un raisonnement spécieux pour une démonstration mathématique, et rejetant avec une sorte de mépris, et l'expérience des siècles, et la pratique, et l'étude sérieuse, approfondie des faits.

Au lieu du bien que l'on recherchait sincèrement, le mal advint presque immédiatement. L'industrie des herbagers et le commerce de la boucherie furent presque anéantis. On patienta, on espérait un mieux que le temps seul, disait-on, pouvait amener. L'ancien syndicat de la boucherie réclama vainement dans l'intérêt de la corporation qui se trouvait ruinée. Cependant le mal s'aggravant de plus en plus, des observations et des propositions furent adressées au gouvernement, par le préfet de police le 25 février 1828 ; le 26 août de la même année, un rapport circonstancié fut adressé également au ministre de l'intérieur, par le préfet de la Seine. La position de l'approvisionnement de Paris, en viandes, allait de mal en pis. A ces observations, propositions et rapports, se joignirent les réclamations des herbagers et des marchands de bestiaux. L'autorité, émue, comprit enfin le déplorable état des choses et se détermina à rapporter l'ordonnance de 1825 et à reconstituer le commerce de la boucherie sur ses anciennes bases.

Cette reconstitution fut l'objet d'une ordonnance rendue le 18 octobre 1829. Je crois utile de mettre sous les yeux du lecteur quelques extraits du rapport au roi, qui précède le texte de cette ordonnance.

« . . . . . En 1825, dit le ministre de l'intérieur, on « s'était proposé tout à la fois d'encourager la reproduc- « tion des bestiaux, par la concurrence des acheteurs, de « favoriser l'engrais, et de faire *diminuer le prix de la* « *viande de boucherie*, tout en faisant augmenter le prix « de la livre de bœuf sur pied.

« Cependant, Sire, loin que la concurrence soit deve- « nue plus grande, il s'est établi une sorte de monopole « en faveur d'un très-petit nombre de bouchers, qui seuls « ont pu continuer à s'approvisionner sur les marchés ; « *le reste a fait faillite*, ou ne se soutient que par des achats « de seconde main. C'est qu'en effet, le principe de la li- « bre concurrence, généralement bon, généralement salu- « taire, *ne saurait s'appliquer à la vente d'une denrée*

« *qu'on ne peut acheter qu'en grande quantité, qu'on ne*
« *peut revendre qu'en détail, et qui, par l'effet de la cor-*
« *ruption , tombe, au bout de quelques heures, en pure*
« *perte dans les mains du marchand.* En second lieu, il
« n'y a pas eu de diminution, ou plutôt, il y a eu, de-
« puis 1824, une augmentation dans le prix de la livre de
« viande. En troisième lieu, le nombre des bœufs gras
« achetés pour la consommation de Paris a subi une
« *énorme diminution*, depuis la même époque, ou plutôt
« *il est presque nul aujourd'hui;* et enfin, après avoir
« éprouvé dans les années 1825 et 1826, une augmenta-
« tion qui s'explique par la présence accidentelle de 50 à
« 60 mille ouvriers, le nombre des bœufs achetés sur les
« marchés de Sceaux et de Poissy est redescendu pro-
« gressivement en 1827, en 1828, et dans les six premiers
« mois de 1829, *beaucoup au-dessous de ce qu'il était en*
« 1824. Il en a été de même à l'égard des bestiaux ame-
« nés sur ces marchés; le nombre en a suivi une progres-
« sion descendante. Et ce double fait est d'autant plus di-
« gne de remarque, que ces deux nombres avaient con-
« stamment une marche ascendante dans les années an-
« térieures à 1825. Ainsi, loin que l'on ait pu atteindre
« le quadruple but qu'on avait en vue, l'expérience a con-
« tredit, *en tout point*, les prévisions de l'ordonnance.
« Cette première vérité *est hors de toute contestation ;* les
« relevés officiels déposent ici, avec une autorité irrécu-
« sable : ils mettent en évidence des faits contre lesquels
« *aucun raisonnement ne saurait prévaloir;* j'ajoute que
« le raisonnement viendrait facilement expliquer les faits,
« loin de les démentir.

« Ce n'est pas, Sire, que la consommation de la capi-
« tale ait diminué. L'ordonnance ne pouvait point pro-
« duire un semblable résultat, je me hâte de le dire. En
« général, et surtout en ce qui concerne les denrées de
« première nécessité, la consommation ne peut guère su-
« bir d'autres variations que celles qui proviennent de l'ac-
« croissement ou de la diminution du nombre de consom-
« mateurs. Aussi, la différence dont je viens de parler,
« est-elle plus que compensée par l'accroissement de la
« quantité de viande, dite *viande à la main*, qui a été
« consommée dans Paris. *Mais là se trouve précisément*
« UN MAL TRÈS-RÉEL, car ce débit ne se fait pas au profit
« du consommateur; il n'est pas le résultat d'une utile
« concurrence entre la boucherie de l'intérieur et celle de
« la banlieue; ce sont des bouchers de Paris qui, dans
« l'impuissance où ils se trouvent de payer des bœufs en-
« tiers sur les marchés de Poissy, achètent et revendent
« cette espèce de viande. Et ce que je dois dire encore, ce
« qui excitera la paternelle sollicitude de Votre Majesté,
« plusieurs d'entre eux, dépourvus de crédit auprès des
« herbagers, obligés, pour se soutenir, d'employer tous
« les moyens, achètent dans Paris des animaux qui n'ont
« pas SUBI LA VISITE; *en sorte que la santé, l'existence*
« *même des familles pauvres pourraient à la longue se*
« *trouver compromises.*

« Ainsi, non-seulement la mesure adoptée en 1825
« n'a pas produit les résultats qu'on espérait en retirer
« dans l'intérêt des consommateurs, mais elle a produit
« des effets ENTIÈREMENT OPPOSÉS. Au lieu de favoriser
« l'engrais des bestiaux, *elle l'a totalement détruit;* au

« lieu de procurer à la capitale *de meilleures viandes à*
« *moindre prix*, elle a fait substituer *la viande maigre à*
« *la viande grasse*, et la VIANDE SUSPECTE à la VIANDE
« SAINE, sans apporter au prix d'autre changement qu'une
« augmentation ; au lieu de rendre, par l'abaissement de
« prix, la consommation de la viande de boucherie plus
« facile pour la classe ouvrière, elle paraît avoir retardé
« l'accroissement, autrefois plus rapide, de cette consom-
« mation, en faisant élever le prix des viandes basses, que
« les bouchers ne donnent aujourd'hui *qu'à huit sous*,
« tandis qu'auparavant ils la donnaient à six. Et le mal
« aurait été plus grand encore, selon toute apparence, si
« la mesure dont il s'agit avait pu recevoir une applica-
« tion plus complète, c'est-à-dire si le nombre des bou-
« chers s'était réellement élevé de cent pour chaque an-
« née, jusqu'au 1er janvier 1828, pour s'accroître sans
« limites après cette époque : car alors le malaise de cette
« classe de commerçants étant devenu plus grave et plus
« pressant, les résultats dont je viens de parler se seraient
« manifestés d'une manière plus sensible, et la capitale au-
« rait probablement été livrée aux désordres qui l'ont déjà af-
« fligée dans des circonstances semblables (de 1791 à 1801
« avec le régime de liberté complète). Heureusement le
« nombre des bouchers n'a pas reçu une augmentation aussi
« considérable ; en quatre ans et demi il n'a pu monter que
« de 370 à 514. Les nombreuses banqueroutes qui se sont
« déclarées après la publication de l'ordonnance (il y
« en a eu 100) ont sans doute arrêté ceux *qui auraient*
« *pu* concevoir la pensée de former des établissements.
« Mais l'état actuel du commerce de la boucherie n'en est

« pas moins périlleux pour les familles qui l'exploitent, et
« menaçant pour les habitants de Paris. Sous ce premier
« rapport, la question se réduit maintenant à une ques-
« tion de fait, *et c'est l'expérience même qui l'a résolue.*

« . . . . . En résumé, de quelque manière que l'on
« considère le système actuel, on est forcé de reconnaître
« *qu'il a trompé toutes les espérances de l'administration ;*
« qu'il a jeté une funeste perturbation dans le commerce
« de la boucherie de Paris ; *qu'il y a créé une sorte de*
« *monopole,* au lieu d'y introduire une plus grande con-
« currence ; qu'il a nui à l'engrais, porté préjudice aux
« herbagers, et suscité leurs plaintes, en même temps que
« celles des bouchers ; *qu'il a dénaturé l'approvisionne-*
« *ment de la capitale,* enlevé à la classe aisée la faculté
« de se procurer la même viande qu'autrefois, *et réduit la*
« *classe pauvre à payer plus cher une nourriture* MOINS
« SAINE.

« . . . . . Ainsi tout s'accorde, Sire, à mettre en évi-
« dence la nécessité de sortir d'un système qui, je le re-
« connais, *paraissait offrir des avantages réels*, et dont
« il était difficile, du moins, de ne pas essayer l'applica-
« cation, mais qui, DEUX FOIS, a succombé sous l'épreuve
« du temps. Il est nécessaire aujourd'hui de rétablir, dans
« le commerce de la boucherie, le calme et la confiance,
« l'ordre et la bonne foi, le crédit et la faculté de faire
« un bon service. Convaincu par le témoignage des faits,
« comme par le témoignage des hommes les plus éclairés
« en pareille matière, que le mal est réel et sérieux, j'ai
« dû naturellement en chercher le remède dans le retour
« vers l'ordre de choses sous l'influence duquel tout avait

« prospéré pendant plusieurs années. En conséquence,
« d'après les doléances souvent reproduites par le com-
« merce de la boucherie; d'après la demande présentée par
« les herbagers eux-mêmes, qui supplient Votre Majesté
« de réduire à 400 le nombre des bouchers de Paris; d'a-
« près les instantes représentations qui m'ont été adressées
« par les directeurs et surveillants de cette branche du
« service public, et conformément aux avis simultanés des
« magistrats placés à la tête de l'administration muni-
« cipale, j'ai l'honneur de soumettre à Votre Majesté le
« projet d'ordonnance ci-joint: »

Suit le texte de l'ordonnance du 18 octobre 1829, dont
voici l'un des considérants:

« Considérant que l'ordonnance du 12 janvier 1825
« avait eu pour objet d'encourager la production et l'en-
« grais des bestiaux, et en même temps de réduire à un
« taux modéré le prix de la viande dans la ville de Paris;
« mais qu'au lieu d'amener ce double résultat, elle a pro-
« duit des effets contraires, ainsi que le démontrent les
« faits recueillis et constatés pendant les cinq dernières
« années; voulant faire cesser un état de choses qui tend à
« affecter d'une manière grave les sources de la repro-
« duction des bestiaux, à compromettre la sûreté de l'ap-
« provisionnement de la ville de Paris, et à détruire *les*
« *garanties* de la qualité des viandes livrées à la consom-
« mation. . . . .

« Nous avons ordonné et ordonnons ce qui suit: »

Cette dernière ordonnance reconstitue donc le com-

9

merce de la boucherie dans ses anciens priviléges ; elle se termine, en disant que les dispositions du décret du 6 février 1811, concernant la caisse de Poissy, qui ne sont point contraires à la présente ordonnance, sont maintenues et continueront d'être exécutées dans leur forme et teneur.

Cette ordonnance de 1829 réduisait le nombre des étaux à 400 ; et le syndicat de la boucherie était chargé d'opérer la réduction des 514 bouchers à ce premier nombre, au moyen de rachats successifs des étaux qui seraient en vente. Cette réduction si utile avait reçu un commencement d'exécution lorsqu'est arrivée la révolution de juillet.

Rétablir un privilége au moment où les idées de liberté enflammaient tous les esprits parut chose impossible à l'autorité ; on laissa donc dormir l'ordonnance de 1829, en laissant aller les choses, et en empêchant seulement la création de nouveaux étaux.

La caisse de Poissy continua à fonctionner sous le régime des ordonnances de 1825. Mais elle fut vivement attaquée comme exerçant un monopole toujours accompagné de l'épithète d'odieux. C'était une usurpation qu'elle exerçait aux dépens des droits des courtiers, des prêteurs d'argent, des banquiers, enfin de tous les gens d'affaires. Leur utile concurrence devait rendre l'argent plus abondant et conséquemment à un intérêt moindre que celui prêté par la caisse de Poissy. Ce désintéressement de la part des réclamants était touchant ; la caisse de Poissy était représentée comme une usurière municipale qui faisait d'énormes profits en ruinant les herbagers, les éleveurs de bestiaux, les marchands forains et les bouchers, tandis que les gens d'affaires n'arriveraient sur les marchés d'approvisionnement que pour aider les transactions entre les acheteurs et les vendeurs au moyen de prêts d'argent faits au plus bas intérêt, de commissions très-restreintes. Le pouvoir avait donc usurpé des droits qui appartenaient légitimement à l'industrie financière.

Ces réclamations eurent un grand retentissement par la manière dont la question était présentée ; on signalait une sorte d'abus d'autorité qui nuisait à la liberté du commerce, en fallait-il davantage pour saisir beaucoup d'esprits ?

Cependant la nécessité de cette caisse de Poissy s'était révélée dès le xive siècle, parce qu'elle offrait la seule et la véritable garantie qu'on pût désirer pour assurer l'approvisionnement en bestiaux d'une grande population. Aussi eut-on toujours à se louer de ses services. Détruite en 1791, l'approvisionnement fut compromis, je le répète, d'une manière déplorable malgré les secours *très-intéressés* alors des gens d'affaires, et il fallut la rétablir en 1802.

Je sais qu'en général le mot de monopole effarouche et blesse même la pensée du public. Il voit presqu'un accaparement quelconque dans ce mot terrible ; il ne réfléchit pas que si le monopole de quoi que ce soit est véritablement odieux lorsqu'il est exploité au profit d'un seul individu ou d'une compagnie, il devient presque toujours un bienfait lorsqu'il est exercé au profit de la société tout entière.

Je citerai d'abord pour exemple le monopole du tabac. Assurément s'il s'exerçait au profit d'une compagnie, il serait funeste ; mais exercé par le gouvernement il devient un impôt facile à prélever, puisqu'il dépend de la volonté de tous les citoyens d'user ou de ne pas user de tabac ; il devient un impôt très-productif qu'il faudrait nécessairement remplacer par un autre peut-être très-onéreux et vexatoire dans sa perception, et tout cela pour laisser à tous les marchands du royaume la liberté de vendre , sous le nom de tabac , toutes les drogues qu'il leur plairait composer pour tromper le public sur les diverses qualités de leurs denrées, et pour en élever ou abaisser le prix. Ce monopole dans les mains du gouvernement n'a pas le danger de cette liberté ; les prix sont légalisés ainsi que les qualités de la chose vendue qui est toujours choisie et préparée avec le plus grand soin et sous la plus vigilante inspection. L'Europe entière reconnaît ce fait en demandant à notre régie une exportation de ses fabriques de tabac.

Il en est de même du monopole attribué à la caisse de Poissy. Les services qu'elle rend sont dans l'intérêt de tous les habitants de la capitale dont elle assure d'une manière certaine l'approvisionnement de la plus salutaire des nourritures. En effet, elle offre aux herbagers, aux éleveurs, aux marchands forains, de faciles transactions pour la vente de leurs marchandises, car elle paye tout au comptant. Veulent-ils des espèces ? Elle leur en donne immédiatement et sur place. Préfèrent-ils un mandat du trésor sur le receveur général de leurs départements, ou sur le receveur particulier de leurs arrondissements ? Ce mandat leur est délivré incontinent. Comment avec une telle sûreté de payement l'approvisionnement pourrait-il manquer ? N'est-ce pas une admirabl ressource, une ressource toujours prête pour les propriétaires de bestiaux, que de n'avoir qu'à les faire présenter sur les marchés pour en obtenir le prix, pour encaisser tout de suite l'argent dont ils peuvent avoir besoin ? De bonne foi, des gens d'affaires, des entremetteurs, des négociateurs de prêts à faire aux bouchers pourraient-ils jamais offrir les mêmes garanties ? La capitale pourrait-elle avoir la même sécurité pour ses approvisionnements ? Serait-ce le haut intérêt que prélève la caisse de Poissy qui serait onéreux pour les bouchers et par suite pour la population ? Mais cette caisse ne prend que 5 p. o/o par an, et elle donne le même intérêt de 5 p. o/o sur le montant des cautionnements des bouchers, ces derniers intérêts s'élevant annuellement à la somme de 75,000 fr., tandis que les emprunts effectués dans le même cours de temps, par ces mêmes bouchers, produisent tout au plus, dans l'année, une somme de 40,000 fr. Il y a donc un déficit de 35,000 fr. à la charge de la caisse de Poissy. Voilà toute la vérité sur les opérations de banque, si l'on veut ainsi les appeler, de cette caisse. Les autres droits (1) qu'elle perçoit sont des droits municipaux, tels que ceux de l'octroi; ils forment une partie des revenus de la ville dont les

---

(1) Ces droits, elle ne les perçoit plus depuis le 1er janvier 1847, qu'ils ont été réunis, en vertu de la loi du 10 mai 1846, aux droits d'octroi, et perçus, par cette administration, selon les poids des viandes.

dépenses ne s'effectuent, comme chacun le sait ou comme chacun peut le voir, que pour le plus grand bien-être de son immense population.

Nous allons voir maintenant comment procède la caisse de Poissy sur les marchés.

Lorsque les bestiaux arrivés sur les marchés sont enregistrés et placés dans les localités qui leur sont destinées, la vente va s'effectuer. Une cloche, comme je l'ai dit dans le chapitre précédent, annonce l'ouverture du marché. Tout s'anime aussitôt; les bouchers parcourent les lignes de bœufs, de vaches, de veaux, de moutons; ils palpent, ils pressent ces bestiaux, devant, derrière, sur les flancs; ils apprécient avec la main l'état de l'engraissement, la qualité de la viande, la quantité des suifs, enfin le poids total de l'animal; et leur appréciation est tellement positive, par la grande habitude de la mettre en pratique, qu'il est bien rare qu'une erreur de 2 kilogrammes sur un bœuf du poids de 5 à 600 kilogrammes, soit commise. Aussi la vente s'effectue-t-elle sur le poids, en viande, ainsi apprécié, sans qu'il y ait contestation sur son exactitude, comme j'ai déjà eu l'occasion de le dire.

Le boucher traite, je le répète, soit avec les propriétaires de bestiaux directement, ce qu'il préfère toujours, soit avec des marchands forains, soit avec des commissionnaires. Ces derniers sont au nombre de vingt, bien que leur nombre ne soit pas limité; cette profession étant libre. La commission qui leur est payée est de 3 fr. par bœuf, 2 fr. 25 c. par vache, 1 fr. 50 c. par veau, et 20 fr. par cent moutons. Quelques-uns font un assez grand profit supplémentaire aux droits de commission sur les bestiaux de renvoi d'un marché à un autre, en les logeant dans des étables disposées à cet effet. Les fumiers qui en résultent étant fort recherchés.

Le mode de traiter sur les marchés en usage dans la boucherie de Paris se formule en pistole (10 fr.). On chicane sur 1/2, 1/4 de pistole. Et cette même boucherie, dans sa vente en détail, compte par livres, sous, liards et deniers. Elle emploie donc le calcul décimal pour ses achats en gros et le calcul duodécimal pour ses ventes en détail.

Aussitôt qu'une vente est effectuée et que le boucher a incisé sa marque sur chacun des bestiaux qu'il a acquis, un des employés de la caisse de Poissy, employés qui parcourent incessamment le marché avec une écritoire suspendue à la boutonnière, et ayant à la main des bulletins de vente formulés à l'avance ; un de ces employés, dis-je, est appelé pour constater la transaction et en stipuler le prix sur le bulletin qu'il délivre au vendeur. Celui-ci se transporte aussitôt dans les bureaux de la caisse, le bulletin est vérifié et enregistré, puis il est immédiatement acquitté.

Voilà avec quelle rapidité s'exécutent les travaux de la caisse de Poissy.

Je me suis peut-être trop longuement étendu sur la fondation et sur les diverses transformations de cette caisse, sur son utilité et sur toutes les parties accessoires à son action principale, mais je trouve cette institution si admirable par la simplicité de son organisation et par les garanties qu'elle offre à l'approvisionnement de la capitale, que je n'ai pu me restreindre à de justes limites.

Toutefois, pour compléter ce chapitre, je dois donner une idée du mouvement des fonds de la caisse de Poissy et de la manière dont ils sont employés par la trop grande tolérance du commerce de la boucherie à *la cheville*, formellement défendu par l'ordonnance du roi, d'octobre 1829, et par l'ordonnance de police, approuvée par le ministre de l'intérieur, de mars 1830.

J'ai dit que la caisse de Poissy payait aux bouchers, pour les intérêts de leurs cautionnements, une somme annuelle de 75,150 fr., et que les intérêts des prêts qu'elle faisait à la boucherie, s'élevaient tout au plus à la somme annuelle de 40,000 fr., ce qui constituait une perte de 35,000 fr.

La cause d'un pareil *déficit*, résulte d'un fait qu'il importe de constater : c'est d'abord que les bouchers en gros ou à la cheville n'usent pas de leur crédit à la caisse de Poissy, étant assez pourvus de capitaux pour s'en passer ; c'est ensuite que les bouchers, acheteurs à la cheville, n'allant pas sur les marchés puisqu'ils font leurs acquisitions de viandes dans les abattoirs, n'ont pas besoin également de leur crédit à la caisse. Il ne reste donc que ce qu'on appelle les bouchers réguliers, en assez petit nombre, pour user des fonds de la caisse de Poissy.

Voici la preuve de ce fait :

En 1846, sur 60 millions payés par la caisse de Poissy, soixante-trois bouchers en gros ont acheté pour 33 millions 500 mille francs, en somme ronde, de bestiaux ; ils n'ont emprunté à la caisse qu'une somme de 3 millions.

Les quatre cent trente-huit bouchers, res ant des cinq cent un, formant le nombre total de la corporation, ont acheté pour 26 millions 500 mille francs de bestiaux ; ils ont emprunté, eux, à la caisse, 8 millions de francs et une fraction.

On doit facilement comprendre, en voyant la nature des opérations actuelles du commerce de la boucherie avec la caisse de Poissy, que les bouchers en gros arrivent à monopoliser véritablement le commerce de la boucherie, et que si un tel état de choses pouvait continuer, il est évident que trente à quarante bouchers finiraient par se rendre les maîtres du prix des bestiaux sur les marchés d'approvisionnement, comme ils se rendraient maîtres du prix des viandes dans les abattoirs, en les vendant à leurs confrères qui, au lieu d'être bouchers, ne seraient plus alors que des marchands de viandes en seconde main.

Un tel état de choses ne pourrait durer qu'en sacrifiant les intérêts des éleveurs et des herbagers, forcés de se soumettre aux prix offerts par les bouchers en gros ; qu'en sacrifiant les intérêts des consommateurs qui devraient payer les prix fixés par ces mêmes bouchers.

CHAPITRE V.

Des Abattoirs.

Les contemporains d'un âge mûr se souviennent encore de la distribution du travail de la boucherie dans
l'intérieur des rues de Paris. C'était un hideux spectacle
que de voir à côté des étaux du boucher, les écuries et
les échaudoirs (tueries) où étaient enfermés et abattus
les bestiaux destinés à la consommation de la capitale :

Voici ce qu'en dit Mercier dans son tableau de Paris :
« Le sang ruisselle dans les rues, il se caille sous vos
« pieds, et vos souliers en sont rougis. En passant, vous
« êtes tout à coup frappés de mugissements plaintifs. Un
« bœuf est terrassé, et la tête est liée avec des cordes con-
« tre la terre ; une lourde massue lui brise le crâne, un
« large couteau lui fait au gosier une plaie profonde, son
« sang qui fume coule à gros bouillons avec sa vie. Mais
« ses douloureux gémissements, ses muscles qui tremblent
« et s'agitent par de terribles convulsions, ses abois, les

« derniers efforts qu'il fait pour s'arracher à une mort
« inévitable; tout annonce la violence de ses angoisses et
« les souffrances de son agonie. . . . .

« Quelquefois, le bœuf étourdi du coup, et non ter-
« rassé, brise ses liens, et, furieux, s'échappe de l'antre du
« trépas; il fuit ses bourreaux, et frappe tous ceux qu'il
« rencontre, comme les ministres ou les complices de sa
« mort; il répand la terreur, et l'on fuit devant l'animal
« qui, la veille, était venu à la boucherie d'un pas docile
« et lent.

« Des femmes, des enfants, qui se trouvent sur son
« passage, sont blessés; et les bouchers qui courent
« après la victime échappée sont aussi dangereux dans
« leur course brutale que l'animal que guident la douleur
« et la rage. »

Cette grande et belle ville de Paris, qui cependant
faisait déjà l'admiration des étrangers, était bien loin de
la magnificence qu'elle étale si fastueusement aujourd'hui.
Avec l'intelligente police qui règne dans cette merveilleuse capitale, Boileau ne pourrait plus dire ce qu'il disait
au dix-septième siècle :

« Là, des couvreurs grimpés au toit d'une maison,
« En font pleuvoir l'ardoise et la tuile à foison.
« Là, sur une charrette une poutre branlante
« Vient menaçant de loin la foule qu'elle augmente.
« Six chevaux, attelés à ce fardeau pesant,
« Ont peine à l'émouvoir sur le pavé glissant.
« D'un carrosse en tournant il accroche une roue,
« Et du choc le renverse en un gros tas de boue,
« Quand un autre à l'instant, s'efforçant de passer,

« Dans le même embarras se vient embarrasser ;
« Vingt carrosses bientôt, arrivant à la file,
« Y sont en moins de rien suivis de plus de mille.
« Et, pour surcroît de maux, un sort malencontreux
« Conduit en cet endroit *un grand troupeau de bœufs* ;
« Chacun prétend passer : l'un mugit, l'autre jure ;
« Des mulets en sonnant augmentent le murmure ;
« Aussitôt cent chevaux dans la foule appelés,
« De l'embarras qui croît, ferment les défilés ,
« Et partout des passants enchaînant les brigades ,
« Au milieu de la paix font voir les barricades. »

. . . .

Ce n'était pas seulement l'étalage des viandes à l'intérieur et à l'extérieur des boucheries, les tueries qui avoisinaient l'exposition de ces viandes pantelantes; là, n'étaient pas peut-être les plus graves inconvénients qui en résultaient pour le public : c'était aussi le parcours des bestiaux de toutes les sortes dans les rues alors si étroites de Paris ; souvent les voies publiques étaient encombrées de bœufs , de moutons, de porcs , et de nombreux accidents résultaient d'un tel état de choses. Je me souviens encore d'un bœuf faisant partie d'une bande qui traversait la rue Saint-Martin pour se rendre à la rue du Grand-Hurleur, où se trouvaient plusieurs tueries ; je me souviens , dis-je , d'un bœuf qui , passant près d'un marchand de glaces, s'effraya en voyant son image se reproduire; il entra furieux dans le magasin, en brisa toutes les marchandises, et ce ne fut qu'à grand'peine qu'on parvint à le dompter.

Le besoin de classer les boucheries dans les quartiers

spéciaux s'est fait sentir chez tous les peuples. L'antiquité en avait donné l'exemple, et le moyen âge, au milieu de sa barbarie, l'avait suivi avec une intelligence beaucoup moins développée sans doute.

Ainsi, il n'est pas de ville de France de quelque importance, de même qu'il n'est pas de cité en Europe, où l'on ne trouve des quartiers destinés spécialement à la boucherie. Paris, au moyen âge, comme je l'ai déjà dit, et presque jusqu'à nos jours, avait ses boucheries au parvis Notre-Dame, à l'apport Paris, au marché Saint-Jean, à la rue Saint-Jean-de-Beauvais, à la rue Montmartre, à la rue des Boucheries, faubourg Saint-Germain, à la rue des Boucheries-Saint-Honoré, à la rue Saint-Martin, près Saint-Nicolas-des-Champs, à la montagne Sainte-Geneviève et à la place Maubert.

Avec le temps les étaux avaient quitté les lieux où ils étaient confinés pour se placer dans toutes les rues; c'était une négligence de l'administration municipale qui, du reste, ne se manifestait que trop dans toutes les questions de voiries, de propreté et de salubrité publiques. Ce bon temps, si vanté par certains esprits, serait peu du goût de ceux qui l'exaltent, s'il pouvait leur être rendu avec toutes les misères et les malpropretés dont il était entouré.

Je l'ai déjà dit, Napoléon, qui voulait l'ordre partout, ne l'avait pas rétabli dans le commerce de la boucherie pour laisser une lacune dans son œuvre. Il voulait la compléter.

Néron, après avoir incendié Rome, et l'avoir fait reconstruire, avait bâti une magnifique boucherie. La médaille qu'on lui frappa à ce sujet représente, d'un côté, l'une des faces du monument, avec cette exergue : NERO CLAUDI AUG. GER. P. M. TR. P. IMP. P. P.; et, de l'autre, la face correspondante; le tout soutenu et orné de colonnes. L'entrée était précédée d'un perron de quatre degrés au-dessus desquels on lisait : MACELLUM AUGUSTI SENATUS CONSULTO. Voici le dessin pris sur la médaille antique:

Assurément, il n'existe aucune similitude entre le génie et le noble caractère de Napoléon, et les folies sanguinaires de Néron. Mais celui-ci ayant élevé un monument utile dans la Rome antique, il était permis à Napoléon de suivre cet exemple exceptionnel pour doter sa belle capitale de monuments non moins superbes, non moins utiles que ceux qu'avait fait édifier Néron.

Cette grande pensée d'ordre et d'utilité publics, qui se portait sur toutes choses, se fixa sur la nécessité d'établir des abattoirs dans la ville de Paris, afin de la purger du spectacle repoussant du travail de la boucherie, et des immondices non moins repoussantes qui en sont la conséquence, et qui se répandaient dans presque toutes les rues de la capitale.

Cependant, il est juste de reconnaître qu'à différentes époques, surtout sous le règne de Louis XV, alors que les philosophes s'étaient emparés de toutes les questions économiques, abandonnées à peu près par le gouvernement, qui, lui, ne s'occupait qu'à la recherche des moyens financiers pour combler les énormes *déficit* du trésor royal, ou pour en créer de nouveaux, afin de se procurer l'argent nécessaire aux prodigalités de la cour; sous Louis XV donc, la prévôté des marchands voulait faire transporter aux extrémités de la ville, les boucheries, qui, placées dans l'intérieur, compromettaient la santé publique. L'esprit de routine, la pénurie d'argent, firent ajourner tous les projets.

La question du déplacement des tueries fut enfin soumise à l'empereur, qui renversa les anciens abus, et dicta l'un de ces décrets qui n'admettent point de réplique.

Le 9 février 1810, le décret suivant fut rendu :

« Napoléon, etc., etc.

« Art. 1er. Il sera fondé à Paris cinq tueries: trois sur « la rive droite de la Seine, deux sur la rive gauche.

« Art. 2. Les trois tueries, sur la rive droite seront « deux de 24 échaudoirs, et une de 12.

« Art. 3. La première des quatre tueries qui sont à « construire sera posée le 25 mars par notre ministre de « l'intérieur, qui ordonnera les dispositions nécessaires.

« Art. 4. La corporation des bouchers de Paris sera « maîtresse de faire construire les cinq tueries à ses frais, « et elle aura le privilége exclusif; sinon, les travaux se- « ront faits sur les fonds de notre domaine extraordinaire « et à son profit. »

Un second décret fut rendu le 19 juillet suivant, en voici les dispositions :

« Art. 1er. Le plan de l'emplacement des quatre abat-
« toirs, dont nous avons ordonné la construction dans
« notre bonne ville de Paris, est approuvé tel qu'il est
« annexé au présent décret.

« Art. 2. Notre ministre de l'intérieur est chargé de
« l'exécution du présent décret, etc. »

Un décret du 24 février 1811, § 4, des abattoirs,
dit :

« Art. 9. L'accroissement de 1,500,000 fr. de revenus,
« qui résulte, pour la ville de Paris, du rétablissement de
« la caisse de Poissy, sera d'abord employé à terminer les
« abattoirs. La construction du cinquième abattoir sera
« commencée cette année ; celle des quatre autres sera con-
« tinuée avec toute l'activité possible, et de manière à ce
« qu'ils soient terminés en 1812. Après l'achèvement des
« abattoirs, les produits de la caisse de Poissy augmen-
« teront, dans la caisse de la ville, les fonds destinés à de
« nouveaux travaux. »

Cinq architectes furent chargés de l'exécution des
abattoirs. Les premiers projets qu'ils présentèrent ne parurent pas appropriés à la nature des services qu'ils
avaient à rendre : de belles colonnades, de riches pilas-
tres, séparant de vastes archivoltes, parurent un luxe plus
digne de magnifiques palais que de monuments destinés à
des tueries. Ces architectes, savants sans doute, avaient
voulu donner aux boucheries de Paris le même caractère
de grandeur que celui que Néron avait donné aux bou-

cheries de la Rome antique. Fort heureusement qu'un
très-habile homme, qu'un administrateur éminent, qu'un
architecte enfin, aussi sage qu'instruit, M. Bruyère, alors
directeur des travaux de Paris, s'opposa formellement aux
poétiques projets qui lui furent soumis.

Voici ce que cet homme célèbre a publié sur les abattoirs, dans son bel ouvrage *des études relatives à l'art
des constructions* (1823, 2 vol. in-folio.)

« Les architectes, d'après les ordres du ministre, se
« réunirent en commission, à la tête de laquelle était le
« vice-président du conseil des bâtiments civils, et dont
« le secrétaire du même conseil et le sieur Combault, maî-
« tre-boucher, firent partie. La première chose dont la
« commission devait s'occuper était d'arrêter un pro-
« gramme, ce qu'elle fit dans sa séance du 14 octobre
« 1810.

« Ce programme était l'ouvrage du sieur Combault,
« dont la longue expérience dans la pratique de l'art du
« boucher, pouvait inspirer toute confiance. M. Gauché,
« l'un des architectes nommés par le ministre, fut chargé
« d'indiquer les premières dispositions, ainsi que de rédi-
« ger les plans généraux, qui devaient être conformes au
« programme et l'accompagner.

« Il s'en acquitta avec le talent qu'on lui connaît. Ces
« plans contenaient tous les édifices qui doivent composer
« un abattoir général. Leur disposition dont on s'est peu
« écarté dans l'exécution, était largement tracée. Tous les
« édifices étaient isolés et entourés de rues ou de places
« spacieuses ; et l'on peut dire que, sous ce rapport, ces
« établissements ne laissent rien à désirer. Sous d'autres

10

« rapports, il semble que le programme, quoique rédigé par
« un homme du métier, porte l'empreinte d'une opinion
« particulière. On pouvait croire qu'il existait une arrière-
« pensée, et que l'on regardait comme possible qu'une
« compagnie fût chargée de l'exploitation générale des
« abattoirs. Cette pensée, si elle a existé, était contraire
« à la promesse faite aux bouchers de les laisser jouir dans
« les abattoirs généraux de la même liberté que dans leurs
« ateliers, et elle a pu influer sur quelques dispositions.
« D'un autre côté, les bouchers dont les nouveaux établis-
« sements contrariaient les habitudes, parurent éviter de
« prendre aucune part aux projets qu'on allait arrêter, es-
« pérant que leur exécution, qui exigeait de grandes dé-
« penses, ne serait jamais terminée. Les emplacements
« furent cependant fixés et les terrains acquis. L'un des
« abattoirs, celui de Montmartre, était même déja com-
« mencé, lorsqu'en janvier 1811, je fus chargé de la di-
« rection des travaux de Paris. Il m'était difficile, dans
« les premiers moments, où les affaires exigeaient la plus
« grande partie de mon temps, et où j'avais à m'occuper à
« la fois d'un grand nombre d'édifices, de me pénétrer
« profondément des conditions auxquelles il me fallait sa-
« tisfaire dans la construction de toutes les parties d'un
« abattoir général. Ce ne fut qu'après avoir visité les an-
« ciens établissements et conféré avec plusieurs maîtres
« bouchers, que je crus reconnaître quelques vices de dis-
« position, notamment dans ce qu'on appelle assez im-
« proprement les *échaudoirs* (lieu où l'on abat). Il était
« bien tard, car les constructions étaient déjà avancées,
« principalement à l'abattoir de Ménilmontant ; mais les

« observations qui m'avaient été faites, me parurent im-
« portantes, et le succès des abattoirs tellement compromis
« surtout avec l'opposition connue des bouchers, que je
« regardai comme indispensable de changer le premier
« projet adopté pour les échaudoirs. Suivant ce projet,
« chaque corps de bâtiment ne contenait que six cases dont
« une partie était mal éclairée. Trois ou quatre bouchers
« devaient abattre dans la même case, et les bœufs abat-
« tus auraient été suspendus aux mêmes pentes, ce qui
« aurait donné lieu à des débats multipliés, à cause du
« mélange des viandes, des longes, des instruments et de
« l'affluence des garçons bouchers dans un même passage.
« Dans la nouvelle disposition, seize échaudoirs, ou cases
« plus petites que celles du projet précédent, sont placés
« sur une vaste cour de travail, et l'on trouve à l'étage au-
« dessus des serres fermées par des grillages en fer, dans
« lesquelles chaque boucher peut déposer son suif en
« branche et tout ce qu'il juge convenable.

« L'étendue des abattoirs a été proportionnée aux quar-
« tiers qu'ils étaient destinés à desservir. Ceux du Roule et
« de Villejuif, qui sont à peu près semblables, contiennent
« chacun trente-deux échaudoirs, celui de Grenelle qua-
« rante-huit et ceux de Ménilmontant et de Montmartre
« chacun soixante-quatre; au total 240 échaudoirs. Ce
« nombre est encore inférieur à celui des bouchers; mais
« plusieurs font tuer par leurs confrères, et il y a quelques
« échaudoirs communs à deux bouchers. Les bouveries et
« bergeries ont la même étendue que les corps d'échau-
« doirs. On trouve en outre, dans chacun des abattoirs,
« des fondoirs pour le suif, des réservoirs et des conduites

« en plomb qui fournissent l'eau dans toutes les parties
« des édifices, des voiries ou cour de vidange, des écuries
« et remises pour le service particulier des bouchers, des
« lieux d'aisance publics, des parcs aux bœufs, des loge-
« ments pour les agents; enfin, un aqueduc voûté conduit
« toutes les eaux de pluie et de lavage dans les égoûts de
« Paris. On y a ajouté depuis quelques temps des tri-
« peries qu'on avait cru, dans l'origine, devoir en ex-
« clure. . . . .

« . . . . . On peut seulement regretter que la com-
« mission ait été privée des renseignements qu'auraient
« pu donner les bouchers eux-mêmes, si l'esprit qui les
« animait leur eût permis d'avoir une opinion unanime
« sur les perfectionnements dont chaque partie de ces
« établissements était susceptible. La commission avait
« éprouvé, et j'ai éprouvé avec elle, combien il est difficile
« de combattre l'esprit de routine et les intérêts particu-
« liers. »

Les architectes qui ont fait exécuter les abattoirs sont :
MM. Petit-Radel, Le Loir, Gisors, Happe et Poidevin. Ils
ont eu pour collaborateurs, MM. les inspecteurs Malary,
Colson, Ménager, Turmeau, Coussin, Altiret, Clochard
et Guénepin.

Je vais donner maintenant quelques détails sur les terrains, les constructions, et les dépenses afférentes à chaque abattoir.

SECTION PREMIÈRE.

———

ABATTOIR MONTMARTRE.

L'abattoir Montmartre est situé avenue Trudaine, entre les rues Rochechouart et celle Bochard de Saron, près la rue des Martyrs, à l'extrémité du second arrondissement municipal.

Cet abattoir dont la première pierre a été posée le 2 décembre 1810, occupe un espace de 37,240 mètres carrés ; sa construction confiée d'abord à M. Bellanger, puis à M. Poidevin, comme architectes, et à MM. Clochard et Guénepin, comme inspecteurs, a été commencée dès 1810 ; c'est à cette circonstance, ainsi qu'à la forme particulière du terrain, qu'est due la différence qu'on remarque dans sa disposition générale et dans quelques-unes de ses dispositions de détail, avec les autres établissements de cette nature.

Cette forme particulière du terrain a nécessité un cadre différent des autres abattoirs, il présente un grand parallélogramme sur lequel sont rangés symétriquement les divers corps de bâtiments dont se compose l'abattoir.

§ 1er. — *Échaudoirs.*

L'abattoir Montmartre compte huit corps d'échaudoirs, divisés par quatre cours de travail. Chaque corps d'échaudoirs est divisé en neuf cases qui se dessinent à l'extérieur, par une ligne d'archivoltes très-espacées au-dessous desquelles sont placées les portes à doubles vantaux de chaque échaudoir, s'ouvrant sur les rues et sur les cours de travail; les cintres de ces archivoltes, sont vitrés; c'est par eux qu'arrive le jour dans chaque atelier d'abat. Parmi ces neuf cases, il en est une placée au centre du bâtiment qui sert de passage pour entrer dans les cours de travail, et où se trouvent les cages d'escaliers qui montent à l'étage supérieur, où sont placés les séchoirs.

Chaque corps des bâtiments qui contiennent les échaudoirs, a 44 mètres 50 centimètres de longueur et une largeur de 10 mètres; les cours de travail, qui séparent ces bâtiments, ont une longueur égale à ceux des bâtiments, et une largeur de 11 mètres. Ces cours sont entièrement dallées, et disposées avec des talus, en pente très-douce, qui amènent dans un regard placé dans leur centre tous les liquides, qui s'écoulent tant des échaudoirs, que des cours mêmes; un robinet est disposé à chacune de leurs extrémités, pour faciliter les lavages.

Les échaudoirs ou tueries ont chacun une longueur de 10 mètres sur une largeur de 4 mètres 60 centimètres; encadrés par des murs de pierres de taille, d'une grande solidité. Ces ateliers sont dallés en pierre de la plus grande dureté, ayant de 23 à 24 centimètres d'épaisseur. Ces dalles sont également disposées en talus de manière à faire écouler les liquides du côté de la cour de travail. C'est au milieu de ces dalles que sont fixés et rivés deux forts anneaux en fer, destinés à l'attache des bœufs, des vaches et des taureaux au moment de l'abat. Au-dessous de ces anneaux, et à leur droite, les dalles sont taillées en bizeau, et forment une sorte de caniveau, qui sert à conduire le sang de l'animal abattu dans une petite auge réservée à l'angle intérieur de l'échaudoir.

Un treuil, avec ses agrès, est fixé à l'une des parois des murs ; c'est par son moyen que les bœufs sont enlevés au moment de l'habillage, puis suspendus à deux grosses pentes construites avec des bois de charpente assez forts pour porter et soutenir jusqu'à huit bœufs. Dans l'angle de chaque échaudoir, un robinet est placé pour son lavage.

De longues chevilles, en fer, sont plantées tout autour des murs ; elles servent à suspendre les moutons après leur habillage ; entre ces chevilles se trouvent plantées des chevilles plus courtes, nommées *chevilles à épaules*, parce qu'elles servent à accrocher les épaules des gros bestiaux ; enfin, de larges pattes, armées d'un crochet recourbé, sont plantées après les pentes, elles servent à accrocher les veaux ; c'est pourquoi on les appelle *pattes à veaux*.

Tels sont les objets qui meublent chaque échaudoir.

Au premier étage de chaque corps de bâtiment des échaudoirs, sont disposés des séchoirs en égal nombre de ces ateliers, au-dessus desquels ils sont placés ; ils sont entourés chacun d'un grillage en fer, et prennent leur entrée sur une vaste surface, sorte de grand corridor, solidement carrelée ; ces séchoirs, comme ce grand corridor, prennent leur jour à nu, à travers les fermes d'une magnifique charpente, formant une saillie de 3 m. 10 c. de largeur tout autour du bâtiment, saillie qui sert d'abri, dans les mauvais temps, aux bouchers au moment de leur travail.

Cette grande et belle charpente soutient le comble couvert par de grandes tuiles creuses, formant une pittoresque ondulation, ainsi que cela se voit dans les grandes fabriques italiennes.

L'aspect de chaque bâtiment des échaudoirs offre donc à l'œil un monument sérieux, grave, parfaitement en rapport avec la nature des travaux qui s'y exercent. Les murs sont en belles pierres de taille ; les portes en fortes planches de chêne, elles sont couronnées, comme je l'ai déjà dit, par des archivoltes, qui donnent un beau caractère architectonique à l'ensemble général ; et, ce qui achève ces sévères dispositions, ce sont ces vastes combles en saillie, dont les magnifiques charpentes sont laissées entièrement à découvert.

Les abattoirs, ces beaux monuments, sont visités par les étrangers, et en général par les étrangers de distinction, qui viennent admirer la belle distribution et l'utilité de ces grands établissements.

Le 9 août 1836, le Roi de Naples et des Deux-Siciles, actuellement régnant, daigna honorer les abattoirs de sa présence. S. M. arriva à l'abattoir Montmartre, à 3 heures, après midi, un mardi, jour de grand travail pour la boucherie. Le Roi était accompagné par son oncle le Prince de Salerne, par M. le comte de Rambuteau, préfet de la Seine, et par le général Gourgaud, aide de camp de notre Roi, Louis-Philippe.

M. le Préfet de la Seine avait choisi mes appartements pour faire reposer le Roi de Naples, des nombreuses courses qu'il lui avait fait faire pour visiter les principaux monuments et établissements de Paris; M. le Préfet, dis-je, avait en conséquence envoyé, chez moi, son maître-d'hôtel, et ses domestiques, pour préparer les rafraîchissements, et m'avait fait l'honneur de me charger de donner à S. M. Napolitaine, tous les renseignements concernant les approvisionnements et le commerce de la boucherie de Paris.

A trois heures, ai-je dit, m'arrivèrent Ferdinand II et sa noble suite.

Au milieu de tous ces personnages, je ne pouvais pas reconnaître le roi, qui, à son entrée dans mon cabinet, s'était mis à contempler un portrait en pied de Napoléon. M. le comte de Rambuteau, voyant mon embarras, me prit par la main, et eut la bonté de me présenter à S. M., en lui disant qu'il m'avait chargé de lui fournir tous les documents qu'elle pourrait être curieuse de connaître sur l'administration des abattoirs. Je m'inclinai devant le roi, ce représentant de la puissance qu'un homme peut exercer sur ses semblables, et j'avoue que j'avais peu l'habitude de me trouver face à face et en contact avec ce qu'on appelle ces augustes personnes. Cependant après avoir observé le physique de cette majesté, et que j'eus reconnu, en elle, un assez beau jeune homme de 26 ans, fort gracieux, fort poli, je me rassurai.

J'eus donc l'honneur de lui parler comme à un simple

homme. Il me posa les questions qui l'intéressaient, d'une manière claire, lucide, intelligente, ce qui facilita singulièrement mes réponses. Après une conversation qui dura une demi-heure au moins, et après avoir pris quelques rafraîchissements, le roi désira visiter l'abattoir, et voir en relief l'établissement dont je venais de lui montrer le plan. Nous sortîmes donc par un soleil brûlant, lequel m'effrayait, attendu que je me trouvais très-souffrant d'une migraine qui m'accablait, et que la pensée d'affronter ce soleil, la tête nue, me contrariait fort; mais à peine, fûmes nous dans la cour, que S. M. me pria de me couvrir, car elle venait elle-même de mettre son chapeau ce que je fis avec un grand empressement, car je savais en théorie, que l'invitation d'un roi est un ordre; je mis donc mon chapeau avec un bonheur et une reconnaissance dont S. M. ne se douta guères.

Nous marchâmes du côté des cours de travail. Mais les voitures de la Cour avaient fixé les regards des bouchers et de leurs garçons; ils avaient d'ailleurs appris indirectement la visite du Roi, de sorte que bientôt, nous fûmes entourés par 7 ou 800 garçons bouchers, revêtus de leur costumes de travail, c'est-à-dire, de tabliers ensanglantés, armés de leurs couteaux, ayant leurs bras fermes et nerveux, nus jusqu'aux épaules; cette masse compacte d'hommes vigoureux et si effrayemment costumés, nous précédait, nous flanquait et nous suivait. J'avais beau les inviter à nous laisser le passage libre, la curiosité de voir un roi, l'emportait sur mes ordres: Dans ce moment j'examinai la physionomie de S. M.; je crus reconnaître un sentiment de crainte, crainte assez justifiée par les émeutes qui avaient suivi la Révolution de juillet, et que le roi ne pouvait pas ignorer.

Je me rapprochai alors de S. M., et lui dis : « Sire, V. M. « n'a pas l'habitude de se voir entourée par des hommes « d'un extérieur aussi repoussant, mais qu'elle se rassure, « sous ces sanglants vêtements, se trouvent d'excellents « sentiments, des cœurs généreux, des hommes paisibles et « qu'on a jamais vus troubler l'ordre public. »

A ces paroles, le roi parut se remettre et me répondit : « En effet, ce sont de fort beaux hommes, et dont les « physionomies sont plus rassurantes que leurs costu- « mes. »

Nous continuâmes notre visite, après laquelle je reconduisis S. M. à sa voiture. Là, elle voulut bien me témoigner sa gratitude, puis elle fut visiter Notre-Dame de Lorette.

Deux années après sa visite, le roi de Naples me fit demander les plans des abattoirs et les ordonnances d'après lesquelles ils sont administrés, pour en faire construire d'identiques dans la capitale de son royaume ; ces abattoirs sont construits aujourd'hui et mis en pratique.

§ 2. — *Des Bouveries.*

L'abattoir Montmartre compte autant de bouveries qu'il y a d'échaudoirs, c'est-à-dire huit. Chaque bouverie a 44 mètres 50 centimètres de longueur, sur 9 mètres 80 centimètres de largeur. La bouverie est ouverte par trois portes, une à chacune de ses extrémités, une au centre du bâtiment; elle est divisée en 8 cases à bœufs, autant que le nombre d'échaudoirs qu'elle a à desservir; chaque case est marquée par une chaîne en pierres de taille, encadrée dans les murs de pierre meulière. Dans ces murs, sont plantés 6 anneaux d'attache pour les bœufs ou les vaches, par case; ce qui fait que chacune d'elles peut contenir 48 têtes de gros bétail.

Pour les veaux et pour les moutons, il y a en face de chaque case à bœufs, deux petites cases, l'une pour les veaux, l'autre pour les moutons; elles sont séparées par une cloison construite en épais barreaux en bois, à travers lesquels sont ouvertes les portes pour y introduire le bétail. Le nombre de ces cases est double de celui des cases à bœuf, c'est-à-dire, qu'il est de 16. Un bel escalier, placé à l'extrémité de chaque bouverie, conduit à l'étage supérieur, où se trouvent symétriquement rangés les greniers à fourrages, entourés aussi, du plancher au plafond, par de forts barreaux en bois; ces greniers sont aussi au nombre de 8, par bouverie, représentant toujours le nombre des échaudoirs.

Ces greniers sont à la disposition des bouchers comme les autres localités qui leur sont destinées. Ainsi, chacun d'eux a droit à un échaudoir, à un séchoir, à une case à bœuf, une à veau, une à mouton et à un grenier à fourrages, en tout six localités; indépendamment des services généraux concernant l'eau, les abreuvages, les vidanges, etc., etc.

Les bâtiments des bouveries sont construits en pierres

meulières, séparés seulement, à l'abattoir Montmartre, par 8 pieds droits en pierres de taille, qui sont aussi employées à leurs portes cintrées. Seize baies leur donnent du jour ; ces baies sont dessinées en archivolte, et rappellent celles des échaudoirs, vis-à-vis desquelles elles sont placées.

Huit baies de forme carrée éclairent les greniers à fourrage sur la façade de chaque bouverie, aux deux extrémités deux grandes baies cintrées construites en pierres de taille, ayant chacune un balcon en barreaux de fer sont ouvertes pour l'enlèvement des fourrages.

Les combles des bouveries ne son point à jour comme ceux des échaudoirs ; la saillie qu'on leur a laissée n'est que d'un mètre environ ; elle n'eût point été motivée d'ailleurs, puisqu'aucun travail n'a de permanence autour de ces bâtiments. Les tuiles qui les couvrent sont également creuses.

§ 3. — *Des Fondoirs de Suif.*

L'abattoir Montmartre a huit fondoirs destinés à la fonte des suifs en branche. Ces huit fondoirs sont disposés dans deux vastes corps de bâtiment, qui en contiennent chacun quatre. Ils sont placés aux deux extrémités sud de l'abattoir, l'un du côté de la rue Rochechouart, l'autre du côté de la rue Bochard de Saron, ayant l'un et l'autre leur façade extérieure sur l'avenue Trudaine.

Chaque corps de bâtiment a 44 mètres de longueur sur une largeur de 11 mètres. Le quart de cet espace est réservé à chaque fondeur. La fonte s'opère au premier étage, c'est là que les fourneaux et les poêles sont disposés ainsi que les presses qui servent à exprimer le jus des débris des fontes pour en former les pains de cretons. Des tuyaux placés sous les chaudières du premier étage traversent le plafond et conduisent les suifs fondus dans d'autres grandes chaudières placées au rez-de-chaussée ; et de ces dernières chaudières le suif encore liquide est transvasé dans des baquets de bois blanc nommés *jalonneaux*, pour y prendre la forme d'un corps solide ; puis de ces jalonneaux il en sort en pains pour être livré au commerce après avoir séjourné plus ou moins longtemps dans les frais magasins et dans les caves, attribués à chaque fondoir.

Des ordonnances de police ne permettent à Paris la fonte des suifs en branche que dans les abattoirs généraux. L'insalubrité de ces sortes d'ateliers a motivé cette exclusion.

Je dois dire toutefois que cette insalubrité est relative, puisqu'en vérité l'odeur du suif en fonte n'a rien de malsain, puisque les hommes qui exercent ce travail ont de magnifiques santés et sont presque tous vigoureux et robustes ; mais l'odeur est détestable, elle est nauséabonde, et si elle ne rend pas malade, elle fait éprouver un dégoût qui équivaut presque à une maladie. Il est donc sage de placer un tel *incommodo* dans des lieux où de pareils inconvénients sont perpétuellement en action.

Les deux bâtiments de fondoirs sont construits en pierres de taille jusqu'à la hauteur des impostes qui supportent les dix archivoltes qui couronnent les dix baies

du rez-de-chaussée de chacun des bâtiments, du côté de
la rue intérieure de l'abattoir. Deux de ces baies forment
les portes d'entrée d'un préau ou d'un vestibule commun à deux fondoirs, au fond de ce vestibule se trouve
la cage de l'escalier qui conduit au premier étage et dans
les caves. Les huit grandes baies servent à éclairer les
quatre fondoirs, mais par des œils-de-bœuf percés à travers les cloisons-volets établies en fortes planches de
chêne afin d'éviter la chaleur du dehors qui nuirait aux
suifs ; dix baies carrées sont également ouvertes au premier étage. Sur l'avenue Trudaine, placée au contre-bas
de l'abattoir, et sur laquelle les fondoirs ont leur façade
décorative du monument général , dix baies sont ouvertes
au-dessous des grandes baies cintrées qui correspondent
à celles de l'intérieur ; ces baies ouvertes en arceaux dé-
veloppés dans la mesure des grandes fenêtres cintrées
qui sont placées au-dessus, et au-dessus desquelles sont
disposées également dix baies carrées ; ces premières baies
en arceaux forment donc une combinaison d'un double
rang d'archivoltes, surmonté par un bandeau en pierre
de taille enclavé dans le mur de meulière, bandeau qui
sépare le premier du second étage. L'ensemble, la disposition et la forme des trente baies qui décorent la façade
extérieure offre donc à l'œil un aspect monumental des
plus satisfaisants. Les combles et la toiture sont établis
dans les mêmes conditions que celles des autres bâtiments déjà décrits.

§ 4. — *Des Coches ou Voiries.*

A la suite de chaque corps de bâtiments des fondoirs,

on a réservé deux petites cours d'une longueur chacune de 40 mètres 8 centimètres, et longues de 11 mètres. Ces cours sont fermées à l'extérieur par un mur d'environ 4 mètres d'élévation, et à l'intérieur par un mur dans lequel on a pratiqué des baies assez larges pour donner passage aux voitures : au milieu de ces cours on a établi une construction dont l'excavation, en partant du sol, peut avoir 1 mètre de profondeur ; cette excavation creusée en talus est bordée par un bahut en pierres de taille; dans sa plus grande profondeur se dresse une borne ayant un robinet d'eau toujours en charge, et dans sa base un grillage qui sert à tamiser l'écoulement des eaux et des liquides déposés sur les dalles. Ces constructions s'appellent coches ou voiries ; c'est là que se déposent toutes les immondices des abattoirs, immondices qui doivent être enlevées toutes les nuits. A chaque extrémité de ces cours on a placé les lieux d'aisance publics.

§ 5. — *Des Triperies et préparations des têtes et pieds de veaux, et cuissons des têtes de moutons.*

Ces cours séparent, des deux côtés, sur la rue de l'abattoir, appelée rue des Fondoirs, deux corps de bâtiments de ceux des fondoirs. Ils sont tous deux d'une égale mesure : 20 mètres 8 centimètres de longueur sur 11 mètres de largeur. Dans l'un se trouvent placées les préparations des triperies, c'est-à-dire les lavages et cuissons des estomacs des bœufs, des vaches et des moutons, et la préparation des pieds de ces derniers, auxquels on enlève la petite laine et les ergots pour les rendre propres à l'alimentation publique. C'est de ces ateliers de triperie que sortent tous les gras-doubles et les bottes de pieds de moutons qui se consomment dans Paris. Ces bâtiments construits en pierres de taille, et n'ayant qu'un rez-de-chaussée ouvert par quatre baies, ont leurs combles construits avec une charpente en fer et couverts en zinc.

Dans le second de ces bâtiments se trouvent placés deux ateliers, l'un destiné à la préparation des têtes et des pieds de veaux, et l'autre à la cuisson des têtes de mouton. Entre ces deux ateliers un magasin est réservé pour le dépôt des pompes à incendie. Sur la partie nord-ouest de ce dernier corps de bâtiment sont placés, à la grille d'entrée, la conciergerie, le bureau des préposés à la perception des droits, et deux bureaux pour les agents spéciaux de la boucherie. A l'extrémité de cette grille d'entrée dont le développement est de 65 mètres, ouverte par trois guichets, à l'extrémité, dis-je, de cette grille qui sépare les deux pavillons d'entrée où sont les ateliers que je viens de décrire, se trouvent placés, vis-à-vis de la conciergerie, le bureau du préposé de police de l'abattoir et le corps de garde des sapeurs-pompiers.

§ 6. — *Du service de l'eau.*

Il faut pour le service quotidien de l'abattoir Montmartre 90,000 litres d'eau. Or, comme cet abattoir se trouve placé sur le point culminant du sol de Paris, dans ce qui est compris dans le mur d'octroi, cet abat-

11

toir n'a pas pu s'alimenter par les eaux du canal de l'Ourcq qui se trouve à 16 mètres au-dessous de son niveau. Il a donc fallu obvier à cet inconvénient et se procurer de l'eau d'une autre manière. Deux immenses puits ont été creusés à une profondeur de 40 mètres à chacune des extrémités de l'abattoir, du côté de la rue Rochechouart et du côté de la rue Bochard de Saron. De ce premier côté on a appliqué une pompe à vapeur de la force de 8 chevaux qui élève l'eau jusque dans un réservoir placé à 6 mètres au-dessus du sol; de l'autre côté on a construit un manége où l'on peut atteler 8 chevaux pour faire jouer une pompe qui élève également l'eau à une hauteur de 6 mètres au dessus du sol, dans un second réservoir. Mais ces deux réservoirs peuvent réciproquement s'emplir au moyen de tuyaux de conduite, ce qui donne la facilité de n'user jamais que d'une seule machine à la fois, et de n'être jamais pris au dépourvu dans le cas où un accident arriverait à l'une d'elles.

Ces réservoirs contiennent, l'un du côté de la rue Rochechouart, 100,480 litres cubes d'eau, l'autre 56,731 mètres seulement. Ce sont ces réservoirs qui mettent richement en charge tous les robinets de l'abattoir.

Les bâtiments qui contiennent les puits, les machines et les réservoirs sont placés à chaque extrémité de l'abattoir, au nord-ouest et au sud-est. Ces bâtiments sont d'une grande importance par leur étendue; ils ont chacun 50 mètres de longueur sur 10 mètres de largeur. Ils sont divisés en trois corps horizontalement disposés sur leur longue façade, ayant deux pavillons formant les deux ailes et le centre ouvert par un portique de sept archivoltes sous lesquelles se trouvent placées les remises et les écuries de l'abattoir. Ces bâtiments sont surmontés d'un étage où se trouvent disposés des logements pour les employés de l'abattoir.

Les tuyaux de conduite, destinés au service de cet établissement, forment une longueur de 1,500 mètres; ils sont en plomb, leur poids total est de 36,000 kil.; ils alimentent 122 robinets d'arrêt et 100 robinets à tête, dont le poids total en cuivre est d'environ 5,000 kilogrammes.

§ 7. — Des bâtiments d'administration.

L'abattoir Montmartre compte encore trois corps de bâtiment, dits d'administration; deux de ces bâtiments sont placés aux extrémités de la rue dite des Échaudoirs, en face de ceux où sont disposées les pompes et les machines. Chacun de ces bâtiments a 9 mètres 80 centim. de longueur, sur une largeur de 9 mètres 60 centim. Ils se composent d'un rez-de-chaussée et d'un premier étage; ils ont trois baies sur trois de leur face, la quatrième étant appuyée sur le chemin de ronde. Deux logements sont occupés, dans chacun de ces bâtiments, par des employés de l'administration.

Au centre de la rue des Échaudoirs se trouve placé le grand bâtiment, quartier général des employés principaux. Ce bâtiment se développe sur une longueur de 49 mètres 20 centimètres. Il se compose de deux pavillons en saillie, dans lesquels on pénètre par deux perrons ayant six marches chacun; sur chaque pavillon, s'appuie le

grand corps de logis, sur lequel neuf baies de façade sont
ouvertes, chaque pavillon en contenant trois, cela forme
un total de quinze baies. L'aspect de ce bâtiment, construit en pierres meulières, ayant pour base un socle
de 1 mètre d'élévation, dressé en pierre de Château Lan-
don ; l'aspect, dis-je, de ce bâtiment est celui d'une espèce
de château, triste, peut-être, par la sévérité des tons de
la pierre meulière. Il se compose d'un vaste rez-de-chaussée et d'un premier étage aperçu sur la face intérieure,
de deux étages sur la face extérieure, donnant sur le chemin de ronde. Les trente baies qui s'ouvrent sur la première façade sont cintrées avec des archivoltes qui se
dessinent en pierre de taille. Sur la façade extérieure, le
premier étage ne compte que six baies cintrées au rez-de-
chaussée des pavillons et six baies au premier étage ; le
deuxième étage, qui ne prend ses jours que de ce côté,
compte quinze baies de forme carrée.

§ 8. — *Des parcs à lotir les bestiaux.*

Vis-à-vis le grand bâtiment d'administration sont disposés deux grands parcs, entourés d'une grille en fer,
soutenus par des bahuts en pierre de tailles ; ces parcs
sont destinés au lotissement des bestiaux, lorsqu'ils arrivent des marchés ; c'est là que les hommes de service reconnaissent les marques de chaque boucher, et divisent
ensuite le bétail pour le conduire dans les localités affectées à celui à qui il appartient. Ces parcs, d'une longueur
de 5o mètres environ, sur une largeur de 1o mètres, sont
ouverts à chaque bout par une porte ; aux deux montants

de chacune d'elles sont adaptés deux rouleaux en fonte, qui servent à empêcher les bœufs de se froisser en
entrant. Des plantations en beaux arbres bordent ces
parcs, et mettent les bestiaux à l'abri du soleil pendant
les grandes chaleurs. Entre ces deux parcs, enfin, on a
planté un bosquet de 32 mètres de large sur 50 de
long; il forme un coup d'œil agréable, au milieu des scè-
nes affligeantes qu'offre le tableau des destructions dont
l'abattoir est le perpétuel théâtre, destructions sans lesquelles la pauvre vie humaine serait bien compromise.

§ 9. — *Statistique générale des terrains, bâtiments, toitures, pavés,
murs d'enceinte, éclairage, etc., de l'abattoir Montmartre.*

Comme je l'ai déjà dit, l'abattoir Montmartre est élevé
sur une superficie de 37,240 mètres; il compte 25 corps
de bâtiment, qui en occupent une de 10,870 mètres; la superficie des toitures est de 14,772 mètres en tuiles, et de
940 en zinc et ardoises; la superficie pavée est de 26,359
mètres; celle occupée par les murs d'enceinte est de 515
mètres.

L'abattoir est divisé en trois rues ouvertes dans la
grande parallèle de l'établissement, les rues des Fondoirs,
des Bouveries et des Échaudoirs; ces rues sont traversées,
à angle droit, par les rues de la Pompe, de la Coche n° 1er,
du Parc n° 1er, du Parc n° 2, de la Coche n° 2 et du
Manége.

Enfin les rues, les parcs, les cours de travail, les bouveries, sont éclairés par 96 becs invariables et variables,
renfermés dans 47 lanternes ou appliques.

Telles sont les distributions des localités et de leurs accessoires à l'abattoir Montmartre.

Ce grand établissement a coûté à la ville de Paris une somme totale de 4,765,565 francs; savoir: 39,537 francs pour l'acquisition des terrains et 4,725,028 francs pour les constructions.

SECTION II.

DE L'ABATTOIR MÉNILMONTANT.

Cet abattoir occupe l'îlot circonscrit par les rues Saint-Maur, des Amandiers, Saint-Ambroise et l'avenue Parmentier. Sa façade principale et son entrée sont disposées sur l'avenue Parmentier. Une grille de 32 mètres 72 centimètres de développement donne entrée à une cour de 96 mètres de largeur sur 140 mètres de longueur.

Ce magnifique établissement a été construit par les soins de M. Petit-Radel, architecte, et M. Attiret, architecte-inspecteur. Il occupe une superficie de 44,995 mètres, sur lesquels on a élevé des constructions couvertes, ayant 11,154 mètres carrés, et d'autres constructions non couvertes, ayant 1,872 mètres; cependant les toitures, formant de grandes saillies au-dessus des bâtiments, comptent 16,755 mètres. Le pavé des rues, des places, des bouveries, des écuries, des remises et des parcs aux bœufs, comptent ensemble 32,474 mètres carrés.

La forme de cet abattoir, composé de 27 corps de bâtiments, n'est point la même que celle de l'abattoir Montmartre; elle est régulièrement carrée. Une vaste cour sépare la ligne des bâtiments des échaudoirs qui sont au

nombre de huit, comme à l'abattoir Montmartre, et qui
contiennent également soixante-quatre ateliers d'abatage
séparés par quatre cours de travail ; les huit bouveries
qui desservent ces échaudoirs sont disposées savoir : quatre
parallèlement aux corps des échaudoirs, et quatre disposées en potence sur ces mêmes corps, ayant leur façade
principale vis-à-vis les entrées des cours de travail.

Les bâtiments des échaudoirs et ceux des bouveries
ont une mesure égale à ceux de l'abattoir Montmartre ;
seulement, dans les bouveries, les séparations des places
afférentes à chaque boucher sont construites en pierre de
taille formant les bases de doubles arceaux qui remplacent
les charpentes du rez-de-chaussée au premier étage, et
soutiennent les combles au deuxième étage.

Les fondoirs, élevés presqu'à l'extrémité de l'abattoir,
sont construits en pierres de taille : ils se composent de
deux corps de bâtiments de 27 mètres de longueur sur
18 mètres de largeur, et contiennent chacun quatre ateliers de fonte de suif, divisés par un large corridor, au
milieu duquel s'ouvre un bel escalier qui descend dans
les caves, voûtées en beaux moellons piqués, et parfaitement dallées ; ces caves servent de magasins pour déposer les suifs fondus.

Les deux fondoirs sont séparés par une petite place
ayant 18 mètres de longueur, sur 27 de largeur.

Au fond de cette petite place se développe un vaste
bâtiment, séparé des fondoirs par une rue de 17 mètres
de largeur ; ce bâtiment, d'une belle et sévère architecture, a 75 mètres 12 centimètres de façade ; il contient
les réservoirs de l'eau destinée au service de l'abattoir.

Au centre du bâtiment, on remarque un avant-corps en saillie, avec une grande baie qui l'ouvre dans son centre ; c'était là qu'autrefois une machine à vapeur fonctionnait au-dessus d'un puits et procurait l'eau. De chaque côté de cet avant-corps, s'élève un magnifique portique dont les nombreuses archivoltes séparent les remises où se déposent les voitures des bouchers. Au-dessus de ces portiques, au premier étage, sont placés les deux bassins des réservoirs, évidemment les plus grands, les plus beaux et les mieux construits de ce qui existe en ce genre dans Paris. Le bassin du nord a 29 mètres 26 centimètres de longueur, sur une largeur de 4 mètres 25 centimètres ; sa profondeur est de 1 mètre 32 centimètres ; il cube 192 mètres 139 millimètres d'eau. Le bassin du sud a 28 mètres 93 centimètres de longueur, sur une largeur moyenne de 4 mètres 29 centimètres ; sa profondeur est de 1 mètre 32 centimètres, il cube 172 mètres 238 millimètres d'eau.

Ces superbes réservoirs sont alimentés aujourd'hui par les eaux de Belleville ; mais, comme dans les temps de sécheresse, ces eaux viennent quelquefois à manquer, l'administration municipale a prévu cette éventualité, en donnant à l'abattoir, auxiliairement, les eaux du canal de l'Ourcq ; mais celles-ci ne peuvent être introduites dans les réservoirs, attendu que le bassin de la Villette se trouve à environ 3 mètres plus bas que le niveau de ces réservoirs. Les eaux de l'Ourcq ne peuvent donc être employées que dans les parties les moins élevées de l'abattoir.

A droite et à gauche du bâtiment des réservoirs, sont

placées deux petites constructions, où sont disposées les écuries- communes.

Ces écuries sont marquées par deux grands corps de bâtiments de 51 mètres de longueur, sur 10 de largeur. Dans l'un, sont placés les ateliers de triperie, de préparations des têtes et des pieds de veau, et des cuissons de têtes de mouton ; dans l'autre, des bergeries, des greniers et des caves supplémentaires.

En définitive, tout respire un air de grandeur monumentale dans l'abattoir Ménilmontant ; son aspect, pris de l'avenue Parmentier, sur lequel il s'ouvre par une grille de 32 mètres 72 centimètres , grille qui s'appuie sur deux gros pavillons destinés aux logements des employés, ayant chacun 16 mètres 40 centimètres de longueur, sur 10 mètres de largeur ; cet aspect est imposant, et il n'est pas un étranger qui, en l'admirant, ne reconnaisse au grandiose de ce bel établissement qu'il soit de création napoléonienne.

La ville de Paris a dépensé pour la construction de l'abattoir Ménilmontant une somme totale de 4,308,191 fr., savoir : 132,704 fr. pour les terrains, et 4,075,487 pour les bâtisses.

SECTION III.

DE L'ABATTOIR VILLEJUIF.

L'abattoir Villejuif a sa façade et son entrée sur le boulevard de l'Hôpital, non loin de la barrière d'Italie. Il occupe une superficie rectangulaire de 27,200 mètres, y compris les deux jardins extérieurs qui y sont annexés.

Il a été construit sur les dessins de M. Leloir, architecte, et par les soins de M. Ménager, architecte-inspecteur.

Cet abattoir est entouré, indépendamment du boulevard de l'Hôpital, de trois larges rues plantées de sycomores, de sorte qu'il apparaît à l'œil, encadré dans une riante bordure, ce qui donne une sorte de coquetterie à l'aspect du monument, dont la destination a quelque chose de triste et de sévère.

Une large grille en décore l'entrée ; un vaste quinconce, planté en tilleuls, arrête agréablement la vue derrière cette grille. A droite et à gauche, sont deux pavillons élégants, bâtis en pierres meulières ; ils sont destinés aux logements des employés de l'abattoir ; dans le fond et sur l'axe de l'abattoir, on aperçoit un bâtiment bien dressé, destiné au service de l'eau ; il contient dans son premier étage deux bassins réservoirs, qui mettent en charge les 131 robinets destinés au service de l'établissement.

A la droite et à la gauche, sont disposés quatre grands corps de bâtiment, séparés chacun par une cour de travail d'allée ; ils contiennent 32 échaudoirs, lieux du supplice du bétail. Quatre bouveries, formant quatre corps de bâtiment, dont deux sont placées parallèlement aux corps des échaudoirs, et deux en potence sont disposées pour le service des échaudoirs.

Des remises, des écuries sont disposées aussi parallèlement à droite et à gauche des échaudoirs.

Dans le fond de l'abattoir, à droite, se trouve un grand corps de bâtiment, placé en potence sur les échaudoirs de droite ; il contient quatre fondoirs de suifs. A gauche, un corps de bâtiment, correspondant à celui-ci,

contient les triperies, les échaudages des têtes et des pieds
de veau et la cuisson des têtes de mouton ; plus, au premier étage, quelques logements.

La surface de l'abattoir contient 15,319 mètres de pavés ; 9,074 mètres de toitures et 814 mètres de tuyaux de
conduite pour les eaux.

Les terrains pour construire l'abattoir ont coûté à la
ville de Paris 54,423 fr. ; les constructions, 2,408,753 fr. ;
en tout, 2,463,176 fr.

SECTION IV.

DE L'ABATTOIR GRENELLE.

L'abattoir Grenelle est situé à la droite et proche la
barrière de Sèvres. Ce magnifique monument contient
32,170 mètres carrés ; il a été bâti par les soins et sur
les dessins de M. Gisors, architecte, et de M. Thurmeau,
architecte-inspecteur.

De tous les abattoirs de Paris, c'est celui où l'art architectonique s'est le plus distingué, par la grande et noble
distribution des corps de bâtiment, par l'entente des effets
pittoresques, ménagés avec un goût parfait, par les dispositions enfin les mieux combinées pour la facilité du
service.

Le cadre du terrain manquait de régularité ; mais le
talent de l'architecte a su dissimuler cet inconvénient avec
beaucoup d'adresse.

L'entrée de l'abattoir, comme toujours, s'ouvre entre deux
beaux pavillons qui contiennent des logements. En face,
se trouve un beau et vaste quinconce, planté aussi en
tilleuls, au milieu duquel se trouve le célèbre puits arté-

sien, la grande œuvre de Mulot, sur laquelle j'aurai à revenir tout à l'heure.

A droite et à gauche du quinconce, sont disposés les vastes bâtiments , séparés par des cours de travail, qui contiennent les 48 échaudoirs, où la boucherie exerce son terrible métier.

Deux grandes bouveries , parallèles aux corps des échaudoirs, en assurent le service avec quatre autres bouveries plus petites qui sont placées, deux en potence du corps des échaudoirs, à droite et à gauche, en entrant dans l'abattoir, et deux placées dans la ligne des grandes bouveries.

En face et derrière le quinconce, est élevé, en belles pierres de taille, le bâtiment qui contient quatre fondoirs; ce bâtiment est isolé et placé comme au centre d'une place publique. Parallèlement sur le derrière , au fond de la place, se trouve un grand et vaste bâtiment soutenu sur un portique élégant ; chacune des archivoltes de ce portique forme une remise; au premier étage, sont disposés deux magnifiques réservoirs , presque aussi grands que ceux de l'abattoir Ménilmontant , et dont la construction peut être comparée aux plus beaux travaux des Romains. A droite et à gauche de ce vaste bâtiment, sont placées de plus légères constructions qui servent pour les écuries communes.

Entre les petites bouveries et les écuries , on trouve encore deux vastes bâtiments à droite et à gauche, séparés des bouveries par un élégant quinconce; ces bâtiments, celui de droite contient les triperies, les échaudages des têtes et des pieds de veau, et la cuisson des têtes de mouton; celui de gauche contient des magasins et au premier des logements.

La surface pavée de l'abattoir Grenelle est de 14,564 mètres carrés, celle des toitures, de 12,823 mètres; enfin, il y a 1,207 mètres de tuyaux de conduite pour diriger l'eau aux 174 robinets en service.

Le terrain de l'abattoir Grenelle a coûté à la ville de Paris, 121,555 fr., et les constructions 3,075,121 fr.; en tout, 3,196,736 fr.

PUITS ARTÉSIEN.

Les premiers travaux du puits artésien de l'abattoir Grenelle ont été commencés le 24 décembre 1833.

A cette époque, je n'avais pas l'honneur de connaître M. Mulot, ce simple et bon ouvrier serrurier d'Epinay. A la première vue, sa physionomie intelligente me frappa. Je remarquais son front saillant et élevé, sous lequel se trouvaient enfoncés deux petits yeux noirs, vifs et brillants comme deux escarboucles. Sa parole était brève et décisive; il y avait de la volonté et de la persévérance dans toute l'allure de sa personne, et on devinait qu'aucune difficulté n'était capable de l'arrêter dans ses projets. Après lui avoir indiqué le centre d'un bassin placé au milieu du grand quinconce, comme le lieu le plus favorable au percement de son puits, je lui demandai à quelle profondeur il pensait trouver l'eau jaillissante. Il me répondit : « Je n'espère la trouver que sous le banc de craie, « et ici, ce banc ne peut avoir moins de 1,000 pieds d'é- « paisseur. — Et pourquoi préjugez-vous 1,000 pieds ?

« dis-je. — Parce que , ajouta Mulot, je viens de creu-
« ser un puits à Elbeuf , et que j'ai trouvé une épaisseur
« de 5oo pieds de craie. Or, comme Paris est placé *sur le*
« *cul du chaudron* (ce sont ses expressions), à cause de la
« déclivité du terrain depuis Elbeuf jusqu'ici , j'estime à
« 1,000 pieds au moins l'épaisseur du banc de craie. »

Ceci ne me paraissait pas une raison suffisante, ignorant,
que j'étais, de la topographie souterraine, des couches géo-
logiques , et des cercles qui en tracent le centre et les
extrémités, de sorte que je me vis contraint de demander
des explications plus à ma portée à M. Mulot. Il me fit
comprendre alors, avec une clarté parfaite, ce qu'était un
cercle géologique, sa concavité plus ou moins profonde ;
plus profonde lorsqu'il fallait aller chercher l'eau sous
les terrains secondaires, moins profonde lorsqu'il s'agissait de la trouver sous les terrains tertiaires ; il me dit
que Paris ne pouvait trouver l'eau que sous les couches
secondaires, mais que le cercle étant plus étendu , il y
avait moins de risques de voir s'épuiser l'eau, parce qu'elle
se recrutait sur une bien plus grande étendue de pays ;
qu'ainsi le cercle géologique sur lequel il allait travailler,
avait un diamètre de plus de 120 lieues, tandis que les
cercles des puits de Saint-Ouen et de Saint-Denis, dont
les eaux viennent des terrains tertiaires, n'avaient guère
qu'un diamètre de 3o lieues.

La netteté de pareilles explications me donna tout de
suite une grande estime pour la science pratique de
Mulot.

L'œuvre commença. Les difficultés se multiplièrent ,
et toujours l'activité et l'intelligence de Mulot sut les

vaincre. Enfin les 1,000 pieds de craie furent creusés, et
l'on n'était pas au bout. J'avoue que lorsque je vis ce résultat, mon admiration se réunit à mon estime, et que je
la témoignai vivement à ce digne homme. 400 pieds encore de craie durent s'ajouter aux 1,000 pieds déjà creusés. Mais à travers quelles difficultés, grand Dieu! des
sondes cassées, refaites, recassées; des travaux sans cesse
renouvelés et presque toujours sans résultats. J'ai vu,
pendant sept mois, la sonde descendre, pour repincer
des instruments cassés à 14 ou 1,500 pieds de profondeur, et remonter toujours à vide; il y avait de quoi dé-
sespérer cent fois un homme, même des plus persévérants:
rien n'arrêta la volonté de Mulot, il travailla, travailla,
travailla, inventant cent nouveaux instruments et les
mettant en œuvre; il renversa les obstacles et arriva à la
limite du banc de craie pour attaquer les argiles.

Enfin, le 26 février 1841, après sept années un mois
et vingt-six jours, l'eau arriva tout à coup à 5 heures
du soir; elle arriva d'une profondeur de 547 mètres
(1,686 pieds anciens); d'une profondeur de plus d'un
demi-quart de lieue. Mulot était absent, il était à Tours;
son fils, jeune homme très-intelligent, conduisait les travaux; c'est donc lui qui éprouva la première et si vive
émotion du succès d'un travail si véritablement merveilleux. La première eau qui surgit était froide: c'était celle
des sources supérieures qui avaient rempli le tube pendant toute la durée des travaux; mais bientôt arriva une
eau très-trouble et verdâtre, eau fumeuse et chaude, qui
inonda bientôt toutes les rues de l'abattoir. Mais comment peindre la joie de Mulot fils et de ses ouvriers, es-

pèces de machines actives, qui travaillaient depuis plus
de sept années sans savoir ce qu'elles faisaient ; ils se plon-
geaient dans cette eau chaude et bourbeuse, en faisant le
signe de la croix et poussant des houras de bonheur. Les
femmes de l'abattoir accouraient toutes avec un morceau
de savon à la main, pour savoir tout de suite la qualité de
l'eau, car s'il s'y fondait, elle était jugée parfaite, et parfaite elle fut immédiatement jugée.

Je reçus bientôt un exprès pour m'annoncer l'arrivée
de l'eau ; je courus bien vite à l'abattoir que je trouvai
comme enveloppé dans un nuage épais, tant les buées de
l'eau chaude avaient d'intensité. Je fis lever tout de suite
les pierres des regards et les grilles des égouts, pour faire
couler l'eau, mais leur débit ne pouvait suffire à la quantité que produisait le puits. Il y avait donc en quelque
sorte une inondation.

Le lendemain, M. Mary, ingénieur en chef du service
des eaux de Paris, et ses ingénieurs ordinaires se mirent
à la tête des travaux, et bientôt des égouts creusés à la
hâte remirent l'abattoir à sec.

On mesura tout de suite la chaleur de l'eau qui s'élevait à 27 degrés 7 dixièmes centigrades, et on calcula que
le tube du puits débitait par minute, environ 2,361 litres
d'eau, ou 3,400,000 litres par 24 heures, ce qui forme
environ 4 litres par habitant de Paris.

L'arrivée de l'eau artésienne à l'abattoir Grenelle émut
tout Paris ; les journaux annoncèrent ce grand événement.

Cependant Mulot père partait de Tours pour revenir à
Paris, ignorant l'étonnant succès de son entreprise. Com-

Comme il avait à changer de voiture à Orléans, le directeur des messageries, qui le connaissait, lui fit compliment sur le brillant succès qu'il venait d'obtenir. Mulot ne voulait pas y croire, et regardait cela comme une plaisanterie ; toutefois, à la vue du journal que lui présenta le directeur, il fallut bien qu'il se rendît. Mais alors une sorte de fièvre s'empara de lui, et il me contait, deux jours après, qu'en route il avait voulu descendre vingt fois, imaginant qu'il irait plus vite à pied qu'avec des chevaux qui lui semblaient marcher comme des tortues. Il descendit de voiture et se rendit d'abord chez M. Arago, à l'Observatoire, qui lui confirma avec la chaleur d'âme qu'on lui connaît la solution de son grand travail. Mulot courut de là à l'abattoir pour voir par ses yeux. Il trouva là, en arrivant, une lettre du ministre de l'intérieur, de M. Duchâtel, qui lui annonçait que le roi, pour récompenser la grande œuvre qui venait de s'accomplir, avait nommé Mulot, chevalier de la Légion d'honneur. Le ruban fut tout de suite attaché à sa boutonnière par son fils, ses ouvriers et les employés de l'abattoir, qui le conduisirent en triomphe au milieu de l'eau surgissante et bouillonnante, dont les murmures vinrent agréablement se joindre aux si vives émotions qu'il éprouvait. Quelle belle journée pour le pauvre ouvrier serrurier !

Ce ne fut pas la seule émotion de Mulot : M. le comte de Rambuteau, préfet de la Seine, tout le conseil municipal, voulurent qu'une récompense fût votée à Mulot. Son marché avec la ville stipulait, qu'en cas de succès il lui serait compté une somme de 1,000 fr. à titre d'indemnité. On trouva, avec raison, cette gratification presque ridicule ; et l'on proposa d'accorder à Mulot une indemnité de 40,000 fr.

Consulté à ce sujet, j'eus l'honneur de faire observer au préfet et à plusieurs membres du conseil municipal que, connaissant mieux Mulot qu'ils ne pouvaient le connaître, je pensais qu'il valait mieux garantir son existence de toutes les chances du commerce et de l'industrie, à lui surtout, qui était passionné pour son art, et qui ne calculait aucune dépense pour y réussir, qu'il valait donc mieux lui constituer une rente viagère incessible et insaisissable de 3,000 fr. par an, dont la moitié serait reversible sur la tête de sa femme en cas de survie. Ma proposition fut agréée; en conséquence, le conseil vota la rente de 3,000 fr. à Mulot, plus, une gratification de 5,000 fr. à Mulot fils, plus encore, une gratification de 300 fr. pour chaque ouvrier, plus enfin, une gratification de 100 fr. pour chacun des concierge et portiers de l'abattoir.

Les travaux du tubage du puits furent successivement faits; on éleva les tubes à 36 mètres au-dessus du sol de l'abattoir, afin d'obtenir, par cette élévation, la possibilité d'envoyer l'eau jusque dans le réservoir de l'Estrapade placé à 28 mètres au-dessus du niveau de l'abattoir. Ce travail achevé, les tuyaux de conduite furent disposés, et bientôt le 12ᵉ arrondissement, qui se trouvait privé de bornes fontaines, à cause de sa grande élévation au-dessus du niveau de la Seine et du bassin de la Villette, le 12ᵉ arrondissement eut de l'eau et de l'eau d'une qualité parfaite et qui conserve encore une chaleur de 25 degrés centigrades à son arrivée dans le réservoir.

SECTION V.

DE L'ABATTOIR DU ROULE.

L'abattoir du Roule est situé, d'un côté, sur la rue de Miromesnil, faubourg Saint-Honoré ; il est entouré d'allées plantées de sycomores, dont l'une se prolonge jusqu'à la rue de la Pépinière, et qui lui sert pour sa principale voie d'entrée.

Il occupe une superficie de 23,660 mètres carrés ; c'est donc, comme mesure de terrain, le plus petit des abattoirs de Paris.

Placé dans un quartier retiré, entouré de grands jardins, dépendant des hôtels de la rue de la Pépinière, il ressemble à une de ces thébaïdes qu'occupaient les pères du désert ; ses murs tristes et sévères, comme le sont les pierres meulières dont ils sont composés, offrent une solidité qui ajoute encore un caractère plus religieux à l'aspect général.

Son entrée, assez étroite, est séparée par les deux pavillons de logement obligés ; à droite et à gauche, sont disposés les corps de bâtiment qui contiennent 32 échaudoirs, même mesure que celle de l'abattoir Villejuif ; les bouveries, pour leur service, sont disposées comme dans ce dernier abattoir ; à droite et à gauche, dans l'alignement des pavillons, se trouvent deux grands corps de bâtiment ; dans celui de droite, se trouvent les triperies, la préparation des têtes et des pieds de veau et la cuisson des têtes de mouton, plus un magasin, et au premier étage quelques logements; dans celui de gauche, il y a quatre fondoirs.

Au fond de la cour, en face la grille d'entrée, il y a une grande terrasse, élevée de 7 mètres au-dessus du sol de l'abattoir; cette terrasse, qui se prolonge dans toute la largeur de l'établissement, est soutenue de chaque côté par six grandes arcades, semblables aux arches d'un grand pont; au centre, un bel escalier à double rampe, composé de quarante-cinq marches, conduit sur cette terrasse dont la mesure peut être évaluée à 3,000 mètres superficiels; cette superficie est plantée d'une double rangée de sycomores, et les murs qui l'entourent dans trois de ses parties sont bordés par des petits jardins occupés et cultivés par les employés de l'abattoir.

Les grandes arcades dont je viens de parler servent de remises pour les voitures; quelques-unes d'entre elles servent pour les écuries et pour les bergeries supplémentaires.

La surface pavée est de 12,170 mètres carrés; celle bâtie est de 6,250 mètres; la toiture compte 6,730 mètres. Le service de l'eau a 902 mètres de tuyaux de conduite et 131 robinets. Les deux réservoirs qui contiennent l'eau sont placés sous la terrasse; une machine à feu la tirait il y a quelques années d'un puits; mais, depuis 1840, les bassins sont remplis par les eaux de l'Ourcq.

Les terrains de l'abattoir du Roule ont coûté à la ville de Paris 214,088 fr., et les constructions 2,500,916 fr.; en tout, 2,715,004 fr.

En définitive, les cinq abattoirs ont coûté à la ville

de Paris, en terrains et constructions, la somme de 17,449,872 fr.

SECTION VI.

DISTRIBUTION DES BOUCHERS ET DU TRAVAIL DANS LES ABATTOIRS.

Les cinq abattoirs destinés au commerce de la boucherie, par la ville de Paris, se composent en totalité de 240 échaudoirs ou lieux d'abat ; savoir : 64 à l'abattoir Montmartre ; 64 à l'abattoir Ménilmontant ; 48 à l'abattoir Grenelle ; 32 à l'abattoir Villejuif ; et 32 à l'abattoir du Roule.

Les 501 bouchers qui forment la corporation sont ainsi classés dans les abattoirs, savoir :

140 à l'abattoir Montmartre ;
137 à l'abattoir Ménilmontant ;
96 à l'abattoir Grenelle;
64 à l'abattoir Villejuif ;
64 à l'abattoir du Roule.

Total..... 501.

Mais ces 501 bouchers se divisent en trois catégories, ce qui empêche qu'une parfaite homogénéité existe dans le commerce de la boucherie.

Aujourd'hui, par exemple, ces catégories qui sont susceptibles de se modifier tous les jours, se composent de 214 bouchers dits *réguliers ;* ce sont les bouchers qui vont eux-mêmes faire leurs acquisitions de bestiaux

sur les marchés d'approvisionnement, et qui les préparent
et les débitent dans leurs étaux ; elles se composent de
74 bouchers dits bouchers en gros ou vendeurs à *la
cheville ;* ce sont des bouchers qui achètent sur les marchés de nombreuses bandes ou troupeaux de bestiaux,
qui les font conduire dans les abattoirs, les font abattre
et préparer, puis qui les vendent par portion d'un bœuf,
d'un demi-bœuf, d'une vache, d'une demi-vache, d'un
veau et d'un mouton aux bouchers simples vendeurs
de viande, lesquels viennent s'approvisionner dans les
abattoirs, et ne se présentent jamais sur les marchés
pour fournir leurs étaux ; ils préfèrent acheter les viandes
tout habillées pour les débiter ensuite à leur clientèle ; ces
catégories se composent enfin de 213 bouchers dits bouchers acheteurs à *la cheville*, c'est-à-dire qui ne fréquentent pas les marchés d'approvisionnement.

Ces catégories sont ainsi réparties dans les abattoirs :

	Bouchers réguliers.	Bouchers en gros ou à la cheville.	Bouchers acheteurs à la cheville.	TOTAL.
Abattoir Montmartre .	60	30	64	154
Id. Ménilmontant	52	24	70	146
Id. Grenelle....	47	9	33	89
Id. Villejuif. ...	24	7	18	49
Id. Roule......	31	4	28	63
Totaux........	214	74	213	501

On peut déjà remarquer que cette distribution diffère
de celle établie ci-dessus ; elle est modifiée et se modifie
chaque jour par l'envahissement du commerce en gros,
qui, travaillant pour 213 bouchers, occupe une partie

des localités qui devraient être occupées par les bouchers acheteurs à la cheville. C'est un grave inconvénient
qui ne fera qu'augmenter de plus en plus si de sages
règlements n'en arrêtent pas la marche.

La distribution des échaudoirs au commerce de la
boucherie fait partie des attributions de M. le préfet de
police; c'est donc à lui qu'appartient le droit de faire
distribuer plus méthodiquement les bestiaux dans les
abattoirs généraux, construits tout exprès pour desservir tous les quartiers de la capitale ; et je ne doute pas
qu'averti, son zèle, pour tout ce qui concerne le bien
public, ne pourvoie promptement aux règlements que je
crois nécessaires.

Pour mieux faire comprendre le manque de méthode
qui existe, je vais placer des chiffres sous les yeux du lecteur.

En 1846, il est entré dans les abattoirs généraux
674,048 têtes de bétail, en bœufs, vaches, veaux et
moutons.

La logique indiquait, ce me semble, que ces nombreuses têtes devaient être distribuées dans la proportion du nombre des échaudoirs de chaque abattoir, ou à
peu près.

Mais une routine incroyable, des habitudes mauvaises
toujours suivies, parce que l'habitude, à bien prendre, est
presque une passion, l'habitude a donc fait la distribution suivante :

Sur les 674,048 têtes, 320,024 ont été conduites à
l'abattoir Montmartre ;

192,856 à l'abattoir Ménilmontant ;

77,678 à l'abattoir Grenelle ;
54,138 à l'abattoir du Roule ;
28,852 à l'abattoir Villejuif.

La distribution régulière des 674,048 têtes aurait exigé qu'une moyenne de 2,808 têtes environ fût distribuée dans chacun des 240 échaudoirs des abattoirs généraux ; eh bien ! l'abattoir Montmartre en a reçu environ 5,000   64 échaudoirs.

L'abattoir Ménilmontant. . . 3,130   64 id.
L'abattoir Grenelle 1,618   48 id.
L'abattoir du Roule. 1,691   32 id.
L'abattoir Villejuif. 900   32 id.

Il est facile de voir, par cette distribution, que trois abattoirs sont fort au-dessous de la moyenne générale, et que l'abattoir Montmartre est surchargé d'un travail fort au-dessus du nombre des localités dont il est composé. Ainsi l'abattoir Montmartre fait bien près de la moitié du travail de la boucherie, celui de Ménilmontant, plus du quart, d'où il résulte qu'il reste à peine un quart de la besogne, pour trois magnifiques établissements qui restent presque inertes, quand les autres, surtout l'abattoir Montmartre, en ont plus qu'ils n'en peuvent faire.

Le travail des abattoirs généraux peut se résumer à peu près ainsi ; savoir :

A l'abattoir Montmartre ,

42 pour cent sur les bœufs.
34 —   sur les vaches.
43 —   sur les veaux.
50 —   sur les moutons.

A l'abattoir Ménilmoutant,

29 pour cent sur les bœufs.
44 —   sur les vaches.
23 —   sur les veaux.
27 —   sur les moutons.

A l'abattoir Grenelle,

15 pour cent sur les bœufs.
13 —   sur les vaches.
17 —   sur les veaux.
12 —   sur les moutons.

A l'abattoir du Roule,

9 pour cent sur les bœufs.
4 —   sur les vaches.
13 —   sur les veaux.
8 —   sur les moutons.

A l'abattoir Villejuif,

4 pour cent sur les bœufs.
5 —   sur les vaches.
5 —   sur les veaux.
3 —   sur les moutons.

Telle est la moyenne à peu près suivie dans la distribution du travail, sauf les modifications qui peuvent arriver çà et là, jusqu'à ce qu'une règle fixe soit établie.

Cette règle, je le répète, est facile à concevoir, à tracer, à exécuter. Il ne faut pour cela que la vouloir, mais la vouloir sérieusement.

Je pense donc que, pour rétablir l'ordre d'une manière complète dans la distribution du travail dans les abattoirs, il faudrait que le commerce de la boucherie en gros fût également réparti dans tous les abattoirs, et empêcher que les bouchers, marchands à *la cheville*, ne se concentrassent dans un ou deux abattoirs, comme ils le font aujourd'hui dans les abattoirs Montmartre surtout, et Ménilmontant. Si cette répartition était faite dans une juste proportion, les encombrements que je viens de signaler cesseraient aussitôt.

Le danger sérieux de la distribution dont je viens de parler serait l'annulation de quatre abattoirs sur cinq, et de laisser inutiles des établissements que l'on peut appeler des monuments élevés, par la sollicitude de Napoléon, pour le bien-être de la population de la capitale. Avec le système suivi, il en résulterait qu'un seul abattoir suffirait au travail de la boucherie, qui, concentré dans les mains des bouchers, marchands en gros, servirait d'entrepôt général des viandes, où les bouchers, marchands de viandes, viendraient s'approvisionner. Ce serait véritablement un monopole qui s'établirait. Sous ce rapport, la question devient plus grave encore, et mérite l'attention particulière de M. le préfet de police.

CHAPITRE VI.

Des Bouchers, leurs garçons, leurs caractères, leurs travaux.

J'ai dit dans le chapitre préliminaire ce qu'avaient été les bouchers à peu près dans tous les âges du monde qui nous ont laissé trace de leur histoire.

J'ajouterai que l'établissement des bouchers, selon Denisart, dans la ville de Paris, offre des anecdotes singulières, et qui remontent à des siècles fort reculés. Des actes concernant les *boucheries*, datés dès le commencement de la troisième race, renvoient encore à des titres beaucoup plus anciens. Le soin d'acheter et d'entretenir un nombre suffisant de bestiaux, pour l'approvisionnement de la ville, avait été confié à quelques familles étrangères dans leur société; leur droit héréditaire, pour les mâles uniquement, après l'extinction de la postérité masculine d'une de ces familles, était réuni par forme d'accroissement à la compagnie des autres bouchers. Cette communauté avait sa juridiction particulière, composée d'officiers tirés de son corps; ils réglaient les contestations de leurs confrères, et les appels de leurs jugements étaient relevés devant le prévôt de Paris. Cette juridiction était différente des autres corps de métier, la plupart inféodés

aux grands officiers de la couronne qui avaient le droit
de nommer les juges. Toutes ces petites justices, à la réserve de celle du grand panetier, ont été réunies, en
différents temps, au tribunal du prévôt de Paris. La plus
ancienne boucherie de Paris, je l'ai déjà dit, était celle du
parvis Notre-Dame: ayant été cédée à l'évêque par Phi-
lippe-Auguste, il y établit de nouveaux bouchers. Lorsque
les anciens obtinrent, dans la suite, la permission de faire
exercer leur profession par d'autres que par eux-mêmes,
il se forma deux corps de propriétaires et de locataires,
division qui dura presque jusqu'au XVIIe siècle, que les
uns et les autres se réunirent par un concordat, pour ne
plus former qu'un corps soumis aux mêmes statuts. Un
arrêt du 13 juillet 1699 défend à tous huissiers et ser-
gents de faire aucune exécution contre les bouchers,
pour raison des ventes et achats qui se font dans les
marchés de Sceaux et de Poissy, ni dans lesdits marchés,
ni sur le chemin, en y allant de Paris, et en revenant,
sous peine, etc. Ces dispositions ont toujours reçu leur
exécution.

Maintenant il s'agit des bouchers tels qu'ils existent
aujourd'hui dans Paris. Ils y sont au nombre de 501,
et sont constitués en corporation, laquelle est représentée
par un syndic et six adjoints, dont les séances se tiennent les mardi et vendredi, de chaque semaine, au marché aux veaux, dans le quartier Saint-Victor.

Les maîtres bouchers après avoir travaillé pour la
plupart comme étaliers ou garçons, après avoir rempli toutes les conditions imposées par les règlements
pour la maîtrise, les maîtres bouchers deviennent acquéreurs de bestiaux et marchands de viandes, de cuirs verts,

de suifs en branches, et des autres accessoires afférents aux débris du bétail dont ils débitent les chairs. Ils sont placés sous la surveillance immédiate du préfet de police, qui doit veiller avec soin à la salubrité des viandes, à la propreté de l'étal et à son constant approvisionnement en viandes de toute espèce, c'est-à-dire de bœuf, de veaux et de moutons. Les vaches et les taureaux ne sont point exigés, de même que les boucs et les chèvres, mais ils sont tolérés parce que bien que, leurs viandes ne soient pas de bonne qualité, elles ne sont point jugées insalubres.

Le boucher serait donc un marchand comme un autre, s'il n'était pas soumis à une législation, placée, en partie, hors du droit commun, législation qui se compose de décrets spéciaux et d'ordonnances de police. Ainsi le boucher de Paris ne peut acheter les bestiaux dont il a besoin sur les marchés d'approvisionnement qu'au comptant, ne pouvant user de son crédit qu'au moyen de la caisse de Poissy ; il ne peut pas non plus acheter à l'avance et en dehors des marchés sans faire passer les troupeaux ou les bandes qu'il a acquis sur lesdits marchés, afin que la concurrence puisse obtenir tous ses effets. Il lui est toutefois loisible de vendre à crédit, à ses risques et périls ; cependant la loi le protége d'un certain privilége vis-à-vis de ses débiteurs, privilége, je le reconnais, dont il est usé rarement. Ce privilége est établi par le § 5 de l'article 2101 du Code civil.

Je viens de dire que le boucher serait un marchand comme un autre, s'il n'était pas soumis plus qu'un autre à une constante surveillance de la police ; je dois ajouter cependant que le boucher, bien que marchand de viandes, s'il est marchand tout comme un autre quand il les vend, ne lui ressemble en aucune façon sous le rapport de sa marchandise.

Cette marchandise, en effet, ne peut être conservée que pendant quelques jours en hiver, et souvent l'été pendant quelques heures. Il suffit d'un orage pour l'anéantir. Le boucher a donc encore, en plus des autres marchands, une série de tribulations incessantes ; car il est constamment en crainte de perdre une partie de la valeur de sa marchandise et quelquefois de la perdre tout entière. Ainsi, par exemple, l'été il ne peut abattre sa marchandise sur pied qu'avec une grande prudence ; il faut qu'il choisisse ses heures et le moment où il est assuré de son débit, autrement il risquerait de tout perdre. Et cependant ce retard dans l'abatage est oné-reux pour le boucher, car les bestiaux conservés sur pied, quoique bien nourris, diminuent chaque jour de leurs poids. Aussi dès que le bétail est acheté et qu'il est con-duit dans les abattoirs, le poids de ses viandes diminue progressivement, ce poids est estimé jusqu'à 3 kilo-grammes par jour sur les bœufs. On doit comprendre, d'après ce qui vient d'être exposé, l'état fébrile dans le-quel se trouve presque toujours le boucher ; il est dans une anxiété constante ; s'il n'abat pas, il voit décroître la valeur de sa marchandise, par les frais de nourriture et par la diminution du poids des viandes, qui agissent simultanément ; s'il abat trop vite, sa marchandise peut immédiatement se détériorer et n'être plus bonne qu'à jeter à la rivière, comme il arrive pour les viandes gâtées

qu'on ne peut même offrir aux animaux féroces du jardin du Roi.

Le boucher, bien que marchand, se trouve donc dans
une position tout exceptionnelle, et le monopole que des
personnes mal informées reprochent à sa corporation,
loin d'être un inconvénient pour la sûreté de l'approvisionnement, offre, tout au contraire, une garantie pour
cet approvisionnement, pour la modération des prix, et,
ce qui est plus important encore, pour la salubrité des
viandes. Détruire cette corporation serait ramener tous
les désastres que j'ai signalés, en parlant de la liberté
rendue au commerce de la boucherie en 1791, et tentée
de nouveau en 1825.

Le maître boucher qui sait bien son métier se charge
donc de l'acquisition des bestiaux dont il a besoin sur les
marchés d'approvisionnement ; il les fait conduire à l'abattoir où ils doivent être préparés ; il indique les heures où
ils seront abattus, et surveille le travail quand il est vi-
gilant. Voilà en général quelles sont ses occupations. Le
travail est confié à des garçons classés, selon le degré de
leur pratique, dans le dur métier qu'ils exercent.

SECTION PREMIÈRE.

DES GARÇONS BOUCHERS.

Les garçons sont divisés en deux classes : les étaliers
et les garçons bouchers. Une troisième classe pourrait
même se compter, ce sont les garçons qu'on appelle à
double mains.

L'étalier est le chef de l'étal après le maître ; il est
chargé de découper les viandes à leur arrivée de l'abat-

toir. Il les divise, les subdivise en quartiers, en morceaux propres à la vente et aux besoins des consommateurs. Il est l'homme de la maison, l'homme de la vente; il a besoin d'une plus grande intelligence que les autres garçons bouchers, puisqu'il est l'homme des affaires en même temps qu'un habile ouvrier; il est anatomiste, plus par la force de l'habitude et des nécessités de son travail, que par ses études scientifiques. En contact chaque jour avec les bourgeoises qui vont elles-mêmes à la boucherie, avec les cuisinières, avec les maîtres d'hôtel, il est forcé à une sorte de politesse, à des manières plus gracieuses que ne le comporte son métier; son talent consiste à plaire aux pratiques, à les persuader, à les contraindre en quelque sorte d'acheter le morceau qu'il présente comme étant toujours le meilleur de l'étal, à faire passer, en même temps une somme *de réjouissances* plus considérable que celle autorisée dans cette nature de commerce. Car il faut que l'on sache que ce qu'on appelle *réjouissance* est la représentation des os qui constituent la charpente de chaque espèce de bétail. Ces os, dans toutes les espèces, représentent le quart du poids des viandes. Or, comme le boucher paye ces os le même prix que les viandes, il est juste qu'il ajoute le quart à leur poids, pour retrouver le prix de son acquisition et le bénéfice légitime qui doit rémunérer son travail. Ainsi, lorsqu'un boucher ajoute un quarteron de *réjouissances* à une livre de viandes vendues, et qu'il fait payer ces cinq quarterons, il est dans l'équité, il est dans son droit. L'habile étalier cherche, dans l'intérêt de son maître, à augmenter ce poids, c'est là ce qui fait naître les débats entre l'acheteur et le vendeur. Ces débats sont moindres, il faut bien le dire, avec les cuisinières et les maîtres d'hôtel des grandes maisons, parce qu'à ceux-ci, il est passé en usage, usage multiséculaire, qui a presque force de loi, que le boucher leur doit une remise de cinq pour cent sur le montant du prix de leurs acquisitions. C'est une espèce de vol constitué, *une anse de panier*, reconnu, et sur lequel on semble passer condamnation, tant la routine et les mauvaises habitudes ont de puissance chez nous. Et cependant, quand on pense que les maisons bourgeoises, maisons à cuisinières et les grandes maisons à cuisiniers et maîtres d'hôtel achètent à Paris chaque année, au grand minimum, pour une somme de 40 millions de viandes, on peut calculer tout de suite que la *remise* (c'est ainsi qu'on l'appelle), faite par les bouchers aux cuisiniers, cuisinières et maîtres d'hôtel, s'élève à l'énorme somme de deux millions de francs. En vérité, n'est-il pas plaisant de voir critiquer les tarifs des droits d'octroi, dont l'importance n'est guère plus élevée que la *remise* faite aux domestiques, quand on sait que les produits de l'un sont indispensables aux besoins nombreux de la commune et légitimement reçus et dépensés, et que l'autre n'est qu'un impôt frauduleux, qu'en bonne police on devrait faire cesser ? La morale et les particuliers y gagneraient assurément plus que par la suppression des droits d'entrée.

Ceci, du reste, n'est pas la faute des étaliers, ils se conforment à un usage qu'ils apprennent dès les premiers jours où ils manient le couteau. Les bouchers seraient sans doute intéressés à l'abolir ; mais pour y par-

13

venir, il faudrait que cinq cents hommes pussent s'entendre, et c'est la chose impossible ; car les intérêts et la
concurrence seraient là en jeu. Si quelques-uns cé-
daient, ils courraient grand risque de perdre une grande
partie de leur clientèle, et cette crainte suffit pour les
arrêter. Ils gémissent bien de ce criant abus, mais ils
ne possèdent pas le moyen de le faire cesser. La meilleure police à faire serait celle des particuliers qui re-
tiendraient sur leur livre de cuisine 5 p. %/₀ sur toutes
les fournitures faites par la boucherie. Les intérêts frois-
sés chercheraient bien les moyens de tourner cette difficulté ; mais, avec du soin et en se tenant un peu au
cours des viandes, qui sont cotées deux fois par semaine
dans tous les journaux, les lendemains des marchés de
Sceaux et de Poissy, on serait certain d'être moins trompé,
car il est probable qu'on le serait toujours, la cupidité
étant de sa nature d'une extrême persévérance et d'une
adresse consommée.

Le garçon boucher dit à double-main est un ouvrier
qui participe de l'étalier et du garçon boucher, de celui
qui travaille à l'abatage des bestiaux. Ainsi on le voit à
l'étal découper les viandes et les vendre, on le voit à
l'abattoir préparer le bétail qui doit les fournir. Ces
garçons sont assez rares dans la boucherie de Paris ; il
n'y a guère que les bouchers réguliers, c'est-à-dire les
bouchers qui font les achats sur les marchés pour le service seulement de leurs étaux, qui se servent encore des
garçons à double-mains.

Le garçon boucher est l'ouvrier chargé d'abattre les
bestiaux ; il doit savoir *habiller* un bœuf, une vache, un

veau, un mouton. Chaque échaudoir a dans les abattoirs à peu près son maître garçon et des garçons en second ordre qui l'aident dans son travail. C'est un des métiers les plus rudes qu'il soit possible de concevoir; et il faut pour l'exercer une force herculéenne, quoique souvent l'adresse puisse suppléer à la force, mais il faut toujours que celle-ci soit à côté pour assurer le service. Non-seulement il faut la puissance des bras, mais encore celle des reins, celle des épaules pour transporter les viandes sur les voitures. Et quel poids que celui d'un demi-bœuf, qui est la moindre partie des viandes qui sortent des abattoirs, quelquefois 200 à 250 kilogrammes! Eh bien! ce poids chargé sur leurs épaules, ils le transportent sur des voitures et trouvent encore la force de le lancer sur le véhicule avec une souplesse, une aisance qui surprend en laissant une sorte d'épouvante.

Cette nature d'ouvriers si forte, si laborieuse, est occupée jour et nuit. La journée se passe à abattre des bestiaux, la nuit à en transporter les viandes dans les étaux; il n'y a pas de relâche, car les estomacs humains n'en connaissent pas; il faut donc les satisfaire à toutes les heures de leurs besoins.

Ces terribles ouvriers, toujours occupés à la destruction des plus paisibles et des plus doux animaux de la création, à les frapper des coups multipliés d'une massue, à les éventrer avec leurs sanglants couteaux; ces ouvriers que la nature de leur travail semblerait, comme on le croit généralement, rendre les plus féroces et les plus cruels des hommes; ces ouvriers, que les bonnes gens imaginent devoir remplacer les exécuteurs des hautes-œuvres, en cas de lacune dans cet odieux service, ces ouvriers sont en général les meilleures gens du monde. Est-ce le sentiment de leurs forces physiques qui leur donne la sorte de bienveillance dont ils sont doués ? On doit le penser. Une chose qui m'a toujours surpris, c'est que ces ouvriers, habitués à voir constamment couler le sang, à le répandre constamment eux-mêmes, ne peuvent pas voir saigner un homme sans se trouver mal ; il y a plus encore, ce que j'ai observé plusieurs fois, c'est que lorsque l'un des leurs vient à se couper, ce qui arrive assez souvent, l'émotion de ses camarades se manifeste aussitôt et c'est à qui portera le plus promptement secours au blessé. Un tel phénomène ne peut s'expliquer que par la force de l'habitude. En effet, élevés à voir tuer ou à tuer tous les jours, à voir les spasmes et les agonies qui précèdent la mort des pauvres ruminants, livrés à leur travail, ils finissent par ne plus voir ce qu'ils ont trop vu ; l'habitude est contractée, et ils finissent par travailler sur les bestiaux comme le serrurier travaille le fer, comme le menuisier travaille le bois. Les bons sentiments dont la nature les avait pourvus ne sont pas détruits, ils restent ce qu'ils étaient nativement, et jamais leurs pensées ne s'arrêtent à la comparaison de la vie et des souffrances d'un homme avec celles des animaux qu'ils égorgent. Ceux-ci sont tout simplement une marchandise qu'ils préparent pour sustenter l'humanité, tandis que les hommes sont, à leurs yeux, tout autre chose ; aucune identité sur les phénomènes de la vie et de la mort ne peut se présenter à leur esprit, c'est pourquoi leur sensibilité reste complète.

Mais un pareil phénomène sur la force de l'habitude me paraît bien plus surprenant quand on l'applique aux chirurgiens et aux médecins. Car ces docteurs agissent sur l'humanité qui souffre, et qui pousse des gémissements et des cris à fendre l'âme lorsque le bistouri à la lame si tranchante et si aiguë est obligé d'être introduit, si douloureusement, dans les parties altérées de nos faibles corps; eh bien! ces médecins, ces chirurgiens assistent et agissent avec le plus grand sang-froid au milieu des plus cuisantes, des plus déchirantes douleurs; sang-froid bien indispensable pour le succès de leurs opérations. L'habitude n'est-elle pas un immense bienfait pour les besoins de la science et surtout pour ceux de l'humanité, car, sans elle, que deviendraient les pauvres malheureux dont les douleurs et les souffrances feraient fuir toutes les personnes qui les approcheraient. Et cependant, cette habitude est moins fréquente chez les médecins et les chirurgiens que celle de tuer pour les garçons bouchers; elle devrait être moins puissante et plus difficile à acquérir, puisque les premiers agissent sur leurs semblables, tandis que les seconds n'exercent que sur des espèces qui n'ont pas plus de similitude avec l'humanité que les lièvres, les perdrix, les lapins, les faisans, les chevreuils et les cerfs n'en ont avec les chasseurs, qui, eux aussi, deviennent cruels surtout, lorsqu'ils agissent royalement, c'est-à-dire lorsqu'ils font rassembler en tas des masses de gibier pour se divertir à en tuer quelques milliers, tel que nous l'avons vu sous le règne du pieux roi Charles X. J'en conclus que l'action de tuer, soit qu'elle s'effectue avec un merlin, un couteau, soit qu'elle s'effectue avec un fusil qui se retranche derrière l'adresse qu'il faut pour le manier et le diriger, n'en est pas moins une action de destruction de pauvres êtres à qui Dieu avait donné la vie, et dont nous les privons pour assurer la nôtre, pour satisfaire les besoins impératifs de nos estomacs qui cherchent la nourriture providentiellement révélée par les dents canines qui meublent une partie de notre bouche.

Le terrible métier des garçons bouchers n'altère donc pas leur caractère natif, et l'énormité de leur travail les empêche de se livrer aux excès que l'on voit trop souvent répandus parmi les ouvriers exerçant d'autres professions. On ne voit pas parmi eux de ces affreux combats de compagnonnage qui se livrent hors les barrières, on ne les voit même que très-exceptionnellement se battre entre eux. On ne les a jamais vus figurer dans les émeutes, dans les rassemblements si multipliés, dans le courant des années qui ont suivi la révolution de juillet; jamais aucun de leurs noms n'a figuré dans les poursuites exercées par les tribunaux contre les émeutiers et les combattants hors barrière ; on leur a donc fait une réputation de férocité et de cruauté qu'ils ne méritent pas assurément. Mais on conçoit qu'elle se soit établie, parce que le public, qui juge tout, n'a le temps d'approfondir rien, et qu'il fixe son opinion, quand il en a une, ou sur une tradition banale, ou, quand il s'agit d'un individu, sur la profession qu'il exerce et dont il ignore la pratique, qu'il faudrait connaître dans tous ses détails pour former un jugement équitable.

Il est évident que le langage, que les allures physiques

des garçons bouchers ont quelque chose de lourd et de
grossier, mais cela tient à la nature de leur profession,
qui les met perpétuellement en contact avec des animaux, dont quelques-uns ont une force de résistance,
comme les taureaux surtout, les bœufs et les vaches, et
quelques autres une agilité, un désordonné dans leurs
marches, comme les moutons et les veaux, qui irritent
souvent ces hommes toujours pressés d'activer leur travail. Alors des jurons, les expressions les plus grossières
sont adressées aux pauvres animaux récalcitrants pour
les engager à marcher avec plus de résignation au supplice qui les attend. Mais en dehors de ce contact, dans
leurs rapports entre eux, avec leur famille, leurs maîtres
et les personnes qui ont une surveillance à exercer sur
leur conduite et leurs travaux, on les trouve toujours
bonnes gens et soumis lorsque surtout les observations
qu'on peut avoir à leur faire sont basées sur la raison
et la justice.

Une anecdote qui se passa dans les premiers jours de
mai 1839, à l'abattoir Montmartre, mettra mieux en relief la vérité du caractère des garçons bouchers. Cette
anecdote, je la publiai dans un feuilleton du *Journal du
Commerce*, le 15 mai 1839, sous la forme d'une nouvelle ; en voici la copie :

La mort de BABET,

ANECDOTE D'ABATTOIR (historique).

« Mercredi dernier, une jeune fille de quinze à seize
ans se présenta à l'abattoir, situé dans le haut de la

rue des Martyrs ; elle était suivie par une vache qu'elle menait avec une corde. Le visage de cette jeune fille à moitié caché par un trop grand et mauvais chapeau de paille malpropre et grossier, coiffure réformée sans doute du maître qu'elle servait, son visage mélancolique était comme hébété ; cependant des yeux bleus, entourés de longs cils noirs, avaient une expression de bonté et de douceur qui les faisait remarquer à travers le teint hâlé et les taches de rousseur dont ils étaient environnés. Une pauvre casaque en guenille, trop large et trop longue, couvrait sa taille jusqu'à l'extrémité des reins et enveloppait son buste qu'elle entourait presque d'un double tour ; un jupon dont la couleur ne se reconnaissait plus, et avec lequel elle avait probablement beaucoup grandi lui descendait un peu au-dessous des genoux et laissait voir d'abord deux jambes maigres, mal recouvertes par des bas troués et flottants, puis les larges et gros sabots qui lui servaient de chaussure.

« Elle s'approcha timidement du portier de l'abattoir et lui présenta un papier qu'elle tenait à la main. Ce papier était le certificat d'un vétérinaire qui constatait que la vache qu'elle conduisait était une vache laitière de Paris, attaquée de pulmonie, épuisée, n'étant plus susceptible de donner du lait, et, comme telle, devant être abattue pour être livrée à la consommation du public, si la viande en était jugée à peu près salubre, et, dans le cas contraire, livrée aux animaux féroces du jardin du Roi.

« C'était donc au supplice que la jeune fille menait sa pauvre vache ; elle l'ignorait, car elle ne savait pas lire, et

son maître ne lui avait pas confié la vérité de la commission dont il l'avait chargée.

« —C'est bien, lui dit le portier, après avoir lu le certificat,
conduisez votre vache au n° 18. — Mais, Mossieu, qu'est-
ce qu'on va l'y faire à ma bonne *Babet*, à c'te vache que
j'ai élevée et que j'aime ben tout de même, et, dame! qui
m'aime ben aussi ? Va-t-on la garir, va-t-on lui faire
ravoir du lait ? car, voyez-vous, le bourgeois est ben fâché
contre elle; il dit comme ça, qu'alle le ruine en fourrages, et qu'alle rapporte pas le sou ; et que si ça continuait,
il la ferait tuer. — Dans ce moment la vache poussa un
long et triste mugissement. —Qu'est-ce que t'as, Babet,
reprit la jeune fille, qu'est-ce que t'as, ma mère, n'a pas
peur, on ne veut pas te tuer... te tuer !... ô mon bon Dieu,
la tuer, Mossieu, un si bon cœur de bête ! Tenez, regardez
ses yeux comme ils me reconnaissent, y ne sont pas méchants, j'espère ; viens ici, Babet, viens ici, ma mère, vers
cte maîtresse,— et Babet, docile, s'approcha, leva sa tête,
puis elle lécha les mains de la jeune fille avec une sorte de
tendresse. — Te tuer ! ma pauvre belle, toi qui m'entends
si ben et qui réponds si ben quand je te parle ! Toi qui
devines si ben quand j'ai du chagrin et que mon maître
m'a battue, et qu'en deviens triste aussi ! car, voyez-vous,
Mossieu, on dirait qu'alle pleure quand je pleure, et qu'alle
sent tout ce que je sens ; si je suis joyeuse, si je saute, si
je cours, alle saute, alle court avec moi ; je sommes con-
tentes toutes les deux. Mais faut dire aussi que je
la soigne ben, que je l'y donne que les herbes qu'alle
aime, et qu'alle a toujours de la paille fraîche pour nous
coucher, parce que, voyez-vous, nous couchons ensemble,

son étable c'est note chambre.... Et l'on pourrait te tuer !
ma pauvre Babet ! oh ! non, non, non, Mossieu, on ne la
tuera pas, on va la garir, n'est-ce pas ?

« Le portier, surpris de ce long et naïf discours, et des
sentiments qu'il exprimait si vivement, ne savait que répondre ; il n'osait plus instruire la jeune fille du triste
sort réservé à Babet et aux vaches ses pareilles ; il ne
put que lui indiquer de nouveau le n° 18. — Le n° 18 !
mais, Mossieu, je sais pas les numéros, où faut-il que je
passe ? — Suivez la rue devant vous ; c'est la première
porte ouverte que vous trouverez à droite. — Je vous re-
mercie. . . Allons, viens, ma mère, viens au n° 18,
viens chercher du lait, ma petite Babet. — Et la jeune
fille et sa vache entrèrent dans la longue et large rue de
l'abattoir, bordée à droite par une ligne de bâtiments
d'une architecture sévère, bâtiments dont les combles et
les toits à angles très-obtus arrivent en saillie comme
de grands auvents et donnent à l'ensemble de ces bâtiments un aspect grave et presque sinistre. Sous ces immenses toits, on aperçoit régulièrement espacées, de
grandes portes cintrées ; à la symétrie exacte de leurs
proportions et de leurs formes, on croirait voir, en per-
spective, le long et lourd portique d'un cloître. Ce sont les
portes des échaudoirs, ateliers où les garçons bouchers
exercent leur terrible métier. A la gauche de cette même
rue, sont disposés les bâtiments qui servent d'étables aux
bestiaux destinés à la consommation de Paris. D'un côté
donc l'approvisionnement, de l'autre le travail, et quel
travail !!!....

« Toutes les portes étaient fermées, mercredi, jour de

petite besogne, surtout le matin; elles étaient fermées,
hors la porte du n° 18, où la jeune fille se présenta bientôt avec sa vache.

« Trois garçons bouchers venaient de nettoyer cet
échaudoir; un tablier blanc couvrait leurs épaules, leur
poitrine et leurs membres inférieurs; de vigoureux bras
nus, où les muscles se dessinaient en fortes saillies, s'é-
chappaient de dessous les draperies formées par leurs tabliers; à leur côté gauche on voyait accrochées leurs *boutiques*, sortes de carquois où cinq couteaux à la lame
tranchante, à la pointe acérée, sont classés pour les divers
besoins de la profession.

« — Ah! ah! dit l'un d'eux, à la vue de la jeune fille et
de sa pauvre compagne, voilà de l'ouvrage que vous nous
amenez, soyez la bienvenue, vous aurez l'étrenne de la
journée. — Hélas! oui, Messieurs, mais vous allez garir
ma vache, n'est-ce pas? vous allez lui faire ravoir du lait?
— Ah! oui, du lait, et du fameux! nous allons lui faire
son affaire, soyez tranquille. — Allons, Baptiste, dit l'un
des garçons, prends le *châble* (c'est ainsi que l'on nomme
le câble pour l'abat) et coiffe-le à la place du licou de
c'te bête. — Baptiste, en effet, prend le *châble* et le passe
autour des cornes de Babet, tandis que la jeune fille ouvre
de grands yeux pour voir ce qu'il adviendra de cette opération.

« La vache coiffée, Baptiste prend l'extrémité du *châble* pour la faire entrer dans l'échaudoir; un garçon, armé
d'un énorme bâton, est placé derrière elle pour la contraindre à marcher, dans le cas où elle s'y refuserait.

« — *Aïe! hariez!* s'écria Baptiste, en s'adressant à Babet

pour l'inviter à entrer dans l'échaudoir ; mais Babet se
refuse à l'invitation ; ses yeux sont inquiets, ses naseaux
s'ouvrent et se ferment précipitamment; elle paraît pres-
sentir le danger qu'elle court. — *Hariez! hariez!* chameau !
s'écrie de nouveau Baptiste, avec une voix de Stentor ;
allons, tape donc, Cadet, puisque c'te gueuse ne veut pas
marcher. — Dans ce moment, Cadet soulève son gros
bâton pour en frapper Babet sur les jarrets, afin de ne
pas froisser ses viandes, lorsque la jeune fille, tout émue,
se jette sur le bras de Cadet et lui dit : — Ah ! Mossieu,
ne la battez point, je vas la faire marcher, moi, car elle
m'obéit toujours, j'ai pas besoin pour ça de la battre....
—Aussitôt elle va prendre la tête de sa vache qu'elle embrasse avec tendresse, puis elle la sermonne dans un langage qui semble compris par Babet, car, à peine eut-elle
ajouté : — Allons, ma mère, allons, viens avec moi, l'on ne
veut pas te faire de mal, ces Messieurs sont trop honnêtes pour ça ; viens, viens, on va te garir. — A peine
eut-elle prononcé ces paroles, que la vache entra sans
difficulté dans l'échaudoir, précédée de la jeune fille.

« Arrivée près de l'anneau fatal, soudé dans la profonde
épaisseur des dalles qui couvrent l'échaudoir, Babet s'arrête un instant et interroge encore du regard sa pauvre
jeune maîtresse. Celle-ci est tremblante, elle ne sait encore que penser de tout ce qu'elle voit. Mais bientôt le
châble a traversé l'anneau, et la tête de Babet est abaissée
et fixée jusqu'à terre par un nœud solide. Dans cette
cruelle position, la pauvre bête soulève douloureusement
ses yeux, qui cherchent ceux de sa maîtresse, comme pour
dire un dernier adieu. Au tremblement dont tout son

corps est agité, on devine qu'elle a l'instinct du sort qui l'attend. La jeune fille pleure, elle ne sait pas pourquoi.
— Ah ! Messieurs, dit-elle, j'ai peur, ben peur, je tremble, voyez plutôt, et pourtant vous n'allez pas faire de mal à ma bonne Babet, vous allez la garir, au contraire. — Oui, la guérir, dit Baptiste, pour toujours.

« — A toi le merlin, Cadet, et expédie. — Pendant ces courtes et terribles paroles, la jeune fille s'était approchée de sa vache ; elle avait passé ses mains sous les volutes de ses cornes et pressait sa tête de ses baisers. Babet voulait répondre à ses caresses, mais, fixée à l'anneau, elle ne pouvait que chercher, avec sa langue, les mains qu'elle avait si souvent léchées. — Gare !!! s'écrie Baptiste, v'là Cadet qui va frapper ! — A ces paroles, la jeune fille se retire vivement, et le lourd marteau tombe sur la tête de Babet, qui s'abat violemment, en poussant un long et douloureux soupir....

« Au coup sourd du merlin, au bruit plus éclatant de la chute de Babet, la jeune fille pousse un affreux cri de désespoir et tombe évanouie sur le corps de sa compagne bien-aimée. A cette vue, le merlin déjà levé pour frapper une seconde fois, s'échappe des mains de Cadet, et les trois garçons restent tout d'abord immobiles et stupéfaits ; ils n'avaient pas compris, ils n'avaient pas remarqué les vives émotions, l'inquiétude incessante de la jeune fille, l'amitié naïve et en quelque sorte exclusive qu'elle avait pour sa vache. Leurs habitudes d'ailleurs n'éloignaient-elles pas toute idée d'affection pour un animal, qu'ils savaient, par pratique, providentiellement destiné à la mort, pour assurer la vie des hommes....

« Après ce premier moment de surprise, les trois garçons, émus aux larmes, s'empressent à la fois pour relever
la jeune fille ; ils l'enlèvent comme une plume légère et
la placent sur le fauteuil du maître boucher. Leur zèle ,
leurs soins se multiplient ; du linge blanc est déployé, de
l'eau fraîche l'imbibe et baigne bientôt le front pâle de la
jeune fille ; mais elle ne reprend pas ses sens ; sa poitrine
est gonflée , sa respiration pénible, ses membres se con-
tractent par intervalles, mais ses yeux demeurent fermés.

« Cependant la vache frappée d'un seul coup n'avait
été qu'étourdie ; ses longs soupirs, les mouvements brus-
ques de ses membres inférieurs attirèrent l'attention des
garçons, qui craignirent que la jeune fille ne reprît connaissance avant que leur besogne ne fût achevée. Le
merlin est donc saisi de nouveau, et deux fois il retombe
sur la tête de Babet. Chaque coup qu'il frappe donne un
mouvement convulsif à la tête de la jeune fille, qui semble
elle-même frappée. Babet n'est plus.... elle a rendu son
dernier soupir.... Baptiste la saigne. Deux minutes
suffisent à cette opération. Aussitôt faite, la jeune fille
est enlevée dans son fauteuil et conduite dans le logement du concierge.

« C'est là qu'environnée de soins empressés elle reprit
lentement ses sens. Ses premières et presque ses seules paroles furent un appel à Babet ; à Babet vive, à Babet morte ;
des torrents de larmes inondaient son visage. Dans les intervalles de son désespoir, les femmes qui l'entouraient et
qui partageaient sa douleur lui demandèrent et voulurent savoir quelle était sa position. Elles apprirent à peu
près qu'elle avait nom Toinette; qu'elle avait été prise

aux enfants trouvés par le maître chez lequel elle travaillait, lequel ne cessait de la maltraiter; que sa seule, son unique consolation dans le monde, sa seule amitié étaient dans sa pauvre vache; puis des cris, puis des pleurs, puis un profond désespoir succédaient à ce récit vingt fois interrompu.

« Un tel événement avait mis tout l'abattoir en émoi; la foule se pressait autour de la jeune fille; chacun voulait lui offrir des consolations; ceux qui ne pouvaient pas pénétrer jusqu'à elle se faisaient raconter l'histoire qu'ils n'écoutaient pas sans attendrissement. Lorsque tout à coup Baptiste, approuvé de ses deux compagnons, témoins et cause involontaire du violent chagrin de Toinette, Baptiste, placé sur le perron de la porte du concierge, d'où il planait sur une foule de deux ou trois cents maîtres et garçons bouchers attirés par la nouvelle de l'événement, lorsque Baptiste enfin s'écrie : Messieurs, une idée.... Le bourgeois a dans la bouverie une jolie génisse de quatre ans qui peut donner du lait pendant dix ans si l'on veut; achetons-la tous ensemble; nous l'offrirons à la pauvre Toinette, pour remplacer *sa Babet.* Ça va-t-il? — Oui, oui, oui! s'écrièrent tous les auditeurs. — Bravo ! v'là ma casquette que chacun y mette son *quibus,* selon ses moyens... — Aussitôt les pièces de cinq francs des maîtres bouchers et des fondeurs de suifs, les pièces de deux francs des maîtres garçons, des tripiers et des échaudeurs, les pièces de dix et de vingt sous des garçons subalternes, et les offrandes des employés de l'abattoir tombèrent presque simultanément dans la casquette de Baptiste qui fut bientôt remplie.

« On fait le compte : la somme s'élève à 422 fr. 5o c.
La vache a coûté 280 fr. au maître boucher, qui la cède
au même prix ; il reste 142 fr. 5o c., cette somme suffira
pour le premier terme de la location d'une écurie et
pour acheter le premier fourrage nécessaire à la nourriture de la vache ; il faut faire de Toinette une laitière et
lui donner son indépendance. Telle fut la résolution proposée et accueillie par des cris de joie.

« Aussitôt prise, Baptiste et ses deux compagnons se
présentèrent auprès de Toinette, qui pleurait toujours ;
la foule se sépara pour les laisser passer. Arrivés près
d'elle, Baptiste prit la parole et dit :—Mam'selle Toinette,
nous vous avons tué votre vache, c'est vrai ; nous ne sa-
vions pas le chagrin que ça vous ferait, car sans cela nous
ne l'aurions pas tuée ; mais permettez-nous de vous en
offrir une autre, plus jeune, mieux portante et pleine de
lait ; celle-là sera pour vous, vous en serez la maîtresse
et on ne vous la tuera pas, j'en réponds. . . —Toinette regarda, d'un air hébété, les trois garçons et ne répondit
que par de nouvelles larmes. Cependant Baptiste la prend
par la main et la contraint à le suivre sur le perron. Là,
il lui montre la vache, belle normande, que l'on venait
d'amener. Toinette la regarda tristement, en disant :—Ce
n'est point là Babet, c'est pas ses yeux, c'est pas son amitié
pour moi ; c'est une autre bête, mais c'est pas elle. . . .
je ne la reverrai plus. . . . et des sanglots lui coupèrent
la parole. — Eh bien ! mam'selle, reprit Baptiste, il faut
se consoler, c'te vache aussi s'appelle *Babet*, c'est son
nom, il n'y a donc rien de changé puisque la bête vaut
mieux et qu'elle est à vous. — Elle s'appelle Babet, dit

Toinette avec un sourire qui s'échappa au milieu de ses pleurs, vraiment, mosieu, oh! quel bonheur!....

« En effet, un rayon de joie se fit remarquer au milieu de la figure si triste et si accablée de Toinette.

« Le calme commençant à renaître dans les esprits de Toinette, on s'occupa tout de suite de la location d'une chambre et d'une écurie proche la barrière; on donna congé au maître de la jeune fille, qui, dès le soir même, fut installée chez elle, propriétaire d'une vache sur le produit de laquelle se trouvait tout un avenir de fortune.

« Ce fut donc, en définitive, un beau jour pour la jeune fille, un beau jour pour l'abattoir que le mercredi où Toinette conduisit la vache de son maître au supplice. »

————

Ce caractère de bonté, de générosité et d'intelligence qui se manifesta d'une manière si complète à l'occasion de l'aventure de Babet et de sa jeune maîtresse, cette aventure publiée dans son temps eut pour résultat de bonnes actions analogues.

Il y a deux ans à peine, un pauvre garçon boucher ayant vingt-cinq ans de service, une femme et quatre enfants, fut étouffé par le froissement d'un bœuf qui le serra contre un mur en cherchant à lui faire place, au moment ouce garçon allait chercher un de ses malheureux compagnons pour le conduire au supplice. Ce garçon donc fut asphyxié, et tous les secours et les soins possibles ne purent le rappeler à la vie.

Cet accident eut lieu à l'abattoir Ménilmontant. Il ne fut pas plutôt connu que les bouchers et leurs garçons se

14

réunirent pour faire une collecte qui produisit tout de suite une somme de plus de cinq cents francs, laquelle fut offerte à la pauvre veuve afin de pourvoir à ses premiers besoins.

C'est d'après de pareils actes, c'est par une longue observation des mœurs et du caractère des bouchers et de leurs garçons, que mon opinion s'est formée et que je la publie dans le but de rectifier, s'il est possible, les préjugés qui pèsent sur cette classe si utile, si laborieuse et véritablement si humaine.

SECTION II.

DES TRAVAUX DE LA BOUCHERIE AUX ABATTOIRS.

Après avoir dit ce qu'étaient, en général, les caractères et la profession des bouchers et de leurs garçons, il importe de faire connaître la manière dont ils travaillent et l'activité et l'intelligence qu'ils emploient dans leur rude besogne.

J'ai dit, dans le chapitre concernant les marchés, comment les diverses natures de bestiaux étaient amenées et classées dans les abattoirs. La mise en œuvre est ensuite opérée par les bouchers ou plutôt par leurs garçons, car peu de maîtres travaillent.

Les instruments et les outils dont se servent les bouchers pour abattre, dépecer et débiter les viandes sont: une masse en fer ou *merlin*, plusieurs sortes de couteaux et de couperets de différentes forces et pesanteurs, des feutoirs, une hache pour démonter les cornes, des fusils à fusiller les couteaux, des traversins, des brochettes, une tringle en fer pour préparer le bœuf à être soufflé ; une corde ou *le trait à bœuf* nommé le *châble* par les garçons bouchers, câble qui sert à fixer solidement le bœuf à l'anneau d'abatage ; des soufflets pour souffler ou enfler le bœuf ; enfin, un ais ou établi avec son escouvette, des étaux pour égorger les moutons et une table pour enlever les *râtis*, lesquels se composent des parties graisseuses attachées aux intestins ou aux organes intérieurs des bestiaux, et qui sont vendus comme suifs en branche. C'est pourvus de tous ces instruments que les garçons bouchers se mettent à la besogne.

Le travail ne s'effectue que sur l'ordre du bourgeois, *de faire un bœuf*, un *veau*, un *mouton*. L'ordre donné, le maître garçon le transmet à son second qui s'empare *du châble*, si c'est un bœuf, une vache ou un taureau qu'il s'agit *de faire*, et se rend à la bouverie suivi du maître garçon armé d'un gros bâton pour frapper l'animal sur les jarrets dans le cas où il se refuserait à marcher (les garçons bouchers frappent sur cette partie pour ne pas froisser et détériorer les viandes). Dans la bouverie le maître garçon palpe les bœufs du bourgeois, sur les épaules, les flancs, le ventre ; il choisit celui qui lui paraît le mieux préparé, le plus mûr, enfin celui dont une plus longue conservation pourrait être onéreuse au boucher. Le choix fixé, l'animal est coiffé du câble fatal et conduit à l'échaudoir par le second garçon, au moyen de ce câble ; le premier garçon suit avec son bâton dont il se sert assez violemment si le bœuf est par trop récalcitrant : c'est ainsi dirigé qu'il arrive à l'échaudoir où, bientôt solidement attaché à l'anneau d'abatage, il reçoit du maître garçon un terrible coup de merlin qui, frappé entre les deux cornes, tombe et l'étend avec fracas sur les dalles de l'échaudoir. Les coups de masse se multiplient jusqu'à ce que le pauvre animal ait poussé ce que les bouchers appellent *le bon soupir;* c'est à peu près le dernier. Ils attendent ce moment, afin de pouvoir opérer la saignée sans courir le danger de recevoir un coup de corne si le bœuf relevait sa tête, dans le moment de ses derniers spasmes, de la dernière lutte de la vie contre la mort.

On dit, et chacun le répète assez volontiers, que les bœufs ont l'instinct du supplice qui les attend, et que ce n'est qu'avec de nombreuses difficultés qu'on parvient à les faire entrer dans l'échaudoir. C'est une erreur: on a pris, comme cela arrive souvent, l'exception pour la règle. Sans doute, il est quelques bœufs, ceux surtout de la race charolaise et morvandiote, qui font quelques façons lorsqu'on les sort de la bouverie; mais quelle est l'impression qu'ils reçoivent? voilà ce qu'il est difficile de juger: car, éloignés encore de la tuerie, ayant de vastes cours à traverser, l'impression qui les saisit ne peut être que celle de l'air, du jour, du soleil; une sorte de sentiment de liberté qui les émérillonne, et qui fait qu'ils cherchent à s'échapper des mains des garçons, qu'ils s'en échappent quelquefois, pour courir à travers les rues des abattoirs, où ils sont promptement rattrapés et conduits à la triste fin qu'une impitoyable destinée leur réserve. Mais, pour quelques bœufs récalcitrants, il s'en trouve par milliers qui se laissent conduire allègrement, et qui marchent avec un sang-froid, une tranquillité, un bon-vou-

loir fort exclusifs de toute pensée de la mort. Ce sang-
froid, cette tranquillité, ce bon-vouloir, est l'apanage des
races bovines et ovines. Les moutons, mieux encore, que
les bœufs; car ils assistent au supplice de leurs bénins et
si doux compagnons; ils sont quelquefois quarante à cinquante réunis autour des *étaux* sur lesquels on les égorge; le sang jaillit sur leurs toisons, ils voient le supplice
dans toute sa hideur, avec toutes les convulsions qu'il
provoque: eh bien! leur sang-froid n'en est point altéré;
ils demeurent impassibles, quelquefois même, il vont plus
loin: ils jouent, se frappent la tête, ou cherchent à se faire
l'amour. Aucun instinct, aucun sentiment de ce qui les
attend ne se révèle donc; car s'ils avaient la moindre émotion, il n'est pas douteux qu'ils chercheraient à fuir, puisque rien n'est là pour les arrêter, pas même le chien qui
les garde si vigilamment dans les campagnes; ils restent
donc, parce qu'ils n'aperçoivent ni mal ni danger. C'est
après de nombreuses observations que je me suis convaincu de l'erreur générale où on était des pressentiments
qui saisissaient les bœufs au moment de leur abatage.
Il me semble, d'ailleurs, que la Providence ne serait pas
d'accord avec elle-même, en leur accordant cette triste faculté. N'est-il pas évident que les races bovines et ovines
sont nécessairement destinées à la nourriture de l'homme?
L'exception des Indiens ne peut rien changer à l'organisme humain, auquel il faut des viandes pour le sustenter; il ne lui est pas loisible de devenir herbivore, quand
la nature l'a formé, je ne dirai pas absolument carnivore,
mais omnivore; il lui faut donc des viandes qui puissent
se renouveler souvent, et quel plus abondant, quel plus

riche approvisionnement que celui des bestiaux ruminants, qui trouvent de succulentes prairies pour nous
préparer leurs viandes formées par une assimilation vé-
gétale qui rend leur digestion plus facile et plus nourris-
sante! Si Dieu avait accordé des cornes à ces races pour
se défendre des attaques de l'homme, l'homme, dans sa
faiblesse, n'aurait pas pu les vaincre, les apprivoiser, pas
plus qu'il n'a pu vaincre, ni apprivoiser les tigres, les lions
et tous les grands animaux de la race féline. Mais celle-
ci n'était pas nécessaire à la nourriture de l'homme, c'est
pourquoi elle est restée dans sa puissance et sa liberté
natives. Les bestiaux ruminants, au contraire, quoique
pourvus d'une force et d'armes dont l'emploi serait terrible, sont les plus doux et les plus faciles à conduire, à
réunir, à disposer au travail, à nourrir, qui soient sous le
ciel. La Providence les a donc donnés à l'homme pour satisfaire à tous ses besoins; car, si les bestiaux lui fournissent, en dernière analyse, leurs viandes, ne lui ont-ils pas
fourni avant, leurs laitages et leurs rudes travaux, sans
lesquels la culture des céréales ne serait pas possible? Si
le doigt de Dieu ne se révèle pas dans cette belle harmonie, qui semble établie tout exprès pour les besoins les
plus impérieux de l'humanité, où le trouvera-t-on mieux
indiqué? Car, dans cette question, la fin et les moyens
coïncident avec une telle puissance de logique qu'il faut
bien reconnaître qu'elle est providentielle.

Après cette digression, je dois revenir au bœuf abattu
sous les coups du merlin et ayant poussé le *bon soupir*.
En général, le bœuf tombe étourdi sous le premier coup
de masse; mais quelquefois il résiste sous les coups ré-

pétés de dix, de vingt, de trente coups; et une fois seulement, j'ai vu un bœuf résister à cent coups des plus vigoureux du merlin. Ces cas sont rares, très-rares; ils ne
se présentent que lorsque les bœufs ont, selon l'expression
des bouchers, des *têtes molles*. Ces sortes de bœufs reçoivent le choc du merlin sans paraître d'abord en être
émus, sans qu'ils vacillent sur leurs quatre pieds, mais
ensuite, les coups multipliés excitent de vives douleurs
qui se révèlent par des mugissements plaintifs d'abord,
mais bientôt retentissants, à ce point, qu'il est difficile
d'en supporter l'accent, tant les angoisses douloureuses
qu'ils expriment ébranlent, affectent, les systèmes nerveux les plus vigoureusement éprouvés. Mais, je le répéte,
les bœufs à *têtes molles* ne forment qu'une très-petite exception dans le grand nombre de bœufs abattus. La résistance qu'ils opposent au choc du merlin résulte de la
partie osseuse de leur crâne, lequel, étant à peu près sans
consistance, reçoit le coup sans qu'il s'opère une réaction
nécessaire pour que l'étourdissement soit complet.

Pour abréger la lente agonie des bœufs à *têtes molles,*
quelques bouchers emploient l'*énervation*. Ce mode d'a-
battre les taureaux, les bœufs et les vaches, est employé en
Espagne, à Naples et dans une grande partie du midi de
l'Europe. L'*énervation* s'effectue au moyen de la section
de la moelle épinière, opérée par un stylet étroit et effilé,
plongé entre l'os occipital et celui de la première cervicale.
Au moment même où le stylet est introduit, ce qui se fait
avec une étonnante rapidité, le bœuf tombe immédiatement et avec une violence qui ferait croire que la foudre
vient de l'écraser. Cependant, bien qu'abattu si précipi-

tamment, les yeux du bœuf, restés ouverts, expriment une vive douleur, ils sont tristes et languissants, le mouvement des membres antérieurs est totalement arrêté, mais celui des membres postérieurs ne l'est pas ; les cuisses, les jambes sont assez vivement agitées, et lorsque le bœuf est saigné dans cette position, on observe que le sang coule difficilement, ce qui fait dire que l'animal *retient son sang*, bien que l'artère aorte soit tranchée ; dans ce cas, quelques coups de merlin frappés sur la tête déterminent immédiatement l'hémorragie d'une manière complète.

A propos de cette manière de tuer les bœufs, qu'on me permette une digression qui peut avoir son intérêt et révéler aux philanthropes sincères et aux hommes qui s'occupent des sciences positives quelques faits dignes de leurs méditations.

Je m'étais persuadé que l'abatage des bœufs par les coups de merlin, appliqués vigoureusement sur leurs têtes, devait leur causer une douleur affreuse ; je regardais cette sorte de supplice comme un reste de la barbarie du moyen âge ; je désirais donc trouver un nouveau mode qni fût plus en harmonie avec les progrès de notre civilisation. L'*énervation* parut m'offrir ce mode, attendu la briéveté de son action et les accidents qu'il paraissait éviter aux garçons au moment de la saignée du bœuf. C'était donc un perfectionnement que j'entrevoyais dans un travail aussi nécessaire qu'il paraît cruel ; c'est pourquoi je m'empressai de communiquer ma pensée au syndicat de la boucherie, qui l'accepta tout aussitôt en votant un fonds pour payer des *moniteurs,* lesquels seraient chargés de former les garçous bouchers dans cette manière d'opérer. Heureux de ce résultat, et mon opinion bien arrêtée d'après celle des physiologistes qui ne mettent pas en doute que la section de la moelle épinière cause immédiatement la mort de l'animal sur lequel s'est exercée cette opération.

Je réunis donc le syndicat de la boucherie, des agents supérieurs de la préfecture de police et des médecins, pour commencer des expériences. Nous fîmes successivement opérer l'*énervation* sur plus de cent bœufs, et ce que nous remarquâmes unanimement, c'est que le bœuf était plus vivement abattu, mais que ses souffrances étaient beaucoup plus vives, plus cuisantes, parce qu'il conservait la presque totalité de la vie animale qui lui laissait la faculté d'apprécier les douleurs et la force de retenir son sang lors de la saignée, et que, d'ailleurs, l'extinction totale de la vie n'arrivait guère qu'après une agonie de 15 à 16 minutes.

Ces expériences furent répétées sur des veaux et des moutons; et, au lieu de faire trancher seulement la moelle épinière, on sépara entièrement la tête du corps, afin de mieux observer les degrés de vitalité qui resteraient dans chacune des parties ainsi séparées.

Je suivis particulièrement ces dernières expériences avec mon ami, le savant docteur Sandras.

Un veau fut suspendu à la corde du treuil d'un échaudoir, les pieds attachés en l'air, la tête en bas. Un garçon boucher lui trancha la tête avec un couteau, opération assez longue et assez difficile, à cause de la séparation des os de la colonne vertébrale, ce qui fait que cette opération dura un peu plus d'une demi-minute. La tête séparée fut immédiatement posée sur une table, et perdit environ deux onces et demie de sang dans l'espace de 6 minutes. Mais, voici les phénomènes qui se révélèrent dans le parcours de ces 6 minutes : pendant la première minute, tous les muscles de la face et du cou étaient agités de convulsions rapides, désordonnées, et pendant les deux minutes suivantes, les convulsions avaient pris un autre caractère : la langue était tirée hors la bouche qui s'ouvrait et se fermait alternativement; les naseaux s'entr'ouvraient, comme si l'animal eût eu la respiration difficile ; ces espèces de convulsions devenaient plus actives lorsqu'on piquait la langue et les naseaux avec une aiguille; en appliquant la main contre la bouche et les naseaux, on sentait l'air entrer et sortir, au mouvement d'inspiration et d'expiration que la tête exécutait.

En approchant le doigt de l'œil, dans la direction de la pupille, à la distance d'un pouce, l'œil s'est précipitamment fermé et rouvert l'instant d'après, comme s'il avait voulu éviter le choc d'un corps ; le même phénomène s'est répété à plusieurs reprises, puis l'œil ne s'est plus fermé que lorsqu'on a touché les paupières ; puis enfin lorsqu'on a irrité la membrane conjonctive. Un fait très-remarquable, c'est que l'œil se tenait d'autant plus long-temps fermé qu'on prolongeait plus le contact.

Ces phénomènes étaient d'autant moins marqués, que plus de temps s'était écoulé depuis la décollation. A la fin de la quatrième minute, ils avaient complétement disparu. Alors le cervelet ayant été légèrement piqué avec un stylet, les convulsions se sont renouvelées dans toute la face, dans la langue et dans les yeux ; mais alors l'œil ne répondait plus aux irritations qu'on exerçait sur lui ; après la sixième minute expirée, toute contraction avait cessé.

Pendant le temps de ces expériences, le corps, toujours suspendu, était vivement agité ; l'agitation diminua peu à peu et fut remplacée par des contractions fibrillaires qui durèrent plus d'une heure. Mais ces circonstances graduées ont toujours lieu, quel que soit d'ailleurs le mode d'égorgement ou d'abatage, et quelle que soit la nature des bestiaux ou même des animaux étrangers à la boucherie.

Quarante veaux et autant de moutons ainsi décapités ont présenté les mêmes phénomènes. Seulement le volume cérébral des moutons étant inférieur à celui des veaux, la durée de vitalité observée sur ces derniers était d'une minute à une minute et demie moins longue.

Ces expériences ont démontré qu'un bœuf souffrait plus par l'*énervation* que par le mode d'abatage au merlin ; que le violent choc de cette masse de fer, en provoquant un étourdissement immédiat, empêchait l'animal de souffrir, puisque la saignée opérée tout de suite lui avait enlevé la vie avant que la tête ait pu reprendre ses sens. D'ailleurs on peut comprendre, surtout après les nombreuses observations que j'ai faites, la cause des douleurs moindres que doit éprouver le bœuf par le coup de la masse que par l'*énervation*. Celle-ci abat l'animal avec une rapidité qui tient de la foudre ; mais, ainsi abattu, l'animal n'en souffre pas moins, ses yeux conservent leur pleine puissance, et leur expression douloureuse indique les vives souffrances qu'il éprouve ; il a conservé les facultés de la vie animale qui lui laissent l'appréciation de ses souffrances ; souffrances, qui se manifestent pendant plus d'un quart d'heure, temps immense pour tout ce qui souffre !

Par l'abatage au merlin , tout au contraire, le bœuf tombe immédiatement , profondément étourdi ; sa vie animale est certainement détruite ; elle ne le serait sans doute que temporairement, si les chocs de la masse cessaient et que la saignée ne s'ensuivît pas ; mais enfin cette vie animale, cette vie nerveuse n'est plus ; il semble que les rayons de la pensée réunis d'ordinaire dans un centre commun, pour juger, apprécier , comprendre le bien et le mal instinctivement ou sentimentalement, comme on voudra, il semble que ces rayons se trouvent immédiatement divisés, et que leur divergence les rendant incohérents dans leurs facultés, il en résulte que la vie organique reste seule en action. C'est pourquoi on remarque quelquefois, avec une sorte d'effroi , une vive émotion toujours parmi les personnes qui n'en ont pas l'habitude, les mouvements désordonnés des membres du bœuf abattu, et le souffle précipité et bruyant qui s'échappe de ses naseaux. Mais ces mouvements, ce souffle appartiennent à la vie organique , et ne prouvent en aucune façon les douleurs appréciées de l'animal ; elles existent sans doute, puisqu'il y a désordre dans son organisme, mais il ne les ressent pas, puisque son étourdissement lui interdit le pouvoir de les juger.

C'est d'après ces observations, d'après de très-nombreuses expériences , que je suis demeuré convaincu que le mode de l'abatage au merlin est préférable à l'*énervation* , sous le rapport d'abord de la facilité de la saignée, qui fait courir moins de risques au garçon chargé de cette opération, sous le rapport ensuite des douleurs qu'éprouve l'animal. Les bouchers ont donc conservé leurs anciennes habitudes et je ne doute pas qu'ils aient bien fait.

Qu'on me permette d'ajouter, à cette digression, une réflexion qui m'a saisi à la suite des expériences dont je viens de parler :

En appliquant les phénomènes que je venais d'observer sur la décollation des veaux et des moutons, et sur la vie que laissait cette terrible opération aux têtes séparées de leurs corps, sorte de vie qui paraissait si complète, puisque l'œil se fermait pour éviter un choc, puisque la respiration cherchait à s'effectuer ; la vie animale conservait donc sa puissance, puisque la vue avait son action et que la vue fait partie de la vie animale, puisqu'elle n'agit qu'au moyen du nerf optique qui se trouve implanté au milieu du cerveau ; la vie organique résistait donc aussi, puisque l'animal faisait des efforts instinctifs, sans doute, pour respirer ; en appliquant donc ces phénomènes à l'affreux supplice appliqué aux criminels par notre législation, j'ai dû conclure que la tête d'un homme, tranchée si précipitamment, si elle conserve encore quelque sang-froid, peut conserver le sentiment de sa mort et des douleurs qu'elle doit lui occasionner, pendant plus de cinq minutes, temps considérable quand on connaît l'activité qu'acquièrent les organes de la pensée au moment d'un grand danger.

Cette grande et philanthropique question de savoir si l'homme souffre après sa décollation a été vivement controversée par les médecins ; mais les expériences sur cette matière étaient difficiles ; aussi tout est-il spéculatif dans les raisonnements ou les arguments qu'ils se sont opposés. Cette controverse, toutefois, démontre au philosophe ou législateur, qu'il y a doute dans la science, qui malheusement ne veut pas toujours procéder par des expériences sur des animaux, ou en tirer des affinités qui peuvent s'appliquer à l'homme ; eh bien ! le doute seul doit inviter le législateur à modifier l'instrument du supplice, à le disposer de manière à ce qu'un choc violent frappe la tête à peu près simultanément avec la chute du fatal couperet ; on serait assuré, en agissant de la sorte, que la tête étourdie n'aurait jamais le temps de reprendre ses sens, et le supplice et la mort seraient alors aussi rapides que l'humanité puisse le désirer.

La peine de mort étant conservée dans nos lois pénales, peine que je crois malheureusement utile pour le maintien de l'ordre social, surtout lorsqu'elle n'est que rarement appliquée et pour des crimes que nulle autre pénalité ne pourrait punir ; cette effroyable peine, en quelque sorte plus que doublée, d'après mon opinion, par les souffrances posthumes du supplicié, que j'estime devoir durer au moins cinq minutes ; cette peine, il serait facile de l'adoucir, et même, dans le doute, ne serait-il pas dans les devoirs du ministre de la justice, averti sur la question de descendre un moment des hauteurs de ses fonctions pour s'occuper d'une simple question d'humanité vulgaire, d'un simple perfectionnement à ajouter à l'instrument qui donne la mort au criminel ? Je le répète, un choc violent sur la tête, choc presque simultané avec la décollation, et aucune douleur ultérieure n'est possible après cette action de la justice des hommes. Or, que le

ministre daigne donner des ordres à d'intelligents méca-
niciens pour la perfection que je demande, qu'une circulaire adressée à Messieurs les procureurs généraux leur
prescrive l'emploi de l'instrument perfectionné, et la justice et l'humanité seront également satisfaites.

Après cette longue digression, je reprends les opérations de la boucherie.

Le bœuf, fixé à l'anneau d'abatage, violemment renversé par les coups du merlin, ou énervé, est immédiatement saigné ; le maître garçon se pose derrière le cou,
en maintenant la tête et en appuyant sur elle son genou
droit ; il ouvre le cou par une longue incision, légèrement
cruciale auprès du larynx ; il enlève d'abord le ris, puis
plonge son couteau qui va couper l'artère aorte ; le sang
s'échappe tout aussitôt avec une grande abondance, la quantité en est évaluée par chaque bœuf, taureau ou vache à deux
seaux. Pendant l'opération de la saignée, et avant même
de la commencer, le second garçon passe une corde au
pied gauche de devant du bœuf, il en tient l'extrémité en
se plaçant sur le derrière de l'animal abattu ; puis il lui
foule les flancs avec son pied droit pour faciliter la sortie
du sang de toutes les parties du corps.

La saignée opérée, le maître garçon détache les cornes
avec une hache dont la forme est spéciale à cet usage ;
le bœuf est ensuite retourné et placé sur le dos, la tête
courbée sous la droite afin de maintenir l'équilibre ; une
cale fait le même office à gauche. Les quatre pieds sont
ensuite coupés au jarret, et immédiatement séparés de
leurs *patins*, qui ne sont autres que les tendons d'Achille,
propriété des garçons qui les vendent aux fabricants de

colle forte ; les pieds appartiennent aux bouchers ; ils sont vendus à des entrepreneurs particuliers pour en faire de l'huile, puis du noir animal, puis pour tirer partie de la corne des sabots chez les tabletiers et de la bourre chez les tapissiers ; il n'est pas jusqu'aux fragments de la peau, compris depuis le jarret jusqu'au sabot, qui n'aient une valeur vénale.

Après la section des quatre pieds, deux trous sont percés dans le cuir, l'un dans la culotte près de l'anus, l'autre près du cou ; une broche courbée est introduite dans ces trous, elle sert à séparer le cuir des chairs afin que le soufflage s'exécute avec plus de facilité. Aux broches on fait succéder les tubes de deux soufflets, au moyen de l'action desquels le bœuf est enflé ; pendant que le vent bouffe considérablement l'animal, un garçon le frappe vivement avec une batte sur toutes les parties du corps, afin que le vent soit distribué également dans les chairs, qui en paraissent plus fraîches, mieux parées, si elles ne sont pas absolument améliorées. Avant le bouffement, le maître garçon a le soin de refouler l'*herbière,* afin d'éviter la sortie des matières contenues dans les estomacs. Une longue incision est opérée aussitôt que le bœuf est complétement enflé ; elle parcourt depuis l'anus jusqu'au cou ; puis alors commence le dépècement , qui s'exécute avec une précision, une légèreté des plus remarquables ; lorsqu'il est arrivé jusqu'au dos du bœuf, le corps est ouvert alors, on en fait l'autopsie ; la poitrine et les *quasis,* ou entre-deux des cuisses , sont fendus avec un couperet. La langue est enlevée la première, puis la *toile,* ou le péritoine et l'épiploon, qui enveloppe les intestins ; un fort *tinet*, espèce d'anse en bois, est ensuite passé entre les jarrets ; ce *tinet* est accroché à la corde du treuil, et le bœuf est enlevé successivement à la hauteur nécessaire pour faciliter sa vidange et le dépouillement de son cuir. Les premiers travaux, au moment de l'enlèvement, sont de retirer les organes intérieurs ; on commence par la vessie et les *ratis*, ensuite viennent les estomacs, le foie, la rate et l'*anus* ; enfin, un double coup de couteau détache le mou ou le poumon et le cœur, qui tombent ensemble. Pendant le temps que dure cette opération, un garçon achève le dépècement du dos du bœuf, qui bientôt se trouve entièrement dépouillé. Le cuir est plié avec soin et enlevé de l'échaudoir. Le maître garçon alors sépare les épaules du corps avec une dextérité, une habileté que l'on ne peut comprendre que par l'adresse donnée par une grande et longue habitude ; puis, faisant descendre le bœuf suspendu jusque sur les *pentes* ou poutres destinées à soutenir l'animal *fait*, dans une position verticale, il le fend en deux parties égales, car son travail s'effectue sur la colonne vertébrale à grands coups de couperet. Là se termine, pour le bœuf, le travail de l'échaudoir, travail qui, avec d'habiles garçons, ne dure pas en tout plus de 20 à 25 minutes.

L'abatage des vaches est le même que celui des bœufs, ainsi que celui des taureaux ; cependant ceux-ci offrent plus de difficultés quand il s'agit de les conduire à l'échaudoir. Il faut prendre de sérieuses précautions, car l'animal est entier, et son caractère inquiet et farouche devient facilement furieux. On lui met donc, quand le boucher est prudent, des entraves aux jambes ; on lui bande les yeux

15

avec un masque spécial, en cuir, masque destiné aux
bœufs récalcitrants, et encore, s'il fait trop de difficulté,
ainsi équipé, pour marcher, on finit, comme je l'ai vu quelquefois, par lui serrer le *scrotum* avec une forte ficelle,
et par l'attacher derrière une voiture qui le traîne, s'il se
refuse à marcher, jusqu'à la porte de l'échaudoir, où la
corde du treuil remplace alors la voiture, et le contraint,
malgré la puissance de sa résistance, à arriver jusqu'à l'anneau d'abatage. Mais les cas que je viens de signaler sont
extrêmement rares; je n'en parle que pour indiquer les
moyens employés pour vaincre les résistances lorsqu'elles
présentent vraiment du danger.

L'abatage des vaches étant le même que celui des
bœufs, je n'ai rien à ajouter pour ce qui le concerne.

Le veau est assez difficile à conduire à l'échaudoir; car il
est capricieux, comme l'enfance, et peu intelligent. Aussi,
en sortant de la bergerie, où ses pieds ont eu le temps de
se désenfler, et de faire disparaître les cruelles empreintes
causées par les cordes qui les avaient fortement liés pour
conduire ces pauvres animaux des prairies ou de leurs étables sur les marchés, et des marchés aux abattoirs; en sortant, dis-je, de la bergerie, le veau, en se sentant presque
libre et à l'air, entre dans une sorte de gaieté; il cherche à
courir et fait des efforts pour échapper aux mains des garçons bouchers, qui le conduisent, en le tenant par une
oreille et par la queue, et quelquefois au moyen d'une corde
passée autour de son cou; il saute, gambade et renverse
assez souvent ses conducteurs. Cependant, ne pouvant
rien contre la force qui le domine, il finit par être introduit dans l'échaudoir, presque toujours avec un de ses

malheureux frères, car il est d'usage d'égorger les veaux par paire.

Arrivés au lieu de leur supplice, les deux veaux sont fortement attachés, par les pieds de derrière, avec la corde du treuil, qui les enlèvent ainsi, les pieds en l'air, la tête en bas; ils sont élevés jusqu'à ce que leurs têtes soient arrivées à la hauteur des mains des garçons. Ceux-ci alors leur ouvrent la gorge par une large entaille qui va jusqu'à la colonne vertébrale, qu'ils brisent en donnant un coup de genou entre la nuque et la racine des épaules, afin d'amener la mort plus promptement.

L'entaille opérée, le sang jaillit à une grande distance et avec abondance; dans cette position la tête de l'animal reste pendante, mais avec toute sa vitalité; il respire encore par ses bronches tranchées, il respire précipitamment, et les sons pressés de cette respiration se font entendre assez loin et pendant plusieurs minutes.

Lorsque le sang est entièrement *égoutté*, et que cette saignée est jugée suffisante pour que la viande soit parfaitement blanche, qualité toujours très-recherchée dans cette espèce de viande, le veau est descendu et posé sur un étau. C'est sur cette sorte d'établi à claires-voies, qu'on lui coupe d'abord les pieds, qu'on lui *refoule l'herbière*, et qu'on l'enfle: il est dépouillé ensuite jusqu'au dos, puis ouvert; on sépare les *quasis*, et un tinet proportionné à la taille de l'animal est passé dans les jarrets, puis on l'enlève comme on enlève le bœuf pour achever l'*habillage*.

Le veau n'est point séparé en deux parties, ou rarement, dans les abattoirs; il n'est divisé que lorsqu'il est transporté, ainsi *fait*, à l'étal.

Les moutons font aussi quelques difficultés pour entrer dans les *cours de travail*, lieu où ils sont préparés. Leur entrée dépend presque toujours de la bonne volonté du premier mouton qui se présente à la porte; s'il fuit, tous les moutons de sa bande le suivent, et il n'est ni hommes ni chiens qui puissent les retenir; ce n'est quelquefois qu'après une demi-heure, trois-quarts d'heure, de peines et de courses, que l'on parvient à les claquemurer, enfin, dans le lieu où ils doivent être égorgés, lieu d'ailleurs qu'ils ne cherchent plus à quitter, bien qu'ils soient placés au milieu du supplice de leurs confrères.

Cette difficulté de conduire les moutons dans les cours de travail, a fait imaginer de conserver vivant, pendant plusieurs années, un mouton, logé et fort bien nourri dans l'abattoir. Ce mouton, bientôt apprivoisé, et d'une grande docilité de caractère, prend le nom de *mignard*, et son emploi, infâme emploi, qui a donné son nom à ces *moutons* placés dans les prisons, pour découvrir les secrets des prisonniers, les dénoncer et quelquefois les faire conduire à l'échafaud; cet emploi est à peu près celui des *mignards*; ils sont moins perfides: s'ils font le mal, ils l'ignorent et conduisent bravement, tranquillement, sans qu'un remords les atteigne, leurs malheureux camarades à la mort. Ceux-ci, pleins de confiance, le suivent bonnassement; il est de leur famille, pourquoi chercheraient-ils à fuir? Il n'en est pas de même, lorsque le *mignard* ne les précède pas; ils craignent tout, s'épouvantent de tout, car la nature de leur courage est proverbiale. Le dénonciateur des prisons a donc pris le nom de *mouton*, les bouchers l'ont modifié en lui donnant celui de

mignard, nom tout aussi doux, mais qui paraît moins criminel. Les bouchers qui *font* beaucoup de moutons ont
donc, *chacun*, leur *mignard*, c'est le meilleur moyen d'activer leur besogne.

Arrivé dans la cour de travail et placé le long d'une
rangée d'étaux, le troupeau s'agroupe; aussitôt chaque
mouton est successivement saisi par un vigoureux garçon
qui lui croise les pieds de derrière de façon à le priver de
locomotion ; il appuie ensuite son genou droit sur le corps
de l'animal, lui saisit la tête de la main gauche, et lui ouvre largement le cou avec sa main droite armée d'un couteau tranchant, puis, comme aux veaux, un coup de main
et de genou rompt la colonne vertébrale, entre le cervelet et la première cervicale. Les spasmes du mouton ainsi
égorgé durent de 3 à 5 minutes, sans que le troupeau,
voisin des suppliciés, dont les membres s'agitent dans tous
les sens, sans que ce troupeau en éprouve la moindre
émotion.

On coupe ensuite les quatre pieds, puis, le soufflage
opéré par un trou fait au *manche* de l'épaule, l'enlèvement de la peau s'effectue en moins d'une demi-minute.
C'est ainsi dépouillé que le mouton est transporté dans
l'échaudoir pour y être suspendu à une cheville et vidé.

Tels sont à peu près les travaux des divers *habillages*
des quatre espèces de bétail qui servent au commerce de
la boucherie. Cependant, je ne dois point omettre une espèce d'*habillage* que les Juifs ont conservé depuis la plus
haute antiquité jusqu'à nos jours. C'est une des sages lois
de Moïse, que nos législateurs modernes n'ont point suivie ; elle est relative à la salubrité des viandes, à leur sé-

vère vérification au moment de leur préparation, à leur impitoyable rejet si le sacrificateur ne les a déclarées saines.

Depuis quarante siècles, cette loi reçoit son exécution, elle fait partie de la religion hébraïque ; et la pensée qui a rendu religieuse cette sorte de législation est une pensée généreuse et imbue des principes de la philantrophie la plus élevée, puisqu'elle offre la plus grande garantie que l'on puisse donner à la santé humaine.

Aujourd'hui, où la foi ne gît que dans les intérêts, où une funeste cupidité se trouve placée à côté du besoin d'un luxe effréné ; aujourd'hui, où chacun se trouve lancé ou entraîné dans un tourbillon dont la course rapide surpasse celle des chemins de fer, où les idées comme les choses n'ont rien de fixe ni d'arrêté, où la controverse sur toutes les questions les plus graves n'amène que des débats et des paroles stériles et jamais une solution vraiment raisonnable ; aujourd'hui donc, avertir que ce serait dans un devoir de s'assurer de la salubrité des viandes livrées à la consommation publique au moyen d'une vérification sérieuse, serait un conseil probablement perdu, s'il n'était pas jugé ridicule. On ne manquerait pas de dire que la philantrophie a d'autres choses à faire, à penser ; qu'elle n'a jamais été plus généreusement pratiquée ; que les bureaux de bienfaisance sont multipliés partout ; que la charité publique se manifeste sous toutes les formes, par les dons volontaires, par les concerts, les spectacles, les bals et même par les jeux de la loterie, expressément défendus par la loi ; mais que la vivacité de la bienfaisance est telle qu'elle se permet de les enfreindre, afin d'obtenir une plus abondante aumône, noble but de l'infraction. Certes, il n'est pas douteux que ces dons, ces spectacles, ces concerts, ces bals, ces loteries, n'aient un but fort louable, mais que prouvent-ils? un généreux sentiment public exploité, ainsi que le comportent nos mœurs actuelles, et dont la bonne intention est de rendre les offrandes plus productives. Mais que ce généreux sentiment s'étende plus loin encore, il trouvera des lacunes à combler, de sages mesures à prendre.

Une règle que je désirerais bien voir s'établir, mais à côté de cela, dans l'intérêt d'une philanthrophie bien entendue : c'est, comme je l'ai dit déjà, celle d'une vérification sérieuse et générale de la salubrité des viandes livrées à la consommation publique ; celle surtout des viandes livrées aux hôpitaux et aux hospices, livrées aux soldats dans les casernes, aux colléges royaux et dans les pensions particulières, dans les prisons, partout enfin où vivent agglomérés un grand nombre d'individus. C'est dans ces lieux surtout où le danger des viandes insalubres se manifeste le plus souvent et quelquefois d'une manière cruelle; car elles provoquent les typhus, les fièvres typhoïdes et d'autres maladies non moins à redouter. C'est une surveillance active, intelligente, et d'une grande persévérance que je sollicite, parce que je connais la lutte incessante de la cupidité avec le vouloir du bon marché. Or, comme celui-ci ne peut s'acquérir qu'au détriment de la bonté de la marchandise, il en résulte que cette bonté ne peut être que douteuse. Le doute en matière de la salubrité des viandes pouvant engendrer d'irréparables maux, il importe de le faire cesser par tous les moyens possibles. Voilà une philanthropie qui, selon moi, en vaut bien d'autres, c'est pourquoi je me permets de la signaler, pour la mettre en action, si ce n'est par voie de religion, au moins par voie de législation.

J'en reviens à la loi juive, qui m'a entraîné à cette digression, et que je voudrais voir appliquée, en partie, par l'administration publique.

Voici donc ce qui existe aujourd'hui et comment on opère :

Le consistoire israélite, sanhédrin au petit pied, institue dans les abattoirs un ou plusieurs *sacrificateurs* chargés d'habiller les bestiaux d'après les prescriptions de la loi de Moïse. Ces fonctionnaires, quasi religieux et quasi garçons bouchers, sont payés par le consistoire.

Leurs opérations s'exécutent dans les échaudoirs des bouchers qui ont traité spécialement avec ce même consistoire, pour ne livrer aux juifs que les viandes abattues par les sacrificateurs, et que les parties de ces viandes qui peuvent être consommées d'après la loi hébraïque : ce sont les basses viandes, qui se composent du collet, des viandes moyennes, celles des épaules et des côtes ; quand à celles des filets, de la culotte, viandes que nous autres chrétiens, catholiques, apostoliques et romains mangeons de préférence, les juifs les ont en horreur, et se croiraient damnés s'ils avaient le malheur de goûter à un bifteck ou à une tranche de

roosbeef, je veux parler des juifs religieux et imbus de
la foi de leurs ancêtres, et non des juifs philosophes et
banquiers qui se sont chargés du maniement des finances et des affaires de toute l'Europe chrétienne. Ces derniers, en général, mangent et vivent de tout.

C'est donc pour les vrais croyants que le consistoire a
établi des sacrificateurs. Ils sont au nombre de deux ou
trois à Paris, et travaillent principalement à l'abattoir
Ménilmontant, qui se trouve le plus rapproché du quartier qu'habitent les juifs, les rues Saint-Avoye, Saint-
Martin et les rues adjacentes. Il faut croire que cette
population d'Hébreux est fort considérable, car elle consomme au moins vingt bœufs par semaine, et du petit
bétail, dans une proportion relative.

Le sacrificateur arrivé à l'abattoir commence par s'ar-
mer d'un coutelas vertical, d'une longueur de 65 à 70
centimètres; il le repasse avec le plus grand soin sur un
long cuir, comme nous pouvons le faire pour nos rasoirs,
puis il ordonne aux garçons du boucher qui a traité avec
le consistoire, d'aller lui quérir un bœuf, et de l'amener
à l'échaudoir.

Le bœuf est bientôt amené et attaché à l'anneau fatal;
les garçons le renversent au moyen d'entraves qu'ils placent dans ses jambes. Ainsi renversé, un garçon s'empare
des cornes, et s'en servant comme d'un gouvernail, il dis-
pose la tête de manière à laisser le cou entièrement libre
jusqu'au fanon, de sorte que le malheureux bœuf présente son poitrail entièrement à découvert. Cette préparation terminée, le sacrificateur, revêtu d'un tablier blanc,

qui le couvre du haut de la poitrine jusqu'aux pieds, comme une tunique, s'arme de son coutelas, avec lequel il ouvre le cou du bœuf par une large et profonde entaille, laquelle n'est opérée que par un seul trait du coutelas promené comme une scie, sur toute la surface qu'il présente. Le sang s'échappe aussitôt avec une grande violence de cette immense plaie, les deux carotides coupées le répandent à flots, et les premiers jets s'élancent à 5 ou 6 mètres de distance. Mais les bronches sont également tranchées, et la respiration de l'animal se trouve conservée par leur orifice découvert ; de cruels efforts respiratoires font un épouvantable bruit qu'on entend à plus de cinq cents pas.

Il se passe de quinze à seize minutes avant que l'animal ait rendu le dernier soupir. Pendant ce très-long temps, l'œil du bœuf exprime la plus vive douleur ; son sang s'écoule jusqu'à la dernière goutte, aussi ses viandes acquièrent-elles une blancheur qui les rapproche de celle du veau.

La saignée terminée, on enfle le bœuf, puis on en fait l'autopsie, c'est alors que commencent les opérations sérieuses du sacrificateur. Il doit visiter tous les organes intérieurs de l'animal, et s'il trouve l'une de leurs moindres parties adhérentes au corps ou entre elles, le bœuf est déclaré non recevable. On en va chercher un autre sur lequel les mêmes opérations sont recommencées. Tout le bétail destiné aux juifs doit ainsi passer par les mains du sacrificateur.

Mais, doit-on dire, que deviennent les bestiaux rejetés par le sacrificateur ? Ils sont vendus aux bouchers ordinaires qui nous les font manger en toute sûreté de conscience, quels que soient les degrés de leur salubrité.

L'avantage accordé aux bouchers qui travaillent pour le consistoire, est la faculté de vendre aux juifs les basses viandes et les viandes moyennes au même prix que nous sont vendues les viandes d'élite ; c'est donc un avantage réel de 20 à 25 pour cent, différence qui existe entre les prix des viandes d'élite et ceux des viandes dites basses ou moyennes.

Les juifs consomment donc des viandes dont la salubrité ne peut être douteuse, moins les parties les plus succulentes, qui nous sont abandonnées et dont nous faisons notre profit.

Ce type de la beauté antique, conservée dans les descendants de Jacob, principalement chez les juifs portugais, ce type si remarquable, qui a traversé tant de siècles, dépend-il de l'alimentation salutaire prescrite par Moïse ? Cette grande question hygiénique me semble trop difficile à résoudre pour que je puisse me permettre de la traiter ; mais il y a un fait qui me paraît démontré, c'est l'influence de la nourriture sur les différentes races humaines, et des transformations physiques qu'elle apporte dans les traits du visage, dans la physionomie, dans les formes et la force du corps et dans le moral. A de plus savants que moi l'honneur de traiter cette belle question !

SECTION III.

DES DIVERSES QUALITÉS DES VIANDES ET DANS QUELLE PROPORTION ELLES ENTRENT DANS LA CONSOMMATION DE PARIS.

Les viandes les meilleures proviennent presque toujours, quoi qu'on en ait pu dire et qu'on en dise encore, du bétail le plus grand, le mieux fait et le mieux engraissé. Ceci s'applique aux quatre espèces sur lesquelles travaille la boucherie : les bœufs, les vaches, les veaux et les moutons.

Ces viandes sont divisées en trois qualités, ce qui signifie aussi qu'elles ont trois prix différents.

D'après les très-scrupuleuses recherches que j'ai faites, ces qualités entrent dans la consommation de Paris, pour les six premiers mois de l'année, de janvier à juillet, elles entrent pour un sixième, en première qualité ; trois sixièmes en seconde qualité, et deux sixièmes en troisième qualité.

Dans le second semestre, de juillet à janvier, elles entrent pour un quart en première qualité ; moitié en seconde, et un quart en troisième.

Cette règle peut être regardée à peu près comme générale ; les exceptions qui pourraient se présenter résulteraient des années de disette, ou d'une trop grande sécheresse, ou encore d'une trop grande humidité.

Après de très-nombreuses expériences, je me suis convaincu que le poids moyen des viandes provenant d'un bœuf de première qualité s'élevait à 432 kilogrammes 50 grammes ;

Que le poids moyen des viandes d'un bœuf de seconde qualité s'élevait à 337 kilogrammes 50 grammes ;

Qu'enfin le poids des viandes d'un bœuf de troisième qualité s'élevait à 300 kilogrammes et au-dessous.

Mais chacune de ces qualités des bœufs comporte des déchets, dont les poids varient selon ces qualités. Ces déchets se composent :

Du cuir,	Des pieds,
Du suif,	Des *tripes* ou estomacs,
De la langue,	Des intestins,
Du foie,	De la vessie,
De la rate,	Du mufle,
Du cœur,	Du sang et des déjections
Du mou,	liquides.

Toutes ces sortes de déchets enlevés, il ne reste plus que les viandes, et voici dans quelle proportion elles arrivent, selon les diverses qualités :

Dans les bœufs de première qualité, il y a 57 pour cent, en viande, du poids total de l'animal, et 47 pour cent de déchets.

Dans ceux de seconde qualité, 54 pour cent, en viande, et 46 pour cent de déchets.

Enfin dans ceux de troisième qualité, 51 pour cent, en viande, et 49 pour cent de déchets.

Il est facile de concevoir, d'après ce qui précède, que lorsque les droits d'octroi se prélevaient par tête d'animal, et que même s'ils étaient prélevés sur le poids de l'animal sur pied, l'intérêt qu'avait et qu'aurait, dans ce second cas, le boucher de choisir les plus belles et les meilleures espèces, puisque cet intérêt de la première à la seconde qualité pourrait être de 6 pour cent, et de la première à la dernière, de 12 pour cent. C'était une des grandes garanties que le fisc pouvait donner à la consommation. Quelques idées, purement théoriques se sont emparé des esprits, et l'on a changé une législation salutaire pour y substituer un mode dont les résultats bienfaisants qu'on en attendait sont tout à fait problématiques. On tenait le bien ; on a voulu le mieux, nous verrons plus tard ce qui en adviendra.

Les vaches présentent d'autres conditions dans le produit des poids moyens de leurs viandes.

Il arrive aux abattoirs, en moyenne décennale, environ 18,000 vaches chaque année; elles arrivent en vaches dites de bande, ou *génisses* qui n'ont point vêlé, et en vaches *laitières*. Le nombre des premières peut s'élever à 6,000 ; celui des secondes à 12,000.

Mais il existe une grande différence, une différence bien remarquable entre les produits des viandes et des déchets des premières et des secondes. Ainsi, les génisses, jeunes bêtes qui n'ont point engendré, produisent, en moyenne, 54 p. o/o de leur poids total, et 46 p. o/o de déchets. Les vaches laitières, tout au contraire, entassées dans des étables où l'air circule avec peine, poussées de nourriture afin d'augmenter le lait qu'elles doivent fournir, ces vaches ne produisent, en moyenne, de leur poids total que 46 p. o/o en viandes, et 54 p. o/o de déchets.

Cette sorte d'équilibre, dans les deux poids inverses, ne peut s'expliquer que par la manière dont ces deux sortes

de vaches sont élevées : les unes libres, en plein air, paissent dans les prairies, restent sveltes , légères, alègres,
n'éprouvent aucune gêne par l'ampleur de leur abdomen,
ou le volume de leurs tetines, tandis que les autres, excitées
à la fécondité, puis à l'excès de la nourriture, pour obtenir
une plus grande quantité de lait, ai-je dit, arrivent à un gon-
flement incroyable du ventre et des tetines. La conséquence
de la différence des poids, que je viens de faire connaître,
résulte donc de la différence même de la manière dont ces
deux sortes de vaches sont élevées et traitées.

Sur les veaux, les proportions ont beaucoup plus de
régularité : ainsi, on est presque toujours dans le vrai en
estimant le poids des viandes, du poids de l'animal, sur
pied, à 60 p. o/o, et celui des déchets à 40 p. o/o.

La même régularité se fait reconnaître également chez
les moutons, savoir : 50 p. o/o en viande du poids total
de l'animal, et 50 p. o/o en déchets.

Pour arriver à préciser les moyennes que je viens d'é-
tablir, j'ai dû suivre des expériences sur 2,500 bœufs,
1,885 vaches, 560 veaux et sur 11,375 moutons.

Ce sont de nombreuses comparaisons, des contrôles
de toute nature, multipliés à l'infini, qui m'ont fait fixer
les chiffres que j'ai tracés. Mais je dois faire observer que
ces chiffres sont susceptibles de varier, selon que les éleveurs de bestiaux mettront plus ou moins de soins dans
leurs travaux. Je crains que les droits sur la viande au
poids, au lieu d'amener le progrès, comme on l'espérait,
n'amène un résultat contraire, par la simple raison que
l'éleveur n'aura qu'un intérêt, celui de produire vite, la
perfection ne trouvant plus la prime que le fisc imposait

à la boucherie, en se faisant payer par tête. Je reviendrai plus tard sur cette question que je traiterai avec plus de développement.

SECTION IV.

DES VIANDES A L'ÉTAL.

Les travaux de la boucherie terminés, chaque nuit, lorsque les bouchers ne possèdent pas en propre des voitures pour transporter leur bétail préparé à l'étal, ils se servent de voituriers, nommés et reconnus par l'administration, sous la dénomination de *conducteurs de viandes*, lesquels conduisent les viandes, divisées seulement en gros quartiers pour les bœufs et les vaches, et en entier pour les veaux et les moutons ; ils les conduisent dans tous les quartiers de Paris, moyennant 1 fr. 50 cent. par bœuf, 1 fr. par vache, 60 centimes par veau et 10 centimes par mouton.

Les viandes arrivées à l'étal, le garçon *étalier* s'en empare, et les prépare de la manière suivante ;

Le demi-bœuf, ou la demi-vache (ces espèces sont divisées en deux parties dans les abattoirs), le demi-bœuf est déposé sur l'*ais* ou l'établi ; la poitrine est d'abord séparée des côtes avec une *feuille*, ou couteau ordinaire ; on dégage ensuite la pointe du filet qui tient au *quasi*, on le suit jusqu'au premier joint où l'on scie l'os qui sépare l'*aloyau* de la *culotte* ; au six ou septième joint, on sépare les côtes de l'aloyau. Ces diverses parties sont divisées après, selon les besoins de l'acheteur. L'épaule se découpe en deux morceaux, du *collier* au *paleron*, et se subdivise pour la vente. La cuisse enfin est détaillée en quatre morceaux principaux qui sont: la *culotte*, le *tendre*, ou *tranche*, ou *quasi*, le *gîte à la noix* et la *pièce ronde*. Ces morceaux, les plus succulents du bœuf, après les filets et quelquefois l'aloyau, sont susceptibles d'être divisés pour en rendre la vente plus facile.

Le veau, arrivé à l'étal, est séparé en deux parties principales, ensuite en plusieurs autres parties, dont la valeur varie selon la position qu'elles occupent dans l'économie de l'animal. Les meilleurs morceaux sont le *quasi*, la *noix*, le *rognon*; viennent ensuite les *côtes*, le *carré*, les *épaules*, etc.

Le mouton est aussi divisé en deux parties. Les deux morceaux principaux sont: les *gigots*, puis ensuite les *côtelettes*, qui sont au nombre de douze dans un bon mouton; puis la *poitrine*, le *collet*, et les *épaules*.

Les têtes et les pieds, ainsi que le *mou*, le *foie* et les *ris* des veaux, ne faisant point partie des abats que les autres espèces fournissent au commerce de la triperie, appartiennent au commerce spécial de la boucherie, et sont vendus dans les étaux.

D'après l'article 10 de l'ordonnance du 18 octobre 1829, tout étal, qui cesserait d'être garni de viandes pendant trois jours, serait fermé six mois.

Les étaux sont tenus, à Paris, avec une admirable propreté; ils sont dallés avec soin; un linge toujours blanc les entoure; des balances en cuivre luisant, des tables de marbre, de l'eau fraîche, contenue dans des vases élégants, donnent à ces sortes de boutiques un aspect de luxe qu'on remarque avec plaisir, malgré la répugnance qu'on éprouve naturellement à la vue de chairs pantelantes.

16

SECTION V.

RÉSUMÉ DU COMMERCE DE LA BOUCHERIE DE PARIS EN CE QUI CONCERNE SES ACQUISITIONS, SES VENTES ET SES PROFITS.

Il me semble nécessaire, maintenant, pour bien faire comprendre l'importance économique du commerce de la boucherie de Paris, d'établir le nombre et les espèces de bestiaux sur lesquels il s'opère, leurs prix d'achat, et le prix de leurs ventes. C'est au moyen de ces divers chiffres que l'on pourra apprécier une partie des dépenses faites pour l'alimentation de la population d'une ville qui compte aujourd'hui un million d'habitants.

J'établis la moyenne actuelle des bestiaux introduits à Paris, à 80,000 bœufs, 20,000 vaches, 80,000 veaux et 450,000 moutons.

Les prix moyens de ces diverses espèces ont été, dans le courant de l'année 1846, pour celles fournies à la boucherie de Paris, de 396 fr. 19 cent. par tête de bœuf, de 229 fr. 88 c. par tête de vache, de 105 fr. 18 c. par tête de veau et de 28 fr. 69 c. par tête de mouton.

Les sommes à dépenser par les bouchers de Paris, s'élèveraient donc dans le courant d'une année :

Pour 80,000 bœufs, à 396 fr. 19 c., à 31,695,200 fr.
Pour 20,000 vaches, à 229 fr. 88 c., à 4,797,600
Pour 80,000 veaux, à 105 fr. 18 c., à 8,414,400
Pour 450,000 moutons, à 28 fr. 69 c., à 12,910,500

TOTAL...... 57,817,700 fr.

Tels sont les premiers déboursés de la boucherie, et les premiers éléments de son commerce.

Voyons comment ce commerce rentrera dans ses déboursés; quels seront ses frais et ses profits.

La vente de 80,000 bœufs au poids moyen de 345 kil. de viande, par bœuf, donnera un poids total de 27,600,000 kil., ce qui formera, à 1 fr. 05 c. le kil. la somme de.................... 28,980,000 fr.

Plus, 80,000, cuirs, à raison de 35 kil. par cuir, et à raison de 70 c. le kil. forment une somme de.............. 1,960,000

Plus les suifs de 80,000 bœufs, estimés à 30 kil., par bœuf, et à raison de 1 fr. le kil., forment une somme de.... 2,400,000

Plus, les abats rouges et blancs, vendus aux tripiers, à forfait, à raison de 8 fr. 50 c. par bœuf, forment pour 80,000 bœufs, une somme de........ 680,000

Plus, les quatre pieds de chaque bœuf, vendus à forfait, vendus à raison de 2 fr. 160,000

Plus, les langues de chaque bœuf, vendues à raison de 2 fr.............. 160,000

Plus, pour les boyaux et les vessies, vendus à raison de 30 c. par bœuf.... 24,000

Je ne parle pas des *patins* ou *tendons d'Achille*, abandonnés aux garçons, en profits; ils servent à faire de la colle forte, et sont vendus à raison de 50 c. par tête de bœuf et de vache.

TOTAL......... 34,344,000 fr.

La vente de 20,000 vaches, du poids de 221 kil. de viandes, fournira un poids de 4,420,000 kil., qui formeront, à raison de 95 c. le kil., une somme de.. 4,199,000 fr.

La vente des cuirs, sur 20,000 vaches, à raison de 20 kil. par cuir, au prix de 90 c. le kil., formera la somme de 360,000

Plus, la vente des suifs, à raison de 20 kil. en moyenne, par vache, à 1 fr. le kilogramme.................... 400,000

Plus, la vente des abats rouges et blancs, à raison de 5 fr. 50 c. par vache 110,000

Plus les quatre pieds, à 2 fr. par vache, sur 20,000.................... 40,000

Plus, les langues à 2 fr. chacune, sur 20,000 40,000

Plus, enfin, les boyaux et les vessies, vendus à raison de 30 c. sur 20,000.... 6,000

TOTAL........ 5,155,000

La vente de 80,000 veaux, à raison de 69 kil. donne un poids total de 5,520,000 kil., qui, à raison de 1 fr. 40 c. le kil. forment la somme de.... 7,728,000

La vente des cuirs sur 80,000 veaux, à 8 kil. par veau, et à raison de 1 fr. 30 c. le kil., forme une somme de........ 832,000

Plus, la vente des suifs à raison de 2 kil. 50 gr. par veau, et de 1 fr. le kil. 200,000

A reporter........ 8,760,000

Report..... 8,760,000 fr.

Plus, les têtes et les quatre pieds des veaux, se vendent, par chaque animal, à raison de 5 fr. ce qui forme la somme de 400,000

Plus, les mous, le foie, le cœur et la rate de chaque veau, se vendent à raison de 3 fr. 5o c. ce qui forme la somme de 280,000

Plus, les ris de chaque veau, vendus à raison de 2 fr. 5o c., formant la somme de 200,000

Plus, la vessie et les intestins de chaque veau, vendus à raison de 2o c. par veau. 16,000

TOTAL........ 9,656,000 fr.

Enfin, la vente de 45o,ooo moutons, formant en viandes, à raison de 2o kil. en moyenne par mouton, donne un poids total de 9,000,000 kil., au prix de 1 fr. 3o c. le kil., forment la somme de.... 11,700,000 fr.

Plus, les peaux, en moyenne, avec ou sans laine, à raison de 3 fr. par mouton, fournissent la somme de.......... 1,25o,ooo

Plus, les suifs, à raison de 2 kil. par mouton, constituent un poids de 9oo,ooo kil. à 1 fr. chaque............... 900,000

Plus, pour les abats rouges et blancs, la boucherie les vend à forfait aux tripiers, à 8o c. par mouton, ce qui forme la somme de.................... 36o,ooo

Plus, enfin, les boyaux ou *menus* avec la vessie, 1o c. par mouton.......... 45,000

TOTAL........ 14,255,000

En résumé, le commerce de la boucherie, pour acheter le nombre des diverses espèces de bestiaux que je viens
de désigner aurait déboursé une somme de 57,817,700 fr.,
bestiaux qu'il aurait revendus moyennant la somme
de 63,410,100 fr.

La boucherie aurait vendu les bœufs pour une somme de 34,344,000 fr., lesquels lui auraient coûté celle
de 31,695,200 fr.; il y aurait donc une différence, en faveur de la boucherie, de 2,648,200 fr., soit, à peu près
8 1/4 p. 100.

Elle aurait vendu les vaches 5,155,000 fr. qui lui
auraient coûté 4,797,600 fr.; il y aurait donc une différence, en faveur de la boucherie, de 357,400 fr., soit, à
peu près 7 1/2 p. o/o.

Elle aurait vendu les veaux 9,656,000 fr., qu'elle aurait
payés 8,414,400 fr.; il y aurait donc une différence,
en faveur de la boucherie, de 241,600 fr., soit, plus de
14 1/2 p. o/o.

Enfin, elle aurait vendu les moutons 14,255,000 fr.
qu'elle aurait achetés 12,910,500 fr.; il y aurait donc
encore une différence, en faveur de la boucherie, de
1,344,500 fr., soit, à peu près 10 1/2 p. o/o.

Les différences, en faveur de la boucherie, s'élèvent
donc, en totalité, à la somme de 5,592,400 fr.

Mais sur cette somme il y a à défalquer les frais qui
sont considérables.

Ces frais se composent :

1° De la conduite des bœufs dans les abattoirs, ils sont
    payés à raison de 65 c. par tête, soit.   52,000 fr.

2° De la conduite des vaches, à raison

Report	52,000
de 75 c. par tête, soit	15,000
3° De celle des veaux, à raison de 1 fr. au moins par tête, soit	80,000
4° Enfin, de celle des moutons, à raison de 8 c. par tête, soit	36,000
Total des prix de conduite ...	183,000 fr.

Frais de garçons, de voitures, de loyers, d'étaux, de linge, etc., au moins 20 fr. par jour pour chaque boucher, ce qui fait pour cinq cents bouchers, 10,000 fr. par jour, et pour l'année 3,650,000 fr., ci	3,650,000
Total	3,843,000

Si les différences des achats aux ventes s'élèvent, comme je l'ai établi plus haut, à	5,592,400 fr.
Il y a à défalquer sur cette somme les frais qui sont de	3,843,000
Total	1,749,400 fr.

Cette somme de 1,749,400 fr. répartie entre les cinq cents bouchers, leur donnerait, en moyenne, pour l'année, un bénéfice de 3,490 fr. Ce profit, s'il est atteint, est bien éloigné assurément des grandes richesses que l'on attribue généralement au commerce de la boucherie. Cependant il a son importance si l'on considère le capital employé par chaque boucher pour alimenter son commerce. En effet, les bouchers, faisant en général le recouvrement des viandes vendues chaque mois, n'ont à dépenser que le prix des acquisitions du bétail nécessaire pour le service d'un mois. Or, si le commerce de la boucherie débourse, dans le courant d'une année, une somme totale de 57,617,700 fr. pour ses approvisionnements, il n'a à débourser, par chaque mois, qu'une somme de 4,801,475 fr., laquelle lui rentre aussi mensuellement. En divisant cette dernière somme entre les cinq cents bouchers, on trouvera que chacun d'eux n'aura besoin que d'un capital de 9,603 fr. pour fournir aux besoins de son commerce. Si les bénéfices s'élèvent à 3,490 fr. au bout de l'année, il en résulte que ce capital aurait produit à peu près un intérêt de 35 à 36 p. o/o. Mais il serait juste de défalquer de ce profit le travail du boucher qui mérite aussi un salaire et un salaire important, par les peines et les soins qu'il est forcé d'avoir s'il ne veut pas compromettre ses intérêts.

Mais, à côté de ces intérêts purement commerciaux, s'élèvent les intérêts du fisc ; ils sont considérables par leurs résultats, plus que par l'importance des droits qui, quoiqu'on s'en plaigne, ne sont qu'à un taux modéré, attendu surtout les besoins financiers qu'exigent les nombreux travaux destinés au bien-être des habitants de Paris, et à la magnificence de la capitale.

Les droits d'octroi, fixés par la loi du 10 mai 1846, sont fixés à 9 c., 40 millièmes par kil. de viande, de quelque espèce que cette viande provienne ; sur les produits de ces droits d'octroi, il y a à ajouter le dixième, prélevé au profit du trésor.

Il y a, en plus, en vertu de la même loi, un droit de 2 c. par kil. de viandes, mais ce droit est le prix d'un service rendu, c'est le droit d'abatage ou d'usage des abattoirs municipaux, droit sur lequel aucun dixième ne peut être prélevé.

Pour se rendre compte du produit de ces deux droits, il importe de rappeler le poids des viandes sur lesquelles j'ai établi mes moyennes.

Ainsi les 80,000 bœufs ont produit un poids en viandes de............................. 27,600,000 kil.

Les 20,000 vaches............	4,420,000
Les 80,000 veaux.............	5,520,000
Les 450,000 moutons..........	9,000,000
TOTAL.......	46,540,000

Ces 46,540,000 kilogrammes tarifés à 9 centimes 40 mill^{es} le kil., donnent la somme de 4,374,760 fr.

A ajouter le dixième............ 437,476 fr.

TOTAL........ 4,812,236

Il faut ajouter à ce total le droit de 2 centimes par kilogramme pour l'abatage, ce qui forme une somme de...... 930,800

TOTAL général des droits.... 5,743,036

Mais ces droits sont payés par le public, bien qu'ils soient avancés par la boucherie; aussi convient-il d'ajouter aux prix de vente que j'ai établis le montant du tarif, qui peut s'estimer à environ 12 centimes par kilogramme.

Ainsi, les viandes des bœufs, que j'ai estimées à 1 fr. 05 c. le kilogramme, devront être portées à 1 fr. 17 c. le kilogramme.

Celles des vaches, que j'ai estimées à 95 c. le kilogramme, devront être portées à 1 fr. 07 c. le kilogramme.

Celles des veaux, que j'ai estimées à 1 fr. 40 c. le kilogramme, devront être portées à 1 fr. 52 c. le kilogramme.

Enfin, celles des moutons, que j'ai estimées à 1 fr. 30 c. le kilogramme, à 1 fr. 42 c. le kilogramme.

Il résulte, du mouvement de tout ce grand commerce, que les habitants de la ville de Paris auraient payé aux bouchers de cette capitale (car je ne parle pas des viandes introduites à la main par les barrières, et de celles amenées par les bouchers de la banlieue les mercredis et les samedis sur les marchés), auraient payé, dis-je, dans une année, pour alimenter leur *pot-au-feu* et les mets accessoires provenant de la boucherie, une somme de.. 63,410,000 fr.

Plus, pour les droits, celle de...... 5,743,036

TOTAL........ 69,153,136 fr.

Avec ce gros chiffre, il est facile de démontrer à quel état misérable se trouve la consommation des viandes dans notre magnifique capitale, puisqu'en moyenne, chaque habitant ou chaque millionième de cette immense population ne dépense, chaque année, que 69 fr. 15 c. et une petite fraction, pour les viandes qu'il consomme. C'est donc environ 60 kilogrammes par année ou 120 livres, c'est-à-dire un tiers de livre par jour; mais ce malheureux tiers se trouve forcément réduit d'un quart, pour les os et ce qu'on appelle la *réjouissance;* de sorte que la moyenne de la consommation, n'est pas en réalité de plus d'un quarteron ou de quatre onces par jour, par chaque individu. On doit comprendre, d'après ce qui précède, que, pour qu'une personne mange à Paris, chaque jour, une demi-livre de viande, il y en a une seconde qui n'en mange pas du tout; et, en faisant l'application de cette règle positive à la population de Paris, il est certain que, s'il y a 500,000 habitants qui mangent quotidiennement leur demi-livre de viande, il y en a 500,000 autres qui n'en mangent pas du tout.

On vient de voir quels sont les résultats des travaux de la boucherie; mais ces travaux qui ne concernent qu'une matière première préparée pour nos premiers besoins, ces travaux alimentent et fécondent une infinité d'industries spéciales, qui trouvent encore des millions à gagner, en ajoutant le mérite de leur travail à la valeur première qu'ils ont acquise.

En suivant méthodiquement la vente des matières premières, nous aurons d'abord les cuirs des bœufs et des vaches, indispensables aux travaux des tanneurs qui les préparent pour les bottiers, les cordonniers, les selliers, les carrossiers, les bourreliers, etc.; qui vendent les cornes aux tabletiers, aux fabricants de peignes et de tous les ouvrages où la corne est employée; qui vendent la bourre aux tapissiers, lesquels l'emploient trop souvent en remplacement du crin qu'ils sont censés livrer à leurs acheteurs.

Nous aurons ensuite les peaux des veaux livrées au commerce de la corroirie, qui les prépare pour la multitude d'industries qu'elle alimente, telles que la cordonnerie la sellerie, la carrosserie, les layetiers, les relieurs, etc.

Les peaux de moutons livrées au commerce de la mégisserie, qui les prépare de cent manières pour les besoins de cent industries particulières, telles que la chapellerie, la ganterie, les tapissiers, la librairie, etc., etc., et cent etc.

La vente des suifs en branche, mis en œuvre d'abord par les fondeurs, puis par les fabricants de chandelles, par ceux de stéarine qui, après avoir fabriqué les bougies, dites de l'Etoile, tirent de leurs préparations des huiles au moyen desquelles on obtient des savons de bonne qualité ; puis encore par les pharmaciens, les parfumeurs qui usent des suifs pour certaines formules et pour les pommades, celles connues particulièrement sous le nom de *moelle de bœuf*, etc. encore.

La vente des pieds de bœuf, qui fournissent de l'huile excellente, indispensable à l'industrie des grandes mécaniques où les rouages en fer sont si nombreux ; qui fournissent la corne des sabots, fondue et mise en œuvre par la tabletterie, les os fournis également à la tabletterie, notamment une partie des *tibias*, le reste servant aux fabriques de noir animal ; enfin, les *patins* ou tendons d'Achille, qui sont vendus aux fabricants de colle forte ; etc., etc.

Les intestins des diverses espèces et les vessies qui servent à l'industrie de la boyauderie, à la confection des cordes dites *à boyau*, des cordes pour les violons, les harpes, les pianos, aux marchands de tabac, etc., etc.

Et que de détails ne trouverait-on pas encore, si l'on pouvait entrer dans la longue analyse des industries fécondées par le commerce de la boucherie, car tous ses produits, tous absolument, ont une valeur vénale, trouvant toujours des intelligences qui savent les employer pour les besoins des choses nécessaires matériellement, et pour les besoins, non moins impérieux, des objets de luxe.

Cet enchaînement de tant d'industries, de leurs nombreux et si curieux travaux, qui n'arrêtent pas plus que le mouvement des astres, est véritablement merveilleux et démontrerait, s'il en était besoin, l'immensité de la puissance de la civilisation et la grandeur de la Providence qui la protége.

CHAPITRE VII.

Du Commerce des Suifs.

Le commerce des suifs a beaucoup perdu de son ancienne prospérité, par les progrès de l'industrie, et depuis surtout que la science est venue prêter à celle-ci l'appui de ses merveilleuses découvertes. Ce commerce avait déjà beaucoup souffert par l'invention du lampiste Quinquet, par sa lampe à courant d'air, par celle perfectionnée de Carcel et autres ingénieux industriels; cependant il était encore assez lucratif, lorsque le gaz hydrogène est venu renverser, par son brillant éclat, la majeure partie des anciens systèmes d'éclairage, et mettre en émoi le commerce des suifs et des huiles. Assurément, disaient les marchands de chandelle et d'huile, c'est une magnifique lumière que celle du gaz, mais il a, selon nous, un inconvénient grave : c'est de ne livrer sa lumière qu'à poste fixe; nulle locomotion ne lui est permise. S'il est placé au rez-de-chaussée, et que vous ayez besoin à la cave ou au premier étage, il est interdit au gaz de pouvoir vous accompagner, et malgré la puissance de sa clarté, vous ne vous casserez pas moins le cou, si vous allez à la cave ou au grenier, sans qu'une lumière mobile vous accompagne. Prenez, au contraire, une chandelle, une lampe portative, et sans faire un double emploi de lumière, ce qui est toujours dispendieux, vous ferez toutes les affaires de votre ménage, avec facilité, avec économie ; il est vrai que la lumière qui vous éclairera sera plus terne, mais ce sera encore un bénéfice pour la conservation de votre vue que le gaz altère, en même temps qu'il altère les peintures et les décorations de vos appartements. Nonobstant le bon sens d'une partie de ces observations, le gaz a triomphé partout, et les commerces des suifs et des huiles ont dû se résigner et passer sous le joug de la puissance progressive de la science.

Toutefois, quelque diminuée que soit la consommation de la chandelle, elle alimente encore un commerce d'une assez grande importance pour mériter l'attention des hommes qui s'occupent de la science économique ; c'est pourquoi j'ai jugé utile de placer sous leurs yeux les documents à peu près officiels que je me suis procurés.

Avant l'établissement des abattoirs, les fondoirs des suifs en branche étaient placés dans beaucoup de quartiers de la capitale, qu'ils infectaient de leur odeur insipide et fétide. Avec les abattoirs, l'insalubrité des fondoirs particuliers cessa ; il fut ordonné que la fonte **des suifs en branche ne pourrait plus s'opérer que dans** des localités spéciales disposées dans ces établissements sous le nom de *fondoirs*.

Il fut donc établi 28 fondoirs dans les cinq abattoirs, savoir : 8 à l'abattoir Montmartre; 8 à celui de Ménil-montant; 4 à celui de Grenelle; 4 à celui de Villejuif; et 4 à celui du Roule.

Ces fondoirs ont été occupés et le sont encore par des fondeurs et quelques bouchers, dont le travail alimente, en grande partie, les fabriques des 70 ou 72 chandeliers de la capitale.

Ce petit nombre de fondeurs de suifs, presque inconnu, dans ce qu'on appelle les affaires, n'en font pas moins un commerce qui peut s'élever annuellement à 8 ou 10 millions de francs. Mais ce modeste commerce se fait au comptant, et se règle tous les huit jours; il se fait sur une seule parole donnée et reçue, et, chose bien plus merveilleuse! sans contestations, sans procès. Le seul contentieux qui s'élève parfois, entre le fondeur et le chandelier, est provoqué par la quantité de monnaie de billon qui sera donnée en payement. On conçoit que, sur un pareil débat, une transaction est toujours facile.

Les 28 fondoirs des abattoirs sont alimentés par les suifs en branche des bestiaux abattus dans ces éta-blissements, et par les suifs, également en branche, que se procurent les fondeurs chez les bouchers de la ban-lieue et des environs de Paris. La moyenne des suifs fondus annuellement, tant des abattoirs que provenant de l'extérieur de la capitale, peut être évaluée à 6 mil-lons de kilogrammes, et leur valeur vénale moyenne, à 130 fr. les 100 kilogrammes, valeur qui varie souvent ;

mais je donne ici celle de deux années seulement. Les 6 millions de kilogrammes forment donc une somme de 7,800,000 fr.

Mais, pour fournir ces 6 millions de suifs fondus, il a fallu payer aux bouchers le prix de la matière première, laquelle se règle d'après la mercuriale des marchés aux suifs. Cette matière première est donc réglée ainsi qu'il suit : si le suif est coté à 130 fr. les 100 kilogrammes pour le suif fondu, on réduit ce prix en moyenne de 16 p. %, c'est-à-dire, car ces réductions, selon la qualité des suifs, s'élèvent depuis 17 jusqu'à 13 p. %, c'est-à-dire que le boucher recevra 109 fr. 20 c. par chaque 100 kilogrammes de suifs en branche qu'il aura livrés au fondeur.

Or, les marchés aux suifs étant fixés au mercredi de chaque semaine, on prend la moyenne du cours fixé, et le fondeur solde le jeudi, au boucher, le prix de toutes les livraisons qu'il lui a faites depuis le jeudi précédent au prix de 109 fr. 20 c., si, comme je l'ai dit la cote est fixée à 130 fr. La même proportion s'établit, quelle que soit la variation du cours.

Il reste donc au fondeur une différence de 16 p. % pour l'indemniser de ses frais de fonte, de ses frais d'ouvriers, de combustibles, et pour trouver enfin le légitime profit qu'il doit faire. Il faut, pour arriver à ce dernier résultat, un travail d'une activité incessante et des plus durs, des plus pénibles ; il faut de plus, un ordre, une économie et les soins les plus rigoureux pour n'être pas débordé, car ce cadre étroit de 16 p. %, avec tant de charges, ne permet aucune distraction. Avant l'année

17

1839 et antérieurement, la différence était fixée au cinquième ou à 20 p. %, alors les fondeurs exerçaient une industrie assez lucrative et passaient généralement pour jouir d'une grande aisance. En effet, leurs bénéfices, ou le prix de leurs travaux, se réalisant tous les huit jours, leur permettaient de se rendre bien compte de la situation de leurs affaires. Mais depuis que le commerce de la boucherie, jaloux peut-être des profits qu'il voyait faire à côté de lui, et au moyen d'une marchandise dont il était le premier détenteur, depuis qu'il a élevé son prix de vente de 80 à 87 centièmes, le commerce des fondeurs est devenu moins lucratif, et n'arrive, je le répète, à joindre les deux bouts qu'à force de travail et de sévère économie.

J'ai dit que le marché aux suifs se tenait le mercredi de chaque semaine. Ce marché se tenait il y a quelques années au marché aux veaux; mais depuis qu'il a été livré au commerce des guenilles, sauf les mardi et vendredi de chaque semaine, jours destinés aux marchés des veaux mêmes, ce marché se tient à la Bourse, tous les mercredis, de 4 à 6 heures du soir.

Par une ordonnance de police, du 3 décembre 1831, il était prescrit aux fondeurs de vendre sur un échantillon du poids de 3 kilogrammes, de déclarer au préposé spécial de police les quantités déposées dans leurs magasins des abattoirs, etc. Il était défendu aux fondeurs, expressément défendu de mêler des graisses de porcs, dites *flambarts*, et autres matières hétérogènes à leurs suifs. Ce préposé devait arrêter la mercuriale établie sur la moyenne des cours du marché, elle servait de base, comme je l'ai dit, pour les payements des fondeurs aux bouchers.

Cette première simplicité des transactions entre les fondeurs et les chandeliers a bien changé de face, de forme et d'acteurs aujourd'hui.

Le marché aux suifs transplanté à la Bourse, il en est résulté que les mauvaises habitudes de ce magnifique temple de l'agiotage se sont emparées des fondeurs, des chandeliers et de mille spéculateurs aventureux qui ont voulu jouer sur les différences des prix d'une marchandise nouvelle. Les courtiers de commerce, de leur côté, qui ne s'étaient jamais mêlés dans les transactions des fondeurs avec les chandeliers, ont vu là aussi un aliment nouveau livré à leur industrie, de sorte que la fatale spéculation à *découvert*, à terme, avec ou sans prime, est venue remplacer un commerce honnête et régulier. Les conséquences de cette spéculation ont entraîné les mêmes ruines que celles qu'elles provoquent quotidiennement sur les effets publics, les actions de toute nature, les eaux-de-vie, les sucres, les cafés, etc., etc., etc.

Aucun fondeur n'apporte aujourd'hui les 3 kilogrammes d'échantillon des suifs qu'il a ou qu'il n'a pas en magasin ; aucune autorité ne lui réclame et ne vérifie si le *flambart* est mêlé à la marchandise qu'on doit livrer, car la marchandise n'apparaît plus que par son nom. Il y avait donc de l'ordre naguère, aujourd'hui il n'y a plus que de l'agiotage et les misères qu'il entraîne.

Mais je dois faire connaître la fabrique du suif prise *ab ovo*, afin qu'on comprenne mieux la filiation des transactions auxquelles cette nature de marchandise donne lieu.

Les suifs en branche sont fondus ou naturellement, c'est-à-dire dans de vastes poêles qui contiennent jusqu'à

7,000 kilogrammes, en plein air, ou par des moyens chimiques, à vases clos.

La première manière s'opère simplement : des garçons fondeurs remuent la matière avec des espèces de poutrelles de 2 mètres 50 centimètres de longueur, pendant l'ébullition, afin d'empêcher qu'aucune partie ne s'attache à la poêle. Une buée lourde et nauséabonde s'élève pesamment au-dessus de cette poêle, buée qui répand sa fétide odeur jusqu'aux alentours des abattoirs, et qui provoque fréquemment des réclamations *d'incommodo* de la part des voisins, qui oublient qu'ils sont venus fixer leur résidence près des fondoirs, très-postérieurement à l'établissement des abattoirs, et conséquemment avec les inconvénients contre lesquels ils réclament, et aussi contre lesquels l'administration, quoi qu'elle ait pu tenter, n'a pu rien obtenir de la science. Vingt chimistes, et des plus distingués, s'en sont occupés sérieusement; ils paralysent bien pendant quelques instants les odeurs, mais sur une petite quantité, et encore ces odeurs reprennent-elles leurs cours quelques heures après les opérations faites. Ces tentatives de la science m'ont démontré qu'il était certaines odeurs natives qu'il était impossible de détruire. N'avons-nous pas le triste et si méphitique exemple des vidanges qui parcourent Paris dès dix heures du soir, et qui blessent si vivement l'olfaction publique à la sortie des spectacles ? N'est-il pas presque honteux, qu'une capitale qui prétend, à tort ou à raison, être le centre et le modèle de la civilisation, soit infectée chaque nuit par les nombreuses voitures qui transportent les plus nécessaires résultats de la vie et de la santé humaines ? Que ces résultats soient transportés dans de gros tonneaux, conduits en poste, ou dans des tinettes, les odeurs n'en existent pas moins, quelques efforts qui aient été faits pour les annihiler ou au moins les amoindrir. C'est qu'en cette matière, comme dans les suifs, l'odeur native reste invincible ou à peu près, et a toujours résisté, jusqu'à aujourd'hui, aux persévérants travaux et à l'intelligence de la science.

Les suifs fondus naturellement laissent un résidu que l'on fait passer sous une puissante presse, qui en exprime tout le jus. Le marc de ce résidu forme ce que l'on appelle le *creton*, lequel se vendait, et se vend encore pour la nourriture des chiens et des porcs; mais aujourd'hui il est employé, avec succès, comme engrais puissant des terres. Cette nouvelle concurrence, comme engrais, a fait singulièrement élever le prix des *cretons*, car il a triplé de valeur, il s'est élevé de 5 à 20 centimes le kilogramme, et il est présumable qu'il s'élèvera encore, attendu que la fonte des suifs, par les procédés chimiques, en a diminué la production.

La seconde manière de fondre les suifs est celle qui s'exécute par des procédés chimiques, à vases clos. Ce mode exclut la production du *creton*, qui est composé des débris des chairs attachées aux suifs en branche. Or, on introduit dans le vase destiné à la fonte, des acides qui identifient ces chairs aux suifs, de sorte que la fonte ne produit plus que du suif sans aucun résidu. Il me paraît évident que cette nature de suif est moins pure que celle qui provient des suifs fondus dans les poêles découvertes, attendu que, quels que soient les effets des acides, cette nature de suif doit nécessairement conserver des matières hétérogènes qui en altèrent la qualité, si elles en augmentent le poids. On peut appeler cela un progrès, j'en demeure d'accord, mais, scientifiquement parlant, comme à beaucoup d'autres matières où la science a révélé ses secrets ; cette sorte de progrès me semble plutôt une calamité qu'un bienfait, car elle altère les qualités premières d'une marchandise pour produire des similaires d'une qualité inférieure, au moyen desquels le public est trompé. Cela me paraît donc donner à la fraude, à la cupidité, des moyens d'action que j'aimerais à voir restreindre au lieu de les voir encouragés.

Le suif fondu à vase clos, et au moyen des acides, a moins d'odeur que celui fondu à vases découverts ; l'acide qui les travaille change la nature de cette odeur, qui, nativement, n'est point insalubre, si elle est désagréable, mais qui, changée par ces acides et par leur action, arrive à un véritable état d'insalubrité. Aussi remarque-t-on que déjà les ouvriers employés à ce travail souffrent de la poitrine, et se plaignent d'un malaise qu'ils n'éprouvaient pas en travaillant les fontes à la poêle découverte. Au surplus, il faut attendre l'expérience, que les faits d'une plus longue pratique ne peuvent manquer de donner. Ceux connus jusqu'à ce jour et le raisonnement démontrent bien qu'un poumon doit nécessairement être altéré par la respiration constante d'un air vicié par la puissance incisive d'un acide ; mais, je le répète, les expériences et la pratique peuvent seules démontrer d'une manière complète la véritable logique d'un raisonnement.

Le commerce sérieux des suifs a changé en grande partie par l'invention de la *stéarine*, au moyen de laquelle le suif de *chandelle* se transforme en *bougie*.

Les *stéariniers* font le tiers de ce commerce, soit à terme, à primes, à livrer, etc., par l'entremise des courtiers de commerce. Leurs travaux consistent à extraire sur 100 kilogrammes de suifs fondus, 50 kilogrammes de stéarine, 40 kilogrammes d'huile et 10 kilogrammes de déchets. La stéarine est ce qui produit la plus grande valeur; si son prix vaut 250 fr. les 100 kilogrammes, la valeur de 100 kilogrammes d'huile n'est que de 80 fr.; ainsi cette dernière valeur ne vaut, en moyenne, que 34 p. o/o du prix de la stéarine. Pour établir les prix de 250 et de 80 francs, pour la stéarine et pour l'huile, il faut que le suif fondu ne coûte que 130 fr. les 100 kilogrammes; au-dessus ou au-dessous de ce prix, les cours changent, mais toujours dans la proportion que j'ai indiquée, de 34 p. o/o de la valeur de l'huile à celle de la stéarine.

La stéarine, comme chacun le sait, est employée à la confection des bougies, dites de l'Étoile, ou de toute autre compagnie. Ce mode d'éclairage, s'il est moins brillant que celui de la chandelle, a l'avantage très-grand de n'avoir pas besoin d'être mouché et de ne point couler; il a l'avantage d'être à peu près sans odeur et de remplacer très-utilement les bougies de cire, dont le prix était excessif.

Les huiles de stéarine servent à confectionner des savons, dont la qualité est assez estimée.

Je reconnais, bien volontiers et avec plaisir, que la division de ces deux matières, provenant des suifs, est un véritable progrès de la science et dont l'application est devenue un bienfait pour le public.

Les chandeliers, en moyenne, travaillent et manipulent, pour Paris seulement, environ 4,500,000 kilogrammes de suifs fondus; il faut défalquer de ce gros chiffre à peu près 50,000 kilogrammes pour les parfumeurs et autres industriels de la capitale.

Ces 4,500,000 kilogrammes ont une valeur, en moyenne décennales, de 60 fr. les 50 kilogrammes, et forment ainsi un capital de 5,400,000 francs. Or, cette matière, ouvrée et transformée en chandelles à six au 1/2 kilogramme, produit une quantité de 4,500,000 kilogrammes, ou 54 millions de chandelles. Et cependant, les 50 kilogrammes de chandelles fabriquées ne sont vendus, par le chandelier, aux épiciers ou aux autres détaillants que 65 francs les 50 kilogrammes, quand ceux-ci les revendent 70 francs aux consommateurs. De sorte que les épiciers et les détaillants font un profit égal à celui des chandeliers sans avoir à supporter les frais de fabrication.

Ces frais de fabrication doivent se trouver naturellement sur les 5 francs de différence du prix d'achat de la matière première, à celui de la vente de la matière fabribriquée. Cette somme paraît bien légère, 5 francs pour mouler et empaqueter 600 chandelles, et trouver encore un bénéfice, quand on saura surtout, que la refonte du suif, alors qu'on le travaille, fait éprouver une perte de 1 p. o/o sur son poids, et qu'en général, les chandeliers exercent un commerce assez lucratif, puisque c'est très-rarement qu'on voit leurs noms figurer au tableau des faillites.

Pour expliquer cette sorte de phénomène industriel, il

faut savoir que la distribution et la division du travail sont fort bien combinées chez les chandeliers, et qu'ensuite, pour compenser la perte qu'ils éprouvent sur le déchet des suifs par leur refonte, ils ont le poids du coton des mèches qui se calcule en général à un 1/2 kilogramme pour 5o kilogrammes de chandelles. Ils ont encore, mais ceci est moins loyal, le poids du papier et des ficelles qui servent à envelopper les paquets composés chacun de 2 kilogrammes 1/2 ou de 3o chandelles à 6. Or, ce papier pèse depuis 3o jusqu'à 85 kilogrammes la rame de cinq cents feuilles. La mesure de l'honnèteté et de la délicatesse des chandeliers peut donc se régler à peu près sur cette différence de poids, laquelle offre 55 kilogrammes de parcours. Il est vrai de dire que beaucoup d'épiciers se permettent de changer le papier des enveloppes pour le remplacer par un plus pesant, et pour y joindre des ficelles où le plomb se réunit à la filasse.

Toutefois, le coton, le papier et la ficelle, quels que soient leurs poids ne laisseraient pas au chandelier une marge assez grande pour lui assurer un bénéfice; c'est pourquoi il se permet de joindre au suif, qui forme le principal élément de la chandelle, un dixième de flambart, et souvent pareil poids de suif qu'on appelle *noir*, parce qu'il provient d'un travail fait sur de vieux os. Le *flambart* et le suif noir se vendent, en moyenne, à peu près 4o fr. les 5o kilogrammes. Il faut cependant reconnaître que le *flambart*, ou graisse de porc, donne une plus vive lumière à la chandelle, mais que, pour compenser ce bienfait, il la fait se consumer plus vite. C'est donc au moyen de ces annexes hétérogènes que les profits peuvent s'établir d'une manière plus fructueuse.

La consommation de Paris, étant de 4,500,000 kilogrammes, ou de 9 millions de demi-kilogrammes de chandelles, sur lesquels il n'y aurait que 5 fr. à prendre au-dessus du prix d'acquisition, à 60 fr. les 50 kilogrammes, il en résulte que les chandeliers ne reçoivent que 450,000 fr. seulement pour leurs frais de fabrique et leur profit légitime; ce serait vraiment chose presque impossible sans le secours du *flambart*, des suifs noirs, du coton, des papiers et des ficelles; c'est donc par ces moyens auxiliaires qu'on estime les profits des chandeliers à 300,000 fr. environ par chaque année; ce qui forme, en moyenne, par chacune des soixante-dix personnes qui exploitent cette industrie, 4,285 fr., en somme ronde.

Les épiciers et les détaillants ont pour eux le profit complet des 450,000 fr. résultant des prix de 65 à 70 fr. les 100 kilogrammes. Mais ce profit, étant divisé entre 12 ou 1,500 parties prenantes, n'offre plus d'importance.

On voit, par l'analyse de ce commerce réel des suifs, quelle manutention il entraîne, seulement pour la consommation de Paris, la ville de France où relativement on en consomme le moins, et combien peu de dépenses s'effectuent pour engendrer de si grands résultats.

C'est avec une somme de 6,300,000 francs, prix de 4,500,000 kilogrammes, à 70 fr. les 50 kilogrammes, somme payée par les consommateurs aux épiciers et aux détaillants, que les 30,000 maisons de la capitale sont approvisionnées en chandelles pendant le courant d'une année. Or, 4,500,000 kilogrammes fournissant 54 millions de chandelles à 6, consommées, c'est moins d'un 1/2 kilogramme par jour et par maison. Appliquées à chaque habitant, ces divisions et subdivisions ne donnent que 5 chandelles pour 27 personnes. En partant de ces chiffres, il en résulte que la consommation de la chandelle, dans Paris, nécessite par jour, une dépense de 17,500 fr., qui, si elle était payée par chaque habitant, établirait leurs frais quotidiens d'éclairage à 2 centimes 1/6. Mais l'huile et le gaz, employés presque généralement, en donnant un éclairage plus brillant, plus somptueux, ont singulièrement augmenté cette nature de dépense.

Je dois terminer ce chapitre en faisant connaître quels sont les droits municipaux qui frappent les suifs à leur entrée dans Paris, et ce qu'ils payent pour le loyer des fondoirs dans les abattoirs.

Les suifs en branche entrent dans la capitale librement, et ne sont soumis à aucun droit. Lorsqu'ils y sont introduits fondus, ils payent 3 fr. par 100 kilogrammes, plus, le dixième, afférant au trésor public; en tout, 3 fr. 30 centimes.

Avant la loi du 10 mai 1846, les droits prélevés dans les abattoirs, pour l'usage des fondoirs comme étant le prix d'un service rendu, était de 3 francs par 100 kilogrammes de suif, sans le dixième.

Mais les abattoirs ayant été convertis en entrepôt des viandes et de leurs conséquences, à dater du 1er janvier 1847, il en est résulté que les suifs qui en sortent pour entrer dans Paris sont soumis à l'ancien droit de 3 fr. 30 centimes par 100 kilogrammes, et que ceux qui sont exportés sortent en franchise, en ayant le soin de se munir d'un passe-debout, et de demander un employé de l'octroi chargé d'escorter la voiture, jusque hors les barrières.

Les droits municipaux, en ce qui concerne la fonte des suifs dans les fondoirs des abattoirs, ont été réglés par ordonnance royale, rendue en exécution de la susdite loi du 10 mai 1846, à 1 fr. par 100 kilogrammes des suifs fondus.

Ce dernier droit n'a rien d'exagéré, car il serait difficile qu'un fondeur trouvât, ailleurs que dans les abattoirs, des localités aussi bien appropriées pour la nature de son travail ; qu'il fût pourvu de la quantité d'eau dont il a un constant besoin, de vastes magasins, de belles caves, moyennant un prix aussi modique, puisque la moyenne fonte des fondeurs, dans les vingt-huit fondoirs, ne s'élève pas à plus de 200 à 220,000 kilogrammes par an ; cela ne forme donc par fondoir qu'un loyer de 200 à 220 fr. C'est assurément un prix bien minime, si l'on considère surtout les difficultés que les fondeurs trouveraient au dehors des abattoirs, par l'*incommodo* inhérent à leur industrie, *incommodo* qui met en émoi toutes les communes où ils ont cherché à se placer.

Le suif fondu, introduit dans Paris, paye donc, en définitive, un droit de 3 fr. 30 c. par 100 kilogrammes, plus 1 fr. par 100 kilogrammes pour loyer du fondoir ; en totalité, 4 fr. 30 c. par 100 kilogrammes. Ce droit forme à peu près 3 1/2 p. o/o de la valeur vénale de la marchandise, au cours actuel.

CHAPITRE VII.

Du Commerce de la triperie.

Le commerce de la triperie est une des premières conséquences du commerce de la boucherie; celui-ci ne peut s'exercer sans l'autre, tant leur connexité les assimile. En effet, que deviendraient plusieurs parties importantes des bestiaux, qui ne sont pas viande, s'il ne se trouvait une industrie toute prête pour les mettre en valeur et en tirer profit, en rendant service à une portion assez considérable du public.

Les préparations de la triperie remontent donc à la même antiquité que celles de la boucherie. C'est un principe toujours suivi de sa conséquence immédiate.

Les travaux des tripiers s'exercent sur ce qu'on appelle les *abats* des diverses espèces de bestiaux. Ils sont divisés en deux sortes, les *abats rouges* et les *abats blancs*.

Les abats rouges se composent, pour les bœufs, du

foie, du mou et de la rate ; il y a de plus, pour les vaches, la *tétine*.

Les abats blancs se composent, pour la même espèce, des estomacs divisés en quatre compartiments, désignés sous les noms de l'*herbière*, de la *panse*, du *feuillet* et de la *franche mule ;* plus du *mufle*, dans lequel se trouve le *palais*.

Les quatre pieds sont conservés par les bouchers, qui les vendent à des entrepreneurs particuliers ; mais les *nerfs* sont abandonnés pour les profits des garçons, ainsi que l'*émouché*, qui n'est autre chose que l'extrémité de la queue de l'animal ; les *nerfs* et les *émouchés* sont donc vendus par les garçons aux tripiers.

Les abats des veaux, comme je l'ai dit dans un chapitre précédent, sont conservés et vendus par les bouchers directement au public.

Les abats *blancs* des moutons se composent des estomacs, des quatre pieds, de la cervelle, de la tête, de la langue ; les abats rouges se composent du cœur et des poumons, du foie et des rognons.

Les abats rouges et blancs des bœufs sont achetés, par les tripiers aux bouchers, à raison de 8 fr. 50 c. par tête ; ceux des vaches à raison de 5 fr. 50 c.

Les tripiers achètent encore des garçons bouchers les *nerfs* et les émouchés des bœufs et des vaches à raison de 5 centimes chaque, soit 10 c. pour les deux.

L'ensemble des abats des moutons est payé à raison de 80 c. par mouton.

Les prix de ces divers abats sont réglés chaque année, dans la semaine de Pâques, entre les bouchers et les tripiers ; ils sont fixés pour tout le courant de l'année.

On peut donc, d'après cette donnée, savoir d'une manière positive quelle est la somme payée par le commerce de la triperie à celui de la boucherie pour la matière première employée par ce premier commerce ; nous verrons ensuite quel est le profit qu'il en tire ou peut en tirer.

J'ai dit que les abats rouges et blancs des bœufs étaient payés à raison de 8 fr. 50 c. par bœuf.

En calculant cette somme, appliquée à une moyenne de 80,000 bœufs, on aura celle de.... 680,000 fr.

Plus, les nerfs et les émouchés ensemble, à 10 c. sur 80,000 bœufs....... 8,000

Pour les vaches, les abats rouges et blancs, à 5 fr. 50 c., donneront une somme, sur 20,000 vaches en moyenne, une somme de.................... 110,000

Plus, les *émouchés* à 5 c. 1,000

Pour les moutons, la totalité des abats à raison de 80 c., sur une moyenne annuelle de 450,000 moutons, donnera une somme de.................. 360,000

TOTAL........ 1,159,000

Les tripiers payent donc annuellement, en moyenne, une somme de 1,159,000 fr. aux bouchers pour la matière première qui forme la base de leur commerce.

Il faut savoir maintenant quels seront les frais et les profits que provoqueront toutes ces natures de marchandises.

Les abats blancs des bœufs et des vaches sont vendus

au même prix ; ils occasionnent les mêmes frais de manutention, à savoir : les droits de cuisson à raison de 3o c.
par bœuf et par vache, plus pour la façon de la préparation et cuisson 15 c. environ, en tout 45 c. ; ce qui forme
sur 100,000 têtes, droits et frais compris, une somme
de 45,ooo fr.

Ils sont vendus, dis-je, à raison de 1 fr. 5o c. chaque
abat, défalcation faite des droits et des frais ; ce qui forme
une somme nette de.   150,000

Le mufle, le palais et les os de la caboche sont vendus à raison de 5 centimes, ce qui forme sur 100,000 têtes. .   5,000

Le total des abats blancs.   155,000
Plus frais et droits.   45,000

TOTAL général.   200,000

Les abats rouges des bœufs et des vaches se vendent
également le même prix.

Les mous et le cœur ont la même destination ; en général, ils servent à la nourriture des chats, et encore n'y
entrent-ils au plus que pour un tiers, car je ne parle pas
ici des pâtées composées des reliefs des repas des propriétaires de cette race féline, je ne relate que les dépenses
faites tout exprès pour la nourrir. Or donc, les chats sont
les consommateurs obligés des 100,000 cœurs et mous
des vaches et des bœufs provenant des abattoirs. Ces
abats sont vendus, en moyenne, à raison de 2 fr. 5o c.
chaque, ce qui forme la somme ronde de   250,000 fr.

Report............	250,000 fr.

Mais ce grand nombre de mous et de
cœurs ne suffit pas aux appétits des chats,
car les tripiers achètent en leur nom, tous
les abats de la banlieue qui arrivent auxiliairement pour aider à les satisfaire, et à
les satisfaire pour un tiers seulement,
quoique souvent un autre auxiliaire, celui
des mous et cœurs des moutons, vienne
aussi aider au complément de ce tiers.
Les deux autres tiers sont également et
spécialement vénaux ; ils sont fournis par
le commerce de la charcuterie et les marchands de *viande cuite*, dits *arlequins*.
Mais je ne puis compter ces auxiliaires
différents que pour.............. mémoire.

Je crois, toutefois, que ce ne serait rien
exagérer, que d'estimer la nourriture des
chats, à Paris, la nourriture spécialement
achetée pour leurs repas, à une somme
annuelle de 750,000 fr.

Le foie et la rate sont vendus à raison
de 7 fr. par tête de bœuf et de vache, soit
une somme de................... 700,000

En ajoutant le prix de vente des abats
blancs, on aura une somme de........ 155,000
pour les tripiers, plus 45,000 fr. de droit
à ajouter pour le public.

TOTAL pour les tripiers..... 1,105,000 fr.

18

Les abats des moutons se vendent, savoir :

1° Les rognons, en moyenne, 25 centimes la paire, pour
450,000 moutons................ 125,000 fr.

2° La tête, la langue, la cervelle, la caboche, se vendent ensemble 45 centimes, sur 450,000, ci............. 202,500

3° Les quatre pieds, à raison de 15 centimes, sur également 450,000........ 67,500

4° Les estomacs, le cœur et le mou, vendus pour la nourriture des animaux à
raison de 5 centimes sur 450,000, ci.. 22,500

TOTAL.......... 412,500 fr.

Les droits d'abattoir, pour la cuisson des abats blancs
des moutons, sont de 5 centimes par tête, soit sur
450,000 têtes.................... 22,500 fr.

La façon de la cuisson est de 2 c. 1/2 par
tête, soit......................... 11,250

TOTAL.............. 33,750 fr.

En réunissant tous les chiffres ci-dessus établis, il sera
facile d'apprécier les résultats du commerce de la triperie.

Les prix d'acquisition de ce commerce, pour la matière
première, sont de 1,159,000 fr.

Les prix de ventes, pour les abats des bœufs et des
vaches, sont de.................. 1,105,000 fr.

Ceux des abats de moutons sont de.. 412,500

TOTAL....... 1,517,500 fr.

Les profits du commerce de la triperie s'élèvent donc à la somme annuelle de 358,500 fr. On compte, à Paris, environ 270 tripiers. C'est un commerce infime qui n'est pas même soumis à la patente, et cela avec raison, car ce n'est qu'à force de soins, d'activité et d'économie qu'il parvient à vivre ; et l'on doit convenir que généralement ce commerce est exercé par d'honnêtes gens, dont je n'ai jamais vu la loyauté mise en doute.

Or, 358,500 fr., divisés en 270 parties, donnent pour chacune d'elles annuellement, en moyenne, une somme de 1,698 fr., sur laquelle il y a à défalquer les frais de loyers des étaux et des logements, et pour certains tripiers des frais de chevaux et de voitures.

Le capital annuel à employer par chaque tripier serait donc, pour les prix d'acquisitions premières, qui s'élèvent à la somme de 1,159,000 fr., de 4,400 fr.; mais comme les payements se font hebdomadairement, de même que les ventes se font au comptant, il en résulte que le tripier n'a besoin que du capital d'une semaine pour suffire aux besoins de son commerce, soit en somme ronde et en moyenne, 89 fr. C'est avec ce chétif capital, que, par son travail assidu, il parvient à vivre et à élever sa famille.

Je dois terminer ce chapitre en disant qu'en général le commerce de la triperie jouit d'une certaine aisance, et qu'il jouit également d'un crédit fort mérité auprès du commerce de la boucherie.

J'aurais dû, pour compléter la série des commerces qui procèdent de la boucherie, suivre les cuirs et les peaux chez les tanneurs et les mégissiers ; mais ces natures de commerce s'exerçant en dehors des abattoirs, je ne pourrais en suivre les détails d'une manière assez certaine pour en faire connaître les résultats. Or, comme j'aime toujours savoir à peu près ce que je dis, et que je cherche partout la vérité, et la vérité la plus vraie possible, j'ai préféré m'abstenir.

CHAPITRE VIII.

De la conversion des droits d'octroi , fixés par chaque tête de bétail, en droits sur le poids des viandes, et des droits de douane appliqués aux bestiaux.

Dès l'année 1835, il avait été question de convertir les droits d'octroi, qui se percevaient sur chaque tête de bétail, en droits à percevoir sur le poids des viandes à leur sortie des abattoirs. Quelques études furent faites; mais l'opération paraissant difficile à exécuter, on suspendit la mesure. Elle fut reprise par le conseil municipal, en 1841 et 1842, et fut sérieusement étudiée à la fin de cette dernière année. Des expériences complètes furent soigneusement exécutées; elles démontrèrent qu'il était également possible de peser les bestiaux sur pied, et d'en peser leurs viandes avec une assez grande facilité.

Mais de la possibilité de peser il n'en résultait pas encore la démonstration rigoureuse que la mesure était

bonne ; car il y avait à considérer ce que pouvait amener
ce changement de l'assiette de l'impôt, et sur le prix et
sur la qualité des viandes ; l'effet qu'il pourrait produire
sur l'élève des bestiaux, quels pourraient être aussi les
produits fiscaux qui en résulteraient, et s'il n'y aurait pas
lésion pour la caisse municipale.

Toutes ces questions furent soulevées et discutées en
conseil municipal.

On trouvait d'abord que la mesure ne pouvait guère obtenir les résultats que plusieurs économistes présageaient,
bien que le système d'égalité qu'elle devait établir avait
un côté séduisant, surtout en France, où le mot *égalité*
chatouille agréablement toutes les imaginations. Mais en
laissant de côté tout ce que ce mot libéral a de généreux
dans son principe général, et en jugeant les effets qu'il
pourrait produire appliqué aux bestiaux, on disait : Pourquoi changer une législation dont les rouages sont simples
et qui a l'avantage qu'ont les choses simples, d'avoir des
conséquences excellentes ? Ainsi, disait-on, sous le rapport
fiscal, quoi de plus simple que la perception : on compte
les têtes, et chacune devant un droit semblable, dans son
espèce, il en résulte qu'aucun débat, qu'aucune contestation ne peut s'élever sur le montant du droit ; voilà donc
un contentieux impossible, ce qui est toujours un avantage en bonne administration. A cette première raison,
en revenait une autre : Le boucher, toujours marchand
avant que d'être boucher, trouvait un avantage à introduire les plus belles têtes de bestiaux dans Paris, attendu
que les droits étant égaux pour les grosses et les petites,
il trouvait un premier profit à faire entrer les premières,

les grosses têtes, dont la qualité est indubitablement et,
quoi qu'on en ait dit, supérieure à la qualité des petites ;
c'était donc assurer à Paris la consommation de viandes
supérieures, et dont la qualité n'était pas douteuse, puisque l'intérêt du boucher était de bien vérifier le bétail
qu'il achetait, ce qui assurait au premier chef la salubrité de ses viandes. Avantage précieux, quand il s'agit
à peu près de l'alimentation quotidienne d'une population d'un million d'âmes. Un troisième avantage du droit
par tête était encore signalé à l'attention du conseil,
c'était que ce droit, cette capitation étaient une sorte de
prime que la ville de Paris accordait aux herbagers et
aux éleveurs, en les excitant à produire les bestiaux les
plus beaux, puisque c'étaient toujours ceux-là que les
bouchers choisissaient sur les marchés de Sceaux et de
Poissy.

On ajoutait qu'en pesant les bestiaux et surtout leurs
viandes, on renversait d'un seul coup tous les avantages
qu'on venait de signaler ; que d'abord la perception pouvait entraîner de nombreuses difficultés, parce que chaque pesée pouvait être contestée par le boucher intéressé ; qu'ensuite ce boucher, toujours marchand, on le
répète, avant que d'être boucher, n'aurait plus aucune
sorte d'intérêt à s'approvisionner en beau bétail, puisqu'il n'y trouverait plus de profit ; que ce profit, au contraire, ne pourrait arriver qu'à la condition d'acheter les
bestiaux les moins chers, c'est-à-dire ceux qui doivent naturellement produire les viandes les plus médiocres, si ce
ne sont les plus mauvaises ; et cette sorte de marchandise est bien difficile, si ce n'est impossible à vérifier, car

les experts, en cette matière, ne se trouvent guère que
parmi les bouchers qui, juges dans ces questions, pourraient bien ne pas conserver leur libre arbitre. La salubrité des viandes serait donc compromise, quelques soins
qu'une bonne police pût prendre pour la garantir; et,
dans tous les cas, les viandes livrées à la consommation
générale auraient forcément à perdre de leur qualité.

On ajoutait encore, qu'en troisième lieu, on arrêterait
l'essor des herbagers et des éleveurs qui cherchent à
perfectionner leurs produits, puisqu'il ne s'agirait plus
pour eux que de produire vite au lieu de perfectionner,
parce que les bouchers préféraient acheter les bestiaux
vendus à bas prix que des têtes parfaites qui naturellement seraient plus chères. De ces considérations on tirait
la conséquence que le fisc, la salubrité des viandes, l'a-
griculture et plus encore la population tout entière,
n'avaient rien à gagner au changement de mode de l'impôt, mais que certainement on y perdrait sous tous les
rapports. Que les idées qui s'étaient arrêtées sur cette
mesure n'avaient pas été assez mûries, qu'elles avaient
saisi beaucoup d'esprits, supérieurs même, lesquels n'a-
vaient pas vu tout de suite les avantages qu'avaient constamment amenés les droits par tête, et des tristes suites
qui devaient résulter des droits sur le poids des viandes;
que cette mesure nouvelle ferait abandonner le simple
pour se jeter dans un compliqué dont les futurs contin-
gents étaient au moins inconnus, tandis que l'on tenait
le certain, et que c'était en quelque sorte procéder à l'envers de la manière dont procède l'esprit humain qui
commence par le compliqué pour arriver au simple;

qu'à bien prendre il semblait qu'on voulût remplacer la simple machine à feu, qui fournit toute l'eau nécessaire au luxe hydraulique des jardins de Versailles, pour rétablir la vieille machine de Marly avec ses innombrables rouages.

A ces raisons puissantes, on opposait que les petits bestiaux se trouvaient exclus des marchés d'approvisionnement, puisque les droits par tête empêchaient leur concurrence; que cependant, si l'on voulait sérieusement une diminution dans les prix de la viande, il fallait faire amener une plus grande quantité de bétail sur les marchés, seul moyen d'obtenir cette diminution ; et que certainement les viandes de ces petits bestiaux valaient souvent mieux que celles des grands.

On répondait à cela que la mesure n'aurait aucun effet sur le prix des bestiaux et de leurs viandes, attendu que ces prix n'étaient élevés que, parce que les bestiaux étaient rares en France ; or, que pesés ou comptés, cela n'en augmenterait pas le nombre, et conséquemment ne pourrait pas avoir d'influence sur les prix ; que seulement Paris dépouillerait la province en payant les maigres bestiaux à grand prix, pour en approvisionner la capitale, moyen à peu près certain de provoquer une disette de viandes dans nos départements; qu'appréciée sous ce point de vue, on pourrait accuser Paris d'un sentiment d'égoïsme qui flatterait peu la province.

On finissait par mettre sous les yeux du conseil, les tableaux statistiques fournis par M. le ministre du commerce et de l'agriculture, qui démontraient et la quantité du bétail existant dans le royaume, et l'état de la consommation à diverses époques.

Voici un résumé de ces statistiques :

Le comte Chaptal publia en 1819 son excellent ouvrage sur l'industrie française. La France alors comptait 29,327,388 âmes.

D'après sa statistique, il existait alors dans les quatre-vingt-cinq départements de notre royaume actuel :

Race bovine,
6,979,273 têtes.
$\left\{\begin{array}{l}\end{array}\right.$
1,701,740 bœufs.
214,131 taureaux.
3,909,959 vaches.
856,122 génisses.
291,021 veaux.

Race ovine,
35,188,910 têtes.
$\left\{\begin{array}{l}\end{array}\right.$
766,310 mérinos purs.
3,558,738 métis.
30,843,852 indigènes.

TOTAL...... 42,161,883 têtes de toute espèce.

A cette époque, la boucherie abattait :

375,000 bœufs.
422,000 vaches.
2,022,000 veaux.
5,575,000 moutons.

TOTAL... 8,514,000 têtes.

En 1812, il existait donc, en France, 42,161,883 têtes

de bétail, et la France en consommait 8,514,000 têtes, c'est-à-dire, à peu près le cinquième, dans le courant d'une année. La viande était alors à un prix modéré.

D'après les documents officiels, publiés par M. le ministre du commerce, en 1841, il existait en France, en 1830, pour une population de 31,815,000 habitants :

381,100 taureaux.
2,033,000 bœufs.
4,628,300 vaches.
2,078,200 veaux.
29,130,200 moutons.

TOTAL... 38,260,800 têtes.

En 1830, l'abatage a été de :

483,000 bœufs.
635,700 vaches.
2,250,200 veaux.
3,021,100 moutons.

TOTAL... 6,390,300 têtes.

En 1840, il y avait, en France, une population de 34,226,000 habitants ; il existait en têtes de bétail :

399,000 taureaux.
1,968,800 bœufs.
5,501,800 vaches.
32,151,430 moutons.

TOTAL... 40,021,230 têtes.

Dans cette même année, il a été abattu :

> 492,900 bœufs.
> 718,900 vaches.
> 2,487,400 veaux.
> 5,804,700 moutons.

TOTAL... 9,503,900 têtes.

On peut déjà voir par ces chiffres, que la population de 1812 à 1840, augmentée d'environ 6 millions d'habitants, ne consomme, en 1840, que ce qu'elle consommait il y a trente ans, par la raison toute simple que les races bovines, et ovines surtout, n'ont point suivi la progression ascendante de la race humaine ; que, loin de là, elles ont été en diminuant.

Il fallait aussi considérer quels avaient été les résultats de la disette progressive du bétail, et prendre pour exemples la consommation de Paris, pour voir les modifications arrivées sur le prix des bestiaux sur pied et sur le prix des viandes.

D'après les statistiques publiées par M. le ministre du commerce, de 1820 à 1840, en laissant de côté les années intermédiaires, qui tracent la marche de la hausse, on voit qu'en 1820, sur les marchés de Sceaux et de Poissy, le prix moyen d'un bœuf était de 243 francs, celui d'une vache de 170 francs, celui d'un veau de 62 francs et celui d'un mouton de 21 francs.

En 1840, sur les mêmes marchés, le prix moyen d'un bœuf était de 380 francs, celui d'une vache de 204 fr. 10 c., celui d'un veau de 99 francs, enfin celui d'un mouton, de 25 fr. 18 c.

En vingt années, le prix d'un bœuf a donc augmenté de 137 francs, celui d'une vache de 37 fr. 10 c., celui d'un veau de 37 francs et celui d'un mouton de 4 fr. 18 c. Et depuis 1840, les prix ont toujours été en augmentant.

Voici maintenant quels sont les progrès des prix des viandes :

En 1820, les 5 hectogrammes, ou la livre de viande, valaient à Paris, pour le bœuf, 48 centimes 8 millièmes ; pour la vache, 39 centimes 8 millièmes ; pour le veau, 55 centimes 9 millièmes ; pour le mouton, 56 centimes.

En 1840, la livre ou les 5 hectogrammes valaient pour le bœuf, 54 centimes 8 millièmes ; pour la vache, 49 centimes 7 millièmes; pour le veau, 73 centimes, et pour le mouton, 57 centimes 8 millièmes.

Cette augmentation peut être calculée, de 1820 à 1840, à 12 p. o/o sur le bœuf, à 20 p. o/o sur la vache, à 30 p. o/o pour le veau et 2 p. o/o pour le mouton. Cette augmentation eût été beaucoup plus considérable si la consommation n'eût pas diminué d'une manière déplorable, comme le démontrent encore les documents de M. le ministre du commerce et de l'agriculture.

D'après ces documents, en 1812, mille habitants de Paris consommaient dans l'année, 129 bœufs, 14 vaches, 138 veaux et 613 moutons. Il faut laisser encore les années intermédiaires, où la décroissance est marquée par un bien triste progrès ; il faut, dis-je, laisser ces années pour arriver en 1840. Dans cette année, mille habitants de Paris ne consomment plus que 74 bœufs, 21 vaches, 84 veaux et 440 moutons. De 1812 à 1840, la consommation, par mille habitants de Paris, a donc diminué de

55 bœufs, 54 veaux et 133 moutons ; il y a, il est vrai, la pauvre augmentation de 7 vaches. Cette diminution forme un poids d'environ 25,000 kilogrammes de viandes, ou 25 kilogrammes par habitant. Ce chiffre forme tout juste le *pot-au-feu* du dimanche dont l'habitant de Paris se trouve privé par le prix excessif de la viande.

Ce mal n'a fait encore que s'accroître depuis 1840, et s'accroîtra toujours, tant que les lois de douanes seront maintenues sur l'introduction des bestiaux étrangers en France. Ainsi donc, on peut le répéter, ce n'est pas le poids ou le comptage des bestiaux, appliqué aux droits d'octroi, qui pourront exercer une influence sur le prix des bestiaux, qui resteront chers tant qu'ils seront rares. Cherchez donc à les faire multiplier, à les augmenter par l'arrivage des bestiaux étrangers ; peuplez nos guérets avec les bœufs jeunes et maigres, que vous laisserez entrer en franchise, et bientôt l'agriculture, régénérée, vous donnera des produits plus réels que les utopies que l'on a rêvées sur les chemins de fer, pour lesquels on a été si généreux.

Quelle qu'ait été la force des raisons que l'on opposait à la mesure, le conseil municipal, toujours mû par le sentiment du bien qu'il veut répandre sur les habitants de Paris, s'est laissé entraîner à l'opinion générale qui considérait ce changement d'impôt comme un bienfait, puisqu'il devait amener une diminution sur le prix des viandes. Le conseil l'adopta.

La chambre des députés, stimulée par les articles des journaux, par le besoin que manifestait la population de Paris, d'avoir la viande à bon marché, vota une loi sur

la proposition de M. Des Mousseaux de Givré. Cette loi
fut votée et promulguée le 10 mai 1846, pour être exécutée dans tout le royaume, à dater du 1ᵉʳ janvier 1847.

Voici les principaux articles de cette loi : « Art. 1ᵉʳ. A
« partir du 1ᵉʳ janvier 1847, les droits d'octroi sur les
« bestiaux de toute espèce, seront établis à raison *du*
« *poids des animaux* et perçu au kilogramme.

« Néanmoins, ces mêmes droits pourront continuer à
« être fixés par tête, pour les octrois où la taxe sur les
« bœufs n'excédera pas 8 fr.

« Art. 2. La conversion du droit par tête ou droit au
« poids ne devra donner lieu à aucune augmentation du
« produit actuellement perçu.

« Cette disposition sera applicable aux communes qui
« auront opéré la transformation et augmenté leurs tarifs
« avant la promulgation de la présente loi. »

Les art. 3 et 4 n'ont rien qui concerne Paris.

« Art. 5. La viande, dite à la main, ou par quartiers,
« ne pourra pas être soumise à l'entrée dans les villes, à
« un droit supérieur aux droits d'abattoir et d'octroi sur
« les bestiaux de toute espèce. »

La loi votée, le conseil municipal fut saisi de la question des tarifs, qu'il fallait régler de manière à ce que
les droits au poids produisent une somme égale à celle
que produisaient les droits par tête.

Pour ce travail, il fallait d'abord se bien rendre
compte du poids en viande, de chaque espèce de bestiaux,
afin de fixer un tarif qui s'appliquerait également à toutes
les espèces de viandes.

La préfecture de police fut consultée, et sur les poids

des bestiaux sur pied, et sur leur rendement en viandes ; elle fut également consultée sur les tarifs à fixer. Mais cette préfecture ayant puisé ses renseignements sur l'appréciation arbitraire des mercuriales des marchés de Sceaux et de Poissy, fixa des poids infiniment trop élevés, d'où il en résulta que le tarif qu'elle proposait se trouvait beaucoup trop bas ; aussi fixa-t-elle le tarif, à déterminer, à 9 cent. 10 mil. par kil. de viande, plus le dixième, ce qui formait un total de 10 cent. ; plus enfin 2 cent. pour le droit d'abatage, en tout 12 cent.

Le conservateur des abattoirs consulté aussi et sur le poids du rendement en viandes, et sur le tarif à fixer, déclara qu'il estimait le poids moyen du bœuf à 346 kilogrammes 30 grammes en viandes ; celui des vaches à 221 kilogrammes 66 grammes, celui des veaux à 69 kilogrammes 25 grammes, et celui des moutons à 20 kilogrammes 34 grammes. Ces poids, il les avait établi d'après les pesées des viandes de 2,500 bœufs, 1,885 vaches, 560 veaux et 11,375 moutons. Ces pesées étaient constatées sur les livres de commerce des bouchers réguliers et en gros, afin de pouvoir établir de justes moyennes par les comparaisons des diverses qualités et grosseurs des bestiaux.

C'est donc, d'après ces données, aussi exactes qu'il était possible de se les procurer, que le conservateur des abattoirs avait fixé le tarif des droits nouveaux à 10 cent. 50 mil. par kilogrammes de viande, plus le dixième, et à 2 cent. également par kilogramme pour le droit d'abatage, en tout 13 cent. 55 mil.

L'administration de l'octroi consultée en troisième

lieu, et se trouvant placé entre les hauts chiffres de la préfecture de police et ceux beaucoup moins élevés du conservateur des abattoirs, crut bien faire en établissant une moyenne sur les poids indiqués ; et, en conséquence, elle fixa son tarif, d'après cette différente évaluation du poids des viandes.

Avant d'admettre ce tarif, une discussion s'est élevée pour déterminer si les bestiaux seraient pesés sur pied ou bien si on ne pèserait que leurs viandes à la sortie des abattoirs. Chacun avait pensé d'abord, et le conseil municipal, tout le premier, que, d'après les disposi.ions de l'article 1er de la loi du 10 mai 1846, les bestiaux devaient être pesés sur pied, puisque cet article disait *que les droits d'octroi seraient établis à raison du poids des animaux et perçus au kilogramme.*

Cette disposition paraissait d'autant plus importante que les bestiaux pesés sur pied avaient l'avantage de donner au boucher un profit, lorsqu'il achèterait les bêtes les plus belles et les mieux engraissées sur les marchés d'approvisionnement ; c'était donc une garantie à donner pour la salubrité des viandes. On était donc généralement persuadé que le pesage s'effectuerait sur le poids des animaux, et déjà des plans, des devis, des travaux avaient été préparés pour exécuter les bascules propres à cette façon de peser.

Mais la préfecture de police et l'administration de l'octroi firent des observations sur les difficultés que présenteraient les pesées des bestiaux sur pied ; qu'il valait bien mieux peser les viandes qu'ils produiraient, ce qui présentait une plus grande équité dans la répartition des

19

droits qui pourraient toujours paraître arbitraires autrement établis.

Le conseil municipal adopta cet avis, et le tarif proposé par l'administration de l'octroi fut également adopté.

Une ordonnance du Roi du 23 décembre 1846, l'approuva, ainsi que le règlement qui y est annexé. Voici cette ordonnance et ce règlement :

ORDONNANCE DU ROI

Approbative du Règlement pour la perception des droits d'octroi et d'abattoir au poids sur la viande de boucherie, à Paris, en remplacement des droits par tête établis sur les bestiaux.

A Paris, le 23 décembre 1846.

LOUIS-PHILIPPE, Roi des Français ;

Sur le rapport de notre Ministre secrétaire d'État au département des finances ;

Vu l'ordonnance du 9 décembre 1814, et les dispositions des lois des 28 avril 1816 et 24 juin 1824, relatives aux octrois ;

Vu la loi du 12 décembre 1830 et le tarif y annexé, pour la perception des droits d'entrée sur les boissons ;

Vu la loi du 24 mai 1834 ;

Vu la loi du 11 juin 1842 ;

Vu la loi du 10 mai 1846 ;

Vu la délibération du conseil municipal de la ville de Paris, en date du 30 octobre 1846, tendant à la conversion en taxe au poids des droits par tête qui sont perçus sur les bestiaux à l'octroi de ladite commune ;

Vu les avis du préfet du département de la Seine, en date des 16 septembre et 17 novembre 1846 ;

Notre Conseil d'État entendu,

Nous avons ordonné et ordonnons ce qui suit :

ARTICLE PREMIER.

A partir du 1er janvier 1847, la perception des droits d'octroi sur la viande de boucherie et la viande de charcuterie à Paris aura lieu conformément aux Tarif et Règlement ci-annexés.

ART. 2.

Notre ministre secrétaire d'État des finances est chargé de l'exécution de la présente ordonnance.

Fait au château des Tuileries, le 23 décembre 1846.

Signé LOUIS-PHILIPPE.

Par le Roi:

Le Ministre Secrétaire d'État des finances,

Signé LAPLAGNE.

RÈGLEMENT.

DROITS D'OCTROI.

ARTICLE PREMIER.

A partir du 1er janvier 1847, les droits d'octroi établis par tête, au profit de la ville de Paris, sur les bœufs, vaches, veaux, moutons, porcs et sangliers, ainsi que les droits de la caisse de Poissy, perçus sur les quatre premières espèces de ces bestiaux, seront remplacés par des droits au poids, auxquels seront soumis également les boucs et chèvres.

Ces droits, ainsi que ceux dus pour la viande dite à la main, apportée de l'extérieur, pour la charcuterie, les abats et issues, les suifs et autres provenances des bestiaux ci-dessus désignés, seront perçus conformément au tarif ci-annexé et aux dispositions réglementaires qu'il renferme.

ART. 2.

Les bestiaux ci-dessus désignés seront déclarés aux barrières, et l'entrée en sera permise sous l'engagement de les conduire soit aux abattoirs publics, soit au marché de l'intérieur, ou, à défaut, d'acquitter par tête un droit *fixe* représentant ceux d'octroi et d'abattoir que les diverses autres parties des animaux auraient pu produire ;

SAVOIR :

Par bœuf, de....................	53 fr.	»
Par vache, de....................	35	»
Par veau, de....................	11	»
Par mouton, bouc ou chèvre, de..	4	»
Par porc, de....................	14	»

Toutefois, le cautionnement ou la consignation de ce droit ne seront point exigés pour les bestiaux destinés aux abattoirs et déclarés par les bouchers eux-mêmes, par les charcutiers ou par les agents des uns et des autres accrédités par eux auprès de l'octroi, et dont ils se reconnaîtront responsables ; mais la consignation devra toujours être effectuée quand il s'agira de bestiaux destinés au marché public.

Art. 3.

A leur arrivée dans les abattoirs, les bestiaux seront reconnus et comptés, et décharge sera donnée de l'engagement pris à la barrière d'introduction pour tous ceux qui auront été représentés.

Le droit fixé par l'article qui précède sera exigé immédiatement pour les bestiaux manquants, sans préjudice des procès-verbaux de saisie, qui pourront toujours être rapportés en cas de soustraction frauduleuse.

Art. 4.

Les consignations effectuées pour des bestiaux conduits au marché seront remboursées par le receveur dépositaire, sur la remise de la quittance et la représentation d'un certificat délivré par les employés de l'octroi près du marché, constatant l'engagement pris par l'acquéreur de faire arriver les bestiaux à l'abattoir, ou, sinon, d'acquitter le droit *fixe* déterminé par l'article 2 ci-dessus.

En cas de non-vente ou d'enlèvement pour l'extérieur, le remboursement aura lieu sur un certificat constatant le départ du marché, suivi de la constatation de la sortie des bestiaux de Paris.

Art. 5.

Les abattoirs publics affectés au service de la boucherie de Paris sont déclarés entrepôts pour les viandes, suifs, et pieds de bœufs ou de vaches. Les bouchers pourront faire des envois à l'extérieur en franchise du *droit d'octroi*, à la charge de justifier de la sortie de Paris des quantités par eux déclarées.

Art. 6.

Le préfet de la Seine, sur la proposition de l'administration, déterminera les bureaux de sortie, ainsi que le minimum des quantités qui pourront être enlevées à destination de l'extérieur. En cas d'escorte, à défaut d'autre garantie, l'indemnité à payer par l'expéditeur sera d'un franc par conduite ou voiture, comme il est réglé pour le passe-debout.

Art. 7.

Les portes et grilles des abattoirs sont assimilées aux barrières. Les employés en ont la garde et peuvent opérer sur les chargements toutes les vérifications et recherches que les lois et règlements autorisent à faire aux entrées de Paris. Ils ont accès dans toutes les parties des abattoirs pour s'assurer qu'il ne s'y prépare aucune tentative frauduleuse. Ils en gardent et surveillent l'enceinte, peuvent constater dans ces établissements toutes les contraventions qui s'y commettraient et y sont placés également sous la protection de la loi.

Art. 8.

Les porteurs ou conducteurs de viandes ou autres objets soumis aux droits, à leur enlèvement des abattoirs, sont tenus de faire au bureau de l'octroi la déclaration prescrite par les articles 10 de la loi du 27 vendémiaire an VII et 28 de l'ordonnance royale du 9 décembre 1814 ; de représenter les notes de pesage et autres pièces contenant l'indication des objets et quantités dont se composent les chargements, et s'ils sont destinés pour Paris, d'en acquitter les droits *avant de les pouvoir faire sortir* des abattoirs, sous les peines portées par la loi du 29 mars 1832, en raison des quantités non déclarées. Ils sont tenus aussi, comme le prescrit l'article 28 précité, de faciliter toutes les opérations nécessaires aux vérifications des employés.

Art. 9.

Afin de rendre plus rapide l'enlèvement de la viande destinée aux étaux des bouchers et charcutiers, on pourra, exceptionnellement à la règle posée dans l'article 8 ci-dessus, admettre ceux de ces redevables qui fourniront un cautionnement, ou une caution agréée par l'administration de l'octroi, à n'acquitter les droits qu'à des jours désignés.

Les conditions de ce délai seront déterminées par le préfet de la Seine, sur la proposition de l'administration de l'octroi.

ART. 10.

Si l'administration de l'octroi le reconnaît praticable, elle pourra faire vérifier les déclarations de sortie par le pesage des voitures et de leur chargement, mais sous la condition que, préalablement, les voitures seront pesées à vide, que les diverses parties en seront poinçonnées et qu'elles porteront les numéros et autres indications nécessaires pour les faire reconnaître. Tout changement apporté dans la construction des voitures ou des pièces qui les composent, sans en avoir fait la déclaration aux employés et demandé un nouveau pesage, toute altération des marques précédemment apposées, fera prendre aux contrevenants les avantages de ce mode de vérification ; lequel d'ailleurs n'exclut ni n'atténue en rien le droit qu'ont toujours les employés de l'octroi de faire peser les viandes isolément à la sortie des abattoirs, ainsi que les autres objets imposés au poids.

ART. 11.

Un arrêté du préfet de la Seine , concerté avec le préfet de police, déterminera, sur la proposition de l'administration de l'octroi, les heures de sortie des abattoirs des viandes et autres produits soumis aux droits, ainsi que de toute autre voiture chargée.

ART. 12.

Les taureaux , vaches laitières et autres bestiaux dénommés dans l'article 1er du présent règlement, entretenus dans Paris ou admis en transit momentané ou en passe-debout, seront soumis à la consignation fixée par l'article 2.

Ces consignations seront remboursées, soit sur la justification de la sortie de ces bestiaux de Paris, soit après la vente qui en aurait eu lieu sur le marché de l'intérieur, et en produisant les justifications mentionnées par l'article 4.

DROITS D'ABATTOIRS.

Art. 13.

Les droits d'abattoirs par espèce et par tête de bétail, établis par l'ordonnance royale du 16 août 1815, sont remplacés par une taxe unique de deux centimes par kilogramme de viande, laquelle sera perçue à la sortie des abattoirs, comme le droit d'octroi, sur la viande provenant de tous les animaux compris au tarif ci-annexé.

Le droit de fonte des suifs est réduit à un franc par cent kilogrammes de suif fondu, et sera payé également à la sortie de l'abattoir, quelle que soit sa destination.

Il n'est rien changé à la quotité ni au mode de perception des droits de cuisson ou de préparation des tripées de bœuf, vache ou mouton.

Il continuera à être tenu un compte distinct des produits de ces divers droits qui, n'étant pas passibles du dixième revenant au Trésor sur les recettes nettes de l'octroi, ne doivent pas être confondus avec ces dernières.

DISPOSITIONS TRANSITOIRES.

Art. 14.

Lors de la mise à exécution du présent règlement, il sera fait un recensement de tous les bestiaux sur pied existant dans les abattoirs. Les droits par tête qui auront été acquittés seront remboursés et la viande qu'ils produiront sera soumise aux nouveaux droits au poids.

Des mesures seront prises en même temps pour assurer la sortie, sans payement d'aucun droit, de la viande qui se trouverait dans les abattoirs à l'instant où commencera la nouvelle perception.

Art 15.

Les taureaux et vaches laitières entretenus dans Paris devenant passibles du droit au poids sur la viande qu'ils produiront quand ils seront livrés à la consommation, les droits d'octroi et d'abatage qui avaient été payés par tête à l'entrée (ceux de la caisse de Poissy n'étaient exigés qu'après la vente sur le marché) seront alors remboursés.

A cet effet, dans le mois qui suivra la publication du présent règlement, les propriétaires de ces bestiaux devront en faire la déclaration au bureau central de l'octroi ; un recensement aura lieu dans leurs étables et il leur sera délivré, pour chaque tête de bétail, un certificat qu'ils devront représenter pour obtenir ce remboursement et sans lequel il ne pourrait avoir lieu.

*TARIF des droits d'octroi à percevoir au poids, par la ville de
remplacement des droits*

DÉSIGNATION DES OBJETS ASSUJETTIS AUX DROITS.
Viande de bœuf, vache, veau, mouton, bouc et chèvres, { sortant des abattoirs publics de la ville de Paris. / venant de l'extérieur, dite viande à la main...
Abats et issues de veau sortant des abattoirs ou venant de l'extérieur.
Porcs abattus et sangliers, viande dépecée fraîche provenant de ces animaux, cochons de lait et marcassins morts ou vivants, graisse, gras de porcs et ratis fondus ou non, { sortant des abattoirs publics de la ville de Paris. / venant de l'extérieur.......................
Saucissons, jambons, viandes fumées ou salées de toute espèce, et toute charcuterie................................
Abats et issues de porcs sortant des abattoirs ou venant de l'extérieur.
Suifs de toute espèce, bruts ou fondus, en pain, chandelles ou sous toute autre forme, flamba ts ou vieux oings et graisses de toute espèce non employées comme comestibles, sortant des abattoirs ou venant de l'extérieur................................
Pieds de bœuf ou vache sortant des abattoirs ou venant de l'extérieur, pour l'huile qu'ils contiennent et à raison de douze pieds pour un litre...... ....

Paris, sur la viande et les autres provenances des bestiaux, en imposés actuellement par tête.

MESURE, nombre et poids.	DROITS d'octroi, decime non compris.	DISPOSITIONS RÉGLEMENTAIRES.
	fr. c.	
Cent kil.	9 40	Les agneaux et chevreaux vivants non conduits aux abattoirs acquittent à l'entrée comme viande à la main, à raison de 60 p. 0.0 de leur *poids brut.*
Idem.	11 20	Aucune déduction n'est faite sur le poids des animaux abattus de toute espèce pour la peau qui y serait encore adhérente, ni pour les abats ni issues qui n'en auraient point été séparés.
Idem.	8 00	
Idem.	9 40	Les langues de bœuf ou de vache payent comme viande. On en évalue le poids lorsqu'elles tiennent encore à la tête. Les cervelles et rognons des mêmes animaux, les foies, ris et cervelles de veau et les rognons de mouton, détachés des issues, payent également comme viande.
Idem.	(*) 11 20	Le droit de la viande de boucherie à la main et celui des porcs abattus est dû, conformément à l'article 56 de l'ordonnance du 9 décembre 1814, sur les animaux nés dans l'intérieur, ainsi que sur ceux entrés vivants sous consignation et abattus exceptionnellement hors des abattoirs publics.
Idem.	22 00	Il sera fait une déduction de 20 p. 0'0 sur le poids brut des porcs qui seraient présentés vivants.
Idem.	4 00	
Idem.	3 90	(*) Jusqu'à ce que la ville de Paris ait mis des abattoirs publics, régulièrement autorisés, à la disposition du commerce, même droit sur la viande de porc frais venant de l'extérieur sera perçu au taux fixé pour la viande sortant des abattoirs publics.
Douze pieds (ou dans la proportion.)	0 20 0	Les suifs mélangés de graisse ou de toute autre substance, les chandelles, torches ou lampions, composés des mêmes mélanges, acquittent comme suif et pour leur poids intégral.

La loi du 10 mai fut donc mise à exécution à compter du 1er janvier 1847.

Voici maintenant les résultats qu'elle a donnés pendant les neuf premiers mois de cette année :

MOUVEMENT des abattoirs généraux pendant les neuf premiers mois de 1847.

MOIS. ANNÉE 1847.	BESTIAUX ENTRÉS DANS LES ABATTOIRS.					VIANDES ENLEVÉES DES ABATTOIRS			SUIFS FONDUS SORTIS DES ABATTOIRS		
	Bœufs.	Vaches.	Veaux.	Moutons.	Boucs et Chèvr.	pour Paris. kil.	pour l'exté-rieur. kil.	Total. kil.	pour Paris. kil.	pour l'extérieur. kil.	Total. kil.
Janvier...	5,9'5	2,158	2,545	56,651	4	5,779,556	4,057	5,785,505	559,5--	175,174	554,496
Février...	7,007	1,691	5,712	58,420	1	5,992,520½	11,441	4,005,740½	217,250	142,581	559,811
Mars......	7,789	1,988	6,542	42,057	4	5,924,565	11,540	5,956,105	551,516	227,818	578,554
Avril......	7,754	2,156	7,061	44,450	5	5,005,920	14,575	5,020,495	501,408	209,227	510,655
Mai.......	6,955	1,448	7,045	57,552	16	5,790,591½	14,571	5,804,962½	275,690	199,985	475,675
Juin......	6,771	2,175	8,575	59,912	19	5,605,000½	11,658	5,616,658½	260,518	156,565	416,881
Juillet....	3,916	2,166	8,571	44,806	25	4,528,747	6,870	4,555,617	170,505	192,819	565,184
Août......	6,762	2,145	9,060	42,961	51	5,5-9,518	8,652	5,528,150	195,884	157,786	551,670
Septembre..	6,475	2,161	6,949	40,450	82	4,585,950½	8,151	4,591,567½	217,042	196,115	415,157
Totaux..	61,570	18,509	65,965	567,055	205	56,569,244	94,226	56,440,470	2,545,575	1,657,864	4,005,259
Totaux des sommes produites avec les droits nouv..				fr. c. 5,760,579 85			fr. c. 1,82[4]5:	fr. c. 5,762,404 35	fr. c. 77,597 38	fr. c. 16,578 6¼	fr. c. 95,976 0[2]

On voit, par le tableau qui précède, que 36,440,470 kilogrammes à 12 centimes 34 millièmes par kilogram-me, y compris le 10ᵉ sur 9 centimes 40 millièmes, et les 2 centimes pour les droits d'abatage, donnent la somme de..................... 3,762,404 fr. 35 c.

Et que les droits payés sur les suifs, se sont élevés à la somme de   93,976   02

Total....... 3,856,380 fr. 37 c.

Il faut maintenant, pour se bien rendre compte de l'effet de la loi du 10 mai 1846, comparer les anciens droits avec les droits nouveaux, pour bien apprécier l'ef-fet fiscal de cette loi.

Voici donc ce qu'eussent produit le anciens droits :

61,990 bœufs, à 42 f. 40 c. par tête	2,602,936 f.	» c.
18,309 vaches, à 29 80........	545,608	20
63,963 veaux, à 11 »........	703,793	»
367,033 moutons, à 2 85.......	1,046,044	05
4,003,339 kil. de suif, à 3 f. les 100 kil.	120,299	97

Total........ 5,018,681 f. 22 c.

Les anciens droits maintenus, eussent donc fournis à la caisse municipale une somme de 5,018,681 fr. 22 c. Les droits nouveaux, celle de... 3,856,380   37

Différence, en perte : ... 1,162,300 fr. 85 c.

Mais, les dispositions de la loi nouvelle, pour l'entrée des viandes aux barrières, ont-elles eu de meilleurs résultats? On sait que les droits actuellement prélevés à l'entrée dans Paris, sont les mêmes que ceux prélevés dans les abattoirs.

Or il est entré, dans les neuf premiers mois de 1847, par les barrières : 3,446,268 kilogrammes de viandes, qui ont payé une somme de 424,694 fr.

Si ce poids de viande eût été estimé d'après l'ancien tarif fixé à 19 centimes 80 millièmes, il eût payé la somme de...................... 682,361 fr.

En retranchant de cette dernière somme   424,694

Il reste un déficit de........   257,667 fr.

En y ajoutant la perte de.........   1,162,300

On aura une perte totale de.. ..... 1,419,967 fr.

Avec de pareils résultats, on peut facilement calculer que le déficit qu'aura à supporter la caisse municipale s'élèvera, pour l'année, à peu près à deux millions de francs.

Il est juste de dire toute fois, qu'il est présumable que la perte de 2 millions que je viens d'établir par la comparaison des deux modes de perception, n'aurait sans doute pas été aussi grande si le droit par tête eût été maintenu; parce que les bestiaux, mieux choisis, d'une qualité supérieure, eussent peut être fournis un poids égal en viandes, quoiqu'ils fussent moins considérables en nombre.

Si l'on considère actuellement le profit que le public a

fait, par la mise en action de la loi du 10 mai 1846, il sera facile de se convaincre qu'il a été plus que nul pour tout le monde; hors, pour les communes de la banlieue et le rayon de dix myriamètres autour de Paris, lesquels ayant conservé le droit au poids, leurs droits déclarés étant au-dessous de 8 fr. par tête de bœuf. Ces communes ont le bénéfice de bonté et de salubrité que possédait naguère la capitale, parce que leurs bouchers trouvent un petit profit à entrer les plus belles têtes; ceci est un fait, qu'il est facile de vérifier.

Voyons maintenant le bienfait de la loi pour Paris.

Le fisc municipal, d'abord, en a été la victime.

Le prix des viandes ensuite n'a jamais été plus élevé, et leur qualité, plus douteuse; car chaque jour voit entrer dans Paris des bestiaux que la boucherie aurait rejetés naguère avec mépris. Et cette dégénérescence des races bovines et ovines ne fait que s'accroître avec l'usage de la loi nouvelle; ceci est encore un fait qu'il est facile de vérifier.

Le profit, si tant est qu'il y en a eu, n'a donc pas été pour le public, dont la dépense a été augmentée pour se procurer de la viande plus médiocre que celle qu'il consommait anciennement, et l'abaissement des droits n'a donné de profit qu'aux marchands bouchers, comme il arrive toujours dans les rabais de certains droits, votés pour le bien général, et qui n'en font qu'un particulier.

Si le tarif proposé par le conservateur des abattoirs, fixé à 13 centimes 55 millièmes par kilogramme de viande, eût été admis, on peut voir, par les quantités portées au tableau, qu'il eût produit pour les viandes une somme de..................... 4,928,032 fr. 56 c.

En y ajoutant les droits sur les
suifs, tels qu'ils sont portés à ce
tableau.................... 93,976   02

Total........ 5,022,008 fr. 58 c.

Les anciens produits, ai-je dit,
auraient donné une somme de... 5,018,681   22

Différence en plus ..... 3,327 fr. 36 c.

Les sommes produites par le tarif du conservateur se
seraient donc le plus rapprochées de la vérité de la loi,
qui laissait aux communes la faculté d'élever leur nouveau tarif au niveau des droits qu'elles percevaient par
l'ancien; car, sur 5 millions passés, que sont 3,327 fr.
36 centimes ?

Il est évident, que la chambre des députés, en votant
la loi du 10 mai 1846, n'imaginait pas quels seraient
ses résultats; c'était une mesure toute philanthropique
qu'elle voulait faire prendre; elle s'en promettait des
merveilles; tous les journaux, ainsi que la population, partageaient ses illusions. Aujourd'hui, c'est la vérité que je
place sous les yeux de tous.

Toutefois, j'aime à me persuader qu'en appelant l'attention de la haute administration sur les résultats d'une
loi qu'elle n'a point proposée, elle trouvera un jour l'occasion de la faire modifier, lorsque surtout une plus longue expérience aura constaté, mieux encore, l'opinion
dans laquelle je suis, qu'au lieu d'amener le bien qu'on
en attendait, elle a aggravé le mal.

Le bien que l'on cherche constamment, dans la question des bestiaux, ne peut se trouver, je l'ai déjà dit, qu'en repeuplant la France des têtes de bétail qui lui manquent. Ce bien ne se trouvera qu'avec une sévère révision des droits de douane : c'est en affranchissant les bœufs, les vaches et les moutons, jeunes et maigres, de tous les droits, en les conservant sur les bêtes engraissées, qu'on obtiendra ce qu'on cherche vainement dans le changement de l'assiette de l'impôt.

CHAPITRE IX.

De l'approvisionnement de Paris en cas de siége.

Une très-longue paix ne doit point faire oublier que l'état normal des sociétés humaines est la guerre; la guerre, pourtant si terrible, si destructive ; la guerre, qui excite chez les hommes les plus odieuses passions, une sorte de rage qui les porte à la destruction multiple de leurs semblables, à des actes d'une férocité barbare, au renversement des œuvres de l'intelligence, du travail, des arts, des merveilles si laborieusement conquis par la civilisation. Et cependant la guerre, tant l'esprit humain est bizarre, inconséquent, saugrenu dans ses préjugés, la guerre est considérée comme la source de ce qu'on appelle *la gloire*, et ces préjugés dominent tellement toutes les imaginations que le plus sincère des philanthropes, que l'individu qui ne se sera occupé que de faire du bien aux hommes et qui y aura réussi, n'acquerra aucune renommée, ce sera tout simplement un bon homme; tandis que le guerrier qui aura fait détruire cent villes et fait tuer 100,000 pau-

vres diables qui se sont battus avec acharnement, sans
savoir pourquoi, et sans que leurs intérêts particuliers
aient eu à se mêler de la querelle ; tandis que ce guerrier
sera classé immédiatement dans les rangs des hommes
illustres et qu'on lui élèvera des statues. Il faut conclure
de là, qu'en thèse générale, les hommes n'ont d'admiration que pour la destruction, les désastres, et le plus profond mépris pour tout ce qui construit, édifie et multiplie
les vraies jouissances de l'homme pendant sa courte existence. Déjà Charron, dans son *Traité de la sagesse*, avait
observé qu'il était vraiment incroyable que les hommes
se parassent avec orgueil des instruments qui servent à
la destruction de l'espèce, de longues épées, de pistolets;
qu'ils se présentassent à la cour fièrement décorés de
toutes leurs armes, et que, mis en bataille pour s'en servir, c'était en plein soleil, au son d'une bruyante musique, qu'ils chargeaient leurs ennemis, qu'ils les pour-
fendaient, et que la plus grande gloire appartenait à celui
qui avait le plus tué. Charron oppose à ce tableau celui
de la fabrication de l'humanité : les instruments qui servent à cette belle œuvre sont cachés comme choses hon-
teuses, et si le besoin de s'en servir se révèle, ce n'est
que dans un coin obscur, loin des yeux de tous qu'on
se réfugie, car s'il est glorieux d'égorger son semblable,
il est honteux de le reproduire. Telle est la logique des
usages humains ; elle n'a pas le sens commun sans doute,
et cependant, tout en reconnaissant cette vérité, nous
passons condamnation et nous admettons cette stupide
conclusion.

Or donc, le grand bienfait de la paix ne peut être que

20

temporaire, ainsi le veulent les lois de l'organisme humain ; je le répète, son état normal veut la guerre ; c'est
pourquoi, depuis que l'histoire est écrite ou à peu près,
c'est-à-dire depuis 4,000 ans, on compte 84 ans de guerre
par siècle. La paix n'est donc qu'une courte exception.
Aussi la longue paix dont nous avons eu le bonheur de
jouir ne doit-elle pas nous empêcher de penser à la
guerre et aux moyens de défense qu'on pourra employer
pour rendre ses résultats moins funestes. Si le malheur
veut qu'une guerre se déclare, il est évident que Paris
sera le point *objectif* sur lequel tendront les manœuvres
de l'ennemi, parce que Paris pris, la France demeure sans
défense, nous en avons fait deux fois la triste et cruelle
expérience ; mais Paris n'était pas fortifié. Aujourd'hui
il l'est, il l'est de manière à arrêter l'ennemi le plus té-
méraire. Mais pour qu'il puisse résister, pour que ses
nombreux et braves habitants puissent le défendre avec
sécurité, il faut qu'ils aient la garantie qu'un approvisionnement en vivres ne leur manquera pas, et que leur
famille sera abondamment pourvue tandis qu'ils seront
occupés à la garde de la ville.

Assurément ce qui pourrait paraître le plus difficile
serait l'approvisionnement en viandes fraîches, et cependant cet approvisionnement est possible, il est même facile. En voici la preuve :

La moyenne actuelle de la consommation en viandes
de Paris se compose de 80,000 bœufs, 20,000 vaches,
84,000 veaux, et près de 500,000 moutons.

Pour approvisionner Paris en viandes sur pied, pendant trois mois, il faudrait donc y faire introduire 40,000

bœufs, 15,000 vaches, et 250,000 moutons. Je ne parle
pas des veaux qu'il serait difficile, si ce n'est impossible
de nourrir; il faudrait aussi s'assurer des fourrages pour
l'alimentation d'un si grand nombre de têtes.

Les prix d'acquisition de ces têtes de bétail peuvent
ainsi se calculer :

40,000 bœufs, au prix moyen de 350 fr. chaque, donne-
raient une somme de............... 14,000,000 fr.

15,000 vaches, à 300 fr. chaque..   4,500,000

250,000 moutons, à 30 fr. chaque.   7,500,000

Total................   26,000,000 fr.

Tels seraient, portés au plus haut, les prix d'acquisition.

Je dois faire observer que cette quantité de bestiaux
serait plus que suffisante pour la consommation de Paris
pendent trois mois ou 90 jours ; mais il faut aussi penser
que si la guerre désolait la France, une grande partie
des environs de la capitale s'y réfugierait, et que la
population se trouverait augmentée de beaucoup.

Quels seraient maintenant les frais de nourriture de
cet approvisionnement? On ne doit pas compter ceux
qui concernent les vaches, car celles-ci produiraient avec
leur lait les dépenses qu'elles pourraient occasionner.
Toutefois, je veux les compter, car il faudrait toujours
que les fourrages à elles destinés fussent introduits dans
Paris.

Il ne faut encore compter les frais de nourriture que
pour 45 jours, sur les 90 qui forment le trimestre, parce

qu'un 90° étant abattu chaque jour, il ne resterait plus sur pied que la moitié de la totalité après 45 jours écoulés.

Un bœuf et une vache consomment deux bottes de foin par jour, ce qui donne pour les 40,000 bœufs et les 15,000 vaches, 110,000 bottes par jour, au prix de 50 c. la botte ou 55,000 fr. par jour ou pour 45 jours......................... 2,475,000 fr.

Un mouton est bien nourri avec un quart de botte de foin, et 750 grammes de féverolles, de pois ou d'avoine par jour, ce qui fait pour les 250,000 moutons 62,500 bottes à 50 c.......... 1,406,250

Plus, les 750 grammes de féverolles, pois ou avoines à 10 c. par jour, et par mouton 25 fr., et pour 45 jours..... 1,375,250

Total............... 5,256,500 fr.

En réunissant les prix d'acquisition des bestiaux avec ceux des fourrages nécessaires pour les nourrir, on aura :

Acquisition............... 26,000,000 fr.
Fourrages............... 5,256,500

Total de la dépense...... 31,256,500 fr.

Le commerce de la boucherie de Paris n'est pas assez riche pour faire l'avance d'un capital aussi considérable, il n'y aurait que la voie du crédit qui pourrait lui venir en aide, si ce n'est le gouvernement lui-même. Mais il me semble que cette voie du crédit serait facile, et voici

comment je la comprends : La banque de France prête
avec la signature de trois négociants solvables à 90 jours
d'échéance ; or, le syndicat du commerce de la boucherie, représentant la corporation des bouchers et fondé
de pouvoirs spéciaux pour l'opération dont il s'agit, ne
pourrait-il pas engager solidairement la corporation qu'il
représente, en fournissant son papier à la banque, qui ne
pourrait avoir de meilleures valeurs dans son porte-
feuille ? Et ce papier serait payable par jour, jusqu'à la
dernière échéance du trimestre, attendu que les bouchers vendant quotidiennement leurs marchandises, et en
recevant à peu près quotidiennement le prix, ils seraient
toujours à même de payer. Cette opération ne déplace-
rait pas un écu, puisque ce serait le papier de la Banque,
ses billets, qui seuls seraient mis dehors. Ou je me trompe
fort ou ce mode de payement me semble aussi facile à
pratiquer qu'il me paraît simple en théorie.

Ce grand chapitre de dépenses, qui pourrait être un
embarras sérieux, ne présente donc pas des difficultés
bien graves.

Les embarras qui préoccuperaient l'administration seraient sans doute dans le logement d'un aussi grand
nombre de têtes de bétail et dans les magasins pour serrer les fourrages. Les difficultés ne seraient pas encore si
compliquées qu'elles le paraissent. D'abord, les abattoirs
avec leurs vastes bouveries, leurs parcs, les grandes cours
qui espacent leurs bâtiments pourraient recevoir à eux
seuls plus du quart de tout l'approvisionnement.

Leurs nombreux greniers suffiraient également pour
y placer les fourrages nécessaires au bétail logé.

Pour le reste, il serait facile d'édifier des hangars avec des planches à bateaux tout autour des terrains non occupés, de l'intérieur des fortifications ; là seraient logés les bestiaux qui trouveraient à leur portée la vaine pâture des gazons semés sur les talus de ces mêmes fortifications, pâture qui viendrait encore, avec le lait des vaches, en déduction des frais de nourriture. Le service de ces hangars ne serait d'ailleurs que temporaire, puisque l'abatage étant quotidien, chaque jour on pourrait amener aux abattoirs des bestiaux pour prendre les places laissées vacantes.

Quant aux autres approvisionnements de la ville en cas de siége, ils seraient encore plus faciles. D'abord l'approvisionnement en farines est toujours à moitié fait, puisque, dans les temps ordinaires, les boulangers sont contraints d'avoir toujours en réserve, pour la consommation de leurs pratiques, une quantité de farines nécessaire à leur alimentation pendant six semaines ; c'est déjà la moitié du trimestre ; il ne s'agirait plus que de s'assurer de l'autre moitié, et la chose ne serait assurément pas difficile.

Les viandes de porcs ont l'avantage de pouvoir se conserver longtemps au moyen de leur salaison, de sorte qu'on pourrait en réunir la quantité que l'on voudrait ; d'ailleurs les particuliers toujours prudents ne manqueraient pas de faire eux-mêmes leurs provisions, soit en viandes salées, en légumes secs, tels que pois, haricots, lentilles, etc., plus, du riz et mille autres denrées de conserve.

Les liquides, je pense qu'il est inutile d'en parler, car,

sans compter les caves particulières, on sait que l'entre-pôt des vins possède toujours en vins et eaux-de-vie une quantité suffisante pour abreuver Paris pendant plus d'une année.

La capitale n'a donc pas à redouter la guerre, dans le cas où elle viendrait à se déclarer ; les dangers qu'elle courait n'existent plus grâce à ses fortifications ; et le plus grand danger, j'en ai la conviction, serait pour ceux qui auraient la témérité de l'attaquer.

CHAPITRE X.

De l'Organisation de la Boucherie de Paris.

Depuis le décret du 6 février 1811, qui organisa tout à la fois la caisse de Poissy et le commerce de la boucherie, on a vu que par son exécution l'approvisionnement de Paris avait été fait avec une grande régularité, et que les bestiaux qui y concouraient étaient de belle et bonne qualité et vendus à des prix très-modérés. Les viandes étaient donc aussi fort bonnes, de sorte que le commerce de la boucherie prospérait et le public était très-bien servi. Ce décret, devenu loi par la jurisprudence de la cour de cassation, n'a cependant point été respecté comme une loi doit toujours l'être; il n'a point été réformé et n'aurait dû l'être que par un vote des chambres, pour que les modifications qui y ont été faites fussent régulières.

La Restauration l'a donc attaqué par plusieurs ordonnances, croyant à celles-ci la puissance d'un décret napoléonien. Mais Napoléon, c'était l'ordre, l'ordre incarné, comme on l'a dit et répété; et la Restauration n'avait rien de cette puissance de volonté, de raison, d'unité que Napoléon voulait et faisait exécuter dans toutes les parties de son administration. C'est pourquoi les bienfaits de l'organisation de la boucherie furent impunément détruits par une succession d'ordonnances, qui ont placé aujourd'hui le commerce de la boucherie sous un régime que l'on peut appeler arbitraire, car il serait difficile de dire sous quel régime il vit, et quelles sont les règles qu'il doit suivre, puisque la plupart se contredisent.

M. le ministre du commerce a compris ce qu'avait de fâcheux une telle situation pour un commerce qui concerne l'une des parties les plus sérieuses de son administration, car il s'agit de l'alimentation quotidienne d'un million d'âmes. Il voulut former une législation nouvelle en se servant des éléments des législations anciennes, et y ajouter ce que les temps ont amené de perfectionnement dans toutes les choses qui nous entourent. Il composa donc une commission destinée à éclairer la matière, en la discutant avec toutes les personnes qui s'occupent de l'élève des bestiaux et les bouchers qui en deviennent les derniers acquéreurs. Cette commission réunissait, sous la présidence du ministre, MM. les préfets de la Seine et de police, des conseillers d'État, des maîtres des requêtes, des chefs de division du ministère, de la préfecture de la Seine et de la préfecture de police, puis les chefs de service de ces deux préfectures.

Toutes les conditions du commerce de la boucherie furent donc lumineusement discutées, et la commission demeura d'accord sur le projet d'ordonnance que l'on devait soumettre au conseil d'État, après avoir pris l'avis et le vote du conseil municipal de la ville de Paris, pour ensuite le soumettre à l'approbation et à la signature du Roi.

Le conseil municipal discuta donc à son tour le projet du ministre, et, après plusieurs séances de sa commission spéciale, M. Boulay de la Meurthe, rapporteur de cette commission, fit le rapport au conseil, dans sa séance du 13 août 1841. Ce rapport, consciencieux, éclairé, et qui traite admirablement la matière, fut unanimement adopté par le conseil.

Après ce vote, M. le préfet de la Seine adressa l'avis du conseil municipal, avec le projet d'ordonnance, à M. le ministre du commerce, afin qu'une prompte décision fixât définitivement la position légale du commerce de la boucherie.

Le conseil d'État dut être saisi immédiatement, et l'on ignore pourquoi, depuis plus de six années, cette grave affaire, l'organisation de la boucherie de Paris, est restée stationnaire. Il importe pourtant de faire sortir la boucherie de l'absence légale dans laquelle elle se trouve placée, et de fonder sa corporation sur une base régulière qui ne permette plus à l'arbitraire de se glisser à côté de la règle. Le décret de février 1811 a été morcelé, défiguré à coups d'ordonnances, qui, je le répète, n'ont pas force de loi comme les décrets impériaux, mais qui ont la triste force de suspendre des droits. Un tel état de choses ne peut pas rester ainsi. Il y a donc urgence, et grande urgence de régulariser les droits, mais les droits sérieux du commerce de la boucherie, car c'est en reconnaissant ces droits que l'on pourra exiger des devoirs; les uns ne peuvent marcher qu'avec les autres.

Je place sous les yeux du lecteur le rapport lumineux de M. Boulay de la Meurthe, afin qu'il puisse juger de la sagesse et de l'équité qui règnent dans le projet d'organisation du commerce de la boucherie.

RAPPORT

SUR

L'ORGANISATION DU COMMERCE DE LA BOUCHERIE,

FAIT AU CONSEIL MUNICIPAL DE PARIS,

Dans sa séance du 13 août 1841, au nom d'une Commission spéciale (1),

Par M. H. BOULAY DE LA MEURTHE aîné.

MESSIEURS,

M. le préfet de la Seine, par un Mémoire en date du 31 juillet 1840, vous communique, à la demande de M. le ministre de l'agriculture et du commerce, un projet d'ordonnance relatif à la réorganisation du commerce de la boucherie, projet sur lequel vous êtes appelés à donner votre avis.

Souffrance de la boucherie.

Depuis longtemps ce commerce fait entendre, touchant l'état de souffrance dans lequel il est tombé, des plaintes qui se réitèrent chaque année avec une vivacité nouvelle. Son syndicat allègue que les ordonnances qui le concernent ne sont pas exécutées en ce qu'elles ont de tutélaire, cependant qu'elles sont accomplies dans toutes leurs dispositions rigoureuses. A l'entendre, le monopole et les abus ont envahi la profession qu'il représente; les affaires et les bénéfices tendent à se concentrer chaque jour davantage dans les mains de quelques bouchers en gros ; la gêne et la misère deviennent de plus en plus le partage de tout le reste, et le crédit du plus grand nombre est réduit à rien. Il a remis à votre commission une liste nominative de deux cent quinze

---

(1) La commission était composée de MM. Aubé, président ; Lahure, Lanquetin, Preschez, Sanson-Davilliers, Horace Say, et Boulay de la Meurthe, rapporteur. — Alexis Beau, Galis et Perret, adjoints.

d'entre eux, lesquels, depuis huit à neuf ans, ont quitté leur profession par suite de la détresse de leurs affaires ; et même aujourd'hui on en est venu à ce point, qu'il s'opère annuellement cinquante à soixante mutations d'étaux, la plupart produites par cette triste cause. Fort de la sincérité de ses doléances, il ne laisse échapper aucune occasion d'appeler la lumière sur les maux que la boucherie endure. A tous moments il en entretient l'administration et en fait retentir la presse. Chaque année, il s'adresse au conseil municipal et aux chambres pour les leur signaler et en obtenir le remède qu'il y croit propre. A l'un, il demande l'abaissement des droits perçus à la caisse de Poissy, à l'octroi et aux abattoirs ; aux autres, l'entrée en franchise aux douanes des bœufs maigres, et une réduction considérable des droits d'entrée sur les moutons. Antérieurement, il en avait réclamé une diminution du droit d'entrée sur les bœufs gras. Dans un temps plus ancien, il en avait sollicité une loi qui organisât la boucherie (1).

Il est impossible de contester que la souffrance de ce commerce ne soit réelle, et que les plaintes de son syndicat ne soient en très-grande partie fondées.

M. Louis Millot, dont la science en matière de statistique fait, à juste titre, autorité, admet ce chiffre de deux cent quinze bouchers, qui, depuis neuf ans, auraient quitté leur profession, à cause de la ruine ou tout au moins du préjudice qu'ils y auraient rencontré. Il constate que de 1825 à 1840, sur six cent cinquante-deux mutations, trois cent soixante-dix-huit ont eu lieu par suite de gêne, de discrédit, de misère, de faillite ou même de suicide. Sur les deux cent soixante-quatorze autres bouchers qui ont abandonné les affaires, il établit que les uns se sont retirés sans motif connu ; les autres, si l'on en excepte quelques bouchers en gros, avec un très-médiocre avoir ; un tiers seulement avec quelque aisance, qu'ils devaient la plupart à leur patrimoine, à des héritages ou à des alliances. Il porte à cinquante-sept le nombre moyen des mutations d'étaux opérées dans les cinq dernières années, ce qui fait tomber la durée moyenne d'exercice de la profession à moins de neuf ans. Il pose en fait qu'en 1824 la valeur moyenne des étaux était de 40.000 fr., et qu'elle n'est plus aujourd'hui que de 10,000 fr. (2). Il n'est pas rare d'en voir vendre à 3,000 fr. et au-dessous.

Un commerce dont les fonds éprouvent dans leur valeur vénale une telle dépréciation ; dont l'exercice se prolongeait autrefois dans les mêmes mains durant des existences tout entières, qui passait des pères aux enfants et se perpétuait dans les familles, dont le crédit était solidement assis, et qui éprouve aujourd'hui de continuelles perturbations ; un pareil commerce, di-

(1) Voir sur cette pétition le rapport de M. de Sesmaisons, qui concluait au renvoi au ministère de l'intérieur, lequel fut adopté par la chambre des députés. — *Moniteur* de 1826, p. 723.
(2) Résultats de tableaux communiqués par M. L. Millot.

sons-nous, est évidemment hors des conditions normales, et appelle une prompte réorganisation.

Q'une classe quelconque de nos concitoyens éprouve un aussi grand malaise, certes c'en est assez pour faire naître l'intérêt du conseil municipal, et si quelque remède est possible, pour qu'il soit heureux d'y recourir. Mais si cette classe est l'agent nécessaire de l'approvisionnement d'un aliment de première nécessité, dans un centre immense de population, à l'existence, à la sécurité, au repos duquel se rattachent l'existence, la sécurité et le repos du reste du pays, alors des magistrats populaires devront sentir leur attention et leur sollicitude bien plus puissamment excitées ; et leur anxiété, leurs efforts croîtront encore si, par une progression continue, d'une part le prix de cet aliment de première nécessité a constamment augmenté, tandis que d'une autre part sa production, sa consommation et sa qualité diminuaient incessamment.

Augmentation du prix de la viande.

C'est ce qui est advenu de la viande de boucherie.

Quel en est aujourd'hui le prix comparativement au passé ?

Nous ne parlons pas ici de ce taux exagéré auquel elle était montée en dernier lieu, qui heureusement commence à baisser, et qui était le résultat de circonstances accidentelles, passagères et même factices ; à savoir, les épizooties, la cherté, puis le bon marché du fourrage, et l'agiotage :

Les épizooties qui ayant, en 1838, 1839 et partie de 1840, sévi presque généralement sur le bétail, devaient nécessairement en causer la rareté dans les années suivantes ;

La cherté du fourrage qui s'est manifestée dans l'année 1840-1841, et qui, en rendant préjudiciable à l'éleveur de garder ses bestiaux à l'étable, a fait qu'il les a vendus plus tôt, d'où sont résultées sur les marchés l'abondance d'abord et la disette ensuite (1) ;

Puis le bas prix du fourrage qui, par le jeu des saisons, ayant succédé immédiatement à sa cherté, fait que maintenant l'éleveur trouve avantage à garder ses bêtes pour les livrer plus tard mieux engraissées, ce qui promet sans doute une abondance prochaine, mais continue momentanément la disette ;

Enfin l'agiotage, résultat obligé du monopole dont nous aurons ultérieurement à constater l'existence dans le commerce de la boucherie, et qui trouve surtout à exercer son action malfaisante dans les circonstances anormales.

Le prix dont nous voulons ici fixer le chiffre est celui qui s'est formé à

---

(1) Ainsi, pendant les trois mois de novembre, décembre et janvier dernier, les bestiaux ont été abondants et se sont vendus à un prix modéré sur les marchés d'approvisionnement.

l'aide du temps, par une gradation constante, et qui est aujourd'hui le prix ordinaire et commun de la viande de boucherie.

Parmi les quatre sortes de viande de boucherie, celle du bœuf, celle de la vache, celle du veau et celle du mouton, la première, celle du bœuf, est avant tout et surtout à considérer, parce qu'elle est la plus abondante et la plus substantielle, parce qu'elle forme ou au moins devrait former le fond de la nourriture de la population, parce que les trois autres sortes de viandes ne sont que ses accessoires, et parce qu'elle est la base du commerce de la boucherie, qui souvent ne peut débiter qu'à perte le veau et le mouton.

Cela posé, disons que le prix des basses viandes de bœuf, plus particulièrement réservées à l'usage des classes laborieuses, qui, il y a moins de vingt ans, était, à l'étal, de 35 à 40 cent. le demi kilogramme, s'est élevé aujourd'hui de 50 à 55 cent. ; et que tout ce qui est au-dessus des basses viandes, acheté par les classes aisées, qui coûtait dans le même temps 55 à 60 cent., est payé aujourd'hui 70 à 75 cent.

La viande de vache, qui se confond trop souvent avec celle de bœuf, la viande du veau et celle du mouton, ont subi, à l'étal, dans le même espace de temps, une augmentation analogue et même plus forte ; augmentation d'autant plus regrettable qu'elle n'a pas épargné la viande consommée par les classes les plus nécessiteuses de la société (1).

En 1824, l'adjudication de la viande des hospices de Paris donnait 68 c. 34/1000ᵉˢ pour prix du kilogramme ; elle donne, en 1841, 1 fr. 03 c. 433/1000ᵉˢ. — Différence en plus, 35 c. 92/1000ᵉˢ (2).

Nous ne nous sommes reportés que de quinze à vingt ans en arrière ; si nous avions remonté à quarante ans ou même à des époques plus reculées, la différence eût été encore plus sensible entre le prix ancien et le prix actuel.

Cette augmentation dans le prix de la viande à l'étal, de l'une à l'autre époque, se retrouve à peu près la même dans le prix de la viande sur pied, en moyenne de qualité, ainsi que le prouvent ces rapprochements entre 1824 et 1840 :

---

(1) Le ministre du commerce, M. Cunin-Gridaine, a donné à la chambre des députés, dans la séance du 27 mai 1841, les renseignements suivants, sur l'accroissement des prix des viandes de diverses qualités :

1834.. 1ʳᵉ qualité 1 fr. 08 c. le kil.—2ᵉ qualité » fr. 94 c.—3ᵉ qualité » fr. 80 c.
1841.. ___1___26___ — ___1___16___ — ___1___05___

Augmentation.. 16 p. 0/0   22 p. 0/0   31 p. 0/0

(2) Nous donnons ici le tableau des prix moyens annuels d'achat de la viande de boucherie, pour les hôpitaux et hospices de Paris, de 1803 à 1841, d'après les quantités consommées dans l'intérieur de la ville. On peut, d'après ce document officiel, suivre l'échelle des prix de cette denrée pendant trente-neuf ans. De 1803 à 1814,

	BOEUF.	VACHE.	VEAU.	MOUTON.
	fr. c.	c.	fr. c.	fr. c. (1)
1824 —	» 85 8/10es le kil. —	70 6/10es —	1 15 —	» 93 6/10es
1840 —	1 09 1/10es	— 99 » —	1 46 —	1 15 8/10es
Différence				
en plus.	0 23 4/10es	— 28 4/10es —	0 31 —	» 22 2/10es

Certes, on concevrait bien qu'en raison de l'accroissement des salaires, de l'aisance générale, de l'impôt, du prix de la plupart des choses et surtout de la terre, la viande eût subi, malgré les progrès de la culture, une légère

---

ces prix ont été établis à l'aide des comptes généraux de l'administration; depuis 1815, ce sont les prix mêmes des marchés d'adjudication.

1803....	1 fr. 49 c.	745 le kil.	1823....	» fr. 73 c.	598 le kil.
1804....	» 83	»	1824....	» 68	341
1805....	» 92	»	1825....	» 72	960
1806....	1 16	600	1826....	» 78	111
1807....	» 88	»	1827....	» 84	558
1808....	» 82	»	1828....	» 85	600
1809....	» 80	»	1829....	» 87	758
1810....	» 75	750	1830....	» 86	545
1811....	» 75	410	1831....	» 90	379
1812....	» 86	210	1832....	» 85	535
1813....	» 90	»	1833....	» 84	096
1814....	» 90	550	1834....	» 84	219
1815....	» 78	869	1835....	» 81	690
1816....	» 78	924	1836....	» 84	641
1817....	» 75	276	1837....	» 90	983
1818....	» 78	438	1838....	» 96	409
1819....	» 77	011	1839....	1 04	368
1820....	» 74	594	1840....	1 03	981
1821....	» 78	265	1841....	1 03	433
1822....	» 66	556			

(1) Résultats d'un tableau des mercuriales, fourni par M. Sarron.

M. L. Millot a dressé le tableau suivant du prix des viandes sur pied pour Paris. — Le kilogramme :

ANNÉES.	BOEUF.	VACHE.	VEAU.	MOUTON.
1789	» fr. 90 c.	» fr. 80 c.	1 fr. » c.	» fr. 90 c.
1808 à 1815	» 95	» 85	1 10	1 »
1826	» 93	» 79	1 15	1 »
1836	1 07	» 90	1 38	1 22
1839	1 14	1 »	1 24	1 20

La statistique de la France, publiée par le ministère du commerce, donne (t. II, 1re partie, tableau 65) les prix suivants de la viande sur pied, pour 1839, à Paris Bœuf, 95 c. le kil.; vache, 90 c.; veau, 1 fr. 30 c.; mouton, 1 fr. 15 c.

augmentation ; mais on se refuse à admettre comme nécessaire une sur-élévation aussi forte ; on s'effraie des résultats fâcheux auxquels on serait déjà arrivé, et des extrémités plus désastreuses encore vers lesquelles, avec une semblable progression et dans un temps prochain, on serait inévitablement poussé.

Détérioration de la qualité de la viande.

Tandis que le prix de la viande était en hausse, sa qualité était en baisse. Cette assertion est contredite par plusieurs ; cependant certains faits semblent la confirmer.

Diminution du poids.

On sait qu'en général les plus grosses espèces de bestiaux sont les meilleures, le poids représente en quelque sorte la qualité. Dans l'organisation actuelle de la boucherie, n'y ayant pas de bascules pour peser les bestiaux, il est difficile de constater leur poids, et encore plus leur poids moyen. Cependant les bouchers, qui fréquentent les marchés, ont une telle habitude de juger le poids à l'œil et à la main, qu'il est rare qu'ils se trompent à cet égard de plus de 2 pour cent. A l'aide de leurs déclarations recueillies pour la fixation des mercuriales, le syndicat de la boucherie établit ainsi la différence du poids moyen des quatre sortes de bestiaux, entre 1824 et 1839 :

	BŒUF.	VACHE.	VEAU.	MOUTON.
1824 —	340 kil.	— 240 kil.	— 65 kil.	— 24 kil.
1839 —	312	— 225	— 62 1/2	— 22
Différence en moins.	28	— 15	— 2 1/2	— 2 (1)

Ces poids moyens sont ceux de la totalité des bestiaux vendus sur les marchés de Sceaux, de Poissy et de Paris, pour la capitale, le département de la Seine et les départements voisins ; c'est ce qui explique pourquoi ils ne sont pas plus élevés.

Pour Paris seulement, le syndicat avance que, de 1819 à 1829, le poids moyen du bœuf a été de 360 kilogrammes ; et que, de 1829 à 1839, il n'a plus été que de 320 à 330 kilogrammes. — Diminution, 30 à 40 kilogrammes (2).

M. de Labourdonnais, alors ministre de l'intérieur alléguait, dans son rapport au Roi. qui précède l'ordonnance du 18 octobre 1829, que, de 1825 à 1829, le poids moyen des bœufs était tombé de 333 à 315 kilogrammes.

---

(1) Document fourni par le syndicat de la boucherie.
(2) Pétition du 30 octobre 1840.

M. le ministre du commerce a établi dernièrement à la Chambre des Députés que le poids moyen du bœuf acheté pour Paris s'était élevé, de 1821 à 1834, à 350 kilogrammes, et qu'il n'était plus aujourd'hui que de 327 kilogrammes. — Différence en moins, 23 kilogrammes (1).

La statistique de la France publiée par le ministère du commerce, attribue les poids suivants aux bestiaux abattus à Paris en 1839 :

Bœufs	315 kil.
Vaches	225.
Veaux	57.
Moutons	22 (2).

M. Louis Millot, en divisant le capital d'achat par le nombre des bestiaux, et le prix moyen par la valeur du kilogramme de viande, a trouvé les résultats suivants :

	BOEUFS.	VACHES.	VEAUX.	MOUTONS.
1825 —	360 kil. —	270 kil. —	70 kil. —	22 kil.
1840 —	336 —	223 —	61 —	21
Diminution...	24 —	47 —	9 —	1 (3)

Il est vrai qu'ensuite M. Louis Millot, contrôlant ce résultat par d'autres procédés, arrive à ces chiffres :

En 1811, poids moyen du bœuf . .	350 kil.
De 1820 à 1826	340.
De 1826 à 1836	330.
De 1837 à 1841	327.

Ces nouveaux résultats, obtenus en moyenne durant diverses périodes, don-

---

(1) Discussion du 27 mai 1841. — Il est à remarquer que ce poids moyen de 350 kil. est le même que celui qu'admettait Lavoisier en 1789. Il estimait que le poids moyen du bœuf était de 500 livres ; celui de la vache, de 360 livres ; du veau, de 72 livres ; du mouton, de 50 livres. — La loi de 1798, qui a établi un octroi à Paris, a réglé les droits à payer, dans la supposition que le poids moyen du bœuf était de 350 kil. ; celui de la vache de 175 kil. ; du veau de 36 kil. ; du mouton, de 25 kil. — Aujourd'hui cette administration établit ses états des quantités de viandes consommées à Paris, en multipliant les nombres de têtes d'animaux par les nombres suivants, représentant leur poids moyen, savoir : pour un bœuf..... 325 kil.

pour une vache....	230
pour un veau.....	65
pour un mouton...	22

(2) T. II, 1ᵉ partie, tableaux 62-63.
(3) Notes de M. L. Millot.

nent un poids moyen moins considérable, mais ne modifient qu'assez peu la différence relative. Au total, ils attestent une décroissance de poids qui, de 1811 à 1841, serait de 23 kilogrammes.

Tous les journaux qui, comme on sait, ont pris à cœur la question de la viande de boucherie, relèvent par marchés, en 1841, le poids du bœuf de 320 à 335 kilogrammes, en moyenne 327 1/2 (1).

En rapprochant tous ces résultats divers, on peut avec vraisemblance évaluer au plus bas de 20 à 25 kilogrammes le déchet éprouvé, dans son poids moyen, depuis quinze à vingt ans, par le bœuf livré à la consommation de Paris.

Il y a loin de ce bœuf qui s'abat aujourd'hui à Paris, pesant en moyenne 325 à 330 kilogrammes, au bœuf qui s'y consommait en 1710, et dont le poids moyen en viande, au dire du commissaire Delamarre (2), s'élevait de 8 à 900 livres.

Diminution du suif.

La graisse est ordinairement la compagne du poids, et est comme lui un indice de la qualité. La graisse des bestiaux est de deux sortes, celle qui demeure adhérente à la viande et qui se consomme avec elle, et celle qui se détache d'elle-même, ou qui est retranchée à l'échaudoir, à l'étal ou même chez le consommateur, qui reste ou qu'on rapporte aux abattoirs et qu'on appelle *suif en branche*. Celle-ci se fond dans ces établissements et est livrée au commerce. Les abattoirs seuls sont en possession de fondoirs à Paris, et comme il se perçoit un droit sur la fonte des suifs, droit dont il est passé écriture par l'administration de l'octroi, rien de plus facile que de parvenir à connaître la somme totale du suif fondu dans la capitale. Or, les états de l'octroi en constatent une diminution sensible et continue depuis six ans. Ainsi, en 1835, il avait été fondu 6,272,556 kilogrammes de suif, et, en 1840, il n'en a plus été fondu que 5,674,423 kilogrammes. — Différence en moins, 598,133 kilogrammes (3).

Cette diminution atteste une détérioration d'autant plus grande dans l'engraissement et, par conséquent, dans la qualité des bestiaux consommés à Paris, que, tandis qu'elle avait lieu, il y avait augmentation dans la quantité de ces bestiaux, à savoir : de 45 bœufs, de 4,563 vaches et de 73,314 moutons, com-

---

(1) Relevé de M. L. Millot.
(2) *Traité de la Police*, t. II, p. 630.
(3) État fourni par l'octroi. — La fonte produit ordinairement un déchet de 20 p. 0/0 sur le poids du suif brut. Les chiffres dont il est question ici sont ceux du suif fondu, déduction faite du déchet.

pensée, il est vrai, mais bien légèrement, par une diminution de 1,067 veaux (1).

Hâtons nous, pour être exacts, de mentionner cette circonstance que plusieurs fondeurs, tant pour échapper au droit de fonte qu'à un monopole qui a cherché à s'établir dans les fonderies des abattoirs, ayant, dans ces derniers temps, établi des fonderies au dehors, ont exporté une quantité considérable de suif en branche qui y a été fondu. Ce fait expliquerait la diminution de la fonte aux abattoirs, si à côté de lui ne s'en produisait un autre, à savoir, l'augmentation croissante, depuis 1835, du suif en branche entrant à Paris et nécessairement fondu aux abattoirs. Quelle en est la quantité ? Ici on est réduit à des approximations, attendu que le suif en branche extérieur ne payant aucun droit d'entrée, et n'étant pas distingué à la fonte, il n'en est tenu état ni aux barrières, ni aux abattoirs. M. L. Millot évalue cette augmentation, de 1835 à 1839, à 438,752 kilogrammes en moyenne, c'est-à-dire à plus de moitié (2).

Quoi qu'il en soit de cette quantité du suif extérieur fondu aux abattoirs, des personnes pratiques et compétentes n'hésitent pas à affirmer qu'elle suffit pour compenser largement celle du suif exporté de ces établissements, de sorte qu'en définitive il reste, sur la fonte qui s'y opère, cette diminution de près de 600,000 kilogrammes, c'est-à-dire de plus d'un dixième, que nous avons constatée.

C'est à ce même résultat d'un déficit de 10 pour cent sur la graisse, qu'arrive par une autre voie M. Louis Millot (3).

(1)	Bœufs.	Vaches.	Veaux.	Moutons.
1835......	72,452	16,458	73,995	367,349
1840......	72,497	21,021	72,928	440,663
Diminution ..	»	»	1,067	»
Augmentation.	45	4,563	»	73,314

(2) Documents fournis par M. L. Millot. — Le chiffre de l'année 1840 manque. Voici ceux sur lesquels nous avons opéré :

1835...................	789,030
1836...................	797,241
1837...................	1,313,418
1838...................	1,996,969
1839...................	803,500

(3) Notes de M. Louis Millot. — En établissant ce déficit de 10 p. o/o sur le suif, M. L. Millot calcule le poids du bœuf, en suif, en moyenne à 44 kil.

Dans un document fourni par M. Bardel, chef de bureau à la préfecture de police, le poids du suif était, en 1839, pour les bœufs, de 42 kil ; pour les vaches, de 25 ; pour les veaux, de 3 ; pour les moutons, de 2.

M. Sarron, directeur de la caisse de Poissy, a fait des recherches sur le même

Disons en passant que cette diminution de la production du suif explique en partie l'augmentation du prix de la chandelle. Nous disons *en partie* seulement, et non pas complétement, ainsi que l'a avancé le syndicat de la boucherie (1), parce que cette augmentation a pour cause aussi ce monopole dont nous avons déjà parlé, et qui s'est introduit abusivement dans l'exploitation des fondoirs des abattoirs.

La diminution du poids moyen, celle du suif, voilà déjà deux symptômes bien avérés de la diminution de la qualité de la viande de boucherie. Continuons :

Détérioration de la viande de bœuf.

Nous allons voir tout à l'heure que la consommation de cette viande a sensiblement diminué, et que cette diminution porte principalement sur celle de bœuf, qui est la plus substantielle.

Mais la viande de bœuf elle-même a perdu de sa qualité. Ceci n'est pas vrai cependant pour les bœufs de toute provenance. Ainsi, il y en a qui, loin de perdre, ont gagné en qualité, tels que les *maraichains* ou bœufs des marais de la Vendée, ceux du Limousin, du Nivernais, du Bourbonnais, de la Marche. Il y a progrès dans ces origines, en poids, en graisse, et dans quelques-unes en nombre. Mais ces provinces n'ont envoyé que 23,439 bœufs aux marchés de Sceaux et de Poissy, sur 127,187 qui y ont paru en 1840. Comme toujours, la Normandie y a fourni le gros lot, à savoir, dans cette même année, 44,623 bœufs; et notez que ces bœufs, presque tous destinés à la consommation de Paris, l'alimentent pour la plus grande partie, puisqu'elle n'a absorbé en 1840 que 72,497 bœufs. Or, c'est à la Normandie surtout, si l'on en excepte quelques-uns de ses éleveurs qui ont tenu à sauver la renommée de leur province, que l'approvisionneur et le consommateur ont droit d'adresser des reproches. Outre qu'elle est restée stationnaire dans le nombre de ses envois, comme tous les pays d'une grande fertilité naturelle, elle n'a fait aucun effort pour améliorer ses produits, ou, pour mieux dire, elle ne s'est appliquée qu'à accroître, à leur détriment, une richesse déjà acquise. En effet, ses produits n'ont plus la même valeur intrinsèque. Autrefois, elle tenait ses bœufs à l'herbage pendant douze mois, et ceux-ci étaient ce qu'on appelait des bœufs *de toute année*. Bientôt elle a visé à les engraisser en huit mois, puis en six mois, puis enfin en quatre mois, et elle tend encore à abréger ce temps d'engrais. Or, la langue

sujet pour l'année 1840, et il a trouvé que le poids du suif (brut) était, pour le bœuf, de 50 kil ; pour la vache, de 25 ; pour le mouton, de 3 ; ce qui fait en suif fondu, 40 kil. pour le bœuf, 20 pour la vache ; 2 25es pour le mouton.

Delamarre, dans son *Traité de la Police*, t. II, p. 630, écrit en 1710, estime que le poids moyen en suif du bœuf est de 150 livres.

(1) Pétition du 30 décembre 1840.

du commerce fourmille d'expressions pour peindre comment influe sur la viande cette manière de procéder. Au lieu de cet animal *à maturité, fini*, à la viande *lourde, dense*, à la graisse *jaunâtre*; jusqu'au *fin gras* que produisait autrefois l'engraissement soit à *la pâture*, soit à *la poture*, on n'a plus qu'un animal engraissé par des moyens artificiels, avec du seigle cuit, de la pomme de terre, des choux, des betteraves, *étendue de charpente*, dont la capacité n'est remplie que d'une viande *molle, creuse, soufflée*, n'ayant que *du flasque, sans pesanteur, ni corps, ni âme, ni graisse autrement que rougeâtre ; on a plus de dehors et moins de dedans*, moins de ce qui fait le *poids net* et la *viande faite*. Un langage aussi abondant et aussi énergique est déjà une preuve par lui-même. Le fait d'ailleurs est universellement attesté (1).

Accroissement dans la consommation de la viande de vache.

Ce qui contribue encore à détériorer la qualité de la viande, c'est la tendance très-marquée des vaches à se substituer aux bœufs dans la vente sur les marchés. Il y en a d'abord une cause générale, qui est la division des propriétés, laquelle rend de jour en jour plus difficile et plus restreint l'élève des bœufs, en même temps que plus facile et plus commun l'entretien des vaches. Il y en a ensuite deux causes locales. La première tient aux abattoirs qui, à côté d'im-menses avantages, ont un inconvénient, c'est de permettre aux bouchers d'a-battre des vaches à huis-clos. Avant l'ouverture de ces établissemens, d'ailleurs si utiles, la plupart des bouchers n'auraient pas osé faire entrer des vaches sous les yeux du public, dans leurs bouveries particulières; un tel fait connu les eût discrédités. Cette prévention contre les bouchers qui tuent des vaches empêche encore aujourd'hui les bouchers de la banlieue qui n'ont pas d'abattoirs à leur disposition, d'en livrer à la consommation proportionnellement autant que les bouchers de Paris. Le nombre des vaches tuées par ceux-ci, qui n'était que d'environ 6,000 en moyenne avant l'ouverture des abattoirs, a dépassé 7,000 immédiatement après cette ouverture, s'est constamment accru depuis ce temps, et s'est élevé en 1840 à 21,021. Depuis 1812, le nombre des vaches abattues pour Paris a quintuplé. Il ne formait à cette époque que la dix-hui-tième partie du nombre des bœufs ; aujourd'hui il en forme les deux septiè-mes; tandis que, dans la banlieue, le nombre des vaches n'a que doublé de 1812 à 1840; il s'élevait, en 1812, à peu près au seizième du nombre des

---

(1) Nous avons tout à l'heure parlé de l'amélioration des produits du Bourbonnais et du Nivernais, quoique les éleveurs de ces pays aient recours, pour l'engraisse-ment, aux moyens qu'emploient aujourd'hui ceux de la Normandie. Il n'y a pas en cela contradiction. Ce qui est une détérioration dans les gras pâturages du Calvados, est une amélioration sur les petites herbes de l'Allier et de la Nièvre.

bœufs, et n'en constitue plus aujourd'hui que la vingt et unième partie (1).

La seconde cause locale, et celle là est la plus considérable, de l'accroissement proportionnel des vaches dans l'alimentation de Paris, tient à l'extension extraordinaire qu'a prise la consommation du lait dans cette ville, depuis vingt à vingt-cinq ans. La chose en est venue au point que, dans un rayon qui s'étend de plus en plus autour de Paris, et qui est déjà de six à huit lieues (2), il n'y a plus que des vaches dites laitières, et qu'on n'élève plus de veaux. On ne garde ceux-ci que le temps nécessaire à la vache pour la confection de son lait, et ils sont livrés ordinairement à l'âge de quinze jours ou trois semaines à la consommation de la banlieue ou même de Paris, où ils entrent, en tant que viande à la main, pour être vendus sur les marchés. Le veau de Pontoise, jadis si renommé, n'existe plus; le débit du lait l'a refoulé au loin, et bientôt peut-être tout, jusqu'au souvenir, en aura disparu. Toutes ces vaches laitières, aujourd'hui si multipliées dans les départements qui avoisinent Paris, et surtout dans celui de la Seine, aussitôt qu'elles deviennent impropres à la production du lait, sont engraissées et livrées à la boucherie.

A vrai dire, si toutes ces bêtes étaient saines, il n'y aurait pas à s'affliger plus que de raison de la consommation usuelle de la viande de vache. Elle n'est pas sans doute aussi substantielle que celle du bœuf, mais elle est au moins aussi délicate, et peut fort bien être aussi grasse. Si l'animal pèse moins, le droit qui le frappe est moins fort, sans compter qu'il peut y avoir avantage à transformer la perception du droit par tête de l'octroi en perception au poids. Mais ce qu'il y a à reprendre dans la consommation des vaches, c'est qu'une partie notable de ces bêtes, que les bouchers évaluent à un cinquième, la plupart sorties des étables des nourrisseurs de Paris et des environs, sont malades par suite du régime sédentaire et de la nourriture forcée auxquels on les soumet et que leur viande est de nature à engendrer elle-même des maladies, et particulièrement des fièvres typhoïdes. « La plupart des vaches « des nourrisseurs de Paris, dit M. Benoiston de Châteauneuf, meurent de la « maladie nommée, en termes de médecine vétérinaire, la *pomm-lière*, et qui « n'est autre chose que la *phthisie tuberculeuse* (3). » Le Conseil municipal peut se rappeler encore le rapport très-peu rassurant que fit un jour, au retour

---

(1) Voici, au reste, les chiffres mêmes tels qu'ils ressortent de tableaux officiels fournis par M. Sarron :

	1812.	1818 (époque de l'ouverture des abattoirs).	1840.
PARIS.... {	4,021	7,365	21,021 vaches.
	72,537	»	72,497 bœufs.
BANLIEUE.. {	528	456	1,110 vaches.
	8,930	»	21,387 bœufs.

(2) Le lait vient de bien plus loin; on en apporte de trente lieues, en poste.

(3) *Recherches sur les consommations de tout genre de la ville de Paris en 1817, comparées à ce qu'elles étaient en 1789*, par M. Benoiston de Châteauneuf. —Paris, l'auteur, 1820, in-8º, 1ʳᵉ partie., p. 88.

d'une visite aux abattoirs, sur la qualité malfaisante de certaines viandes qu'il y avait vues, notre savant collègue M. Orfila, juge assurément bien compétent (1).

Augmentation dans la consommation de la viande à la main.

Ainsi que les vaches, la viande à la main a fait de plus en plus invasion dans la consommation de Paris.

On appelle ainsi la viande des bestiaux abattus *extrà muros*, introduite par les bouchers forains et mise en vente à la halle à la viande et sur les marchés publics. Ces viandes ne peuvent être apportées que coupées, savoir : celles des bœufs, vaches et veaux en demi quartiers, et celles des moutons en quartiers ; elles ne peuvent être vendues qu'en détail, et si elles ne le sont pas, elles doivent être déposées dans *les resserres* jusqu'au prochain marché (2).

On comprend déjà que les bestiaux achetés par les bouchers forains et de la banlieue ne valent pas ceux qui sont achetés par les bouchers de Paris. Ils ne les valent ni sous le rapport du poids, ni sous celui de l'engraissement ; ils ne coûtent pas d'ailleurs autant (3). On conçoit ensuite que ces bouchers forains et de la banlieue n'apportent pas leur meilleure viande sur les marchés de Paris. Obligés de payer 19 cent. 8/10 de droit d'entrée par kilogramme de cette viande, c'est-à-dire un droit plus élevé que celui qui est acquitté par les bouchers de Paris (4), pour soutenir la concurrence avec ceux-ci, ou plutôt pour vendre à meilleur marché et assurer le débit de leur denrée, ils ne peuvent

---

(1) Les départements qui fournissent le plus de vaches à la consommation de Paris sont ceux de la Seine, de Seine-et-Oise, de l'Orne et de la Sarthe. Sur 25,035 vaches amenées en 1840 sur les marchés de Paris et de la banlieue, ces quatre départements en comptent 22 641 ; ceux de la Seine et de Seine-et-Oise 18.477, et celui de la Seine seul 14,895. La statistique de la France, récemment publiée par le ministère du commerce (t. II, 1re partie, tableau 56), constate qu'il existe dans ce département 15.939 vaches, dont 3,176 à Paris.

Ces chiffres sont des preuves de ce que nous avons avancé sur le développement qu'a pris à Paris la consommation du lait, et sur le grand nombre de vaches laitières tenues à l'étable, et par conséquent exposées à contracter des maladies des poumons.

(2) Art. 249, 253, 254 de l'ordonnance de police du 25 mars 1830.

(3) Voici les prix moyens de 1840 relevés sur les états officiels :

	Bœufs.	Vaches.	Veaux.	Moutons.
	fr. c.	fr. c.	fr. c.	fr. c.
Paris.........	380 »	204 16	99 60	25 18
Banlieue......	299 »	165 19	66 17	18 26
Forains.......	316 22	148 76	70 17	17 48

(4) En calculant le poids moyen des bœufs à 325 kil. ; celui des vaches à 230 ; celui des veaux à 65, et celui des moutons à 22, les droits d'octroi, de caisse de Poissy et d'abatage sont, par kilogramme de bœuf, de 13 c. 01 ; de vache de 12 c. 96 ; de veau de 16 c. 93 ; de mouton de 12 c. 95. — (Notes de l'octroi.)

s'approvisionner que de viande en quelque sorte achetée à vil prix, et, par conséquent, très-défectueuse. Ce n'est pas tout, cette viande, déjà si médiocre, se détériore encore par l'effet du régime auquel elle est soumise : coupée en quartiers et demi-quartiers pour entrer dans Paris, dépecée par petites portions pour être vendue en détail, desséchée, noircie et trop souvent devenant insalubre; enfin, achevant de se perdre et de se corrompre si elle n'est pas vendue, car alors il lui faut alors attendre le marché suivant, dans les *resserres*, pendant trois jours et quatre nuits (1).

Voilà ce que c'est, le plus souvent, que la viande à la main ; et, certes, de ce qu'elle envahirait chaque jour une plus grande place dans l'alimentation parisienne, on serait bien en droit de conclure que celle-ci en pâtit. C'est en effet ce qui a lieu. En 1819, la viande à la main, y compris celle de la charcuterie, alors soumise au même droit et confondue dans les quantités, montait à 944,487 kilogrammes; en 1840, la viande de boucherie seule, entrée à la main, s'est élevée à 2,944,596 kilogrammes (2).

La taxe pour la viande de boucherie s'appliquant aux quatres espèces, les registres de l'octroi ne distinguent pas entre elles ; néanmoins, d'après les renseignements généraux, on peut indiquer, comme évaluation, que les deux tiers environ des quantités introduites se composent de viande de veau (3).

Une si grande proportion de cette espèce de viande ne donne-t-elle pas à penser qu'elle provient presque toute de ces veaux, nés des vaches laitières des environs de Paris, et livrés à la consommation avant d'avoir l'âge requis de six semaines ?

Défaut de surveillance.

Mais, dira-t-on, les règlements de la boucherie et le Code pénal interdisent de vendre des viandes insalubres aux marchés comme à l'étal, et ordonnent de les saisir partout où elles se trouvent (4). Sans doute, mais il en est de cette prohibition comme de la prescription qui veut que les bestiaux amenés sur les marchés soient, avant l'ouverture de la vente, soumis à l'inspection de la police, afin de s'assurer s'ils sont en état d'être livrés à la boucherie, s'ils ont l'âge requis, s'ils ne sont pas trop maigres et s'ils ne sont pas dans des cas rédhibitoires (5). Ces deux dispositions ne sont pas mieux exécutées que celle qui enjoint

---

(1) Ordonnance de police du 25 brumaire an XII, art. 1er. — Ordonnance de police du 15 juillet 1808, art. 3, 4. — Ordonnance de police du 25 mars 1830, art. 246, 249, 253, 254.

(2) Etat officiel fourni par l'administration de l'octroi.

(3) Note de l'administration de l'octroi.

(4) Ordonnance de police du 15 nivôse an XI, art. 10. — Code pénal, art. 475 (parag. 14) et 477 (parag. 4). — Ordonnance de police du 25 mars 1830, art. 7 et 247. — Decision du préfet de police du.... (Voir à l'*Annuaire de la boucherie*, 1840, p. 217.)

(5) Ordonnance du roi du 12 janvier 1825, art. 11.—Ordonnance du roi du 18 oc-

aux préposés à la police des abattoirs de n'y admettre de vaches des nourrisseurs de Paris, qu'autant qu'on représenterait un certificat d'un expert vétérinaire, constatant qu'il est nécessaire qu'elles soient abattues, et de ne laisser
vendre leurs viandes qu'autant qu'après vérification, elles seraient jugées en
état d'entrer dans la consommation (1).

Les ordonnances et les règlements ont prévu la plupart des cas d'insalubrité
de la viande, et y ont pourvu (2). Un nombreux personnel d'inspecteurs, de
préposés, de surveillants, est chargé de les exécuter. Nous savons bien que,
parmi les mesures prescrites, il en est quelques-unes qui sont d'une application
bien difficile, pour ne pas dire impossible; mais il en est aussi qui pouvaient et
auraient dû être exécutées. C'est avec regret que nous mentionnons ici cette
négligence; mais nous avons dû ne pas l'omettre, car elle est aussi une des
causes de la détérioration de la viande.

Accroissement dans la consommation des issues.

Un dernier symptôme du déchet de l'alimentation en viande de boucherie,
c'est la proportion de plus en plus forte dans laquelle y figurent ce que l'on
appelle les issues.

Les issues sont rouges ou blanches.

Les issues rouges consistent dans le cœur, le foie, la rate et les poumons du
bœuf, vache et mouton.

Les issues blanches se composent :

1° Celles de bœuf ou de vache, des quatre pieds avec leurs patins, de la

---

tobre 1829, art. 13.— Ordonnance de police du 25 mars 1830, art. 174, 175, 177,
188, 203, 217.

(1) Art. 61 de l'ordonnance de police du 25 mars 1830.

( ) Il y a cependant encore quelque chose à faire sous ce rapport. Ainsi, les
béliers, les chèvres, les boucs, ne payant aucun droit d'octroi, de caisse de Poissy et
d'abatage, quand les animaux vieux ou malades de ces espèces sont abattus, leur
viande est livrée à la consommation sans avoir subi aucune vérification. Il serait
utile de faire payer des droits pour ces animaux.

Il serait à propos aussi d'employer à la vérification des bestiaux, à leur arrivée aux
abattoirs ou aux bouveries, ainsi qu'à celle de la viande aux échaudoirs, s'il en était
besoin, des hommes experts, c'est-à-dire des vétérinaires; trois y suffiraient. Ce serait
une grande garantie pour l'administration et pour le public.

On a signalé à toutes les époques, mais plus particulièrement dans ces derniers
temps, l'introduction en fraude et l'usage clandestin dans Paris de la viande de cheval.
Les opinions sont partagées sur la question de savoir si l'usage de cette viande vérifiée
pourrait être permis dans la consommation. M. Jules Cambacérès, dans un document
distribué au Conseil municipal, propose, pour faire cesser l'usage clandestin de cette
viande, de la faire consommer par une porcherie autorisée, immédiatement contiguë à
l'abattoir des chevaux.—(Cette porcherie a été autorisée.—*Note de la 2e Édition.*)

panse, de la franche-mule, des feuillets avec l'herbière, des mufles, palais et mamelles ;

2° Celles de mouton, de la tête avec la langue et la cervelle, des quatre pieds, de la panse et de la caillette.

Il n'est pas question ici de celles de veau, qui, pour la plupart, sont des morceaux d'élite.

Parmi les issues du bœuf et du mouton, il en est quelques-unes, telles que le palais du bœuf, la langue et la cervelle du mouton, qui peuvent avec avantage trouver place dans la consommation; mais les autres ne constituent qu'une nourriture d'une qualité très-inférieure.

La consommation s'en est cependant, depuis quelques années, singulièrement accrue.

Il y en a dans l'ouverture des abattoirs une première cause que l'on conçoit très-bien. En effet, avant cette ouverture, les issues préparées dans l'île des Cygnes, dont l'éloignement permettait difficilement qu'elles arrivassent fraîches à destination, n'entraient que pour une partie minime dans l'approvisionnement de Paris. Depuis, apprêtées aux abattoirs avec une grande promptitude, et livrées au commerce dans toute leur fraîcheur, elles ont dû naturellement être consommées en bien plus grande quantité.

Mais, à côté de cette cause, il y en a une autre qui provient de la cherté de la viande, et de la nécessité pour les classes pauvres de recourir à un aliment de la plus chétive qualité, mais aussi moins coûteux. Ce qui le prouve, c'est que l'introduction des issues aux barrières qui, en 1822, ne montait qu'à 479,170 kil., n'a pas cessé de s'accroître depuis ce temps, et s'élevait en 1840 à 1,559,903 kil. (1).

En totalisant les effets de ces deux causes, on trouve que la consommation des abats et issues, qui était en 1812 de 63,536 kil., s'est élevée en 1840 à 4,227,109 kil., c'est-à-dire à une somme 66 fois plus forte.

M. Louis Millot calcule ainsi l'augmentation progressive de cette consommation dans la nourriture annuelle du Parisien :

En 1789 (d'après Lavoisier) 0,40.
En 1826   0,95.
En 1839   1,48 (2).

Nous avons constaté l'augmentation du prix de la viande de boucherie nous nous sommes efforcés d'analyser les causes qui ont contribué à en faire baisser la qualité. En même temps que ces deux faits se produisaient, et, par une conséquence naturelle, la consommation de cette viande allait en diminuant.

---

(1) État fourni par l'octroi.
(2) Notes de M. L. Millot.

Diminution de la consommation de la viande.

MM. Benoiston de Châteauneuf et Louis Millot, en comparant, à l'aide de recherches statistiques, la population et la consommation en viande de boucherie dans Paris, à différentes époques, et en établissant des moyennes, sont tous les deux arrivés à constater ce résultat, que plus la population s'est accrue, plus la consommation en viande de boucherie a diminué.

Le premier, auteur d'un ouvrage justement estimé sur les consommations de Paris (1), dans lequel il compare celles de 1817 et celles de 1789, telles qu'elles avaient été appréciées par Lavoisier (2), a bien voulu nous communiquer une note manuscrite sur les consommations de la capitale, lue par lui à l'Académie des sciences morales et politiques, dont il est membre.

Il a recherché, dans cette note, quelle était par an la consommation du Parisien en viande de boucherie, en 1789, en 1817, 1827 et 1837, et il a trouvé qu'elle était, en y comprenant la viande à la main qui n'a pas cessé de s'accroître :

En 1789, de 148 livres.
1817, — 111 — 15 onces.
1827, — 118 — 5 — (Moyenne de 1822 à 1827.)
1837, — 107 — 4 — (Moyenne de 1827 à 1837.)

M. Louis Millot évalue par tête d'habitant la même consommation annuelle de viande de boucherie, en y ajoutant la viande à la main et les issues, savoir :

En 1789, à 74 kil. 30.
En 1826, à 53 — 45.
En 1839, à 47 — 87.

En se bornant à la viande de bœuf toute seule, il signale des résultats encore plus fâcheux. Ainsi, le Parisien, qui consommait :

De 1760 à 1777, 49 kil. de viande de bœuf,
En 1789, 46,
n'en consommait plus en 1822 que 37,
En 1826, 34,
En 1836, 25,
En 1839, 24.

La statistique publiée récemment par le ministère du commerce n'attribue à la consommation moyenne annuelle de l'habitant de Paris en viande de boucherie, y compris la viande à la main, que 46 kil. 17 (3).

---

(1) *Recherches sur les consommations de tout genre de la ville de Paris en 1817, comparées à ce qu'elles étaient en 1789.*—Paris, l'auteur, 1820, in-8o.

(2) *Résultats extraits d'un ouvrage intitulé :* De la richesse territoriale du royaume de France, *ouvrage dont la réduction n'est point encore achevée ; remis au comité de l'imposition par M. Lavoisier ; imprimé par ordre de l'Assemblée nationale.* — Paris, de l'imprimerie nationale, 1791. — Broch. in-8o (*très-rare*).

(3) Statistique de la France, publiée par le Ministre de l'agriculture et du commerce. *Agriculture*, t. II, 1re partie.

M. Tourret, député de l'Allier, pour prouver combien les calculs par les moyennes sont sujets à erreur, fait le raisonnement suivant : Supposons 600,000 habitants à Paris, dont 500,000 riches consommant 100 kilogrammes de viande, et 100,000 pauvres consommant 10 kilogrammes; la consommation moyenne serait de 85 kilogrammes. Supposons ensuite que, par l'effet de l'accroissement de la population, il y ait à Paris 1,000,000 d'habitants, dont 600,000 riches consommant également 100 kilogrammes, et 400,000 pauvres consommant 30 kilogrammes, c'est-à-dire trois fois plus que dans la première supposition; la consommation moyenne, dans ce second cas, ne sera plus que de 72 kilogrammes, et cependant les riches mangeront autant et les pauvres trois fois plus (1).

Le raisonnement de l'honorable député de l'Allier est ingénieux ; il peut affaiblir, jusqu'à un certain point, l'autorité des moyennes officielles et de celles de MM. Benoiston de Châteauneuf et L. Millot; car il est bien certain que Paris, qui doit compter aujourd'hui environ un million d'habitants, et qui est devenu la première ville manufacturière du royaume, a vu s'accroître, dans une plus forte proportion, sa population ouvrière.

Cependant, quand on compare la consommation moyenne par tête en viande de boucherie, avant 1789, avec celle de nos jours, si, d'une part, ainsi que le remarque judicieusement M. Tourret, on trouve dans la première époque proportionnellement plus de riches, d'une autre part aussi, il faut y tenir compte d'un grand nombre de couvents et d'une plus stricte observance du carême et des jours maigres.

L'autorité des moyennes, que combat M. Tourret, n'est donc pas autant affaiblie qu'il pourrait le supposer. La puissance des chiffres renaît d'ailleurs tout entière en présence des faits suivants :

ANNÉES.	POPULATION.	BOEUFS.	VACHES.	VEAUX.	MOUTONS.	VIANDE à la main.
						(2) kil.
1637	»	»	»	67,800	368,000	»
1688	»	»	»	115,000	»	»
1722	500,000	70,000	»	»	»	»
1779	600,000	77,000	»	120,000	»	»
1789	524,186	70,000	18,000	120,000	350,000	675,572
1812	622,636	72,268	6,929	76,154	547,568	744,893
1833	885,558	71,634	16,459	73,947	564,875	2,331,190
1840	1,000,000	71,718	20,684	73,113	437,359	2,943,576

(1) Discours de M. Tourret, député de l'Allier, sur le budget des recettes de l'exercice 1842, séance du 28 mai 1841.

(2) Ces chiffres sont empruntés, pour 1637, aux Mémoires du temps, cités par

On voit, d'après ce tableau, qu'en ce qui concerne les bœufs, la consommation est restée à peu près stationnaire, quant au nombre, durant cent vingt ans, lorsque, dans le même espace de temps, la population était doublée. N'oubliez pas que cependant le poids moyen de ces animaux, nous l'avons établi, allait en décroissant.

La diminution proportionnelle et même absolue du nombre des veaux abattus est encore plus considérable que celle du nombre des bœufs.

Le nombre des moutons consommés a, il est vrai, augmenté, mais dans une proportion qui est restée bien au-dessous de l'augmentation proportionnelle de la population, ce qui équivaut à une diminution.

La consommation des vaches s'est accrue dans une proportion plus forte que la population, non pas comparativement à 1789, mais à partir de 1812.

Le débit de la viande à la main seul a suivi une progression constamment plus considérable que celle de la population.

Nous n'avons pas besoin d'ailleurs de faire remarquer que cette augmentation dans la consommation de la viande de vache et de la viande à la main, à cause de son peu d'importance en égard à la masse totale de la viande consommée, n'atténue que d'une manière peu sensible le déficit que nous avons trouvé dans la consommation des viandes de bœuf, de veau et de mouton.

Cependant de ce qu'il y a un déficit dans la viande de boucherie consommée à Paris, il ne faut pas conclure que le Parisien mange une moins grande quantité d'aliments; non, le poids dont il charge son estomac, le *lest*, pour me servir de l'expression de l'illustre Lagrange, est toujours à peu près le même. « La « différence de nourriture, dit-il, ne consiste donc que dans la différente « proportion du blé et de la viande, ou des autres aliments qui les représen- « tent... Cette proportion est la vraie mesure de la richesse ou de la pauvreté « des États, puisque c'est de la nourriture que dépend essentiellement le bien- « être des habitants. Pour augmenter celui des Français, il faudrait donc pou-

---

M. Benoiston de Châteauneuf; — pour 1688, aux registres du greffe du Châtelet, cités par le même; — pour 1779, à Huttaut, cité par le même; — pour 1789, à Lavoisier; — pour 1812, 1835, 1840, aux documents officiels.

Les faits auraient été encore plus démonstratifs, si nous avions, pour ces derniers temps, raisonné d'après des moyennes, ainsi que l'a fait M. le comte Darn à la chambre des pairs, le 28 avril 1840. Il établit que de 1819 à 1829 le nombre moyen des bœufs a été de 75,000, et que de 1829 à 1839 il n'a plus été que de 69,000; diminution 6,000, en présence d'une augmentation de population de 195,000 habitants. D'après nos recherches personnelles, l'augmentation de population de 1819 à 1839 ne serait pas seulement de 195,000, mais bien de 284,000 âmes.

Du reste, bien loin que la consommation en viande de boucherie se soit améliorée dans le premier semestre de 1841, elle a encore tendu à diminuer et à s'altérer. Ainsi, dans ce premier semestre de 1841, comparé à celui de 1840, on signale une diminution de 1,272 bœufs et de 3,911 veaux, et une augmentation de 1,220 vaches et de 4,432 moutons.

« voir augmenter la consommation de la viande, même aux dépens de celle du
« blé (1). »

Cette observation que Lagrange faisait en 1796 serait encore bien mieux
applicable à la consommation actuelle de Paris.

Alimentation parisienne.

Voyons cependant par quelle espèce de nourriture l'habitant de Paris a pu
combler le déficit de la viande de boucherie.

Déjà nous avons dû faire cette remarque que, dans la viande de boucherie
elle-même, la viande de vache et la viande à la main ont usurpé une place de
jour en jour plus grande. Nous nous en plaindrions beaucoup moins si leur
qualité était irréprochable ; mais nous savons à quoi nous en tenir à cet
égard.

Nous rappellerons aussi, chemin faisant, que la consommation des issues a
éprouvé une immense augmentation.

Nous ne nous sommes pas encore occupés de la viande de porc, parce qu'elle
ne figure pas dans la viande de boucherie. Elle semble seulement appelée, surtout en cas de disette, à suppléer celle-ci, chose à laquelle e le est merveilleusement propre, autant à cause de la fécondité de l'espèce, que de la facilité et de
la promptitude avec lesquelles elle s'engraisse. C'est une observation que
M. Benoiston de Châteauneuf avait déjà eu l'occasion de faire, et que les faits
confirment.

Rendons-nous compte de la progression de la consommation de la viande de
porc :

ANS.	PORCS ENTRÉS A PARIS	POIDS.
1789 —	35,000 —	2,800,000 kil.
1812 —	71,800 —	5,644,000
1835 —	86,904 —	6,952,320
1840 —	90,190 —	7,215,200

Indépendamment des porcs qui sont abattus à Paris, il y entre aussi de la
viande de porc à la main, dont la quantité a pu être enregistrée à partir de
1826, époque à laquelle elle a payé à l'octroi un droit particulier. Or, depuis
1826, cette viande de porc s'est toujours accrue ; ainsi :

En 1826 il est entré 707,297 kil.
1835 — 783,023
1840 — 992,837

Les états des ventes aux marchés de la volaille et du gibier, de la marée, du

(1) *Essai d'arithmétique politique*, an IV (1796), broch. in-8°.

poisson d'eau douce et des huîtres, de beurre et des œufs, constatent que la consommation de ces denrées, surtout si l'on tient compte de la fraude qui s'accroît d'année en année en ce qui concerne la volaille et le gibier, a égalé et même dépassé la progression croissante de la population (1). Ceci ne prouve pas que ces aliments, du moins pour la plupart, soient devenus plus qu'autrefois la nourriture du pauvre; mais du moins, en prenant place plus souvent sur la table du riche, ils en ont détourné une certaine quantité de viande qui s'en est allée accroître d'autant la part afférente au premier.

Il n'existe aucun moyen de constater d'une manière certaine la consommation des fruits et légumes; mais on ne doit pas craindre d'affirmer qu'elle s'est accrue dans une proportion très-considérable. On peut en juger par l'extension qu'a prise la culture des légumes et des fruits aux environs de Paris, où les terrains qui leur sont consacrés ont plus que triplé, sans compter qu'aujourd'hui il en est apporté de trente lieues, tandis qu'autrefois il n'en venait pas de plus de quatre lieues. C'est même dans la consommation des légumes, et surtout dans celle de la pomme de terre, qu'il faut aller chercher la principale compensation au déficit dans la consommation de la viande

Celle du pain ne s'est pas augmentée plus que ne le comportait l'accroissement de la population.

Nous ne nous occuperons pas ici des autres aliments, comme étant d'une importance trop secondaire dans l'alimentation générale. Nous dirons seulement que la consommation du lait, du sucre et du café, a pris un assez grand accroissement pour qu'elle méritât d'être au moins mentionnée.

Quand les deux aliments les plus nécessaires, le pain et la viande, subissent une augmentation de prix, et, par conséquent, une diminution dans leur consommation, celle des boissons s'en ressent immédiatement et s'accroît. C'est ce qui a été remarqué de tout temps. Et pour ne parler ici que du vin, bien que la consommation *officielle* en ait baissé, on ne saurait nier que la consommation réelle, à cause de la fraude et de la falsification toujours croissantes, n'en ait sensiblement augmenté.

Il résulte de ce qui précède que, si le déficit de la consommation de la viande de boucherie n'a pas entraîné une diminution réelle dans le poids de la nourriture, dans le *lest* de l'estomac, du moins il n'a été presque entièrement comblé que par du vin frelaté, de la viande de porc, des légumes et surtout des pommes de terre.

Or, personne ne niera que du vin frelaté ne soit propre qu'à substituer des effets nuls ou funestes aux effets généreux que produit, dans l'hygiène de l'ouvrier, cette boisson prise dans sa pureté et avec modération ;

Que la viande de porc, avec les assaisonnements qui l'accompagnent d'ordinaire à Paris, ne soit une viande lourde, impuissante à donner un bouillon

(1) États fournis par la Préfecture de Police.

aussi substantiel que celui du bœuf; épicée, irritante et malsaine, surtout
quand on en fait sa nourriture habituelle, ce à quoi ne sont que trop portées,
les classes industrielles, à qui elle plaît par son haut goût, et qui la trouvent
toute préparée chez les charcutiers, où ils peuvent l'acheter dans la quantité
qui leur convient (1);

Qu'enfin les légumes, et surtout les pommes de terre, bien que constituant
un aliment sain, ne sauraient valoir à l'ouvrier la force corporelle et l'énergie
morale qui en font un être résistant au travail. Il résulte, en effet, d'expériences faites par MM. les professeurs de la Faculté de médecine, que la
pomme de terre contient trois fois moins de principes nutritifs que le pain,
trois fois et demie moins que le riz et que les légumes secs, tels que lentilles,
fèves, haricots et pois; deux fois moins que ces mêmes légumes frais, et quatre
fois moins que la viande (2).

M. Benoiston de Châteauneuf, dans la note manuscrite qu'il a eu l'obligeance
de mettre à notre disposition, cite deux faits qui prouvent bien toute la puissance d'une nourriture substantielle sur le travail de l'ouvrier. Il me pardon-
nera de les consigner ici:

« Dans une exploitation de machine à vapeur, établie, il y a quelques an-
« nées, à Charenton, M. Manby, qui la dirigeait, remarqua une grande iné-
« galité de travail entre les ouvriers anglais et les ouvriers français qu'il oc-
« cupait aux mêmes ouvrages. Croyant en trouver la raison dans la différence
« des aliments dont ceux-ci faisaient usage, il prit des mesures pour qu'ils
« fussent aussi bien nourris que les Anglais. De ce moment, toute différence
« entre eux disparut. M. Manby savait sans doute que les détenus des prisons
« d'Angleterre ne reçoivent qu'une livre, et souvent même une demi-livre de

(1) La viande de porc, à cause de l'aptitude de cet animal à contracter la ladrerie,
était autrefois tellement suspecte sous le rapport de l'hygiène publique, qu'elle était
soumise à l'examen de trois sortes d'inspecteurs: les *langayeurs*, qui visitaient les porcs
à la langue, dans les marchés; les *tueurs*, chargés de les tuer et de les habiller; et
les *courtiers* ou *visiteurs de chairs*, qui en examinaient les viandes avant qu'elles ne
fussent débitées au public. (Delamarre, *Traité de la Police*, t. I. p. 605.)
Une loi de Moïse défendait aux Hébreux de manger du porc. Une loi de l'Alcoran
fait la même défense aux Mahométans. Ces lois, imposées à des peuples habitant des
climats chauds ont été évidemment inspirées par l'intérêt de la santé publique.
(2) Résultats généraux des expériences faites par MM. les professeurs de la Faculté
de médecine pour déterminer les rapports qui existent entre les qualités nutritives de
la pomme de terre et celles des aliments de l'usage le plus commun — *Recherches
statistiques sur la ville de Paris et le département de la Seine*, année 1821, 2e édit.
— Paris, imprimerie royale, 1833, tabl. n° 49.
Nous croyons devoir placer ici, comme documents propres à faire apprécier l'alimentation parisienne, les trois tableaux suivants:

« viande par semaine, tandis que les prisonniers d'Amérique en ont une
« livre par jour, et que le produit de leur travail surpasse aussi de beaucoup
« celui du détenu anglais.

« Un moyen semblable a produit en France le même effet. Les condamnés

---

TABLEAU *des principales consommations de Paris, par année et par
individu, en* 1789, 1817, 1827 *et* 1837 (extrait d'une note manuscrite
lue, par M. Benoiston de Châteauneuf, à l'Académie des sciences morales
et politiques).

ANNÉES.	POPULATION, habitants.	VIANDE de boucherie.	VIANDE à la main.	VIANDE de porc et charcuterie.	VOLAILLES et gibier.	FROMAGES secs.	BEURRE.	VIN.	BIÈRE.	EAU-DE-VIE.	BOIS.	CHARBON.
		l. onc.	l. onc.	l. onc.	l. o.	l. o.	l. o.	bout.	bout.	bout.	voies.	voies
1789	600.000	147 »	1 »	9 12	22 9	4 6	5 »	120	9	4 »	1 »	1
1817	714.000	110 9	1 6	20 9	19 »	2 8	8 11	114	11	6 »	» 1/2	1
1827	802.000	110 3	8 2	18 1	18 4	3 9	10 »	126	20	5 »	» 1/2	1
1837	841.700	98 11	8 9	17 3	13 12	2 12	11 6	111	13	4 1/2	» 1/2	1

TABLEAU *de la consommation moyenne par habitant de Paris, en* 1838,
d'après la statistique publiée par le ministre du commerce.

Denrées.	Quantité par habitant.	Denrées.	Quantité par habitant.
Froment..............	2 hect. 87	Viande de veau	4 kilog. 91
Seigle...	» 07	— mouton.....	9 16
Pommes de terre......	1 50	— porc.......	7 58
Légumes secs.	» 09	— à la main..	2 72
Viandes de bœuf et vache.	29 kilog. 38		

TABLEAU *de la consommation moyenne de la viande par habitant de
Paris, et des arrondissemens de Sceaux et de Saint-Denis, en* 1838,
d'après la statistique publiée par le ministre du commerce.

	BOEUFS, VACHES.	VEAUX.	MOUTONS.	PORCS.	VIANDE à la main.	TOTAL.
Paris.......	29 38	4 91	9 16	7 58	2 72	53 75
Saint Denis.	38 51	12 78	11 48	12 20	» »	74 97
Sceaux.....	26 94	8 23	8 56	7 »	» »	50 73
	30 09	5 95	9 34	8 »	2 24	55 62

22

« renfermés dans la maison centrale de Riom y polissaient par jour cent vingt
« pouces carrés de glace. On augmenta leur nourriture, ils en polirent trois
« cent quarante. Une alimentation substantielle, abondante, ajoute M. Be-
« noiston de Châteauneuf, développe le corps, en entretient la vigueur ; elle
« rend l'ouvrier plus fort, le soldat plus grand, l'homme plus heureux ; car, si
« se nourrir est un de ses premiers besoins, se bien nourrir est une de ses plus
« grandes jouissances. »

Rien ne saurait donc remplacer, dans l'alimentation générale et surtout dans
celle des classes ouvrières, la viande de boucherie et principalement celle du
bœuf. C'est elle qui contient, sous le plus petit volume, la plus forte quantité
de substance nutritive ; c'est elle seule qui donne ce bouillon, qui est à la fois
la nourriture la plus légère, la plus facilement digestive et la plus fortifiante ;
c'est sur elle que repose le *pot-au-feu national*, qui est en France la base de
l'hygiène domestique autour duquel vient se grouper la famille, qui la retient
dans l'intérieur, qui en resserre les liens, et qui est une source d'où décou-
lent, non-seulement la vigueur et l'énergie indispensables au travail, mais
encore l'ordre, l'économie, les affections légitimes et la moralité nécessaires
au bonheur.

C'est donc un grand mal que celui qui altère et affaiblit l'alimentation des
classes ouvrières.

Consommation de la viande en France.

Si tous les faits que nous venons d'exposer sont exacts, et ils reposent sur
des documents qui sont tous sincères et la plupart authentiques, on conviendra
que ce n'est pas seulement la classe des bouchers qui souffre, mais que
l'intérêt général est lui-même gravement compromis par la cherté, la détérioration et la consommation toujours décroissante de la viande de boucherie.

Ce funeste état de choses n'est pas seulement propre à Paris, il appartient
à toutes les grandes villes ; il s'étend même, au moins sous certains rapports,
à la France entière.

Dans toutes les villes, et surtout dans les plus considérables, vous entendez
dire que la consommation de la viande diminue (1) ; dans toute la France,

---

(1) M. le comte Daru, dans un discours prononcé à la Chambre des Pairs, le
28 avril 1840 avance les faits suivants :

En 1816, 57 villes de la région nord de la France, comprenant 1,200,000 habitants, consommaient 70,800,000 kil. de viande de bœuf ; en moyenne par individu,
62 kil. 90 décag.

En 1839, 59 villes de la même région, comprenant 1,532,000 habitants, consommaient 85,000,000 kil. de viande ; en moyenne par individu, 55 kil. 86 décag.

Diminution : 7 kil. 04 décag.

Nous croyons exacte la relation entre ces deux moyennes par individu et, par consé-

on se plaint que son prix augmente. La statistique officielle fournit la preuve de ce dernier fait pour les parties explorées. Ainsi, dans la moitié orientale de la France, le prix moyen des viandes s'est élevé, savoir :

Pour le bœuf à 80 c. le kilog.
Pour la vache à 70
Pour le veau à 75
Pour le mouton à 85 (1).

Dans la région du nord occidental, le prix moyen est encore plus considérable; il est :

Pour le bœuf de 85 c. le kilog.
Pour la vache de 70
Pour le veau de 85
Pour le mouton de 95 (2).

---

quent, nous regardons comme acquise la diminution moyenne de 7 kil. 04 décag. entre 1816 et 1839.

Mais les chiffres eux-mêmes de ces moyennes, si nous nous en rapportons à nos propres calculs, nous semblent trop élevés. Nous avons recherché, d'après les données de la statistique officielle, combien les 43 villes chefs-lieux des départements de la moitié orientale de la France, contenant une population de 1,080,322 habitants, avaient consommé de viandes de toutes sortes, en 1837, par individu, et nous avons trouvé le chiffre d'environ 39 kilogr.

D'après les calculs de Lavoisier, la consommation moyenne r habitant, par an, était, en 1789:

Pour Paris et les grandes villes, de............... 74 kilogr.
Pour les autres villes, de 45 50

M. le comte Daru, dans le discours ci-dessus cité, estime la consommation moyenne par individu et par an, des villes de Belgique, à 58 kilog. Celle de Londres est de 88 kilog.

(1) *Statistique de la France*, t. 1er, tabl 213.

Pour établir la statistique agricole de la France, on a d'abord partagé celle-ci en deux moitiés, à l'aide du méridien de Paris ; la moitié dite *orientale* à l'est, et la moitié dite *occidentale* à l'ouest. On a ensuite divisé ces deux moitiés, au moyen du 47e parallèle qui coupe le méridien précisément au centre du royaume, de façon que la France est partagée en quatre parties contenant chacune 21 ou 22 départements, et ayant à très-peu près la même étendue et la même population. Ces quatre parties ont pris les noms de *région du nord oriental, région du midi oriental, région du nord occidental, région du midi occidental.* Déjà la statistique agricole officielle des trois premières régions a été publiée.

(2) *Statistique de la France*, t. II, tabl. 90.

La consommation moyenne annuelle de viandes de toutes sortes par habitant, dans la moitié orientale de la France, est de 20 kilog. 53 décag., y compris 9 à 10 kilog. de viande de porc ; en viande de bœuf et vache, elle n'est que de 6 kilog. 23 décag.

Dans les soixante-quatre départements qu'embrasse déjà la statistique officielle, cette moyenne, en viandes de toutes sortes, est d'environ 21 kilog. 15 décag.. sur lesquels on ne compte à peu près en viande de bœuf et vache que 7 kilog. 39 décag. Mais le ministre du commerce a annoncé à la chambre des députés, dans la séance du 28 mai dernier, que, dans les vingt-deux départements restant à explorer, la consommation étant plus minime que dans ces soixante-quatre départements, la moyenne de consommation générale en serait nécessairement diminuée.

Ce qui fait paraître encore plus faible cette moyenne de consommation générale en viande dans notre pays. c'est la comparaison qu'on en peut faire avec celle de quelques États voisins.

Ainsi, tandis qu'en France la consommation générale en viande par habitant et par année n'atteint peut-être pas 20 kilog., elle est :

En Angleterre de 68 kilog.
En Belgique de 42.

Il ne faut pas s'étonner, en présence de pareils faits, que tout le monde en France s'en soit ému ; que la presse entière s'occupe journellement des questions qu'ils soulèvent ; que les conseils généraux des départements et les conseils municipaux s'en soient saisis ; que l'administration supérieure les mette à l'étude, et que la tribune en retentisse.

De toutes parts, on se pose à soi-même, et on donne aux autres à résoudre ce problème : *Trouver les moyens de faire baisser le prix de la viande et d'augmenter sa consommation.*

Et comme chacun envisage le mal qui existe à son point de vue quel qu'il soit, hygiénique, économique, agricole, industriel, commercial, financier, politique, philanthropique, communal, national, social, humanitaire, de tous côtés vous entendez s'agiter des questions aussi diverses que toutes ces faces sous lesquelles se présente, en effet, la question si complexe et si difficile qui nous occupe.

Pour nous, nous appliquant à écarter toutes ses généralités, à l'analyser, à la réduire à sa plus simple expression, nous disons que les remèdes au mal sont dans les causes mêmes qui l'ont produit.

Les causes qui ont contribué à faire renchérir la viande et à diminuer sa consommation à Paris sont :

1° L'exagération et le mode de perception des droits de douane à l'importation sur les bestiaux ;

2° Leur peu d'élévation à l'exportation ;

3° Les droits d'octroi et leur mode de perception ;

4° La désorganisation du commerce de la boucherie.

Toutes ces questions de douanes, d'importation, d'exportation, d'octroi, de mode de perception; toutes celles qu'elles soulèvent, et notamment celle des intérêts agricoles, étaient peut-être implicitement renfermées dans le travail qui nous a été confié; mais les y embrasser toutes eût été lui donner trop d'extension, et nous créer une tâche au dessus de nos forces. Toutefois, elles n'ont pas été tellement étrangères à nos études, que nous n'ayons aperçu clairement la place qui leur appartenait dans le problème de la diminution de la viande, et que nous n'ayons dû l'indiquer en passant.

Maintenant, occupons-nous de la réorganisation de la boucherie.

RÉORGANISATION DU COMMERCE DE LA BOUCHERIE.

Réorganisation de la boucherie.

De toutes les questions soulevées à l'occasion de la cherté de la viande, celle de la réorganisation du commerce de la boucherie est sans contredit la plus complexe et la moins comprise.

On le concevra sans peine.

Organiser un commerce est toujours une œuvre difficile; mais nous ne pensons pas qu'il y en ait une qui se complique de plus d'éléments divers, de plus d'intérêts graves que celle de la réorganisation de la boucherie, surtout à Paris.

D'ailleurs, elle n'intéresse en apparence que la capitale, et tout au plus quelques grandes villes; il n'est donc pas surprenant qu'elle ait été moins explorée que celles qui se rapportent aux douanes et aux octrois. La presse ne l'a jamais traitée que par partie, et il semble qu'à la tribune on ait évité d'en parler.

Il y a eu là pour nous une raison de l'étudier avec une attention encore plus grande, d'autant plus qu'elle formait notre tâche elle-même.

Il est impossible de comprendre la nécessité, en principe et dans ses nombreux détails, de l'organisation du commerce chargé de pourvoir à l'approvisionnement de Paris, en viande de boucherie, si l'on ne s'est d'abord rendu compte des conditions dans lesquelles doit s'effectuer cet approvisionnement.

Conditions exceptionnelles de l'approvisionnement de Paris.

Paris, à cet égard, est dans une position tout exceptionnelle.

La France n'a pas un second centre de population à beaucoup près aussi considérable; tout fait présumer que cette population est aujourd'hui d'un million d'habitants.

Nulle part les besoins ne sont proportionnellement aussi étendus et aussi impérieux, à cause des richesses, du travail et des habitudes.

Paris, il est vrai, a autour de lui, dans un rayon d'environ six lieues, les trois quarts de l'approvisionnement de ses marchés, en vaches (18,000 sur 25,000) : nous en avons dit la raison ; et, dans un rayon d'environ trente lieues, la presque totalité de leur approvisionnement en veaux (105,000 sur 108,000) (1). Mais il n'a que la moitié de leur approvisionnement en moutons, dans un rayon d'environ cinquante lieues (434,000) ; il est obligé d'élargir le cercle jusqu'à 75 lieues pour s'en procurer les trois quarts (653,000) ; jusqu'à cent et cent vingt-cinq lieues pour en trouver 60,000 de plus (713,000) ; enfin, pour se compléter en bêtes ovines, il lui faut, malgré les droits d'importation, en emprunter 98,000 à l'étranger, destinés presque entièrement à la consommation de Paris (811,000).

Quant aux bœufs qui sont, comme nous l'avons dit, la base de l'alimentation, qui, d'après les calculs de M. Louis Millot, comptent pour 53 pour cent dans la consommation générale de la viande, Paris n'en tire que 1,000 tout au plus des pays qui l'environnent dans un rayon d'environ cinquante lieues. Les trois quarts de l'approvisionnement de ses marchés en bœufs (93,000) proviennent de la zone comprise entre ce premier rayon de cinquante lieues et un second rayon de soixante-quinze lieues ; le reste (33,000) lui vient de distances de cent, cent vingt-cinq et cent cinquante lieues.

La même raison qui fait que Paris n'a point de bœufs d'engrais dans ses environs, c'est-à-dire l'absence de tout pâturage, de tout parc à bestiaux, fait aussi que les bœufs qui viennent de si loin ne pourraient pas y séjourner. De sorte qu'il n'a point, à vrai dire, de réserve qui puisse lui garantir un approvisionnement permanent, de tous les jours, à ses portes.

La difficulté de cet approvisionnement se complique ici de la nature même de la denrée. Elle n'est point de celles qui peuvent se fabriquer en quelques instants et s'emmagasiner de manière à satisfaire tous les besoins, quels qu'ils soient, en quelque temps et de quelque manière qu'ils se produisent. Le bétail s'élève lentement, en vue d'une consommation éloignée ; quand il est à maturité, l'éleveur n'a rien de mieux à faire que de le soustraire au pacage qu'il épuiserait en pure perte, et que de le vendre au plus tôt pour échapper à la déperdition ; car on sait que le bœuf enlevé à sa prairie, à ses habitudes à son compagnon, engendre une mélancolie qui le maigrit plus promptement encore que la privation. Quand il a passé des mains de l'éleveur à celles du boucher, celui-ci est obligé de l'abattre au plus vite pour ne pas subir une déperdition nouvelle, et de le débiter de suite pour éviter la détérioration et la corruption. Il importe donc au plus haut degré qu'il y ait une régularité constante tout à la fois dans la production et dans la consommation, et l'on comprend com-

(1) Ces chiffres et les suivants sont ceux de 1840.

bien grande est la difficulté pour arriver à cette balance exacte dans une ville telle que Paris.

Un autre point également important et difficile à atteindre dans une grande cité, c'est la sincérité et la fixité des prix. Ici, il ne s'agit de rien moins que de lutter sans cesse contre l'accaparement, le monopole et l'agiotage, d'autant plus puissamment excités, que l'étendue du marché leur permet des gains plus considérables.

Enfin, s'il est vrai que, même dans les plus petites communes, il soit indispensable d'exercer dans l'intérêt de la santé publique une surveillance sur les denrées alimentaires, combien cette surveillance n'est-elle pas plus nécessaire sur une denrée aussi commune et aussi promptement corruptible que la viande, dans une ville qui compte un million d'habitants agglomérés, où se rencontrent de nombreux foyers d'infection toujours prêts à se développer, et où les maladies qu'ils engendrent sévissent avec tant de rigueur ! Il y a ici un tel danger public, que même, dans le système le plus large de liberté du commerce, on ne voudrait pas contester à l'administration le droit d'inspection ; mais ce droit doit être si fortement constitué, afin de s'exercer avec la sévérité convenable, à la vente, à l'abattoir, à l'étal, au marché, partout, que ce n'est que dans l'organisation du commerce lui-même qu'il peut puiser la force qui lui est nécessaire.

Nécessité de l'organisation de la boucherie.

Certes, si l'on considère cette nécessité d'une incessante surveillance, celle de la modération et de la fixité des prix, celle d'une régularité pour ainsi dire mathématique dans la production et dans la consommation, l'absence et l'impossibilité de toute réserve à portée, le puissant attrait à trouver pour faire franchir à la plus grande partie du bétail des distances de cinquante, de cent, de cent cinquante lieues, et plus encore, on conviendra que c'est un problème difficile à résoudre, que celui qui consiste à assurer l'approvisionnement en viande d'un million de Parisiens.

Demandera-t-on la solution de ce problème aux maximes générales d'économie politique, telles que *laissez faire, laissez passer* ? Abandonnera-t-on cet approvisionnement aux chances de la liberté du commerce, ou , en d'autres termes, dans l'espoir de voir un jour l'équilibre s'établir de lui-même, s'exposera-t-on à des oscillations et à des crises continuelles, à passer sans cesse de l'excès de la production à la disette, du trop grand nombre au trop petit nombre des bouchers, pour aboutir, en dernière analyse et à coup sûr , au monopole des capitaux coalisés ? On le pourrait sans doute, s'il ne s'agissait pas d'un aliment de première nécessité, et d'une ville où le moindre choc a son contre-coup dans toute la France. Mais représentez-vous, par un accident possible dans la succession de ces crises, Paris privé de viande pendant seulement trois jours, ou, ce qui reviendrait au même, par un effet du monopole, Paris payant pendant quelque temps la viande un prix excessif, et dites-nous si, dans ces circonstances, la tranquillité du pays tout entier ne serait pas compromise ?

Il faut donc recourir ici à toute autre chose qu'au hasard ; il faut en appeler à l'expérience, à l'étude, au règlement.

Ce que c'est que l'organisation de la boucherie.

Comment s'y est-on pris pour réglementer dans la capitale le commerce de la boucherie ? Exposons d'une manière générale son organisation, telle qu'elle existe, sinon toujours en fait, du moins en droit.

Quatre choses se font principalement remarquer dans l'organisation du commerce de la boucherie :

1° La limitation du nombre des bouchers ;

2° L'interdiction de vendre ou d'acheter des bestiaux ailleurs que sur certains marchés ;

3° L'obligation pour les bouchers de payer par l'entremise d'une caisse municipale ;

4° L'obligation pour eux d'abattre dans des établissements municipaux.

Occupons-nous successivement de ces quatre points principaux.

Limitation du nombre des bouchers.

Le nombre des bouchers est limité (1).

On se ferait des motifs de cette limitation l'idée la plus fausse, si l'on supposait qu'elle n'a été inspirée que par l'intérêt d'une classe de commerçants ; elle l'a été par l'intérêt public, afin qu'on fût mieux en droit d'imposer à ces commerçants toutes les garanties que celui-ci réclame.

On ne se tromperait pas moins si l'on supposait que l'on a voulu constituer un monopole ; on a voulu, au contraire, établir une concurrence, mais une concurrence qui, en se limitant aux bornes de la consommation, ne produisît que des avantages et repoussât d'autant mieux le monopole.

Les ordonnances d'organisation contiennent des dispositions nombreuses qui peuvent servir de preuves à cette double vérité.

Ainsi, quiconque aspire à la profession de boucher doit justifier de sa probité, d'un apprentissage et d'une connaissance suffisante de cet état. L'autorisation d'exercer lui est accordée par le préfet de police, sur l'avis du syndicat. Elle indique le lieu où il devra s'établir (2). Elle peut lui être retirée admi-

---

(1) Ordonnance du 18 octobre 1829, art. 1er.

(2) Ordonnance du 18 octobre 1829, art. 3.—Décret du 8 février 1811, art. 33,34.
— Ordonnance royale du 12 janvier 1825, art. 3, 4.

nistrativement dans plusieurs cas prévus d'infraction aux obligations qui lui sont imposées (1). Il ne peut quitter son commerce que six mois après en avoir fait la déclaration au préfet de police, à moins qu'il n'en ait obtenu de lui la permission (2). Il doit verser un cautionnement (3). Il est soumis non-seulement à l'autorité de la préfecture de police, mais encore à celle du syndicat de son commerce, sous le rapport de la discipline intérieure (4). Il doit tenir son étal constamment approvisionné des quatre sortes de viandes de boucherie quel qu'en soit le prix (5). Il lui est défendu d'y faire aucun autre commerce que celui pour lequel il est autorisé (6), ni de faire entrer aucune partie quelconque des issues dans les pesées de viande de débit (7). Son étal enfin et le local où il est placé doivent être dans de certaines conditions de commodité et de salubrité (8).

A coup sûr, il n'y a pas une de ces obligations qui ne soit dans l'intérêt public, et cependant, en admettant le principe de la liberté du commerce, il eût été impossible de les imposer, à moins d'une inconséquence manifeste.

Quant à la concurrence, on a voulu l'obtenir par les dispositions suivantes:

Tout boucher ne peut exploiter qu'un seul étal (9). Il est tenu de l'exploiter par lui-même (10). Il lui est fait défense de revendre ni sur pieds, ni à la cheville les bestiaux achetés sur les marchés (11). Il lui est enjoint de faire directement ses acquisitions de bestiaux sur les marchés autorisés, sans pouvoir aller au-devant pour en acheter et en arrher (12). Il lui faut subir, indépendamment

---

(1) Ordonnance royale du 18 octobre 1829, art. 5, 10, 12.—Ordonnance de police du 25 mars 1830, art. 37.

(2) Arrêté du 8 vendémiaire an XI, art. 13, 14.—Ordonnance du roi du 12 janvier 1825, art. 7.

(3) Arrêté du 8 vendémiaire an XI, art. 8.—Ordonnance royale du 12 janvier 1825, art. 5.—Ordonnance royale du 18 octobre 1829, art. 3.

(4) Arrêté du 8 vendémiaire an XI, art. 18. — Ordonnance de police du 25 mars 1830, art. 14.

(5) Ordonnance du roi du 12 janvier 1825, art. 8. — Ordonnance royale du 18 octobre 1829, art. 10.—Ordonnance de police du 25 mars 1830, art. 37.

(6) Ordonnance de police du 25 mars 1830, art. 41.

(7) Ordonnance de police du 25 mars 1830, art. 259.

(8) Instruction du 15 nivôse an XI. — Ordonnance de police du 25 mars 1830, art. 33 —Décision du préfet de police du 4 avril 1834.

(9) Ordonnance royale du 12 janvier 1825, art. 4.—Ordonnance royale du 18 octobre 1829, art. 4.—Ordonnance de police du 25 mars 1830, art. 36.

(10) Ordonnance royale du 18 janvier 1825, art. 4.—Ordonnance royale du 18 octobre 1829 art. 4.

(11) Ordonnance du roi du 12 janvier 1825, art. 12.—Ordonnance royale du 18 octobre 1829, art. 14.—Ordonnance de police du 25 mars 1830, art. 38, 176, 222.

(12) Ordonnance de police du 25 mars 1830, art. 39, 190, 187, 220.

de la concurrence des bouchers de Paris, celle des bouchers forains, sur les marchés publics, pour la vente en détail (1).

Certes, si toutes ces dispositions étaient loyalement et complétement exécutées, comme il est très-facile qu'elles le soient, il en résulterait une concurrence qui, avec un nombre convenablement limité de bouchers, en laissant à chacun d'eux les moyens de vivre, permettrait aux plus intelligents et aux plus actifs de retirer plus de bénéfices de leur profession. De cette façon, encore un coup, on aurait tous les avantages de la libre concurrence, sans en avoir les inconvénients.

Marchés obligés.

Le second point qui mérite de fixer plus particulièrement l'attention dans l'organisation du commerce de la boucherie, c'est l'interdiction de vendre ou d'acheter des bestiaux, pour l'approvisionnement de Paris, ailleurs que sur les marchés à ce réservés, et qui sont ceux de Sceaux, de Poissy, de Paris et de la Chapelle (2).

Cette mesure a trois buts :

Le premier, en concentrant toute la denrée sur un point, et en plaçant tous les vendeurs en présence de tous les acheteurs, d'amener nécessairement des prix sincères, c'est-à-dire les seuls qui puissent être en même temps à l'avantage de la production et de la consommation ;

Le deuxième, de rendre possible avant la vente l'inspection des bestiaux, pour constater qu'ils peuvent être livrés à la boucherie (3), et aussi de faire en sorte que ce soient bien ces bestiaux et non pas d'autres qui seront consommés à Paris ;

Le troisième, de permettre que le commerce relatif à l'approvisionnement en viande de la capitale ait lieu avec une exactitude invariable à des jours et heures fixes, espèces de rendez-vous qu'il était indispensable d'assigner à l'avance à ces nombreux arrivages qui proviennent de si loin, et à qui chaque jour de retard occasionne une double perte, celle des frais de conduite, d'abri et de nourriture, et celle de la déperdition sur la denrée.

L'organisation de la boucherie abonde en dispositions ayant pour effet de consacrer de plus en plus ce triple résultat.

---

(1) Arrêté du 8 vendémiaire an XI, art. 19. — Ordonnance de police du 15 nivôse an XI, art. 9.— Ordonnance du roi du 12 janvier 1825, art. 15. — Ordonnance royale du 18 octobre 1829, art. 17. — Ordonnance de police du 25 mars 1830, art. 226.

(2) Arrêté du 8 vendémiaire an XI, art. 17. — Ordonnance royale du 12 janvier 1825, art. 10.—Ordonnance royale du 18 octobre 1829, art. 11.

(3) Ordonnance royale du 18 octobre 1829, art. 13. — Ordonnance de police du 25 mars 1830, art. 174, 175, 177, 188, 203, 217.

Ainsi, non-seulement aucun autre marché de bestiaux n'est autorisé, mais il ne peut être acheté ni vendu de bestiaux propres à la boucherie, dans le rayon de dix myriamètres de Paris (1). Ceux qui sont destinés aux marchés autorisés doivent y être conduits directement (2); il n'en peut être vendu ni sur les routes, ni dans les auberges, bouveries, bergeries, ni aucun autre lieu, dans aucun temps, hors des marchés, soit avant, soit après leur ouverture (3). Les bouchers sont obligés, ainsi que nous l'avons déjà dit, de faire directement et en personne leurs acquisitions sur les marchés autorisés (4). Il leur est défendu d'aller au-devant des bestiaux pour en acheter et arrher (5). Ceux qui en achèteraient au-delà du rayon de dix myriamètres, sont tenus de les amener et exposer sur les marchés de Sceaux et de Poissy (6). Il leur est interdit d'entrer dans les marchés avant les heures prescrites pour leur ouverture (7). Les conducteurs de bestiaux pour Paris sont tenus de justifier à l'octroi et à l'abattoir d'un bulletin et d'un certificat constatant l'achat desdits bestiaux sur les marchés autorisés (8) Ils ne peuvent conduire que pour Paris; ils ne peuvent y introduire les bestiaux que de jour, par des barrières désignées, et en bandes séparées pour chaque abattoir où elles sont menées directement (9).

(1) Arrêté du 30 ventôse an XI. — Ordonnance de police du 25 mars 1830, art. 185.

(2) Ordonnance de police du 25 mars 1830, art. 186.

(3) Ordonnance de police du 25 mars 1830, art. 172, 173, 187, 206, 207, 211, 213.

(4) Ordonnance de police du 25 mars 1830, art. 39, 190.

(5) Ordonnance de police du 25 mars 1830, art. 187, 220.

(6) Ordonnance de police du 25 mars 1830, art. 188.

(7) Ordonnance de police du 25 mars 1830, art. 163, 205, 212.

Voici, au reste, les jours et heures de la tenue et de l'ouverture des marchés autorisés, d'après les art. 158, 169, 170, 205 et 210 de l'ordonnance de police du 25 mars 1830, et l'art. 1er de l'ordonnance de police du 31 août 1836:

MARCHÉS.	JOURS.	HEURES des bœufs et vaches.	HEURES des veaux.	HEURES des moutons.	HEURES du renvoi des bœufs et vaches.	HEURES du renvoi des veaux.	HEURES du renvoi des moutons
Sceaux........	lundi..	9 à 2	7 8 } à 12	12 1 } à 4	2 à 3	12 à 1	3 à 4
Poissy....... .	jeudi..	9 à 2	6 7 } à 12	1 à 4	2 à 3	12 à 1	3 à 4
La Chapelle...	mardi. vend.. }	8 à 11	7 à 11				
Halle aux veaux	mardi. vend.. }	11 à 2	9 à 2 10 à 3				

(8) Ordonnance du roi du 12 janvier 1825, art. 14. — Ordonnance royale du 18 octobre 1829, art. 16.—Ordonnance de police du 25 mars 1830, art. 60-61.

(9) Ordonnance de police du 25 mars 1830, art. 195, 198, 199.

Nous n'entrerons pas dans le détail des règles qui régissent les commerces accessoires de la viande à la main, de la triperie et du suif. Nous dirons seulement que, comme celles que nous venons d'énumérer, elles ont pour but, en concentrant la marchandise sur des lieux, à des jours et à des heures déterminés, de niveler les prix, de favoriser tout à la fois le producteur et le consommateur, et de permettre à la surveillance de s'exercer dans l'intérêt de la salubrité (1).

Ces règles, dont on ne contestera pas l'utilité générale, seraient incompatibles avec la liberté absolue du commerce.

Caisse de Poissy.

Le troisième trait caractéristique par lequel se signale l'organisation de la boucherie, c'est l'obligation pour les bouchers de solder toutes leurs acquisitions de bestiaux par l'entremise d'une caisse municipale qu'on appelle la *Caisse de Poissy*.

Cette caisse est chargée de payer comptant, sans déplacements, aux herbagers et marchands forains, le prix de tous les bestiaux que les bouchers achètent sur les marchés autorisés (2).

Ses ressources consistent dans le montant des cautionnements des bouchers et dans des sommes puisées dans la caisse municipale, jusqu'à concurrence de ce qui est nécessaire pour payer comptant tous les forains (3).

Elle ouvre un crédit général égal au montant présumé des ventes les plus considérables (4). Ce crédit se divise entre les bouchers de Paris sur un état indicatif dressé d'après leur solvabilité par le syndicat, et vérifié par le préfet de police (5).

Elle paye pour le compte de chacun d'eux jusqu'à concurrence de leur crédit individuel, ou de la somme d'argent comptant qu'ils lui ont déposée en sus (6).

---

(1) Voyez notamment:

Pour la viande à la main : l'Ordonnance de police du 15 nivôse an XI, art. 3. —L'Ordonnance de police du 25 mars 1830, art. 246, 248.

Pour la triperie : Ordonnance de police du 25 mars 1830, art. 263.

Pour le suif : l'Ordonnance de police du 25 mars 1830, art. 115, 116, 281, 284. — L'Ordonnance de police du 3 décembre 1831, art. 1, 2, 11.

La vente de la viande à la main a lieu les mercredis et samedis à la halle à la viande (Prouvaires), et aux marchés Saint-Germain, des Carmes, des Patriarches et des Blancs-Manteaux ;

La vente de la triperie, à la halle des Prouvaires ;

La vente du suif, à la halle aux veaux, les mercredis, de 1 heure à 3 heures.

(2) Décret du 6 février 1811, art. 1er.

(3) Décret du 6 février 1811, art. 4.

(4) Décret du 6 février 1811, art. 19.

(5) Décret du 6 février 1811, art. 20, 21.

(6) Décret du 6 février 1811, art. 23.

Ils sont tenus de lui rembourser ses avances dans le délai qui est, selon le cas, de huit ou de trente jours (1).

Son produit se composait, dans l'origine, d'un droit à la charge des forains, de trois centimes et demi du montant de toutes les ventes (2). Plus tard, il provint d'un droit de consommation réduit à trois pour cent de la valeur des bestiaux, à payer par les bouchers (3). Aujourd'hui, il consiste en perceptions à supporter par ces mêmes bouchers par tête de bestiaux, qui sont de 10 fr. pour un bœuf, de 6 fr. pour une vache, de 2 fr. 40 cent. pour un veau, et de 70 cent. pour un mouton (4).

Le revenu de la caisse de Poissy appartenait à l'État avant la révolution de 1789 ; il est aujourd'hui la propriété de la ville (5).

Mais le plus grand bénéfice qu'elle lui rapporte, c'est d'assurer mieux qu'aucune autre mesure son approvisionnement. Grâce à cette institution, l'herbager, fût-il à cent cinquante et deux cents lieues, dirigera ses bœufs sur Paris de préférence à d'autres centres de consommation beaucoup plus rapprochés, parce qu'il n'a point de banqueroute à craindre ; parce qu'il n'a pas même besoin de connaître ses acheteurs (et comment les connaîtrait-il ?) ; parce qu'il est toujours certain de remporter de l'argent ; parce qu'il n'est pas obligé de perdre son temps pour attendre ou opérer ses recouvrements; parce que, comme le dit un édit de Louis XIV, de janvier 1707, *il est en état de pouvoir partir sur-le-champ et de continuer son commerce sans interruption*. Nous avons exposé combien étaient grandes les difficultés que rencontrait, surtout en bœufs, l'approvisionnement de Paris, placé, sous ce rapport, dans une position exceptionnelle. La caisse de Poissy les a toutes merveilleusement résolues; sans elle, il y aurait pénurie et cherté excessive de la viande de boucherie; par elle, il y en aura toujours abondance et bon marché, pourvu que des circonstances fâcheuses ne viennent pas détruire son action bienfaisante. Au reste, son utilité est si bien reconnue, que les partisans les plus prononcés de la liberté du commerce eux-mêmes ne s'opposent pas à son maintien, commettant en cela une étrange inconséquence. Quand cette liberté fut proclamée par le décret du 17 mars 1791, l'existence de la caisse de Poissy fut avec raison considérée comme incompatible avec elle, et un autre décret, celui du 13 mai même année, ne tarda pas à en prononcer la suppression.

(1) Décret du 6 février 1811, art. 24, 25.—Décret du 15 mai 1813, art. 1er.
(2) Décret du 6 février 1811, art. 10 et 11.
(3) Ordonnance du roi du 22 décembre 1819, art. 1er et 4.
(4) Ordonnance du roi du 28 mars 1821, art. 2.
(5) Décret du 6 février 1811, art. 1er, 39. — Ordonnance du roi du 22 décembre 1819, art. 6.

Abattoirs.

Il ne nous reste plus, pour expliquer l'organisation de la boucherie, qu'à signaler sa quatrième partie principale ; à savoir : l'obligation pour les bouchers de tuer leurs bestiaux et de préparer leurs viandes dans des établissements municipaux, nommés abattoirs.

Cette obligation est péremptoire et ne souffre aucune exception (1). Les bestiaux doivent, sur les marchés mêmes, former des *bandes* pour chacun des abattoirs, où ils sont conduits séparément et directement, en suivant des itinéraires obligés, sans qu'on puisse les détourner et entreposer partout ailleurs, sous quelque prétexte que ce soit (2). Les suifs et les issues et triperies qui en proviennent ne peuvent être, les uns fondus, les autres cuites et préparées que dans ces mêmes établissements (3).

Nous n'avons pas besoin de nous appesantir ni sur l'utilité des abattoirs qui garantissent aux consommateurs que les bestiaux sont sains, qu'ils ne sont pas morts d'eux-mêmes, mais qu'ils ont été tués, et que leurs chairs ont été convenablement apprêtées ; ni sur la nécessité des diverses opinions que nous venons de relater, prises dans l'intérêt de la surveillance, de la salubrité, du bon ordre et même de la sécurité publique ; ni, enfin, sur ce que ces établissements et ces mesures ont de contraires à la liberté de l'industrie.

De cet exposé de l'organisation du commerce de la boucherie, il ressort, ce nous semble, que ceux qui l'exercent sont revêtus d'un caractère mixte, et qu'ils sont tout à la fois agents publics et commerçants.

Ils sont en quelque sorte fonctionnaires par la limitation de leur nombre, par les certificats et justifications qu'ils doivent produire, par la permission d'exercer qui leur est donnée et qui peut leur être retirée administrativement, par leur cautionnement, et par toutes les obligations que nous avons énumérées et auxquelles ils sont soumis au profit de l'intérêt public.

Ils sont, d'un autre côté, commerçants, en ce qu'ils opèrent pour leur bénéfice personnel, en ce qu'il y a sous ce rapport concurrence entre eux, en ce que leur état est leur propriété, et en ce qu'ils sont astreints à payer patente comme tous autres marchands.

Nous avons essayé de démontrer la nécessité de l'organisation de la boucherie par les circonstances exceptionnelles dans lesquelles s'opère l'approvisionnement de Paris, et par l'exposé justificatif de l'ensemble des dispositions qui la constituent. Nous allons, pour compléter notre démonstration, en

---

(1) Ordonnance du roi du 12 janvier 1825, art. 13.—Ordonnance du roi du 18 octobre 1829, art. 15 —Ordonnance de police du 25 mars 1830, art. 48.

(2) Ordonnance de police du 25 mars 1830, art. 58, 199, 200.

(3) Ordonnance de police du 25 mars 1830, art. 96, 106, 132, 261, 270.

appeler aux faits, à l'expérience, et tracer rapidement l'historique de cette organisation.

Nous distinguerons entre l'époque qui a précédé 1791 et celle qui l'a suivi.

Historique de l'organisation avant 1791.

Tous les commerces étant, avant 1791, organisés en corporation, il n'est pas bien étonnant que celui de la boucherie fût dans ce cas. Mais ce qu'il y a de vraiment curieux et d'instructif, c'est de voir, par l'étude de tous les documents que nous a conservés Delamarre 1), que, dès que Paris devint une cité importante par son étendue et sa population, la nature des choses força de recourir à toutes les mesures sur lesquelles se fonde aujourd'hui l'organisation de la boucherie, de sorte qu'il est vrai de dire qu'elle se justifie par la plus longue expérience.

Nous trouvons d'abord que, pour obtenir l'autorisation de pratiquer la profession de boucher, il fallait justifier de sa moralité, d'un apprentissage et d'une connaissance suffisante de cet état. Les lieux où les boucheries, les étaux et les tueries devaient s'ouvrir étaient soigneusement désignés. Les conditions d'exploitation, et notamment d'abatage, étaient rigoureusement déterminées dans l'intérêt de la salubrité. Les étaux devaient toujours être garnis de viandes ni trop nouvelles, ni trop vieilles, provenant de bestiaux sains, convenablement abattus, et non pas morts ou étouffés. Une surveillance sévère s'exerçait à ce sujet.

Mais ce qu'il y a surtout d'extrêmement remarquable, c'est la lutte incessante que l'administration et le parlement étaient dans le cas de soutenir contre le monopole, les coalitions et l'agiotage, afin de maintenir toujours les marchés abondamment approvisionnés, et de modérer ainsi le prix de la viande. Du plus loin que remontent les règlements c'est-à-dire dès l'ordonnance du roi Jean, pour la police de Paris, du 30 janvier 1350, on voit qu'il était fait défense aux bouchers et à tous autres d'aller au-devant des bestiaux pour en acheter, ni d'en vendre ailleurs que sur les marchés affectés à l'approvisionnement de Paris. Cette prohibition est continuellement répétée dans les lettres patentes, ordonnances, édits, déclarations et arrêts. Bientôt le cercle où il était ainsi défendu d'acheter s'étendit à un rayon de sept lieues autour de la capitale, et plus tard à un rayon de vingt lieues. Il était interdit à qui que ce soit de détourner les bœufs destinés à Paris. Les heures d'ouverture des marchés étaient indiquées avec précision et étaient obligatoires. La revente sur pied ou regrat était expressément défendue. Les bouchers devaient aller en personne faire leurs acquisitions sur les marchés, et une ordonnance du

---

(1) *Traité de la Police*, t. II, liv. 5, tit. 17, 18, 19 et 20.

8 avril 1645 le commanda même *à peine de la vie*, pour mieux faire cesser le monopole qui, à cette époque, avait envahi le commerce. Non-seulement les bouchers étaient tenus d'aller ainsi en personne acheter les bestiaux dont ils avaient besoin, mais ils devaient exploiter leurs étaux par eux-mêmes ou par des gens à leur service. Cette exploitation personnelle était leur première obligation, et chaque année, à Pâques, ils la renouvelaient solennellement devant le magistrat. Ils ne pouvaient, en principe, tenir chacun qu'un étal, et par tolérance deux dans la même boucherie, ou trois dans la ville. On essaya long-temps de taxer le prix de la viande, mais on y renonça par l'impossibilité de fixer celui des bestiaux ; on se contenta, par l'établissement des mercuriales, de tendre à la modération du prix de débit (1).

Ce qui ne mérite pas moins de fixer l'attention dans l'organisation de la boucherie avant 1789, c'est l'existence très-ancienne d'une caisse de Poissy, ou du moins d'une institution analogue à cette caisse. Par les raisons que nous avons dites, du jour où Paris prit une certaine importance, la nécessité d'un semblable établissement se fit tellement sentir, qu'il commença presque aussitôt à exister. Ce furent d'abord des facteurs, commissionnaires ou courtiers, simples particuliers, qui, sous le nom de *vendeurs*, s'entremirent entre les marchands forains et les bouchers, pour vendre les bestiaux, en recevoir et en remettre le prix. Cette position leur donnait tant d'avantages qu'ils en abusèrent au grand préjudice de ceux qui les employaient, ainsi que de l'approvisionnement et de la consommation. Une ordonnance de Hugues Aubriot, prévôt de Paris, du 22 novembre 1375, les soumit à des garanties, leur imposa un cautionnement, les obligea *à faire bon* le payement des marchands dans huit jours de la vente, leur interdit d'être marchands en même temps que vendeurs, fixa leurs droits et leur imprima un caractère public. Diverses lettres patentes de Charles VI sanctionnèrent les dispositions de cette ordonnance, érigèrent ces charges en offices et en fixèrent le nombre à douze (2). Ceux qui les exercèrent s'appelèrent jurés-vendeurs. Des arrêts les obligèrent à déclarer sous serment au prévôt de Paris le prix du bétail, à tenir état de celui qui avait été amené et vendu au marché, et à exercer leur profession par eux-mêmes (3). Des lettres patentes, du 18 mars 1477, constituèrent parmi eux une bourse commune, pour atténuer le monopole qui s'était établi au profit de quelques-uns d'entre eux (4). Leur nombre fut porté à quarante

(1) Il existe une foule de lettres patentes, d'ordonnances, d'édits, de déclarations, d'arrêts, qui prescrivent toutes les dispositions que nous venons de relater. Tous ces actes sont rapportés dans le *Traité de la Police* de Delamarre, t. II, liv. 5, tit. 17, 18, 19 et 20.

(2) Lettres patentes des 31 janvier et 7 novembre 1392, et 19 décembre 1403.

(3) Arrêts des 2 avril 1465, 26 mai 1470, 18 avril 1491, 29 mars 1608.

(4) Ces lettres patentes furent confirmées par d'autres lettres patentes du 6 février 1479, par arrêt du 18 avril 1491, et par ordonnances des 4 février 1567 et 21 novembre 1577.

en 1644 (1). On les supprima en 1655 (2). Leurs fonctions furent alors usur-
pées *par quelques particuliers sans titre valable*, auxquels le public donna le
sobriquet de *grimbelins*, et qui les exercèrent en pratiquant ouvertement une
usure excessive, d'où résultèrent la ruine de nombre de bouchers et le renchérissement de la viande. Et néanmoins, malgré ces abus, il était tellement
nécessaire, dans l'intérêt de l'approvisionnement de Paris, qu'il eût lieu au
comptant, qu'un arrêt du parlement, du 18 août 1684, à la demande même
des marchands forains et des bouchers, autorisa l'entremise de ces *grimbelins*.
On ne trouva d'autre remède au mal que de rétablir, en 1690 (3), les offices
de jurés-vendeurs au nombre de soixante. Un règlement, œuvre de Colbert,
leur imposa l'obligation de former une bourse commune de 300,000 fr., afin
d'être mieux en mesure de payer comptant les marchands forains, ce qui permettrait à ceux-ci de *retourner plus promptement dans leurs provinces pour y
faire de nouveaux achats* (4). Cependant ces offices furent encore une fois
supprimés, et cela dans l'année même de leur création (5). Les *grimbelins* re-
commencèrent alors de plus belle leurs exactions, et les abus furent portés à
un tel degré, qu'il fallut de nouveau recourir à l'ancien remède. « Nous avons
« été informés, dit l'édit de janvier 1707, que plusieurs particuliers, sans
« titre ni qualité, et de leur autorité privée, se sont ingérés et continuent
« d'aller dans lesdits marchés de Sceaux et de Poissy pour y prêter de l'ar-
« gent à gros intérêts... Que ces mêmes personnes affectent aussi de ne se point
« trouver quelquefois dans lesdits marchés, pour se rendre d'autant plus né-
« cessaires aux marchands forains et aux bouchers, qu'ils vexent par des usu-
« res exorbitantes, dont l'intérêt commun des uns et des autres empêche
« de pouvoir avoir la preuve....

« Considérant d'ailleurs que les forains qui amènent la volaille, le gibier
« et les autres menues denrées sur les places de la Vallée et à la halle de
« notre bonne ville de Paris, ont trouvé de l'utilité dans l'établissement des
« offices des jurés-vendeurs de marée, volaille, gibier, poisson de mer et
« d'eau douce, parce que, étant payés dans l'instant de la vente par des ti-
« tulaires ou fermiers, ils sont en état de pouvoir partir sur-le-champ et de
« continuer leur commerce sans interruption ;

« Nous avons cru devoir établir de semblables offices dans lesdits marchés
« de Poissy et de Sceaux, et pourvoir en même temps à ce que, les jours de
« marchés, il y ait un fonds suffisant pour payer à tous les forains, en argent
« comptant et dans l'instant de la vente, le prix des bœufs, vaches, veaux,

---

(1) Édit de mars 1644.
(2) Édit de septembre 1655.
(3) Édit de janvier 1690.
(4) Règlement du 1er février 1690.
(5) Déclaration du 11 mars 1690.

23

« moutons, brebis, chèvres, chevreaux, porcs et autres bestiaux qu'ils y amè-
« neront et vendront.... »

Cet édit créait en conséquence une bourse des marchés de Poissy et de
Sceaux, et cent offices de trésoriers-conseillers ; « lesquels seront tenus d'a-
« voir un bureau ouvert tous les jours de marché, pour payer et avancer aux
« marchands forains, dans l'instant de la vente, le prix des bestiaux. » Les
bouchers devaient leur rembourser leurs avances dans les huit jours du payement. Du reste, les anciennes obligations des jurés-vendeurs étaient en général
imposées par cet édit aux conseillers-trésoriers.

Cette organisation, tant qu'elle dura, produisit, au dire de l'arrêt rendu par
le roi en son conseil d'Etat, le 10 novembre 1733, « une très-grande abon-
« dance de bestiaux dans lesdits marchés, et par conséquent une diminution
« considérable dans le prix de la viande. » Mais malheureusement les trésoriers ne tardèrent pas à mal gérer, et il fallut apporter des modifications à
l'institution (1). La caisse néanmoins continua de subsister avec avantage, et
elle fut affermée jusqu'en 1776. A cette époque, elle fut de nouveau abolie (2);
mais, trois ans après (3), il fallut la rétablir, et toujours par les mêmes raisons qui rendaient son existence nécessaire. Sa direction fut confiée à des
administrateurs. Elle payait comptant aux marchands forains, pour le compte
des bouchers, jusqu'à concurrence d'un crédit fixé par le lieutenant général
de police. Les bouchers avaient quatre semaines pour s'acquitter envers elle.
Elle exista ainsi jusqu'au 13 mai 1791, où elle fut supprimée par un décret
de l'assemblée nationale, par suite de l'abolition des maitrises et jurandes, déjà
décrétée depuis le 17 mars 1791.

Telle était, avant la révolution française, l'organisation du commerce de la
boucherie à Paris. Lorsque ces mesures sages et prudentes que nous venons
de relater étaient fidèlement exécutées, l'abondance régnait sur les marchés,
et la viande s'y vendait à un prix modéré. Dès le quinzième siècle, si l'on s'en
rapporte à Delamarre qui s'autorise des mémoires du temps, à chaque jour
de marché qui se tenait à Paris deux fois par semaine, le mercredi et le samedi, *il s'y trouvait jusqu'à deux ou trois mille moutons, et mille à douze cents
bœufs* (4). Mais quand, par désir d'innover, par l'effet de la rigueur des circonstances ou autrement, on abandonnait ces mesures commandées par la force
des choses et sanctionnées par l'expérience, on ne tardait pas à s'en ressentir
d'une manière fâcheuse. Nous avons eu occasion d'en citer déjà plus d'une
preuve ; les troubles de la Ligue en sont un nouveau témoignage. Pendant
neuf à dix ans que la ville de Paris y fut en proie, toute obéissance aux lois

(1) Arrêts des 10 novembre 1733, 21 septembre 1743, 11 février 1744 et
16 mars 1755.
(2) Édit de février 1776.
(3) Édit du 18 mars 1779.
(4) *Traité de la Police*, t. II, p. 593.

y ayant cessé, tout ordre et toute police s'en étant exilés, il devint très-difficile de l'approvisionner, et elle fut souvent menacée de disette et de famine (1).

Historique de l'organisation depuis 1791.

L'expérience des temps qui ont suivi la révolution française et des actes
qui ont régi la boucherie depuis cette époque, compléterait, au besoin, la
preuve de la nécessité de l'organisation de ce commerce.

Sans doute, ce fut pour la France un grand bienfait que l'affranchissement
de l'industrie et du commerce, décrété par la loi du 17 mars 1791 ; mais on
eut tort d'en appliquer d'abord le principe d'une manière absolue au commerce
de la boucherie.

On pouvait d'autant mieux s'abstenir d'abandonner tout à coup celui-ci aux
chances d'une liberté illimitée, que la loi même qui abolit les maîtrises et jurandes avait dit, art. 7 : «On sera tenu de se conformer aux règlements de police
« qui sont ou qui pourront être faits. » Et qu'une autre loi, celle du 19 juillet 1791, avait compris (art. 13 et 30), que les professions qui avaient pour
objet les comestibles, et surtout le pain et la viande de boucherie, comportaient
de leur nature quelques mesures exceptionnelles.

Quoi qu'il en soit, à peine le principe de la liberté illimitée fut-il en vigueur dans le commerce de la boucherie, que « d'affreux désordres s'ensui-
« virent, dit le rapport au roi du ministre de l'intérieur, qui précède l'or-
« donnance du 18 octobre 1829 ; des viandes gâtées furent mises en vente
« dans les rues, dans les places, jusque dans les allées et sous les portes des
« maisons; de là un spectacle dégoûtant et une énorme déperdition de ma-
« tière. » Bientôt, aurait pu ajouter le rapport, la matière elle-même manqua.
Trois ans après le décret qui affranchissait le commerce de la boucherie, il
fallut rationner en viande l'habitant de Paris. Il en recevait une demi-livre
deux fois par décade, sur des cartes des comités civils. Cela se passait en présence de mille à onze cents bouchers. La production indigène devint insuffisante et parut s'épuiser; il fallut, pour y suppléer, permettre et encourager
l'introduction des bestiaux étrangers.

Au bout de quelques années de cet état anormal, on profita de la leçon de
l'expérience.

Un règlement du bureau central, du 24 floréal an IV, prescrivit quelques
mesures propres à faire cesser, disait-il, *les désordres qui s'étaient introduits
dans le commerce de la boucherie, et qui finiraient par en opérer la ruine.*

Un arrêté du 3 thermidor an V stipula dans l'intérêt de la salubrité publique, en se fondant sur ce que « des particuliers qui n'avaient aucune con-

---

(1) Delamarre, *Traité de la Police*, t. II, p. 529.

« naissance de la boucherie exposaient journellement en vente des viandes in-
« salubres qui compromettaient la santé des citoyens, et que la déperdition
« des viandes exposées en vente pouvait être évaluée à un quart. »

Une ordonnance de police du 9 germinal an VIII ne permit l'exercice du
commerce de la boucherie qu'à la condition d'être commissionné par le préfet
de police, et seulement dans les établissements propres à cet usage et spécialement autorisés par ce magistrat.

« Considérant, dit cette ordonnance, qu'au mépris des règlements, il s'est
« établi sur divers points de cette commune des détaillants de viande de toute
« espèce ; qu'il arrive journellement qu'on en colporte dans les rues ; que la
« plupart du temps cette viande provient d'animaux morts naturellement, ou
« n'ayant pas l'âge requis pour entrer dans la consommation, ou de vaches
« et de brebis pleines ou propres à la propagation, ou de porcs ladres ; que
« les détaillants de viande, étant ainsi disséminés, trouvent plus de facilité
« pour se soustraire à l'action de la police, et qu'il en résulte que, sous le pré-
« texte du bas prix, le public est souvent trompé et sur la qualité et sur le
« poids des viandes... »

La même ordonnance, dans la suite de ses considérants, insiste sur la dépo-
pulation des différentes espèces de bestiaux, sur les désordres funestes qui se
sont introduits dans leur abatage, sur les pertes qui résultent de la putréfaction, sur les plaintes universelles que soulève un pareil état de choses, et
conclut à ce que la vente de la viande soit soumise à une surveillance active et
rigoureuse.

Arrêté du 8 vendémiaire an XI.

Un arrêté du gouvernement consulaire, du 8 vendémiaire an XI, pris à
une époque où tout se reconstituait en France, posant franchement les bases
de la réorganisation de la boucherie, institua un syndicat (1) ; voulut que nul
à l'avenir ne pût exercer cette profession, ou la quitter, sans en avoir obtenu
la permission du préfet de police (2) ; imposa des cautionnements aux bouchers (3) ; créa une caisse à l'aide des fonds provenant de ces cautionnements,
pour procurer des secours à ceux qui éprouveraient des accidents dans leur
commerce (4) ; défendit la vente des bestiaux, pour l'approvisionnement de
Paris, ailleurs que dans les marchés autorisés (5) ; prescrivit que tout étal fût
constamment garni de viande (6) ; autorisa le commerce de la viande, deux

(1) Art. 1, 2, 3, 6.
(2) Art. 4, 13, 14.
(3) Art. 5, 16.
(4) Art. 7, 9, 10, 11, 12, 15.
(5) Art. 17.
(6) Art. 18.

jours par semaine, sur les marchés publics, sous la surveillance de la police (1),
et chargea le syndicat de rédiger un projet de statuts et de règlements pour le
régime et la discipline intérieure de la boucherie (2).

Un grand pas venait d'être franchi par l'arrêté du 8 vendémiaire an xi ;
mais il restait encore à prendre deux mesures essentiellement constitutives de
l'organisation de la boucherie ; l'établissement de la caisse de Poissy, et la limitation du nombre des bouchers qui s'élevait alors à cinq cents.

Dès 1808, une simple ordonnance de police, du 13 juin, déclara qu'aucune
permission d'exercer la profession de boucher ne serait accordée qu'à la charge
de racheter deux étaux et d'en supprimer un.

Décret du 6 février 1811.

Nous ne nous arrêterons pas à quelques autres ordonnances de police (3)
qui continuèrent l'œuvre de la réorganisation, et nous arrivons en toute
hâte au décret impérial du 6 février 1811, qui y mit en quelque sorte la dernière main par l'adoption de ces deux dispositions essentielles dont nous
venons de parler. D'une part, la caisse de Poissy fut créée d'un seul jet, et depuis
ce temps elle n'a pas cessé de fonctionner avec avantage ; d'une autre part, le
nombre des bouchers fut réduit à trois cents, proportion qui parut alors dans
un juste rapport avec la population, les réductions d'étaux devant successivement s'opérer par voie de rachat, au moyen de l'intérêt des cautionnements (4).

Dès ce jour, on peut dire que le commerce de la boucherie rentra dans
son état normal. Non-seulement la souffrance qu'il éprouvait fit place à une
situation prospère ; mais, ce qui est plus important, le nombre des bestiaux
conduits aux marchés alla toujours en s'augmentant ; un progrès constant se
fit remarquer dans la qualité ; le prix de la viande tendit à se modérer ; les
abattoirs se construisirent ; il y eut partout surveillance, ordre, salubrité ; et,
sous l'heureuse influence de cet état de choses, on put traverser sans embarras
l'époque si difficile des deux invasions.

En 1822, une ordonnance du roi, du 9 octobre, suspendit le rachat des
étaux, qui était déjà tombé à trois cent soixante-dix, et en fixa le nombre à ce
chiffre. La population s'était accrue, et la consommation augmentée. Cette
mesure était fondée en raison et fut acceptée (5).

---

(1) Art. 19.
(2) Art. 20.
(3) Ordonnances de police des 15 nivôse an xi, 25 brumaire an xii et 15 juillet
1808 ; arrêté du préfet de police du 18 juin 1808, concernant la vente de la viande
à la halle.
(4) Art. 33, 34.
(5) Art. 1er.

Mais en quoi cette même ordonnance eut tort, ce fut de remettre tout en question quand tout allait bien, en statuant que sous trois mois seraient proposées *les mesures définitives que pouvaient exiger les besoins de la consommation de Paris, relativement au régime de la boucherie* (1).

Ordonnance du 12 janvier 1825.

Cependant, toutes choses restèrent en l'état jusqu'à l'apparition de l'ordonnance du 12 janvier 1825, signée Corbière.

Cette ordonnance statuait qu'à dater du 1er janvier 1828 le nombre des étaux cesserait d'être limité, et que jusque-là il pourrait être augmenté de cent par an. C'était, avec une transition, la libertée illimitée (2).

En même temps qu'on la décrétait, on maintenait avec sévérité, on étendait même les obligations imposées aux bouchers, lesquelles, avec la limitation de leur nombre, pouvaient sembler justes ; mais qui, avec l'illimitation, étaient des charges sans compensation.

Ainsi, on aggravait la condition des bouchers en supprimant le syndicat (3), en réduisant l'exploitation de chacun à celle d'un seul étal, et en l'astreignant à l'exploiter par lui-même (4), en augmentant le cautionnement et en le portant à 3,000 fr. pour tous (5), en soumettant les bestiaux à une inspection avant la vente (6), en défendant la revente sur pied (7), et en interdisant l'abatage partout ailleurs qu'aux abattoirs, achevés depuis quelques années (8).

Toutes ces mesures, nous le répétons, justifiées par l'intérêt public, auraient été équitables, même envers les bouchers, sous le régime de l'organisation, et étaient au moins bien dures, sous celui de l'affranchissement de leur commerce.

Mais ce qui était surtout inique, c'est qu'en rendant illimité le nombre des étaux, on ne stipulait aucune indemnité, ni pour le corps de la boucherie, dont les fonds avaient servi à des rachats d'étaux, ni même pour les bouchers qui, par l'effet de l'ordonnance de police du 13 juin 1808, avaient été contraints, avant d'obtenir la permission d'exercer, de racheter deux étaux et d'en supprimer un.

Par suite de cette ordonnance, les étaux perdirent presque toute leur valeur ;

---

(1) Art. 2.
(2) Art. 2.
(3) Art. 1er et 9.
(4) Art. 4.
(5) Art. 5.
(6) Art. 11.
(7) Art. 12.
(8) Art. 13.

le crédit des bouchers fut annulé, et cent d'entre eux tombèrent en faillite, cependant que leur nombre s'éleva de trois cent soixante-dix à cinq cent quatorze.

Mais ce n'est pas tout : cette ordonnance, qui avait été rendue à la sollicitation pressante des herbagers, dans l'intention, dit son considérant, « d'encourager la production et l'engrais des bestiaux dans les pays de culture, et « en même temps de ramener à un taux modéré le prix de la viande dans la « bonne ville de Paris ; » cette ordonnance, disons-nous, produisit des effets diamétralement opposés à ceux qu'on en avait espérés. La viande augmenta de prix et perdit de sa qualité ; le monopole de quelques bouchers remplaça la concurrence de tous ; l'affluence des bestiaux tendit à décroître sur les marchés ; il en fut moins vendu pour Paris ; leur degré d'engraissement ne fut plus le même ; l'agriculture pâtit ; si bien que ces mêmes herbagers, qui avaient été les premiers à solliciter l'ordonnance du 12 janvier 1825, furent, moins d'une année après, les plus ardents à en provoquer la révocation.

« En résumé, dit le rapport au roi que nous avons déjà cité, de quelque « manière que l'on considère le système actuel, on est forcé de reconnaître « qu'il a trompé toutes les espérances de l'administration ; qu'il a jeté une « funeste perturbation dans le commerce de la boucherie de Paris ; qu'il y a « créé une sorte de monopole, au lieu d'y introduire une plus grande con- « currence ; qu'il a nui à l'engrais, porté préjudice aux herbagers, et suscité « leurs plaintes en même temps que celles des bouchers ; qu'il a dénaturé « l'approvisionnement de la capitale, enlevé à la classe aisée la faculté de se « procurer la même viande qu'autrefois, et réduit la classe pauvre à payer « plus cher une nourriture moins saine..... Il est nécessaire aujourd'hui de « rétablir, dans le commerce de la boucherie, le calme et la confiance, l'ordre « et la bonne foi, le crédit et la faculté de faire un bon service. Convaincu « par le témoignage des faits, comme par le témoignage unanime des hommes « les plus éclairés en pareille matière, que le mal est réel et sérieux, j'ai dû « naturellement en chercher le remède dans le retour vers l'ordre de choses « sous l'influence duquel tout avait prospéré. En conséquence, ajoute le « ministre, d'après les doléances souvent reproduites par le commerce de la « boucherie ; d'après la demande présentée par les herbagers eux-mêmes, « qui supplient Votre Majesté de réduire à quatre cents le nombre des bou- « chers de Paris ; d'après les instantes représentations qui m'ont été adressées « par les directeurs et surveillants de cette branche du service public, et con- « formément aux avis simultanés des magistrats placés à la tête de l'adminis- « tration municipale, j'ai l'honneur de soumettre à la sanction de Votre « Majesté le projet d'ordonnance ci-joint. »

Ordonnance du 18 octobre 1829.

Tel était le préambule de l'ordonnance du 18 octobre 1829, qui réorganisa le commerce de la boucherie, limita à quatre cents le nombre des bouchers de

Paris (1), les étaux devant être rachetés successivement, au moyen de l'intérêt des cautionnements (2) ; rétablit le syndicat (3) ; le chargea de présenter un projet de statuts et règlements pour le régime et la discipline intérieure de sa profession (4) ; laissa subsister ou remit en vigueur toutes celles des dispositions antérieures qui étaient conformes à l'intérêt public ; y ajouta l'interdiction de revendre à la cheville (5), et donna une nouvelle sanction au décret du 6 février 1811, relatif à la caisse de Poissy, que d'ailleurs avait respectée même l'ordonnance désorganisatrice du 12 janvier 1825 (6).

Le 25 mars 1830 fut promulguée l'ordonnance de police, concernant le régime et la discipline intérieure du commerce de la boucherie de Paris.

Les choses étant ainsi encore une fois revenues à leur état normal, tout se disposait pour un meilleur avenir, et déjà le nombre des étaux était réduit de cinq cent quatorze à cinq cent un, quand, neuf mois après cette réorganisation de la boucherie, éclata la révolution de juillet.

Dès ce moment, du fait de la préfecture de police, l'ordonnance du 18 octobre 1829 demeura inexécutée. Elle prétend pour sa justification qu'après cette révolution, dans l'esprit de la nouvelle Charte, les idées de liberté commerciale et industrielle étant toutes puissantes, elle fut forcée de suspendre l'exécution de cette ordonnance. Depuis, l'organisation du commerce de la boucherie fut encore remise en question par la formation d'une commission ministérielle chargée de l'examiner, et elle est restée jusqu'ici sans solution par suite des fréquents changements de ministres.

Nous consentirons bien volontiers à absoudre l'administration de la préfecture de police sur ses intentions ; elle a cru bien faire, mais il nous est impossible d'admettre qu'elle a bien fait.

L'ordonnance du 18 octobre 1829 n'avait pas été révoquée par une autre ordonnance ; en droit, elle subsistait dans toute sa plénitude.

Il y a plus ; l'arrêté du gouvernement consulaire du 8 vendémiaire an XI, et le décret impérial du 6 février 1811, dont cette ordonnance remettait les dispositions en vigueur, pouvant être considérés comme ayant force de loi, aux termes de la jurisprudence de la cour de cassation, admise par tous les pouvoirs de l'État, c'était une question de savoir s'ils avaient pu être valablement annulés par l'ordonnance du 12 janvier 1825.

Rien, dans la constitution de 1830, n'a trait directement ni indirectement à la question qui nous occupe.

Rien, dans les circonstances qui ont suivi la révolution, de juillet en les

---

(1) Art. 1er.
(2) Art. 2, 6.
(3) Art. 7.
(4) Art. 8.
(5) Art. 14.
(6) Art. 18.

supposant telles que les rapporte la préfecture de police, et sous ce rapport, il y a au moins exagération ; rien, disons-nous, dans ces circonstances, n'a été assez impérieux pour motiver la suspension, et surtout la suspension prolongée jusqu'à ce jour, d'une ordonnance en vigueur (1).

L'organisation légale de la boucherie, telle qu'elle a été instituée par l'arrêté du gouvernement du 8 vendémiaire an XI, le décret impérial du 6 février 1811, et l'ordonnance du roi du 18 octobre 1829, subsiste donc dans toute sa force.

Quand nous parlons d'infractions à la légalité, nous ne nous attachons ici qu'à celles de deux dispositions principales de l'organisation de la boucherie, à savoir : la réduction du nombre des bouchers, et l'interdiction du commerce en gros, infractions incontestables et incontestées ; nous ne nous arrêtons pas, au moins quant à présent, à de nombreuses infractions de détail que le syndicat reproche à la préfecture de police, et qui sont l'objet de débats entre elle et lui.

Non-seulement il y a eu atteinte à la légalité, et cette faute est grave de la part d'une administration chargée elle-même de faire respecter une légalité presque toujours rigoureuse, mais il y a eu une inconséquence dans cette irrégularité même.

Ainsi, légalement parlant, il n'y avait pas de milieu entre l'ordonnance du 12 janvier 1825, et celle du 18 octobre 1829 ; entre l'illimitation et la réduction du nombre des bouchers ; entre le principe de la liberté, et celui de l'organisation. Et cependant la préfecture de police, depuis onze ans, a cessé d'exécuter l'ordonnance du 18 octobre 1829, et n'est pas pour cela revenue à celle du 12 janvier 1825 ; elle n'a plus permis le rachat des étaux, et néanmoins elle n'a pas voulu que leur nombre s'augmentât, le fixant ainsi, de sa seule autorité, à 501, chiffre auquel il était descendu avant la révolution de juillet ; enfin, elle a aboli, autant qu'il était en elle, le principe de l'organisation, dans la pensée de faire prévaloir celui de la liberté, mais n'osant pourtant ni le proclamer ni l'appliquer.

Nous dirons toute notre pensée : nous ne pouvons voir dans tout cela que le

---

(1) Il y eut bien, immédiatement après la révolution de juillet, des désordres sur quelques marchés d'approvisionnement, et notamment sur celui de Poissy ; mais ils cessèrent presque aussitôt. A Poissy, tout rentra dans l'ordre d'un marché à l'autre, et la perception des droits ne fut pas même un seul instant interrompue. Il est vrai que M. Girod de l'Ain, alors préfet de police, rendit, le 17 août 1830, une ordonnance pour annoncer la formation d'une commission qui aviserait aux changements et améliorations à apporter aux ordonnances et règlements concernant les différents commerces d'approvisionnement, laquelle commission entendrait toutes les parties intéressées. Cette mesure était très-sage en ce qu'elle fit gagner du temps, et permit aux esprits de se calmer et de revenir à des idées plus justes. Elle fut prise pour assurer, et non pas pour enfreindre, ni même suspendre l'exécution des ordonnances et règlements relatifs aux approvisionnements.

— 362 —

résultat d'un système personnel, qui s'est perpétué dans la préfecture de police sous les divers magistrats qui l'ont occupée depuis onze ans, système sincère sans doute, mais qui, voulant se produire à tout prix, n'a pas reculé, même devant l'arbitraire.

Si du moins les faits avaient absous ce système illégal de liberté illimitée ! mais, loin de là, les bestiaux vendus pour Paris, moins nombreux, la viande plus coûteuse, sa qualité moins bonne, sa consommation moins forte et surtout pour les classes industrielles, la boucherie souffrante, des plaintes générales, des débats sans cesse renaissants, tous ces maux dont nous avons tracé le triste et véridique tableau au commencement de ce rapport; voilà les fruits que l'on a recueillis pour avoir enfreint la légalité, méconnu la nature des choses, et mis en oubli les leçons de l'expérience !

Deux périodes dans l'organisation de la boucherie, depuis 1811.

Nous avons produit à l'appui de ces assertions bien des preuves puisées dans l'étude des faits, dans des documents authentiques, dans les travaux d'hommes compétents, dans les archives de l'histoire. Précisons quelques faits officiellement constatés, pour montrer d'une manière plus spéciale l'influence bonne ou mauvaise de l'organisation ou de la désorganisation de la boucherie sur l'approvisionnement et la consommation.

Nous avons prétendu que, par le décret impérial du 6 février 1811, le commerce de la boucherie était entré dans son état normal, et que, par l'ordonnance royale du 12 janvier 1825, il en était sorti.

S'il en est ainsi, toutes choses ont dû aller, de 1812 à 1824, en s'améliorant; et de 1825 à 1840, en s'empirant.

Première période, Normale.

Maintenant, comparons les faits de ces deux périodes (1).

PREMIÈRE PÉRIODE DE 1812 A 1824.

Nombre des bestiaux achetés pour Paris.

ANNÉES.	POPULATION.	BOEUFS.	VACHES.	VEAUX.	MOUTONS.
1812............	630,000	72,537	4,021	70,892	332,956
1824............	740,000	79,671	10,777	76,872	384,076
Augmentation...	110,000	7,134	6,756	5,980	51,120
Diminution.....	»	»	»	»	»

(1) Tous les tableaux suivants, excepté celui des poids moyens, ont été composés à

Poids moyen de ces bestiaux en viande.

ANNÉES.	POPULATION.	BOEUFS.	VACHES.	VEAUX.	MOUTONS.
		kil.	kil.	kil.	kil.
1812..........	650,000	510	220	50	19
1824..........	740,000	540	240	65	24
Augmentation...	110,000	50	20	15	5
Diminution.....	»	»	»	»	»

Prix moyens de ces bestiaux sur pied.

ANNÉES.	POPULATION.	BOEUFS.	VACHES.	VEAUX.	MOUTONS.
		fr. c.	fr. c.	fr. c.	fr. c.
1812..........	650,000	535 54	201 61	72 78	21 74
1824..........	740,000	293 62	189 45	78 88	21 65
Augmentation...	110,000	» »	» »	6 10	» »
Diminution.....	»	41 92	12 16	» »	» 09

l'aide de documents statistiques officiels. Ceux des poids moyens sont le résultat de documents dus au syndicat de la boucherie. Nous avons dit précédemment pourquoi ils étaient généralement trop peu élevés ; mais les relations proportionnelles entre ces chiffres sont les mêmes, de sorte que la conséquence à en déduire subsiste.

Prix moyen du demi-kilogramme de viande sur pied.

ANNÉES.	BOEUFS				VACHES			
	1re qualité	2e qualité	3e qualité	PRIX moyen	1re qualité	2e qualité	3e qualité	PRIX moyen
	c.	c.	c.	c.	c.	c.	c.	c.
1812.......	57 5/10	52 5/10	47 5/10	52 5/10	49 3/10	44 3/10	39 »	44 2/10
1824.......	50 3/10	42 9/10	33 6/10	42 9/10	43 »	33 3/10	27 5/10	35 3/10
Augmentatn.	» »	» »	» »	» »	» »	» »	» »	» »
Diminution.	07 2/10	09 6/10	11 9/10	09 6/10	06 3/10	09 »	11 5/10	08 9/10
	VEAUX.				MOUTONS.			
1812.......	72 5/10	67 5/10	62 5/10	67 5/10	57 »	52 »	46 5/10	51 8/10
1824.......	68 7/10	57 5/10	47 3/10	57 5/10	35 9/10	46 7/10	37 9/10	46 8/10
Augmentatn.	» »	» »	» »	» »	» »	» »	» »	» »
Diminution.	04 8/10	10 »	15 2/10	10 »	01 1/10	05 3/10	08 6/10	05 »

Ainsi, dans la période d'organisation, nous voyons s'augmenter le nombre de tous les bestiaux abattus à Paris ; s'accroître leur poids moyen ; diminuer leur prix sur pied, excepté pour les veaux ; et baisser les prix de toutes les qualités de viande, et surtout celui de la troisième qualité, plus spécialement destinée aux classes les moins fortunées de la société. Assurément il y avait là une amélioration générale, d'autant plus durable, qu'elle s'était produite dans un espace de treize années, par une progression soutenue (1).

---

(1) Nous avons donné en note, page 9, le tableau des prix de la viande fournie aux hôpitaux et hospices de Paris. Ce tableau nous donne un résultat semblable à ceux que nous venons de constater, à savoir :

1812...............	86 c. 210 le kilogramme.
1824	68 341
Diminution.....	17 869

Deuxième période, Anormale.

DEUXIÈME PÉRIODE DE 1825 A 1840.

Nombre des bestiaux achetés pour Paris.

ANNÉES.	POPULATION.	BOEUFS.	VACHES.	VEAUX.	MOUTONS.
1825............	740,000	82,948	12,762	79,482	424,361
1840............	1,000,000	72,497	21,021	72,928	440,663
Augmentation.....	260,000	»	8,259	»	16,302
Diminution.......	»	10,451	»	6,554	»

Poids moyens de ces bestiaux en viande.

ANNÉES.	POPULATION.	BOEUFS.	VACHES.	VEAUX.	MOUTONS.
		kil.	kil.	kil.	kil.
1825............	740,000	537 ½	230	60	22 ½
1840............	1,000,000	512	225	62 ½	22
Augmentation.....	260,000	»	»	02 ½	»
Diminution.......	»	25 ½	05	»	» ½

Prix moyens de ces bestiaux sur pied.

ANNÉES.	POPULATION.	BOEUFS.	VACHES.	VEAUX.	MOUTONS.
		fr. c.	fr. c.	fr. c.	fr. c.
1825............	740,000	309 41	192 01	80 30	21 21
1840............	1,000,000	380 »	204 16	99 60	25 18
Augmentation.....	260,000	70 59	12 15	19 30	5 97
Diminution.......	»	» »	» »	» »	» »

Prix moyen du demi-kilogramme de viande sur pied.

ANNÉES.	BOEUFS.				VACHES.			
	1re qualité	2e qualité	3e qualité	PRIX moyen	1re qualité	2e qualité	3e qualité	PRIX moyen
	c.	c.	c.	c.	c.	c.	c.	c.
1825......	51 8/10	45 »	38 2/10	45 »	45 5/10	37 5/10	28 9/10	37 3/10
1840......	61 7/10	55 6/10	46 4/10	54 6/10	57 8/10	49 8/10	40 8/10	49 5/10
Augmentatⁿ.	09 9/10	10 6/10	08 2/10	09 6/10	12 3/10	12 3/10	11 9/10	12 2/10
Diminution.	» »	» »	» »	» »	» »	» »	» »	» »
	VEAUX.				MOUTONS.			
1825......	67 5/10	56 5/10	45 4/10	56 5/10	53 4/10	45 4/10	37 5/10	45 4/10
1840......	82 8/10	73 »	63 3/10	63 »	67 4/10	57 8/10	48 5/10	57 9/10
Augmentatⁿ.	15 5/10	16 5/10	17 9/10	16 5/10	14 »	12 4/10	11 »	22 5/10
Diminution.	» »	» »	» »	» »	» »	» »	» »	» »

Il résulte de ces tableaux que, dans la période de désorganisation, tout ou à peu près tout a été en s'empirant par une progression continue, ainsi que tout avait été en s'améliorant dans la période normale. Nous voyons, avec une situation vicieuse, diminuer le nombre des bœufs et des veaux consommés; et si celui des vaches et des moutons s'augmente, c'est dans une progression presque insensible, comparativement à l'accroissement de la population. Nous voyons baisser aussi le poids moyen de tous les bestiaux, excepté celui des veaux, en même temps que s'élèvent les prix moyens sur pied et ceux des trois qualités de viande (1).

Il nous semble que la démonstration est complète.

Ainsi, se trouve tranchée par une triple expérience, depuis cinquante ans, en

---

(1) Le prix de la viande fournie aux hôpitaux et hospices s'est aussi augmenté dans le même temps :

1825................	72 c.	960 le kilogramme.
1841................	1,03	433
Augmentation...	30	473	(Voir p. 9, note 2.)

1791, en 1825 et en 1830, la question de la liberté du commerce de la boucherie; elle avait été déjà résolue, avant 1789, par une expérience constatée de plus de quatre siècles.

Réorganisation.

Éclairée sans doute par ces faits, l'administration supérieure paraît être convaincue aujourd'hui de la nécessité de réorganiser ce commerce. Elle a élaboré dans le sein d'une commission un projet d'ordonnance, dans lequel elle est revenue à presque tous les principes constitutifs de l'ancienne organisation; et c'est sur ce projet d'ordonnance que le conseil municipal est appelé à donner son avis. Au mémoire de M. le préfet de la Seine étaient annexés des documents essentiels: un rapport de M. le directeur du commerce intérieur et des manufactures, dans lequel sont résumés les travaux de la commission ministérielle; un rapport à la chambre du commerce de Paris, et des observations de M. le préfet de police, de M. le directeur de la caisse de Poissy et du syndicat de la boucherie. Non contente de s'éclairer de ces documents, votre commission a voulu puiser directement à toutes les sources; elle a conféré avec les différents chefs de service des deux préfectures; elle a entendu les divers intéressés; elle s'est enquis des faits anciens et des faits actuels; elle en a constaté plus d'un par elle-même; et c'est, munie de toutes ces notions, qu'après avoir consacré de nombreuses séances à les apprécier et à les coordonner, elle s'est fait et a formulé sur le projet d'ordonnance une opinion dont nous allons rendre compte en suivant la série des articles.

ART. 1er.	ART. 1er.
Texte du projet.	*Texte de la commission.*
« Nul ne peut exercer la profes- « sion de boucher dans la ville de « Paris, s'il n'y est autorisé par une « permission spéciale *à lui* délivrée « par le préfet de police. »	« Nul ne peut exercer la profes- « sion de boucher dans la ville de « Paris, s'il n'y est autorisé par une « permission spéciale *qui lui sera* « *délivrée par le préfet de police,* « *sur l'avis du syndicat; sur la pro-* « *duction d'un certificat du maire* « *de son domicile, constatant qu'il* « *est de bonne vie et mœurs, qu'il* « *a fait un apprentissage, et qu'il* « *connaît suffisamment la pratique* « *de son état; et après qu'il aura* « *justifié du payement de son cau-* « *tionnement, ainsi qu'il est dit à* « *l'article 7 ci-après.* « *Ladite permission énoncera le* « *quartier, la rue ou la place où le* « *boucher devra s'établir.* »

La commission est d'avis que M. le préfet de police est *dans l'obligation* de délivrer la permission d'exercer la profession de boucher, quand l'impétrant a satisfait à toutes les conditions imposées pour l'obtenir; c'est ce qu'elle a voulu exprimer par sa rédaction.

Elle a cru devoir définir ces conditions, et elle les a empruntées à l'art. 3 de l'ordonnance du 18 octobre 1829, qui lui-même les avait pris aux art. 3 et 4 de l'ordonnance du 12 janvier 1825. C'est d'ailleurs la continuation de ce qui s'est pratiqué jusqu'ici.

Seulement, au lieu d'une simple soumission de payer le cautionnement, la commission pense qu'il faut en exiger le payement préalable. La raison en sera donnée dans les motifs de l'article 7 ci-après.

ART. 2.	ART. 2.
Texte du projet.	*Texte de la commission.*
« Nul boucher ne sera autorisé à « tenir deux ou plusieurs étaux. « Chacun sera tenu d'exploiter son « étal par lui-même. »	« Nul boucher ne sera autorisé à « tenir deux ou plusieurs étaux. « Chacun sera tenu d'exploiter son « étal par lui-même. *« En cas de contravention aux « dispositions ci-dessus, l'étal indû- « ment exploité sera fermé sans « aucun dédommagement. »*

Nous avons vu que la possession de plusieurs étaux, ce qui implique néces-sairement l'exploitation par autrui, était un des moyens par lesquels le monopole avait cherché de tout temps à envahir le commerce de la boucherie. C'est un des plus dangereux abus qui puissent se produire; car on conçoit qu'armé de la puissance des capitaux, un riche boucher, écrasant de proche en proche tous ses confrères, finirait, au moyen de personnes interposées, par s'emparer des étaux de tout un quartier, et par y faire la loi aux consommateurs. Aussi, de tout temps a-t-on cherché à porter remède à cet abus. L'article du projet est copié de l'art. 4 des ordonnances des 12 janvier 1825 et 18 octobre 1829.

La commission, en l'admettant textuellement, y ajoute une sanction néces-sitée par la gravité du mal. Cette sanction est sévère sans doute; mais la faute est si grande et si volontaire, que celui qui la commet ne doit pas se plaindre de la peine qu'il encourt. D'ailleurs, elle est déjà prononcée par l'art. 36 du règlement du 25 mars 1830. Il sera mieux qu'elle soit prescrite par l'ordon-nance elle-même.

ART. 3.	ART. 3.
Texte du projet.	*Texte de la commission.*
« Le nombre des permissions que « le préfet de police aura à délivrer, « suivant l'art. 1er, sera exactement « réglé *en tout temps* sur le nombre « des habitants de la ville de Paris, « officiellement constaté par les re-« censements périodiques, de ma-« nière qu'il y ait un boucher à « raison de *deux mille habitants.* »	« Le nombre des permissions que « le préfet de police aura à déli-« vrer, suivant l'art. 1er, sera exac-« tement réglé sur le nombre des « habitants de la ville de Paris, offi-« ciellement constaté par les recen-« sements périodiques, de manière « qu'il y ait un boucher à raison de « *deux mille deux cents* habitants. »

> « *Le nombre des bouchers, fixé*
> « *d'après cette base, ne sera plus*
> « *augmenté ou réduit qu'autant que*
> « *les recensements quinquennaux*
> « *auront établi que la population*
> « *s'est assez accrue ou a assez di-*
> « *minué, pour qu'il y ait plus de*
> « *deux mille quatre cents, ou moins*
> « *de deux mille habitants par bou-*
> « *cher.* »
> » *Dans l'un et l'autre cas, le nom-*
> « *bre des bouchers sera de nouveau*
> « *ramené à la proportion normale*
> « *d'un boucher par deux mille deux*
> « *cents habitants.* »

Dans les deux premiers articles, la question de la réorganisation de la boucherie est déjà préjugée ; elle est complétement tranchée par l'art. 3, qui admet la limitation du nombre des bouchers.

Cette mesure a longtemps compté pour adversaires l'administration supérieure, la préfecture de police et la chambre du commerce.

L'administration supérieure qui, depuis 1830, a toléré la non-exécution de l'ordonnance du 18 octobre 1829, pouvait bien être soupçonnée d'être opposée au principe de la limitation du nombre des bouchers ; mais aujourd'hui elle a nécessairement changé d'avis, puisqu'elle propose elle-même cette limitation.

La préfecture de police, toujours fidèle à son système de liberté absolue, seule persiste à penser que le nombre des bouchers, par l'effet de cette liberté, s'équilibrerait de lui-même avec la consommation. Toutefois, elle reconnaît qu'il pourrait en résulter quelques désordres, mais seulement temporaires ; et elle promet que cette fois, si la réduction des étaux est adoptée, cette mesure sera exécutée.

La chambre du commerce qui, en 1825 et 1829, s'était prononcée pour la libre concurrence, se rend franchement aujourd'hui à l'autorité des faits, et reconnaît que le commerce de la boucherie fait nécessairement exception au principe, et doit, en conséquence, devenir l'objet d'une organisation fondée sur la limitation du nombre des bouchers.

M. le préfet de la Seine et tous les chefs des services relevant de son administration et se rapportant à la boucherie se prononcent pour la limitation.

C'est aussi l'opinion à laquelle s'est rangée votre Commission, en cela déterminée surtout par l'expérience.

L'expérience, en effet, a prouvé que dans le commerce tout spécial de la boucherie de Paris, la liberté, loin de faire vivre la concurrence, la tuait, et que plus il y avait de bouchers, plus il y avait à coup sûr monopole. La raison en est dans la nature de la denrée, aliment le plus nécessaire après le pain, et qui ne peut ni se produire, ni se garder à volonté ; dans l'obligation pour tout boucher de s'en approvisionner chaque jour, quel qu'en soit le prix ; dans la puissance des capitaux, plus redoutable encore avec d'aussi impérieuses cir-

24

constances ; enfin, dans le cœur humain qui porte toujours à acquérir et à dominer. Dans de semblables conditions, il est évident que ceux qui sont riches et puissants, s'ils ont l'entière liberté de leurs mouvements, mettront à bas, par leurs manœuvres, ceux qui sont pauvres et faibles ; ou ne les laisseront sur leurs pieds qu'à la condition de les avoir ou bien pour prête-noms et serviteurs à gages, ou tout au moins pour débiteurs, pratiques et tributaires. C'est le fait qui s'est produit et qui s'aggrave de jour en jour depuis qu'il y a à Paris cinq cent bouchers et plus, c'est-à-dire depuis 1825. Ainsi, il n'est contesté par personne qu'aujourd'hui les choses en sont venues à ce point, que sur cinq cents bouchers il y en a trois cents qui sont ou les locataires, ou les prête-noms, ou les tributaires, à titre de bouchers en détail, d'environ cinquante bouchers en gros, faisant ce qu'on appelle le commerce *à la cheville*. On ne compte plus maintenant que cent cinquante bouchers qui exercent *régulièrement* leur état, c'est-à-dire qui en pratiquent toutes les parties, se rendant en personne sur les marchés, achetant et abattant pour leur propre compte, et seulement pour leur propre compte, ne possédant qu'un étal et l'exploitant par eux-mêmes ; en d'autres termes, offrant toutes les garanties que l'on s'est promises de l'organisation de la boucherie, dans l'intérêt de l'approvisionnement et de la consommation. Le nombre de ces bouchers *réguliers*, qui ne peuvent lutter qu'à armes inégales contre les bouchers en gros, tend continuellement à décroître. Bientôt, si l'on n'y mettait ordre, le commerce de la boucherie de Paris deviendrait le privilége d'un petit nombre de capitalistes, situation qui serait semée d'inconvénients et de périls.

Pour porter remède à un si grand mal, deux choses sont à faire : 1° s'attaquer au monopole et à l'agiotage, son accompagnement obligé ; 2° commander la concurrence entre tous les bouchers de Paris, en les mettant tous en état de concourir, c'est-à-dire de faire en sorte qu'avec de l'activité de l'ordre, du bon sens et quelques ressources pécuniaires, ils puissent honorablement gagner leur vie.

La défense de posséder plus d'un étal et l'obligation de l'exploiter par soi-même, prescrites par l'art. 2, sont déjà deux mesures propres à combattre le monopole. Bientôt nous en verrons d'autres venir se joindre à celles-ci dans le même but.

Quant à la limitation du nombre des bouchers, qui n'est autre chose que le moyen de leur procurer de l'aisance, elle est utile non-seulement parce qu'elle, aussi, est une sauve garde contre le monopole, ainsi que nous venons de le voir, mais encore parce que l'approvisionnement d'une cité aussi considérable que Paris exige qu'il soit assuré par un corps qui offre des garanties et une responsabilité réelles. Elle est utile enfin, car en réduisant de cinquante, par exemple, le nombre des étaux, elle diminue de 540,800 fr. les frais annuels d'exploitation, calculés à 10,400 fr. par étal ; et, sur une consommation de 40,000,000 de kilog. de viande, devient susceptible, rien que par cette réduction, de concourir pour un centime un tiers de diminution par kilogramme, dans un ensemble de mesures destinées à produire l'abaissement du prix.

Cette mesure est d'ailleurs équitable. Eh ! quoi, vous imposez à toute une classe de citoyens de nombreuses obligations, commandées sans doute par l'intérêt public, mais qui ne leur laissent presque point de liberté, et vous ne leur accorderiez aucun avantage en compensation! Vous exigez, par exemple du boucher que son étal soit constamment garni de viande, et vous ne feriez rien pour lui en faciliter le débit! Cela ne serait pas juste. Nous avons vu que, pour le bien général, vous aviez fait d'un commerçant un agent public; vous ne lui donnez aucun traitement; mettez-le donc à même de trouver au moins dans son commerce le salaire de ses fonctions.

Mais quelle sera la mesure de la limitation du nombre des bouchers ? N'oublions pas qu'elle doit être dans un rapport avec la population, tel qu'elle procure en même temps aux consommateurs une viande saine, au plus bas prix possible, et aux bouchers une existence honorable.

En 1789, il y avait 524,000 habitants à Paris, et 230 bouchers ; c'était un boucher par 2,278 habitants (1).

---

(1) *Nombre des bouchers comparé à la population à différentes époques.*

Il n'existait qu'une seule boucherie au Parvis Notre-Dame, tant que Paris fut renfermé dans l'île de la Cité, non loin de Saint-Pierre-aux-Bœufs.

ANNÉES.	BOUCHERIES.	ÉTAUX.	BOUCHERS.	POPULATION
1710	48 (a)	307 (a)	200	543,615 (b)
1789		317	230	524,000 (c)
1791 (d)			1,100	525,000
1800			700	547,756 (c)
An XI (e)			600	560,000
An XIII (1805)			590 (f)	570,606 (g)
1808			590 (f)	597,500
1811 (h)			471	622,639 (i)
1822			370	713,966 (j)
1825 (k)			370	740,000
1829 (l)			514	840.000
1830 (m)			501	820,000

(a) D'après Delamarre. — (b) D'après M. Benoiston de Châteauneuf. — (c) Statistique officielle. — (d) Après le décret du 17 mars 1791. — (e) Après l'arrêté du 8 vendémiaire an XI. — (f) Annuaire du département. — (g) Recensement officiel de 1806. — (h) Avant le décret du 6 février. — (i) Recensement officiel. — (j) Recensement officiel. — (k) Avant l'ordonnance du 12 janvier. — (l) Avant l'ordonnance du 18 octobre. — (m) Avant la révolution de juillet. Le nombre des bouchers est resté le même depuis ce temps.

Quand le décret du 6 février 1811 prescrivit la réduction des étaux à 300, il y avait à Paris 622,000 âmes ; au jour où le chiffre de la réduction aurait été atteint, la population restant la même, il y aurait eu un boucher par 2,073 habitants.

En 1822, lorsque l'ordonnance du 9 octobre fixa le nombre des bouchers à 370, Paris comptait environ 714,000 habitants ; c'était un boucher par 1,930 habitants.

En 1824, dernière année de la prospérité de la boucherie, y ayant à Paris environ 740,000 âmes et le même nombre de 370 bouchers ; c'éta.t un boucher par 2,000 habitants.

C'est sans doute la considération de cette proportion qui se retrouve à peu près la même à des époques où la boucherie était satisfaite, qui aura déterminé la commission ministérielle à fixer le nombre des bouchers à 1 par 2,000 habitants.

Mais ici deux circonstances importantes lui ont échappé : la première, c'est que la population de Paris s'est sensiblement accrue depuis 1824, et qu'au lieu de 740,000 âmes dont elle se composait alors, elle s'élève aujourd'hui, selon toute apparence, à un million d'habitants ; la seconde, c'est que cet accroissement a porté pour la plus grande partie sur la classe ouvrière, de telle sorte que, bien loin que la consommation se soit augmentée dans la même proportion, elle a, au contraire, diminué.

Ainsi, d'après les relevés officiels de l'octroi, en 1824, 370 bouchers débitaient à Paris 41,839,744 kilogrammes de viande ;

Et en 1840, 501 bouchers n'en débitaient que 42,437,913 kilogrammes.

Ainsi, en 1824, chacun des 370 bouchers débitait en moyenne 1,490 animaux et 113,758 kilogrammes de viande, savoir :

215 bœufs produisant 73,100 kil. de viande.
29 vaches   —   6,380.
208 veaux   —   12,480.
1,038 moutons   —   21,798.

Et en 1840, chacun des 501 bouchers ne débite plus en moyenne, que 1,213 animaux et 84,770 kilogrammes de viande, savoir :

145 bœufs produisant 47,850 kil. de viande.
42 vaches   —   9,680.
41 veaux   —   8,760.
880 moutons   —   18,480.

Déficit du débit en 1840, comparativement à 1824 :

277 animaux
28,988 kilogrammes de viande.

Ce déficit semblera encore plus considérable, quand on saura qu'il a surtout porté sur la viande de bœuf et de vache, celle sur laquelle repose toute l'existence du boucher (1).

Ainsi, en 1824, le boucher débitait en moyenne par semaine :

4 7/10 bœufs ou vaches produisant 1,526 kilogrammes de viande ;
Et en 1840, il ne débite plus que 3 6/10 bœufs ou vaches produisant 1,100 kilogrammes de viande.

Déficit : 1 1/10 bœuf ou vache.
426 kilogrammes de viande.

Enfin, il faut encore mettre en ligne de compte que, de 1824 à 1840, les frais d'exploitation des étaux ont eu une tendance à s'accroître. On ne peut pas les évaluer aujourd'hui à moins de 200 fr. par semaine; 10,400 fr. par an.

Maintenant, si le système du projet d'ordonnance, qui tend à régler le nombre des bouchers, en raison d'un par 2,000 habitants seulement, venait à prévaloir, et que le recensement prochain constatât, ce qui est si vraisemblable, que la population actuelle de Paris se monte à un million, il est évident que rien ne serait changé dans le sort de la boucherie, puisque le nombre des bouchers n'en continuerait pas moins de s'élever à 500.

C'est en raison de cette augmentation si probable de la population et surtout de la population ouvrière, de la progression décroissante de la consommation et principalement de celle de la viande de bœuf, enfin, de l'accroissement des frais d'exploitation, que votre Commission est restée convaincue que le but que l'on se proposait, en limitant le nombre des bouchers, ne serait atteint qu'autant qu'on le fixerait dans la proportion d'un par 2,200 habitants, laquelle, dans l'hypothèse d'une population d'un million, donnerait 454 bouchers (2).

Elle s'est déterminée en outre à adopter cette proportion en quelque sorte à titre de compromis. Les bouchers demandaient avec instance que, si l'on voulait limiter leur nombre à un par deux mille habitants, on ne comprît pas au moins dans la population celle des enfants trouvés qui comptent comme présents à Paris et qui sont placés à la campagne, la totalité des enfants en bas âge qui ne consomment pas de viande, les Parisiens qui sont absents six à sept mois de l'année, les Israélites qui se pourvoient auprès de trois bouchers leurs coreligionnaires, et les habitants des hospices qui sont fournis par

---

(1) Le veau se vend quelquefois à perte sur l'étal.
(2) Supposons qu'au lieu d'un million d'habitants, nombre généralement prévu, il ne s'en trouve, d'après le recensement prochain, que 950,000, il y aurait encore, avec la proportion d'un boucher par 2,200 habitants, 432 bouchers, nombre qui ne devrait pas sembler trop réduit, en raison de la progression décroissante de la consommation.

quelques bouchers adjudicataires. Cette réclamation avait quelque chose de juste ; mais on comprend à combien de difficultés elle aurait donné lieu dans l'appréciation de la population. C'est donc aussi pour y couper court, qu'a été admise par votre Commission la proportion d'un boucher par deux mille deux cents habitants.

Du reste, proportionner le nombre des bouchers à celui des habitants est un principe fondé en raison et en équité ; car, s'il est juste de le diminuer quand la population décroît, il ne l'est pas moins de l'élever quand elle s'augmente. C'est ce qui a été pratiqué dans tous les temps (1), depuis celui où Paris, renfermé dans l'île de la Cité, n'avait qu'une seule boucherie sur le parvis Notre-Dame, non loin de Saint-Pierre-aux-Bœufs, jusqu'au décret du 6 février 1811, qui voulut réduire le nombre des bouchers à trois cents, jusqu'à l'ordonnance du 9 octobre 1828, qui l'éleva à trois cent soixante-dix, et jusqu'à celle du 18 octobre 1829, qui le fixa à quatre cents.

Mais cette manière de procéder, d'ailleurs si raisonnable, a un inconvénient : c'est celui d'exposer le commerce de la boucherie à des oscillations presque certaines, toutes les fois que le recensement devra s'opérer, c'est-à-dire tous les cinq ans. Votre Commission en a été frappée, et c'est pour y obvier qu'elle a l'honneur de vous proposer qu'aucun changement ne soit apporté au nombre des bouchers qu'autant que, par le résultat des recensements, il y aurait moins d'un par deux mille habitants, ou plus d'un par deux mille quatre cents. Dans cette double hypothèse, le nombre des bouchers serait de nouveau ramené à la proportion normale d'un boucher par deux mille deux cents habitants. Cette mesure qui, en laissant une latitude entre un *minimum* et un *maximum*, au-

---

(1) « Et au demeurant, dit l'édit du 4 mai 1540, quant à la requeste faicte par
« les prévost des marchands et eschevins de cette dicte ville (de Paris), tendant à ce
« que, pour l'aisance et facilité de la dicte ville et des habitans en icelle, et attendu
« la crue et augmentation du peuple y demeurant, fussent par nostre dicte cour
« multiplié les estaulx à bouchiers ès-lieux et endroits qui seroient requis et néces-
« saires, après avoir oy sur la dicte requeste nostre dict procureur-général, et ayant
« regard à icelle, et considéré la multiplication du peuple et habitans en cette dicte
« ville de Paris, depuis quarante ans en ça, a nostre dicte cour ordonné et ordonne
« que en icelle ville et rues Saint-Martin, Saint-Honoré, place Maubert et autres lieux
« commodes et propres pour la facilité et commodité des habitans, seront de nouvel
« érigez estaulx à bouchiers, pour y vendre et debiter chair comme ès autres boucher-
« ries d'icelle ville, par ceulx qui seront de la qualité des maistres bouchiers, ayant
« faict chef-d'œuvre comme il est requis ; et pour savoir quel nombre d'estaulx sera
« nécessaire, et en quels lieux et endroits, et par quels gens et personnes ils seront
« occupez, nostre dicte cour a ordonné et ordonne que par quatre des commissaires,
« et avecques eulx un conseiller du Chastelet de Paris, sera advisé et enquis des lieux
« et endroits les plus commodes pour ériger les dicts estaulx et du nombre d'iceulx,
« et leur advis et délibération rédigés par escript, iceulx rapporteront par devers
« nostre dicte cour, pour iceulx par elle veus, en estre ordonné par elle, ainsi qu'il
« appartiendra.... »

rait pour effet de sauver des secousses trop fréquentes au commerce de la boucherie, a obtenu l'assentiment de toutes les personnes compétentes qui en ont eu connaissance.

ART. 4.	ART. 4.
Texte du Projet.	*Texte de la Commission.*
« Tant que le nombre des bou- « chers sera au-dessus de la pro- « portion fixée par l'article précé- « dent les fonds *libres résultant* « *des intérêts* payés par la caisse « de Poissy *sur* les cautionnements « fournis par les bouchers *pourront* « *être* employés au rachat et à la « suppression des étaux qui seraient « à vendre Ces rachats seront faits « par les soins du syndicat de la « boucherie. *Néanmoins, ils n'au-* « *ront lieu qu'en vertu d'autorisa-* « *tions spéciales du préfet de po-* « *lice.* »	« Tant que le nombre des bou- « chers sera au-dessus de la propor- « tion fixée par l'article précédent, « les fonds *provenant* des intérêts « payés par la caisse de Poissy *pour* « les cautionnements fournis par « les bouchers, *ainsi qu'il est dit à* « *l'art. 8 ci-après, seront seuls em-* « ployés au rachat et à la suppres- « sion des étaux qui seraient à « vendre. Ces rachats seront faits « par les soins du syndicat de la « boucherie, *sous la sanction admi-* « *nistrative du préfet de police,* « *laquelle sera accordée dans les* « *limites prévues par l'art. 3.* »

Dans le système du projet, les fonds *libres* seulement provenant des intérêts des cautionnements *peuvent* être employés au rachat des étaux, et *ces rachats n'ont lieu qu'en vertu d'une autorisation du préfet de police.*

Par fonds libres résultant des intérêts des cautionnements, on entend ce qui reste de ces intérêts, après prélèvement des dépenses de la boucherie dans les abattoirs, de celles du syndicat, et des pensions et secours accordés à d'anciens bouchers ou employés de la boucherie, où à leurs familles, ainsi qu'on le verra à l'art. 8. Or, les intérêts des cautionnements s'élèvent à 75,000 fr., et toutes les dépenses que nous venons d'énumérer, à environ 50,000. Il n'y aurait donc de fonds libres applicables au rachat des étaux qu'environ 25,000 fr., somme évidemment insuffisante pour obtenir un résultat.

Ce n'est pas tout : le projet ne dit pas que ces fonds *seront* employés, mais seulement qu'ils *pourront* être employés au rachat des étaux, d'où l'on doit conclure que le syndicat reste maître de les appliquer à un autre usage.

Enfin, les rachats ne pourront avoir lieu qu'en vertu d'une autorisation du préfet de police, d'où l'on est fondé à induire que si cette autorisation est toujours refusée, jamais les rachats n'auront lieu, ainsi qu'il est arrivé depuis l'ordonnance du 18 octobre 1829, laquelle prescrivait aussi, dans les mêmes termes, des rachats d'étaux dont aucun n'a été effectué durant onze années.

Qui veut la fin, veut les moyens. Votre Commission qui a pris au sérieux la réorganisation de la boucherie, et, par conséquent, la réduction du nombre des étaux, demande par sa rédaction que tous les fonds provenant des intérêts des cautionnements, c'est-à-dire la totalité des 75,000 fr., soient *nécessairement* affectés par privilège à des rachats d'étaux. C'est ce que prescrivaient le décret du 6 février 1811 (art. 33), et l'ordonnance du 18 octobre 1829 (art. 6). Mais en même temps, comme il importe que ces rachats aient lieu avec une sage lenteur et non pas tous à la fois, pour éviter une hausse trop rapide, elle est d'avis que ces fonds *seuls* reçoivent cette destination. Ainsi, les bouchers ne pourraient pas, par exemple, contracter un emprunt, ni s'imposer volontairement pour racheter plus promptement les étaux qui doivent être supprimés; mais ils pourront y employer les fonds qu'ils ont aujourd'hui en caisse, provenant de reliquats antérieurs des intérêts de leur cautionnements, qu'ils ne se sont pas partagés. Aux termes de l'art. 6 de l'ordonnance du 18 octobre 1829, qui n'a pas cessé légalement d'être en vigueur, ces fonds devaient recevoir cet emploi. C'est ce qui a paru tellement juste à votre Commission, qu'elle a pensé que la chose allait sans dire, et qu'il était inutile de la mentionner dans le projet d'ordonnance. Grâce à ces mesures, les étaux à racheter devant être probablement au nombre d'environ quarante sept, la première année on pourra peut-être en amortir une douzaine; les années suivantes on en rachètera d'autant moins qu'il s'opérera nécessairement sur eux une hausse progressive.

Votre Commission pense aussi que s'il est convenable que la préfecture de police sanctionne les rachats et les suppressions d'étaux, afin de veiller à ce qu'ils ne s'opèrent pas irrégulièrement, néanmoins il ne doit pas lui être loisible de les empêcher par défaut d'autorisation, toutes les fois qu'ils s'accomplissent dans les conditions voulues par l'ordonnance.

Art. 5.	Art. 5.
Texte du projet.	*Texte de la Commission.*
« Le propriétaire d'un étal a le droit d'en disposer et *ne peut en être dépouillé* sous prétexte de rachat : mais jusqu'au moment où le nombre des étaux sera descendu à la limite fixée par l'art 3, le droit de préemption sera réservé au syndicat sur ceux qui seraient mis en vente. Pour cet effet, le projet de traité arrêté entre le vendeur et l'acheteur sera présenté, avant son exécution, au préfet de police, lequel mettra le syndicat en demeure de déclarer, dans un délai de huitaine, s'il est *en intention* et en mesure de se prévaloir de son droit de préférence. »	« Le propriétaire d'un étal ne peut être dépouillé du droit d'en disposer sous prétexte de rachat; mais jusqu'au moment où le nombre des étaux sera descendu à la limite fixée par l'art. 3, le droit de préemption sera réservé au syndicat sur ceux qui seraient mis en vente. Pour cet effet, le projet de traité arrêté entre le vendeur et l'acheteur sera présenté, avant son exécution, au préfet de police, lequel mettra le syndicat en demeure de déclarer, dans un délai de huitaine, s'il est *dans l'intention* et en mesure de se prévaloir de son droit de préférence. »

Sauf quelques légers changements de rédaction, votre Commission est d'avis d'adopter l'art. 5. Ce n'est pas qu'elle n'ait hésité quelque temps à proposer cette adoption, l'article lui paraissant d'abord inutile. En effet, il semble que la fraude ne soit pas à craindre pour le syndicat, bien en état de la démêler; que, d'ailleurs, la sécurité du payement lui fera toujours donner la préférence;

que si le prix est réellement trop élevé, c'est la preuve que les étaux ont une grande valeur, et que la profession de boucher rapporte des bénéfices convenables, auquel cas l'amortissement et la préemption sont inutiles. Malgré ces raisons, votre Commission s'est prononcée pour le maintien de l'article, parce qu'il pose un principe, qu'il donne une satisfaction, et qu'il est bon que le syndicat ait le droit d'avoir l'œil sur les marchés, y ayant à cela garantie de moralité.

Art. 6.	Art. 6.
Texte du projet.	*Texte de la Commission.*
« Si, au décès d'un boucher, sa veuve ou un membre de sa famille demande à lui succéder, il n'y aura pas lieu à la préemption du syndicat. »	« Il n'y aura pas lieu à la préemption du syndicat dans le cas de cession par un boucher à un parent ou allié jusqu'au troisième degré inclusivement; non plus que dans le cas de décès d'un boucher, si sa veuve ou un parent ou allié jusqu'au troisième degré inclusivement demande à lui succéder. »

De tous temps, on a vu avec faveur ces transmutations d'étaux dans les mêmes familles. On y apercevait une garantie d'un meilleur service public. A Rome, deux ordres ou collèges composés d'un certain nombre de familles, étaient exclusivement chargés du soin d'approvisionner la ville, l'un en porcs et l'autre en bestiaux. C'était non-seulement un droit, mais une obligation héréditaire. Il en a été de même à Paris de très-bonne heure et pendant longtemps. Les étaux se transmettaient nécessairement des pères aux fils, et ceux-ci étaient obligés d'exercer la profession qui leur était ainsi transmise. C'est ce qui donna naissance à la communauté de la grande boucherie de Paris. Pendant longtemps, on se trouva bien de cet état de choses; mais vers la fin du XVᵉ siècle, les familles qui composaient cette grande communauté, devenues riches, se refusèrent à exploiter par elles-mêmes leurs étaux, et prétendirent cependant en rester propriétaires, les donnant à location, ainsi qu'elles auraient pu faire de fermes et de maisons. Il en résulta de graves et nombreux abus, contre lesquels s'établit une lutte longue et difficile (1).

Aujourd'hui, on ne saurait songer à rien de semblable à l'ancienne communauté de la grande boucherie; mais on peut avec raison favoriser la transmission des étaux du mari à sa veuve, du père à son fils, de l'oncle à son neveu. Bien entendu que le fils et le neveu ne sont pas soustraits à la règle générale, qui veut qu'avant d'obtenir la permission d'exercer la profession de boucher, on justifie d'un apprentissage et d'une connaissance suffisante de la pratique de

(1) *Traité de la Police*, par Delamarre, t. II, p. 524 et 584.

cet état ; bien entendu encore qu'ils devront exploiter leurs étaux par eux-mêmes ; bien entendu enfin que le cas de veuve est le seul où une femme puisse être titulaire d'un étal.

Le projet d'ordonnance ne s'occupe que de la transmission en cas de décès ; votre Commission a pensé avec M. le préfet de police, que, s'il n'avait pas prévu le cas de cession, c'était un pur oubli qu'il convenait de réparer.

Elle a cru aussi que d'admettre *tous les membres de la famille* d'un boucher à primer le droit du syndicat, était ouvrir une porte trop large et qu'il convenait de réduire ce droit au parent ou allié jusqu'au troisième degré inclusivement.

Aujourd'hui, aux termes des art. 23, 24, 25 de l'ordonnance de police du 25 mars 1830, avant la réduction du nombre des étaux, la veuve peut succéder à son mari, le fils et même la fille à son père ; celle-ci à condition qu'elle épousera un garçon boucher. Cette disposition a paru si singulière à votre Commission qu'elle ne vous propose pas de la maintenir.

ART. 7.	ART. 7.
Texte du projet.	*Texte de la Commission.*
« Chaque boucher est tenu de « fournir un cautionnement fixé à « 3,000 fr. Cette somme sera versée *à la caisse de Poissy, dans le délai de trois mois, après l'autorisation exigée à l'art.* 1er. *Cette autorisation sera retirée à tout boucher qui, à l'expiration de ce terme,* n'aurait pas versé son cau- « tionnement. »	« Chaque boucher est tenu de « fournir un cautionnement fixé à « 3,000 fr. Cette somme sera ver- « sée *sans délai à la Caisse de* « *Poissy. L'autorisation d'exercer* « *ne sera accordée qu'après ce ver-* « *sement.* »

Le cautionnement est une garantie nécessaire de la bonne gestion du boucher. Il constitue le fonds au moyen duquel la caisse de Poissy paye comptant les marchands forains. L'obligation de le verser n'a pas cessé d'exister depuis l'arrêté du gouvernement du 8 vendémiaire an XI (art. 5). Le commerce de la boucherie lui-même en reconnaît la nécessité.

Le projet accorde un délai de trois mois après l'autorisation, au boucher qui s'établit, pour effectuer le payement de son cautionnement. Votre Commission, au contraire, est d'avis que le versement en ait lieu de suite, et que l'autorisation ne soit accordée qu'après qu'il aura été opéré. Un boucher qui n'est pas en état de verser de suite son cautionnement, prouve par cela même qu'il n'a pas les ressources nécessaires pour exercer sa profession avec avantage pour le public et pour lui-même. C'est l'exposer à sa ruine que lui accorder la permission d'ouvrir un étal, avec la presque certitude qu'il faudra la lui retirer. Mieux vaut, dans son intérêt, ne pas la lui donner. M. le préfet de police et le syndicat de la boucherie sont d'accord avec M. le directeur de la caisse de Poissy, pour demander que le versement du cautionnement soit exigé préalablement à l'autorisation.

Art. 8.
Texte du projet.

« L'intérêt du cautionnement que « la caisse de Poissy al oue à raison « de 5 p. % par an, sans retenue, « continuera à former un fonds com- « mun affecté *au payement* : 1° *des* « *dépenses qui concernent le ser-* « *vice de la boucherie dans les* « *abattoirs ;* 2° *des dépenses du* « *syndicat ;* 3° *des pensions et se-* « *cours accordés par le syndicat à* « *d anciens bouchers ou employés* « *de la boucherie ou à leurs fa-* « *milles.*

« *Prélèvement fait de ces dé-* « *penses, le reliquat du fonds com-* « *mun peut être employé au rachat* « *des étaux à vendre, comme il est* « *dit à l'art. 4.* »

Art. 8.
Texte de la Commission.

« L'intérêt du cautionnement que « la caisse de Poissy alloue à rai- « son de 5 p. % par an, sans rete- « nue, continuera à former un fonds « commun affecté *au rachat des* « *étaux à vendre, comme il est dit* « *à l'art. 4.*

« *Si ce fonds n'est pas épuisé par* « *ces rachats, il sera employé au* « *payement :* 1° *des dépenses qui* « *concernent le service de la bou-* « *cherie dans les abattoirs géné-* « *raux ;* 2° *des dépenses du syndi-* « *cat ;* 3° *des pensions et secours* « *accordés par le syndicat à d'an-* « *ciens bouchers ou employés de la* « *boucherie, ou à leurs familles ;* « *sauf à compléter, en cas d'insuf-* « *fisance, le payement de ces dé-* « *penses sur les fonds produits par* « *la vente des fumiers des bouve-* « *ries et bergeries , ainsi que par* « *celle des vidanges et voiries pro-* « *venant d abattoirs.*

« *Si, au contraire, le fonds formé* « *par l'intérêt du cautionnement et* « *destiné aux rachats d étaux, est* « *plus que suffisant pour ces ra-* « *chats et pour les dépenses qui* « *viennent d'être énumérées, ce qui* « *en restera sera reporté à l'année* « *suivante avec la même destina-* « *tion.* »

Les changements proposés par votre Commission dans cet article sont la conséquence de ceux qui ont été apportés à l'art. 4, et que nous croyons avoir suffi-amment justifiés.

Le produit des fumiers des bouveries et bergeries, ainsi que celui des vidanges et voiries provenant d'abattoirs, ont été attribués au syndicat par l'article 6 de l'ordonnance royale du 18 octobre 1829, précisément pour pourvoir aux dépenses de la boucherie dans les abattoirs, à celles du syndicat et à celles des pensions et secours.

Quant au reliquat du fonds produit par les intérêts du cautionnement, et destiné aux rachats d'étaux, rien n'est plus rationnel que de le reporter d'une année sur l'autre avec la même destination. Il ne pourra jamais être bien considérable , puisque, s'élevant en totalité à 75,000 fr., il doit pourvoir, sans compter les rachats d'étaux, à 50,000 fr. d'autres dépenses. Quand il ne sera pas absorbé en entier, ce sera la preuve qu'il a été racheté peu d'étaux, et ce sera, par conséquent, un motif pour donner au syndicat les moyens d'en racheter davantage l'année suivante. Si le syndicat n'avait pas le droit de reporter ce reliquat, il serait dans le cas d'employer chaque année la totalité du fonds d'amortissement, et, par conséquent, d'acheter à tout prix.

Article additionnel.

(Devant former l'article 9 du projet amendé par la Commission.)

« S'il devient nécessaire de créer de nouveaux étaux, en raison de l'accroissement de la population, ainsi qu'il a été dit dans l'art. 3 ci-dessus, le choix des titulaires sera déterminé par l'ancienneté des demandes à fin d'autorisation d'exercer, lesquelles devront être adressées simultanément à M. le préfet de police et au syndicat de la boucherie. »

« Dans ce cas, l'autorisation d'exercer ne sera délivrée qu'à la condition, par celui qui doit l'obtenir, de verser à la caisse du commerce de la boucherie, pour être mise à la disposition du syndicat, une somme représentant la moitié du prix moyen de la totalité des étaux rachetés. »

Cet article est destiné à combler une lacune du projet d'ordonnance. Les étaux de nouvelle création ne devaient pas être accordés arbitrairement. L'administration, chargée de délivrer les permissions d'exercer, devait souhaiter elle-même qu'une règle vînt la guider dans le choix des titulaires, et nulle règle ne pouvait sembler plus équitable que celle de l'ancienneté des demandes. Ces étaux ne devaient pas non plus être donnés à titre gratuit. C'est, en général, une chose sujette à de graves inconvénients que ces concessions qui ont une valeur vénale considérable, et qui font la fortune de ceux à qui on les accorde. Mais quel prix donner à ces nouveaux étaux? A qui l'attribuer? Quelle destination devait il recevoir? Votre commission a pensé que ce serait leur donner une valeur convenable que de les taxer à la moitié du prix moyen de la totalité des étaux rachetés, durant la dernière période de réduction. Il lui a paru que, puisque c'était le commerce de la boucherie qui devait fournir les fonds nécessaires au rachat des étaux amortis, et qui devait éprouver un préjudice par suite de l'augmentation du nombre des étaux, c'était à lui, par une juste compensation, que devait être attribué le prix des établissements de nouvelle création. Enfin, elle a été d'avis que ce prix devait être mis à la disposition du syndicat qui en userait pour le plus grand bien du commerce qu'il représente, et notamment pour indemniser les bouchers voisins des étaux nouvellement créés. De cette façon, ce commerce cessera de redouter l'accroissement du nombre des étaux; il ne le combattra plus quand il devra avoir lieu, et l'exécution de l'ordonnance, en cette partie délicate, en sera d'autant mieux assurée.

— 381 —

Art. 9.

(Devenu l'art. 10 de la Commission.)

Texte du projet.

« *Le syndicat de la boucherie est
« composé d'un syndic et de six ad-
« joints. Ils seront nommés, chaque
« année, par le préfet de police, sur
« une liste de vingt candidats choi-
« sis au scrutin dans une assemblée
« électorale de tous les bouchers.
« L'assemblée sera convoquée par
« les soins du préfet de police, et
« présidée par lui ou par son délé-
« gué.* »

Art. 10.

Texte de la Commission.

« *Le syndicat de la boucherie se
« compose de neuf membres qui éli-
« sent entre eux un président et
« un secrétaire. Ces neuf membres
« sont nommés par tiers tous les
« ans, à la majorité absolue et au
« scrutin secret, parmi les bouchers
« qui comptent cinq années de pra-
« tique de leur profession, dans l'as-
« semblée générale des bouchers,
« convoquée et présidée par le pré-
« fet de police ou par son délégué.
« Après six ans d'exercice des
« fonctions du syndicat, ses mem-
« bres sortants n'y peuvent être
« rééligibles qu'autant qu'il se se-
« rait écoulé une année entre leur
« sortie et leur réélection.
« Les deux premiers tiers sortant
« des membres du syndicat, seront
« désignés par la voie du sort.* »

Comme on le voit, la Commission propose un mode tout nouveau de formation du syndicat : c'est qu'il lui a paru que celui qui était admis par le projet
ne donnait pas de véritables représentants au commerce de la boucherie.
Quand on veut des institutions, il les faut sincères. Or, il n'y a que l'élection
directe qui puisse garantir la nomination d'un syndicat, ayant assez d'autorité
pour défendre avec succès, auprès de l'administration, les justes intérêts dont
il est l'organe, et pour prévenir ou redresser au besoin les écarts du corps
dont il est le chef. Pourquoi craindrait-on d'accorder aux bouchers le droit de
se réunir et de nommer directement leurs mandataires ? est-ce qu'ils ne sont
pas tous électeurs, jurés, gardes nationaux ? L'État leur confie des armes pour
la défense de l'ordre et des lois; il leur donne le droit de prononcer sur les
biens, la liberté, l'honneur et la vie des citoyens; il les investit du pouvoir
de nommer des députés qui pourront renverser le ministère, et l'administration
leur refuserait le droit d'élire d'une manière sincère ceux qui seront chargés de
défendre leurs intérêts matériels ! En vérité on le concevrait d'autant moins
qu'il n'y a pas de citoyens plus intéressés au bon ordre et qui lui aient donné
plus de gages que les bouchers. Il faut remonter jusqu'à l'an 1411, jusqu'aux
dissensions que suscita la rivalité des maisons d'Orléans et de Bourgogne durant
la démence de Charles VI, et jusqu'à la guerre des Cabochiens, pour les
trouver mêlés d'une manière répréhensible à nos troubles et à nos révolu-
tions (1). « Si l'on ne peut excuser ces mouvements des anciens bouchers, dit

---

(1) « Le comte de Sainct-Paul, en faveur du duc de Bourgogne, souleva et mit
« sus les bouchers de Paris, c'est à savoir les *Gois*, les *Sainctyons* et les *Tibers*, et

« Delamarre, en tout cas, ceux qui leur ont succédé ont bien réparé depuis
« près de trois siècles les fautes que leurs prédécesseurs ont commises. Nous
« avons encore eu pendant ce long cours d'années des troubles civils et des
« guerres étrangères à soutenir en différents temps, et on ne les a jamais vus
« prendre un parti contraire au bien de l'État, ni faire aucun mouvement
« dont l'on ait sujet de se plaindre : au contraire, toujours attachés à leur
« devoir, ils ont rempli et remplissent encore avec beaucoup de zèle et de
« travaux une profession que tous les anciens ont estimée, et que nous esti-
« mons comme eux l'une des plus importantes au bien public et des plus néces-
« saires au soutien de la vie. C'est aussi par là que, si l'on en excepte ces
« cinq ou six années d'une conduite que l'on ne peut trop désapprouver, et qui
« doit être regardée comme une éclipse, pour ainsi dire, de leur ancienne
« probité, ils ont été dans tous les temps honorés de la protection de nos rois,
« de celle des magistrats, et de l'estime de leurs concitoyens (2). »

Ce témoignage que leur rendait il y a cent trente ans un homme que l'on
peut regarder comme un des meilleurs juges en matière de police et d'ordre
public, votre Commission pourrait bien aussi le leur accorder pour leur conduite depuis cette époque, et surtout dans ces derniers temps. Quoiqu'ils aient
eu grandement à souffrir de l'inexécution de l'ordonnance du 18 octobre 1829
et de plus d'un fâcheux procédé dont on a usé envers eux, nous ne les avons
jamais entendus se plaindre autrement que d'une manière légale. Il est bien

---

« estoient assez grande compagnée. Les Gois estoient trois frères, fils de Thomas le
« Gois, qui estoit boucher, bel homme, et en son estat bon marchaud, demeurant lui
« et ses enfants, et vendant chair en la boucherie de Saincte-Geneviefve, bourgeois
« et natif de Paris. Ceux de Sainctyon et les Tibers estoient de la grande boucherie,
« qui est iouxte le Chastelet, et avec eux se mirent gens de plusieurs mestiers de
« Paris, chirurgiens, comme maistre *Jean de Troyes*, qui avait moult bel langage, et
« ses enfans, et austres de son mestiers, pelletiers et cousturiers, et un escorcheur
« de bestes, nommé *Caboche*, qui estoit de la boucherie d'emprès l'Hostel-Dieu,
« devant Nostre-Dame, et tous gens pauvres et meschans, désirans piller et desrober
« éto ent avec eux..... » (*Histoire de Charles VI, roi de France*, par Jean Juvénal
des Ursins, archevesque de Rheims, 2ᵉ édit. Paris, Imprimerie royale, 1653, p. 224,
225—in-fol.)

Le même auteur raconte ensuite en détail toutes les usurpations des bouchers, la
grande autorité dont ils jouirent à Paris pendant quelques années, les excès de toutes
sortes auxquels ils s'abandonnèrent, le sac du château de Bicêtre, le pillage de l'hôtel
de Nesles, les exactions, les emprisonnemens, les meurtres, et enfin comment Jean
Juvénal des Ursins, son frère, qui fut prévôt des marchands, le meilleur citoyen de
Paris, dans ces malheureux temps, met fin à leur tyrannie.

(Voyez dans l'*Histoire de Charles VI*, p. 226 à 303. — Voyez aussi Delamarre,
Traité de la Police, t. II, p. 560 et 561. — Voyez aussi, *Histoire et Recherche des
Antiquités de la ville de Paris*, par Sauval ; et l'*Histoire de la ville de Paris*, par
Felibien.)

(2) *Traité de la Police*, par Delamarre, t. II, p. 561.

juste qu'il leur soit tenu enfin compte de leur souffrance et de leur conduite patiente et mesurée.

Toutefois, votre Commission ne veut pas que l'administration reste désarmée vis-à-vis d'eux. Ainsi, c'est par M. le préfet de police que sera convoquée l'assemblée générale des bouchers, de peur qu'ils ne soient tentés de se réunir irrégulièrement ; et c'est par lui encore qu'elle sera présidée, pour que rien ne s'y passe que de conforme à la légalité.

C'est aussi une garantie pour l'administration que cette condition pour pouvoir être élu membre du syndicat, de compter cinq années d'exercice de la profession de boucher.

<table>
<tr><td>

Art. 10.

(Devenu l'art 11 de la Commission.)
Texte du projet

« *Les syndic et adjoints* adresse-
« ront au préfet de police tous les
« rapports, avis et renseignements
« qui leur seront demandés ou qu'ils
« jugeront utiles. *Ils pourront pro-*
« *poser* des règlements pour le ré-
« gime intérieur et le bon exercice
« de *leur* profession. Ces règlements
« seront soumis par le préfet de po-
« lice, à l'approbation du ministre
« de l'agriculture et du commerce. »

</td><td>

Art. 11.

Texte de la Commission.

« *Le syndicat* adressera au préfet
« de police tous les rapports, avis et
« renseignements qui lui seront de-
« mandés ou qu'il jugera utiles. *Il*
« *proposera* des règlements pour
« l'exécution de la présente ordon-
« nance, pour le régime intérieur et
« le bon exercice de la profession de
« boucher. Ces règlements seront
« soumis par le préfet de police à
« l'approbation du ministre de l'agri-
« culture et du commerce, *après*
« *avoir pris l'avis du Conseil mu-*
« *nicipal.* »

</td></tr>
</table>

La Commission propose deux changements à l'article 10 du projet.

Le projet dit que les syndic et adjoints *pourront proposer*, et la commission est d'avis qu'il soit dit : « Le syndicat *proposera.* » Ces règlements sont indispensables, et il ne l'est pas moins que le syndicat prenne une part à leur rédaction. C'est ce que prescrivait l'article 8 de l'ordonnance du 18 octobre 1829.

La Commission pense aussi que le conseil municipal devra être mis en demeure de donner son avis sur ces règlements. A en juger par celui du 25 mars 1830, ils intéressent au plus haut point la cité, et contiennent un grand nombre de dispositions qui n'ont pas moins d'importance que celles de la présente ordonnance. Il est donc essentiel que le conseil municipal soit consulté sur ces règlements, comme il l'est sur l'ordonnance. Le syndicat de la boucherie le demande avec instance.

<table>
<tr><td>

Art. 11.

(Devenu l'art. 12 de la Commission.)
Texte du Projet.

« *Il n'est rien innové au mode*
« *suivant lequel des crédits sont ou-*

</td><td>

Art. 12.

Texte de la Commission.

« *Le crédit dont jouira chaque*
« *boucher de Paris sur la caisse de*

</td></tr>
</table>

« verts tous les mois sur la caisse
« de Poissy, à chaque boucher ;
« mais ceux qui n'en feront pas
« usage, faute de fréquenter les
« marchés auront la faculté de dé-
« léguer leurs crédits à un ou plu-
« sieurs de leurs confrères. »

« Poissy, sera réglé par le direc-
« teur de ladite caisse, d'après les
« ordres du préfet de la Seine, qui
« prendra l'avis du préfet de police
« et du syndicat de la boucherie.
« Tout boucher qui ne pourra pas
« se rendre sur les marchés aura
« la faculté de s'y faire représenter,
« soit par un autre boucher, soit
« par son premier garçon d'étal,
« porteur de sa procuration spéciale
« et authentique. »

Il y a deux parties bien distinctes dans cet article, le règlement des crédits individuels à ouvrir pour chaque boucher sur la caisse de Poissy, et la délégation ou le mandat à donner par celui qui ne se rend pas sur les marchés à celui qui les fréquente.

PREMIÈRE PARTIE DE L'ARTICLE.

Le projet, en disant qu'*il ne sera rien innové au mode suivant lequel des crédits sont ouverts tous les mois sur la caisse de Poissy à chaque boucher*, a maintenu le système de l'ordonnance du 18 octobre 1829, qui stipule, art. 9, que « les syndic et adjoints présenteront, le 28 de chaque mois, au plus tard, « au préfet de police, un état indicatif du crédit individuel qui pourra être « accordé à chaque boucher de Paris, sur la caisse de Poissy, pour le mois « suivant..... »

La Commission, en proposant que « le crédit dont jouira chaque boucher « de Paris sur la caisse de Poissy, soit réglé par le directeur de ladite caisse, « d'après les ordres du préfet de la Seine, qui prendra l'avis du préfet de police « et du syndicat de la boucherie, » la Commission, disons-nous, en faisant cette proposition, est d'avis que les choses se passent ainsi qu'elles se pratiquaient avant l'apparition de l'ordonnance du 18 octobre 1829.

C'est le seul système, en effet, qui soit rationnel.

Les crédits qu'on ouvre aux bouchers sont accordés aux risques et périls de la ville de Paris.

Il est donc naturel que, par le préfet de la Seine et par le directeur de la caisse de Poissy, elle soit juge de ses opérations, et qu'elle ne fasse des avances qu'après avoir apprécié les chances qu'elle peut avoir à courir. Ces deux fonctionnaires, en effet, sont seuls en position de bien connaître la solvabilité des emprunteurs, ainsi que la valeur mobile des établissements de boucheries qui forment la principale garantie des avances faites par la ville de Paris.

Ce n'est pas tout : conformément aux principes généraux de l'administration et aux termes des articles 2 et 5 du décret du 6 février 1811, qui a constitué la caisse de Poissy, le préfet de la Seine et le directeur de cette caisse sont de véritables administrateurs de deniers publics et encourent à cette occasion une responsabilité.

Or, d'après l'ordonnance du 18 octobre 1829, et le nouveau projet d'ordonnance, ce sont précisément ces deux fonctionnaires qui sont complétement dépouillés du droit d'apprécier les crédits à ouvrir sur la caisse de Poissy et d'engager ses fonds; et c'est le préfet de police qui s'en trouve exclusivement investi, lui qui n'a pas, en principe, caractere d'administrateur de deniers publics, ni aucune responsabilité à cet égard.

Évidemment, il y a là une erreur qu'il importait de rectifier.

Il est utile, d'ailleurs, que le préfet de police donne son avis sur le règlement des crédits, et cet avis sera toujours pris ainsi que celui du syndicat.

Deuxième partie de l'article.

L'article du projet permet au boucher qui ne se rend pas sur les marchés de déléguer son crédit à celui qui les fréquente.

L'article de la commission, en ne parlant pas de ce droit de délégation, ne l'accorde pas par cela même, et y substitue expressément celui de donner un mandat.

Il y a entre la délégation et le mandat des différences considérables.

Le délégataire use, pour son propre compte, du crédit à lui délégué. Il achète, abat, et débite à ses profits et risques.

Le mandataire use de ce même crédit pour le compte de son mandant, et aux profits et risques de celui-ci.

La délégation déplace le crédit et change l'état de répartition dressé par l'administration. Le mandat laisse subsister les crédits au nom de chacun, et ne change rien à l'état de répartition.

C'est une question au moins douteuse de savoir si la caisse de Poissy conserverait son privilége sur le cautionnement du boucher qui aurait délégué sur la valeur de son état et sur ce qui lui serait dû pour viandes fournies.

Cette question n'en serait pas une à l'égard de celui qui aurait donné un mandat.

La délégation tend de plus en plus à accroître la masse et la puissance des capitaux aux mains des bouchers en gros qui se feront faire des délégations par les petits bouchers leurs prête-noms, leurs débiteurs ou leurs pratiques; elle met ainsi ces bouchers en gros en état de se rendre de plus en plus maîtres des marchés; elle favorise le monopole, et rend nécessaire le commerce à la cheville.

Le mandat, au contraire, n'a aucun de ces inconvénients, loin de là, il est un moyen de les combattre, et surtout le dernier.

Il ne faut donc pas hésiter à lui donner la préférence sur la délégation.

Il y a d'ailleurs, avantage à permettre au boucher de donner sa procuration à son premier garçon d'état. Celui-ci est son homme de confiance, il a les mêmes intérêts que son maître, et, en se rendant sur les marchés, il se forme à

25

la pratique de son état, qu'il devra peut-être exercer ensuite pour son propre compte.

ART. 12.
(Devenu l'art. 13 de la commission.)
Texte du projet.

« Tout état qui cessera d'être
« garni de viande pendant trois jours
« consécutifs, sera fermé pendant
« six mois. »

ART. 13.
Texte de la commission.

Point de changement.

Cette obligation, souvent onéreuse, de garnir les étaux de viande, que la limitation du nombre des bouchers donne le droit de leur imposer, est une des mesures qui garantissent le plus efficacement l'approvisionnement de Paris. Elle était déjà prescrite par l'ordonnance du roi du 12 janvier 1825, art. 8 ; par celle du 18 octobre 1829, art. 10 ; et par l'ordonnance de police du 25 mars 1830, art. 37.

ART. 13.
(Devenu l'art. 14 de la commission.)
Texte du Projet.

« Il ne pourra être vendu et
« acheté de bestiaux pour l'appro-
« visionnement de Paris, nulle part
« ailleurs *que dans les marchés de*
« *Sceaux, de Poissy, de la halle*
« *aux veaux et des vaches grasses.* »

ART. 14.
Texte de la commission.

« Il ne pourra être vendu et
« acheté de bestaux pour l'appro-
« visionnement de Paris, nulle part
« ailleurs que sur *les marchés auto-*
« *risés pour cet approvisionnement.* »

Cette disposition avait déjà été prescrite par l'arrêté du 8 vendémiaire an XI, art. 17 ; par l'ordonnance royale du 12 janvier 1825, art. 10 ; et par l'ordonnance royale du 18 octobre 1829, art. 11.

Elle a pour but de concentrer sur les mêmes points tous les bestiaux destinés à l'approvisionnement de Paris, et par leur affluence plus considérable d'amener la diminution du prix auquel ils sont vendus.

Elle permet aussi d'exercer une inspection d'autant plus nécessaire que celle qui se pratique sur les bestiaux sur pied est bien plus facile, plus prompte et plus certaine que celle qui a lieu sur la viande.

Enfin, elle permet à l'administration municipale de fixer d'une manière inva- riable les jours et heures de la tenue des marchés, au moins en ce qui con- cerne les marchés de Sceaux, de la Chapelle, de la halle aux Veaux et des Vaches grasses.

C'est ici le lieu de s'étonner que le marché le plus considérable de ceux qui servent à l'approvisionnement de Paris, non-seulement soit placé hors de la juridic- diction de ses autorités, mais encore qu'il soit tellement éloigné que cette dis- tance doive contribuer assez notablement à l'augmentation des dépenses municipales, et à celle du prix de la viande par les pertes d'argent et de temps, et par le dérangement de leurs affaires qu'elle occasionne chaque semaine aux bouchers de Paris. Il est manifeste, en effet, qu'il en coûterait bien moins aux herbagers, à leurs gens ou aux commissionnaires qui amènent des bestiaux de 40 lieues au moins, d'en faire sept de plus pour arriver jusqu'à Paris, qu'à la totalité des bouchers de cette ville de se transporter à Poissy, en abandonnant pendant presque tout un jour leur étal, où leur présence est si nécessaire. D'ailleurs, si Poissy est plus près de sept lieues que Paris pour les herbagers qui viennent de l'ouest, il en est plus loin d'autant pour ceux qui viennent de l'est. Autre inconvénient : Les bouchers de Paris étant souvent obligés de faire conduire à l'abattoir les bestiaux, le jour même de l'achat, cette longue marche de sept lieues, faite aussi rapidement, échauffe la viande, lui enlève partie de sa qualité, et occasionne quelquefois la mort de ces bestiaux, ce qui devient une source de difficultés et de procès. Encore si la commune de Poissy se recommandait par quelque avantage particulier, comme si, par exemple, elle avait des pâturages abondants où il fût possible de parquer le bétail, et de le tenir à demeure et en réserve, on concevrait le dérangement et la dépense qu'entraîne la nécessité de s'y rendre. Mais il n'en est rien, et Poissy ne peut invoquer en sa faveur aucune raison utile pour retenir le privilège d'être un marché d'approvisionnement de Paris. Ce privilège impose donc aux bouchers une perte sans compensation, et qui se traduit forcément comme toujours en renchérissement de la viande.

Mais cette perte est le moindre des préjudices qu'il cause au commerce et à la consommation. Les frais nécessités par la fréquentation du marché de Poissy, au dessus des forces des petits bouchers, quand leur nombre est trop grand, les ont induits à ne pas y aller faire eux-mêmes leurs approvisionnements, et à se pourvoir de viandes, à l'abattoir, auprès des bouchers en gros. C'est ce qu'on appelle le commerce à la cheville, qui fait passer la viande par une main de plus, et qui est un des moyens les plus influents par lesquels se produit le monopole. Faites que demain tous les bouchers de Paris puissent opérer leurs achats de bestiaux à ses portes, et sur-le-champ l'achat à la cheville cessera pour tous ceux qui ne sont pas prête-noms ou débiteurs des gros bouchers. Le monopole est donc, en grande partie, une conséquence de l'existence du marché de Poissy, et le monopole, on le sait, a plus contribué que quoi que ce soit à l'augmentation de la viande.

Ces inconvénients attachés à l'éloignement du marché de Poissy ne pouvaient pas échapper à l'administration. Dès 1833, M. le directeur de la caisse de Poissy les signalait à M. le préfet de la Seine. Les bouchers de Paris, au nombre de 429, sur 496, ne tardèrent pas à pétitionner pour obtenir que le marché de Sceaux se tînt un jour de plus par semaine, le jeudi, se plaignant entre autres choses, que les voyages de Poissy entraînaient, pour leur commerce, des frais et des dommages que l'on ne pouvait pas évaluer à moins de 150,000 fr. par an. La majorité des bouchers de la banlieue appuya la demande. Une grande partie des herbagers eux-mêmes insistèrent pour qu'elle fût accueillie. Le conseil municipal, saisi de la question, alla plus loin, et par délibération du 29 mai 1835, posa en principe « que ces marchés avaient été créés dans l'in-

« térêt de l'approvisionnement de Paris, et que cet intérêt était le seul qui dût
« être pris en considération, soit pour maintenir l'état actuel des choses, soit
« pour le modifier ; qu'ainsi , sans s'occuper des avantages ou des inconvé-
« nients qui pourraient résulter, pour les communes de Poissy ou de Sceaux,
« de la modification proposée par M. le préfet, il s'agissait seulement d'exa-
« miner s'il y avait lieu, par la ville de Paris, d'user du droit incontestable
« qu'elle a de créer un nouveau marché soit à Sceaux, soit sur tout autre
« point rapproché de la capitale, et cela, sans avoir égard aux dépenses que
« la ville de Poissy avait pu faire ou pouvait vouloir faire encore dans son in-
« térêt particulier. » Examinant ensuite la question sous ce point de vue, la
délibération concluait : « qu'il y avait lieu d'établir le jeudi de chaque semaine,
« soit à Sceaux, *soit sur tout autre point rapproché de la capitale*, un nou-
« veau marché destiné à approvisionner en bétail la ville de Paris. »

M. le ministre de l'intérieur, par une décision du 9 juin suivant, refusa d'autoriser la tenue, le jeudi, d'un nouveau marché de bestiaux à Sceaux. Il contes-
ta les faits produits à l'appui de la demande, quelque certains qu'ils fussent ;
il passa sous silence le droit, réclamé par la ville de Paris, de prendre telles
mesures qu'il appartiendrait, dans l'intérêt de son approvisionnement, sans
s'embarrasser de l'intérêt de telle ou telle autre commune ; il méconnut, selon
nous, le côté politique de la question ; il n'y voulut voir qu'une pensée mes-
quine d'enlever une longue possession à la ville de Poissy et de la ruiner.

Mais est ce donc que la ville de Poissy aurait un droit si bien établi qu'on
devrait lui sacrifier le grand intérêt municipal et politique qui veut que la
viande ne s'élève pas à Paris au delà d'un certain taux ? Voyons les faits. Il
n'y a guère plus de deux cents ans que non-seulement le marché de Poissy ne
servait pas à l'approvisionnement de la capitale, mais qu'il était défendu aux
bouchers de celle-ci d'aller y faire leurs acquisitions de bestiaux, Poissy étant
dans ce rayon de sept lieues, dont nous avons parlé, dans lequel il était interdit
d'acheter aucuns bestiaux pour Paris, ailleurs que sur les marchés autorisés. Ce
n'est qu'au commencement du dix-septième siècle que l'on *tolera* que les bouchers de Paris se rendissent au marché de Poissy (1). On lui porté à cette *tolérance*, non pas par intérêt pour cette dernière commune, mais par intérêt pour
la capitale qui, à cette époque, prenait de grands accroissements et pour faci-
li er les arrivages qu'il fallait attirer de plus loin, dans un temps où les voies
de communication n'étaient ni aussi nombreuses ni aussi faciles que de nos
jours. Il est possible cependant que Poissy, à cause de la faveur que la beauté
de son site lui avait depuis un très-long temps méritée auprès des rois de
France qui y avaient une résidence, où se plaisait Robert, où naquit et où fut
baptisé saint Louis, qui aimait tant ce lieu, qu'il prenait plaisir à se qualifier de

(1) La plus ancienne ordonnance d'où l'on puisse induire ce fait, est datée du
22 avril 1611.—Voir au reste, pour ce qui est allégué ici, Delamarre, *Traité de la
Police*, t. II, p. 500, 502, 503, 530, 595, 596, 597, 606.

Louis de Poissy ; il est possible, disons-nous, que cette faveur ait contribué aussi à valoir à cette ville d'être érigée en marché servant à l'approvisionnement de Paris ; mais on conçoit qu'un semblable motif n'aurait plus aucune valeur, aujourd'hui que toutes les questions de ce genre doivent se résoudre par le droit municipal et par l'économie politique. Quoi qu'il en soit, si cette tolérance, qui permettait aux bouchers de la capitale de se rendre au marché de Poissy, fut plus tard régularisée par divers actes et notamment par les lettres patentes du 18 décembre 1700, cette régularisation n'eut encore lieu que dans l'intérêt de l'approvisionnement de Paris, ainsi que l'a prétendu le conseil municipal. Bien loin donc que le passé justifie les prétentions que l'on pourrait supposer à la commune de Poissy, il n'est propre qu'à mettre dans une nouvelle évidence le droit de la ville de Paris. Par suite du changement des circonstances, la tenue du marché de Poissy étant devenue plus nuisible qu'utile à la capitale, et l'intérêt de celle-ci étant, sous tous les rapports, que les marchés qui doivent l'approvisionner soient rapprochés le plus possible de son mur d'enceinte, il n'y a pas l'ombre d'un doute qu'elle n'ait le droit d'établir ces marchés à sa convenance, pour son plus grand bien. Autrement, il y aurait encore en France une commune qui ne serait pas affranchie, et qu'une autre commune aurait le droit de retenir dans un véritable état de servage. Or, la commune ainsi vassale et tributaire serait Paris, la capitale du royaume, avec son million d'habitants ; et la commune suzeraine serait Poissy, chef-lieu de canton, avec ses 2,500 âmes !

On ne saurait donc trop engager la ville de Paris à maintenir avec persévérance son droit d'établir des marchés suivant ses besoins, et le conseil municipal à saisir toutes les occasions de déclarer qu'il persiste dans sa délibération du 29 mai 1835. Il n'est pas possible que l'administration supérieure méconnaisse plus longtemps des réclamations aussi légitimes en principe et aussi prudentes en fait. Il n'est pas possible qu'elle continue à prêter main-forte à cette servitude bizarre, que la féodalité eût à peine admise, par laquelle une commune serait astreinte à payer la viande plus cher, uniquement pour en enrichir une autre.

Tout ce que l'on pourrait solliciter en faveur de Poissy, serait qu'il lui fût accordé, non pas une indemnité pour les dépenses qu'elle aurait faites, dit-on, car ces dépenses n'ont été effectuées que de son plein gré, pour son avantage, à ses risques et périls ; mais un dédommagement, en compensation du changement qui s'opérerait dans sa position financière, toute commune qui éprouve des pertes étant favorable aux yeux de l'administration supérieure. Or, aujourd'hui que Paris devient une vaste place d'armes, et qu'il sera nécessaire d'avoir des troupes dans ses environs, rien ne serait plus facile au ministère que d'affecter à Poissy un casernement qui l'indemniserait largement de la perte de son marché.

Art. 14.

(Devenu l'art. 15 de la commission.)

Texte du projet.

« Tout boucher qui fera des achats
« ailleurs que sur les march s auto-
« risés, sera interdit de l'exercice
« de sa prof ssion pendant six mois;
« en cas de récidive, il sera interdit
« définitivement, et son étal sera
« fermé. »

Art. 15.

Texte de la commission.

Point de changement.

Cet article est la reproduction textuelle de l'article 12 de l'ordonnance du
18 octobre 1829.

La prohibition qu'il impose aux bouchers de n'acheter de bestiaux nulle
part ailleurs que sur les marchés autorisés, est formelle, générale, et n'admet
ni doute, ni exception.

Elle abolit donc cette faculté que l'article 188 de l'ordonnance de police du
25 mars 1830 avait, d'ailleurs illégalement, réservée aux bouchers, d'acheter
des bestiaux au delà du rayon de dix myriamètres, à la charge de les amener
et exposer sur les marchés de Sceaux et de Poissy.

Bien entendu que ce droit que les bouchers n'ont pas de faire par eux-
mêmes des achats partout ailleurs que sur les marchés, ils ne peuvent en re-
vêtir des gens qu'ils commissionneraient.

Cette disposition est une des conséquences de ce principe de l'approvisionnement de Paris, qui veut que rien ne soit négligé pour produire la plus
grande affluence possible de bestiaux sur les marchés servant à cet approvisionnement.

Elle est parfaitement juste, et les bouchers ne sauraient être admis à s'en
plaindre, car elle est une des conditions de la limitation de leur nombre. La
Ville a bien le droit de leur dire : Je vous abandonne tous les bénéfices que
doit procurer mon approvisionnement ; mais vous n'aurez pas le droit de me
nuire et de causer la rareté de la denrée sur mes marchés, en en détournant,
par des achats irréguliers, les bestiaux qui y étaient destinés, et qui devaient
y amener l'abondance et le bon marché.

Cette mesure si logique et si équitable est en même temps très-bien entendue, car elle s'attaque directement au monopole, et lui enlève son plus
puissant moyen d'action. De tout temps, en effet, et nous pourrions en citer
des témoignages sans nombre (1), les bouchers en gros de Paris s'en sont

---

(1) Nous nous contenterons de produire en témoignage le commencement des
lettres patentes du 17 mars 1567, où la question nous a paru bien posée :

« Charles, par la grâce de Dieu, roi de France, à tous ceux qui ces présentes
« verront, salut. Comme pour donner ordre et règlement à la police des vivres, nous
avons fait assembler certains bons personnages, nos officiers et autres bourgeois,

allés en ferme, sur les marchés éloignés, dans les auberges, sur les routes d'arrivages, ou y ont envoyé des hommes à eux, commissionnés, ont accaparé les bestiaux et les ont retenus loin des marchés ou les y ont fait affluer, suivant qu'il convenait à leur intérêt de produire une hausse ou une baisse factice. Pour obvier à ce mal si grave, on leur interdit d'abord et cela dès 1350 (1), d'aller au-devant des bestiaux pour en acheter, et d'en vendre ailleurs que sur les marchés. Puis on imagina de défendre, dans un rayon de sept lieues, toute vente et tout achat de bestiaux ; puis enfin, cette prohibition s'étendit à un rayon de vingt lieues. Il existe, à la date des 23 novembre 1597 et 19 mai 1598, deux avis des prévôts des marchands et échevins de la ville de Paris, dans lesquels ils se plaignent de ce que, par l'effet des achats faits ailleurs que sur les marchés autorisés, il y a telle année où sur les marchés de Paris il ne s'est vendu que dix moutons et cinq bœufs, au lieu qu'anciennement il y avait chacun jour, au marché, deux ou trois mille moutons, et mille ou douze cents bœufs. Ils affirment encore que, depuis huit ans, il n'a été vendu sur ces mêmes marchés que cinq cents moutons et cent bœufs. Ils dénoncent les intelligences qui se pratiquent entre les marchands forains et les bouchers sur ces marchés non autorisés, et par parenthèse, sur celui de Poissy, où l'on déguise le prix de la viande, pour ensuite vendre plus cher en détail aux bourgeois obligés de passer par la miséricorde des bouchers. Ils concluent enfin à ce que, dans vingt lieues à la ronde, il ne soit pas permis d'acheter et de vendre ailleurs que sur les marchés de Paris.

Ces abus, dont les prévôt des marchands et échevins de Paris se plaignaient il y a près de trois cent cinquante ans, subsistent encore aujourd'hui. Voici dans quels termes les dénonçait à la chambre des pairs, le 28 avril 1840, M. Bourdeau, qui les connaît bien, car il appartient à un pays d'engrais qu'il a longtemps représenté comme député : « Il existe une autre espèce de fraude, « c'est que les acheteurs des marchés de Sceaux et de Poissy expédient sur les « routes des agents à une, deux et jusqu'à trois journées avant d'arriver aux « marchés, et là il se fait des marchés que l'on appelle marchés à l'écurie. Ces « agents, envoyés sur les routes par les principaux acheteurs de bestiaux, sont,

« manants et habitants de nostre bonne ville et cité de Paris, par l'avis desquels nous « avons fait plusieurs ordonnances sur le fait des vivres ; et entre autres choses a été « trouvé en ladite assemblée, que l'une des principales occasions de l'extrême et « excessive cherté de la chair provient et procède de ce que depuis aucun temps en « ça les marchands forains et étrangers discontinuent d'amener ou faire amener le « bestail à pied fourché au marché de nostre dite ville de Paris, pour y être vendu « ou débité, comme ils souloient faire le temps passé ; laquelle dis ordonnation nous « avons été duement informez, procéder tant de ce qu'aucuns bouchers de nostre dite « ville, qui sont les plus riches, ont accoustumé d'aller au-devant des marchandises, « contre nos édits et ordonnances sur ce faites..... »

(1) Ordonnance du roi Jean, pour la police de Paris, du 30 janvier 1350.

« néanmoins, en apparence des acheteurs pour leur propre compte. Dès qu'ils
« sont arrivés au marché, il se fait entre eux et les acheteurs de Paris un
« autre cours ; de là une mercuriale factice entre les acheteurs primitifs et les
« acheteurs secondaires, aux dépens du consommateur. »

Ce sont ces abus qui affectent d'une manière si désastreuse la consommation
que l'article que nous discutons a pour but de réprimer, et ce n'est pas trop
pour y parvenir de la sanction sévère qu'il prononce.

ART. 15.	ART. 16.
(Devenu l'art. 16 de la commission).	*Texte de la commission.*
Texte du projet.	
« Les bestiaux, amenés sur les « marchés ci-dessus désignés, seront, « avant l'ouverture de la vente, sou-« mis à l'inspection de la police , « afin de s'assurer s'ils sont en état « d'être livrés à la boucherie. *Ils « devront être frappés d'une marque « particulière qui constate cette « vérification. »*	« Les bestiaux , amenés sur les « marchés ci-dessus designés, se-« ront, avant l'ouverture de la vente, « soumis à l'inspection de la police, « afin de s'assurer s'ils sont en état « d'être livrés a la boucherie. *Ceux « qui ne seraient pas dans ce cas « seront frappés d'une marque par-« ticulière qui constatera cette véri-« fication. »*

La mesure prescrite par l'article 15 du projet l'avait été déjà par l'ordonnance
du roi du 12 janvier 1825, art. 11 ; par celle du 18 octobre 1829, art. 13 ;
par l'ordonnance de police du 25 mars 1830, art. 174, 175, 177, 188, 203,
217 ; et néanmoins , elle n'a jamais été appliquée. C'est qu'elle est en effet
inexécutable, au moins en ce qui concerne la marque de la vérification apposée
sur les bestiaux reconnus propres à être livrés à la boucherie, à cause de leur
trop grand nombre ; sans compter qu'elle était injuste , en ce qu'elle donnait
à croire que tous ceux qui n'étaient pas vendus étaient jugés, par cela même,
ne pas mériter de l'être. Il est beaucoup plus simple, plus juste et plus facile
de ne marquer que ceux qui sont impropres à la boucherie. Le syndicat le
demande, et il y aura même à cette disposition un autre avantage, c'est qu'elle
retiendra les herbagers qui seraient tentés d'amener sur les marchés des bestiaux qui devraient être rejetés. Le nombre de ceux-ci diminuera de jour en
jour, et la mesure en deviendra de plus en plus facile à exécuter.

ART. 16.	ART. 17.
(Devenu l'art. 17 de la commission.)	*Texte de la commission.*
Texte du projet.	
« Il est fait défense aux bouchers « de revendre vivants, soit sur les « marchés, soit aux abattoirs, les « bestiaux achetés sur les marches *« de Sceaux, de Poissy, de la halle « aux veaux et des vaches grasses.»*	« Il est fait défense aux bouchers *« et a tous autres, sous peine de « saisie et de cent francs d'amende,* « de revendre vivants, soit sur les « marchés, soit aux abattoirs, les « bestiaux achetés sur les marches *« autorisés. »*

La revente sur pied est ce qu'on appelle *regrat* ; c'est l'agiotage éhonté qui ne peut pas même invoquer en sa faveur une ombre d'utilité publique. De tout temps, il a été défendu et flétri par tous les actes administratifs et judiciaires. Il l'est encore aujourd'hui par l'ordonnance royale du 12 janvier 1825, art. 12 ; par celle du 18 octobre 1829, art. 14 ; et par l'ordonnance de police du 25 mars 1830, art. 38, 176, 222.

La prohibition imposée aux bouchers, votre commission est d'avis de l'étendre à *tous autres ;* car il est notoire que d'autres que les bouchers, et notamment les commissionnaires, se livrent au métier de *regrattier.* Le projet d'ordonnance manquait de sanction à ce délit ; celle que votre commission propose est empruntée aux lettres patentes du 1er juin 1782, art. 24, mentionnées dans l'ordonnance de police du 25 mars 1830, art. 176 et 222.

Art. 17.	Art. 18.
(Devenu l'art. 18 de la commission.)	*Texte de la commission.*
Texte du projet.	
« La revente des viandes et des « bestiaux abattus, dite commerce « à la cheville, *est permise, notam-* « *ment aux abattoirs.* »	« La revente, *dans les abattoirs,* « des viandes et des bestiaux abat-« tus, dite commerce à la cheville, « *est interdite. Néanmoins elle* « *pourra avoir lieu transitoirement,* « *à titre de tolérance, jusqu'à ce que* « *que le nombre des étaux soit ren-* « *tré dans la limite fixée par l'art.* 3 « *ci-dessus, et sans que cette tolé-* « *rance puisse se prolonger au delà* « *de quatre ans, après la promul-* « *gation de la présente ordonnance.*»

Le monopole a deux manières de réaliser ces bénéfices : 1° par la revente des bestiaux sur pied ou *regrat ;* 2° par la revente des bestiaux abattus ou *commerce à la cheville.*

Le *regrat,* nous l'avons dit, c'est l'agiotage éhonté, et par conséquent inadmissible ; l'article précédent en a fait bonne justice.

Le commerce à la cheville est plus habile ; il se présente sous couleur d'utilité publique et de progrès. Il est, à l'entendre, une application de la division du travail ; il pratique mieux et à meilleur marché une des parties du commerce de la boucherie, la partie la plus difficile, et qui exige le plus d'habitude et de ressources pécuniaires, celle qui consiste dans l'acquisition des bestiaux. Il épargne à la majorité des bouchers les frais de voyage sur les marchés d'approvisionnement et certains autres frais spéciaux. Il contribue, par conséquent, à procurer à la consommation la viande à une qualité supérieure et à un prix moins élevé, en même temps qu'il allége les charges et accroît les bénéfices du commerce de détail. L'abolir, c'est rétrograder, c'est revenir à l'enfance de l'art.

Ces raisons spécieuses ont séduit nombre de bons esprits. La commission ministérielle, à une grande majorité, dit-on, a été d'avis qu'on autorisât le commerce à la cheville. Déjà la préfecture de police, convaincue de sa nécessité, l'avait maintenu de fait, mettant encore ici son opinion à la place de la légalité qui l'interdisait.

Aucun point n'a été plus débattu dans le sein de votre commission. Elle s'est prononcée pour la prohibition du commerce à la cheville. Nous allons exposer les motifs qui l'ont déterminée à adopter cet avis.

Mais d'abord simplifions la question.

Le commerce à la cheville n'est pas cet échange qui a lieu entre bouchers, d'un étal à l'autre, de diverses parties de viandes, au moyen duquel seulement peut s'approvisionner suffisamment de basses viandes le boucher des quartiers pauvres, et de viandes élitées celui des quartiers riches. Cet échange est nécessaire dans le débit, pour donner satisfaction aux pratiques ; il a toujours été permis, et ce n'est point de lui qu'il s'agit ici.

Il ne s'agit pas davantage de la vente en gros ou demi-gros qui se ferait sur les marchés publics. Bien que cette vente eût de l'analogie avec celle qui s'effectue aux abattoirs, néanmoins il ne faudrait pas la confondre avec celle-ci. La vente sur les marchés publics ne peut avoir lieu qu'au détail ; c'est là un point sur lequel tout le monde est d'accord ; nous en dirons plus tard les raisons.

Enfin, il ne peut pas être question non plus, quand on interdit le commerce à la cheville, de forcer à se rendre sur les marchés pour y faire en personne leurs acquisitions, les veuves, les bouchers âgés et infirmes, ni même ceux qui seraient subitement empêchés. L'ordonnance de police du 25 mars 1830, art. 39, a permis, dans ces différents cas, que les personnes ci-dessus dénommées pussent charger de leurs achats, au moyen d'une procuration authentique, soit un autre boucher, soit leur premier garçon d'étal. L'article 1er du projet, deuxième paragraphe, amendé par votre commission, a pourvu à ces différents cas par une disposition plus générale en autorisant tout boucher qui ne pourrait pas se rendre sur les marchés à s'y faire représenter, soit par un autre boucher, soit par son premier garçon d'étal, por eur de sa procuration spéciale et authentique. Et remarquez que, bien loin qu'une disposition semblable puisse être confondue avec le commerce à la cheville, elle doit avoir pour effet de contribuer à le réduire.

La question que nous examinons en ce moment est donc uniquement celle-ci :

Convient-il, en autorisant la vente en gros ou demi-gros aux abattoirs, de dispenser les bouchers d'aller faire en personne, ou par un fondé de pouvoir, leurs acquisitions de bestiaux sur les marchés d'approvisionnement ?

Lors même qu'il serait vrai que le *commerce à la cheville* fût une application du principe de la division du travail, il n'en faudrait pas moins l'interdire, car il irait contre le but que l'on s'est proposé en organisant la boucherie.

Ce but a été, non pas de diviser un travail qui n'a pas besoin de divisions, mais au contraire d'avoir un corps de bouchers connaissant toutes les parties de leur état, et capables de concourir entre eux sur toutes ces parties. On a trouvé à cela d'immenses avantages : certitude d'approvisionnement, garantie d'un bon service, impossibilité du monopole et de l'agiotage, son acolyte nécessaire. Que si maintenant, sous prétexte de division du travail, on partageait les bouchers en acquéreurs de bestiaux et en détaillants de viande, il est manifeste que l'on n'aurait plus de bouchers complétement experts ; que ceux qui sauraient acheter ne sauraient pas détailler, *et vice versâ* ; que, par conséquent, il n'y aurait plus entre eux de concurrence générale sur toutes les parties de leur profession ; que le monopole pourrait ainsi trouver accès parmi eux, et surtout dans les rangs des acquéreurs de bestiaux, qui formeraient toujours le petit nombre, à cause des capitaux à eux indispensables pour opérer, qui ne tarderaient pas à se concerter entre eux, et qui, détenteurs de la viande, tiendraient par cela même, dans leurs mains, l'existence des autres bouchers, débitants de cette denrée. Arrivés à ce point, et détaillants et consommateurs, tous ne seraient-ils pas également rançonnés par les vendeurs de viande à l'abattoir ?

Interrogeons les faits ; n'est-ce pas ce qui est arrivé de tous points ? Et peut-on dire, ainsi que l'allèguent les partisans du commerce à la cheville, que, depuis qu'il existe, la viande est plus abondante, meilleure, moins coûteuse, et que la boucherie cependant soit dans une situation prospère ?

Mais est-il donc vrai que le commerce à la cheville ait été créé dans des vues de progrès, et en tant que l'application d'un principe d'économie politique ? Nous pouvons dire que nous n'avons vu nulle part trace de ces intentions éclairées et bienfaisantes ; et qu'en supposant le bienfait, il faut qu'il se soit produit de lui-même et par une vertu occulte bien puissante, car il a cela de singulier que le corps de la boucherie, auquel il s'adresse de première main, le repousse avec une antipathie opiniâtre par la voie de son syndicat et de tout ce qui n'est pas prête-nom ou débiteur des bouchers en gros. Mais à quoi bon aller chercher à ce commerce abusif une origine économique ou mystérieuse, quand il est notoire qu'il est né de l'extrême misère de la boucherie ? En effet, quand le nombre des bouchers était convenablement limité, quand ils pouvaient trouver dans leur profession une existence honorable, le commerce à la cheville n'était pas même connu de nom ; ou il n'existait pas, ou le mal se réduisait à si peu de chose qu'on n'en découvre aucune mention, ni pour l'autoriser ni pour l'interdire, dans pas un des actes émanés, durant ce temps, de l'administration supérieure ou de la préfecture de police. Ce n'est qu'à dater de l'ordonnance du 12 janvier 1825, qui, en déclarant illimité le nombre des étaux, ruina la boucherie, que l'on voit le commerce à la cheville poindre et grandir si bien que, moins de cinq ans après, il fallait qu'une ordonnance royale, celle du 18 octobre 1829 (art. 14), en fît défense expresse. Malheureusement cette ordonnance, qui prescrivait en même temps le rachat des étaux, resta sans exécution, et l'abus fit de si grands progrès qu'aujourd'hui, sur cinq cents bouchers, ainsi que nous avons eu déjà l'occasion de le dire, il y en a cinquante qui vendent à la cheville, trois cents qui s'y approvisionnent, et cent cinquante seulement qui exercent leur profession régulièrement. Laissez le mal s'aggraver encore, et avant qu'il soit peu, tout le commerce de la boucherie de Paris se sera à coup sûr concentré dans un très-petit nombre de mains.

Dans cet état de choses, supposez que ces bouchers en gros, aventureux comme tous les spéculateurs, fassent de mauvaises affaires, et voilà l'approvisionnement de la capitale compromis; supposez-les animés d'un esprit de faction, ils pourront agiter à leur gré la multitude par la privation ou la cherté d'un aliment de première nécessité; supposez-les enfin, quelque invraisemblable que soit la supposition, vendus à l'étranger, en cas de siége, et, par la disette de la viande, ils peuvent entraîner la reddition de Paris et la chute de l'indépendance nationale. Au contraire, ayez un corps de bouchers bien au complet, experts, contents de leur état, non-seulement aucun de ces dangers n'est à craindre, mais vous avez contre eux et surtout contre le dernier une garantie puissante.

Nous verrons tout à l'heure si le commerce à la cheville a eu pour effet de mettre la viande à plus bas prix; mais un résultat qui ne peut être contesté, c'est qu'il tend à en détériorer la qualité. Le boucher en gros y a intérêt et beau jeu : *intérêt*, car, achetant moins cher des animaux qui produiront de la moins bonne viande, il peut la céder à meilleur marché, et attirer ainsi à lui le petit boucher; *beau jeu*, car la qualité de la viande se juge bien moins à l'échaudoir que dans l'animal sur pied.

La caisse de Poissy est une institution merveilleusement propre à assurer l'approvisionnement de Paris; mais c'est à une condition, c'est qu'elle payera argent comptant. Elle paye comptant pour chaque boucher jusqu'à concurrence du montant de son cautionnement et de la valeur de son étal. Si quatre cent cinquante bouchers se rendent sur les marchés pour y acheter leurs bestiaux, l'approvisionnement est garanti, en supposant la valeur de chaque étal à 10,000 fr., par 5.850,000 francs. Si cinquante bouchers en gros seulement vont aux marchés, l'approvisionnement n'est plus garanti que par 600,000 francs. Nous savons bien que, dans ce cas, les bouchers en gros achètent au delà de leur crédit, et suppléent à celui-ci par l'argent comptant qu'ils versent entre les mains de l'administrateur de la caisse de Poissy, pour solder les herbagers qui sont toujours payés par lui. Or, cet argent comptant n'étant ordinairement prêté qu'à gros intérêts aux bouchers, si des circonstances malheureuses rendaient impossible à ceux-ci de s'en procurer, ils achèteraient moins, seulement pour garnir leur étal, sans s'inquiéter de celui des autres, et l'approvisionnement resterait incomplet.

Ce n'est pas tout; la caisse de Poissy qui paye 5 p. o/o d'intérêt aux bouchers pour leur cautionnement, retire à son tour un intérêt des sommes qu'elle paye pour leur compte aux herbagers, sur ce cautionnement et sur la valeur de leur étal. Or, s'ils ne font aucun achat de bestiaux sur les marchés, il n'y a rien à avancer pour eux, et la perte qui en résulte pour la ville se complique de l'intérêt qu'elle paye pour le cautionnement et de l'oisiveté de ce capital qui ne lui produit rien.

Autre inconvénient : Le commerce à la cheville s'est presque entièrement concentré dans l'abattoir Montmartre, qui est devenu un véritable marché. Il en résulte d'abord que les autres abattoirs sont délaissés par les bouchers, ce qui est contraire au bon ordre ; ensuite, que déjà l'on réclame l'agrandissement de l'abattoir Montmartre, ce qui entraînerait pour la ville une dépense considérable, d'ailleurs bien inutile, puisque les cinq abattoirs construits dans les plus larges vues d'avenir pourraient suffire à un développement double de celui qu'a pris la boucherie.

Malgré tous les dangers, tous les abus et toutes les pertes qui se rattachent au commerce à la cheville, ses sectateurs, nourrissant encore cette illusion que la viande doit être moins coûteuse sous son régime, à force de chercher, ont cru constater ce fait que les détaillants, indépendamment des frais de voyage et de quelques autres frais d'abattoirs qui leur sont épargnés, achetaient à la cheville deux ou trois centimes de moins le demi-kilogramme qu'ils ne l'auraient payé au marché, en acquérant le bétail sur pied. Mais ils n'ont pas considéré, 1° que la viande à la cheville était toujours d'une qualité inférieure, et devait, par conséquent, moins coûter ; 2° que ce prétendu bas prix de la viande à la cheville ne paraissait tel que relativement au taux élevé produit à l'encontre des bouchers réguliers, par les manœuvres du monopole, et qu'il serait en réalité très-onéreux, dans le cas où tous les bouchers se rendant sur les marchés, et les transactions s'effectuant avec sincérité, le prix de la viande serait abandonné à lui-même. En effet, tant que le commerce à la cheville sera autorisé, les bouchers riches auront un intérêt immense à élever fictivement le prix des mercuriales, d'abord pour grever les bouchers réguliers, et ensuite pour rançonner d'autant les détaillants leurs tributaires, tout en ayant l'air de leur faire meilleur marché. Ils emploieront pour arriver à ce résultat ces milles manœuvres que sait inventer la cupidité, auxquelles elle avait recours autrefois comme aujourd'hui, et dont votre commission a constaté plusieurs.

Pour achever de démontrer que le commerce à la cheville a pour effet, quelles que soient les apparences, d'augmenter le prix de la viande, nous rappellerons ce que nous avons établi précédemment par des chiffres officiels : c'est que dans la période d'organisation de la boucherie de 1812 à 1824, c'est-à-dire dans un temps où le commerce à la cheville n'existait point, les trois qualités de viande pour les quatre sortes de bestiaux, et surtout la troisième qualité plus particulièrement réservée aux classes pauvres, avaient éprouvé des diminutions de deux ou trois sous par demi kilogramme ; et, qu'au contraire, elles avaient toutes subi des augmentations non moins sensibles dans la période de désorganisation de 1825 à 1840, alors que le commerce à la cheville était toléré.

Les partisans de ce commerce ont encore dit qu'en contraignant tous les bouchers de Paris à se rendre sur les marchés pour y faire leurs achats, on produirait la cherté de la marchandise par le grand nombre des acheteurs. Mais il est facile de répondre à cet argument que ce n'est pas le nombre des acheteurs, mais la quantité des achats qui fait hausser le prix de la denrée, et que l'approvisionnement de la capitale n'étant soumis qu'à des mouvements insensibles d'un marché à un autre, et la quantité des achats restant, en conséquence, à peu près la même, le prix du bétail ne devait pas hausser, par cela seul que le nombre des acheteurs aurait augmenté.

On a été jusqu'à avancer en faveur du commerce à la cheville, que les commissionnaires chargés de vendre les bestiaux pour le commerce des herbagers, étant en petit nombre, et se concertant entre eux pour faire monter les prix, il fallait, pour protéger les intérêts des acheteurs, opposer aussi à ces commissionnaires un petit nombre de bouchers qui pourraient, par des manœuvres à la baisse, déjouer leurs manœuvres à la hausse.

Il est certain que ces commissionnaires, qui, sous prétexte aussi de diviser le travail, se sont placés entre les producteurs et les acheteurs ont exercé un office presque aussi nuisible que celui des bouchers en gros ; non pas que cet office ne fût pas peut-être admissible en principe, mais parce que la position qu'ils avaient prise leur permettait d'en abuser, et qu'ils n'ont en garde d'y manquer. Au reste ce n'est pas d'aujourd'hui qu'on s'en plaint, et un arrêt du parlement du 13 juillet 1699, prenant en considération les doléances des bouchers à ce sujet, « fait très-expresses inhibitions et défenses à tous marchands « forains de se servir d'aucuns facteurs, commissionnaires ou entremetteurs « pour la vente de leurs bestiaux, à peine de 200 livres d'amende ; et auxdits « facteurs et commissionnaires de s'immiscer directement ou indirectement en « ladite vente, à peine de punition exemplaire..... » Il est d'autant plus singulier aujourd'hui, que l'on cherche, dans l'intérêt de la boucherie et des consommateurs, à faire des bouchers en gros une sauvegarde contre les commissionnaires, que le plus souvent les uns et les autres se sont ligués pour exploiter la boucherie et les consommateurs. Heureux encore ceux-ci, quand ces prétendus commissionnaires ne sont pas, ainsi que l'a dit M. Bourdeau, des gens gagés par les bouchers en gros pour simuler les ventes et faire des mercuriales fictives ! Notez en outre que, dans la période d'organisation de la boucherie, c'était presque toujours les herbagers qui venaient vendre eux-mêmes leurs bestiaux, et qu'il y avait alors très-peu de commissionnaires. Notez de plus, qu'à présent encore il y a une époque de l'année, de juillet à janvier, où arrivent les bœufs de pâture de Normandie et du Maine, conduits par leurs éleveurs et que cette époque de l'année est le bon temps de la boucherie ; car il est bien plus facile de s'entendre avec les propriétaires qui ne connaissent pas toutes les ruses du métier, et qui n'ont point à recouvrer sur la vente le bénéfice que feraient sur eux les commissionnaires. Notez enfin que ces commissionnaires se sont surtout immiscés dans le commerce des bestiaux, avec leur habitude des transactions et leur savoir-faire, durant la période de désorganisation, soit pour combattre les menées des bouchers en gros, alors qu'ils commençaient à s'emparer des marchés, soit plutôt pour se concerter avec eux. Le commerce à la cheville est donc en grande partie la cause et le complice de ces commissionnaires tant redoutés, auxquels on voudrait l'opposer aujourd'hui. Du jour qu'il disparaîtra des marchés, tout fait espérer que les herbagers y reviendront en plus grand nombre, ou tout au moins que celui des commissionnaires, qui n'est aujourd'hui que de vingt-cinq à trente, s'augmentera dans une notable proportion, ne fût-ce qu'à cause de l'impossibilité où seraient ces vingt-cinq à trente commissionnaires de traiter avec quatre cent cinquante bouchers, ou, pour mieux dire, avec six cent cinquante et huit cents, en y comprenant ceux de la banlieue et les forains. La foi des marchés s'est altérée sous l'influence de leur invasion par des commissionnaires et des bouchers en gros moins commerçants qu'agioteurs ; leur sécurité renaîtra avec le retour des véritables commerçants, la masse des éleveurs et des bouchers.

Nous avons dit que la cause réelle de l'extension toujours croissante du commerce à la cheville, c'était la misère où étaient tombés la majorité des bouchers à cause de leur trop grand nombre. A cet égard, nous avons l'aveu même de nos adversaires ; car ils conviennent avec nous que le jour où le nombre des bouchers sera limité, et où ils recouvreront l'aisance à laquelle leur donne droit leur profession si utile et si pénible , ce jour-là le commerce à la cheville ira s'éteindre de lui-même dans un temps donné. Il y a plus, si les deux principaux marchés d'approvisionnement, au lieu d'être distants de deux et de sept lieues, étaient ramenés sous les murs de Paris, nous sommes convaincus , et nous l'avons déjà dit , que ce commerce disparaîtrait presque aussitôt.

En résumé, la vente à la cheville est en contradiction avec l'organisation du commerce de la boucherie; c'est une brèche par laquelle le monopole, exclu de ce commerce sur les marchés, y rentre à l'abattoir ; c'est une prime qui lui est incessamment offerte, pour le pousser à ressaisir la position qu'il a perdue sur les marchés et leur exploitation abusive. Elle n'a point cette origine honorable qu'on voudrait lui attribuer ; elle est née de la misère du commerce ; elle tend à concentrer de plus en plus, au grand péril de la chose publique, tout l'approvisionnement de Paris dans un petit nombre de mains; elle a pour résultat de faire baisser la qualité de la viande, et, quoi qu'on en ait dit, d'en faire hausser le prix ; elle attenue la puissance financière de la caisse de Poissy, gêne son action et diminue ses revenus; elle a, enfin, contribué à écarter les herbagers des marchés, et à les y remplacer par des commissionnaires.

C'est donc avec une entière conviction que la commission propose l'interdiction de la vente à la cheville Néanmoins, elle a compris que cette mesure, en raison du changement considérable qu'elle doit amener dans le commerce de la boucherie, ne doit pas immédiatement être mise à exécution, et qu'il est nécessaire de ménager une transition. En effet, outre qu'on ne peut pas rompre tout à coup des habitudes prises, il faut laisser aux bouchers le temps d'apporter dans la gestion de leurs maisons des dispositions nouvelles, et surtout celui de recouvrer ou d'acquérir l'aptitude propre à l'achat des bestiaux. On espère, d'ailleurs, qu'avec le retour d'une situation meilleure, les bouchers abandonneront d'eux-mêmes le commerce à la cheville. Toutefois, à côté de cette espérance, il fallait placer au bout d'un temps déterminé, la certitude de voir cesser un abus. C'est pourquoi votre commission, en demandant l'interdiction en principe de ce commerce, est d'avis qu'il soit toléré jusqu'à ce que le nombre des étaux soit ramené à la limite légale, sans toutefois que cette tolérance puisse se prolonger au delà de quatre ans, après la promulgation de l'ordonnance.

ART. 18.

(Devenu l'art. 19 de la commission.)

Texte du projet.

« Les bestiaux destinés à la bou-
« cherie de Paris, et *introduits dans*
« *cette ville*, seront abattus exclu-
« sivement dans les cinq abattoirs
« généraux , *situés aux barrières*
« *des Invalides*, de Miromesnil, de
« *Rochechouart, d'Ivry et de Popin-*
« *court. Défenses sont faites d'en*
« *abattre dans aucune boucherie,*
« *étable, bergerie et abattoir parti-*
« *culier.* »

ART. 19.

Texte de la commission.

« Les bestiaux destinés à la bou-
« cherie de Paris *ne seront intro-*
« *duits dans cette ville qu'après*
« *avoir été marqués, sur le marché,*
« *d'une empreinte particulière.* Ils
« seront abattus exclusivement dans
« les cinq abattoirs généraux *Cha-*
« *que boucher ne pourra abattre que*
« *dans l'abattoir assigné par les*
« *règlements à la circonscription*
« *dans laquelle sera situé son étal.*»

La commission demande que les bestiaux destinés à la boucherie de Paris soient marqués sur le marché d'une empreinte particulière, et qu'ils ne puis-sent être introduits dans Paris qu'avec cette marque. Cette mesure a pour but d'empêcher la substitution de bestiaux achetés pour la banlieue à des bestiaux achetés pour Paris, et d'enlever à certains bouchers en gros les moyens d'in-troduire dans cette ville des bestiaux qu'ils n'avaient point fait paraître sur les marchés.

La disposition qui veut que les bestiaux soient exclusivement abattus dans les abattoirs généraux, se justifie d'elle-même sous le point de vue du bon ordre, de la salubrité et de la sûreté publique. Elle est renouvelée de l'ordon-nance du 12 janvier 1825, art. 13 ; de celle du 18 octobre 1829, art. 15, et de l'ordonnance de police du 25 mars 1830, art. 48.

L'obligation, pour tout boucher, d'abattre dans l'abattoir de sa circonscrip-tion , existait en vertu de l'ordonnance de police du 25 mars 1830, art. 49. Elle était tombée en désuétude, par suite de l'extension et de la concentration de la vente à la cheville dans l'abattoir Montmartre. Il importe de la remettre en vigueur pour réduire ce commerce, en attendant qu'il soit supprimé, et pour éviter à la ville la dépense considérable qui résulterait de la nécessité d'agran-dir l'abattoir où il se pratique, si on le tolerait, et qu'on le laissât s'accroître encore.

ART. 19.

(Devenu l'art. 20 de la commission.)

Texte du projet.

« *Ceux* qui introduiront des bes-
« tiaux dans Paris seront tenus de
« justifier aux *employés* de l'octroi,
« *ainsi qu'au préposé de l'abattoir,*
« d'un bulletin et *certificat* qui con-
« state l'achat desdits bestiaux sur
« les marchés autorisés. »

ART. 20.

Texte de la commission.

« *Les personnes* qui introduiront
« *ou qui achèteront* des bestiaux
« dans Paris seront tenues de justi-
« fier aux *préposés de l'octroi, soit*
« *aux barrières, soit aux abattoirs,*
« d'un bulletin qui constate l'achat
« desdits bestiaux sur les marchés
« autorisés. *Ce bulletin sera délivré*
« *par un employé de la caisse de*
« *Poissy, et visé par un employé de*
« *la préfecture de police.* »

Cette obligation de justifier par un bulletin ou *laissez-passer*, nommé *hayon*, de l'achat des bestiaux sur les marchés autorisés, était déjà prescrite par l'ordonnance du roi du 12 janvier 1825, art. 14; par l'ordonnance du roi du 18 octobre 1829, art. 16, et par l'ordonnance de police du 25 mars 1830, art. 60 et 61.

Cette mesure, de concert avec celle de l'article précédent, qui veut que les bestiaux destinés à la boucherie de Paris soient marqués d'une empreinte particulière, a pour but de garantir l'identité des bestiaux achetés sur les marchés et abattus dans cette ville.

Suivant la manière dont les choses se passent actuellement, les *hayons* sont délivrés par l'inspecteur de police, et visés par un employé de la caisse de Poissy, dans l'intérêt de la perception. Or, il est souvent arrivé que ces hayons ne sont pas délivrés de suite, mais seulement en semaine; et, dans ce cas, ils ne peuvent pas être visés par l'employé de la caisse de Poissy, ce dernier n'exerçant ses fonctions que sur le marché. Il en résulte que l'agent de la préfecture de police, qui n'est point comptable, et qui n'a point versé de cautionnement, perçoit les droits qu'il verse ensuite à la caisse de Poissy, ou qu'il met une note sur le hayon pour indiquer qu'on doit les percevoir. Il en peut encore résulter que les bestiaux n'auront pas paru sur le marché. Pour porter remède à un ordre de choses aussi vicieux, la commission est d'avis que le hayon soit désormais délivré par un employé de la caisse de Poissy, et visé par un employé de la préfecture de police. De cette façon, la perception sera faite par l'administration à ce commise, et la surveillance exercée par l'autorité qui est chargée de veiller à l'approvisionnement.

Art. 20.
(Devenu l'art. 21 de la commission.)
Texte du projet.

« Les bouchers forains sont admis, concurremment avec les bouchers de Paris, à vendre ou à faire vendre au détail, de la viande sur les marchés publics, en se conformant aux règlements de police. »

Art. 21.
Texte de la Commission.

« Les bouchers forains sont admis, concurremment avec les bouchers de Paris, à vendre ou faire vendre au détail, *par gens à leur service*, de la viande sur les marchés publics, en se conformant aux règlements de police. »

Cette concurrence des bouchers forains avait été précédemment autorisée par l'arrêté du 8 vendémiaire an XI, art. 19; par l'ordonnance de police du 15 nivôse an XI, art. 9; par l'ordonnance du roi du 12 janvier 1825, art. 15; par celle du 18 octobre 1829, art. 17; par l'ordonnance de police du 25 mars 1830, art. 226.

La commission est d'avis que l'on dise que la faculté accordée aux bouchers forains de *faire vendre* de la viande, ne doit avoir lieu que *par gens à leur service*. C'est l'application de la règle générale, imposée aux bouchers de Paris, d'occuper leurs étaux par eux-mêmes ou par gens à leur service.

26

Il est bien entendu que cette autorisation accordée aux marchands forains ne concerne que la vente en détail. La vente en gros ou demi-gros exclurait ou diminuerait le débit aux consommateurs, que l'on a eu surtout en vue de favoriser ; elle le reléguerait aux étaux, après l'avoir fait passer par une main de plus ; elle constituerait un commerce à la cheville et un monopole qui seraient encore moins à leur place là qu'aux abattoirs, qui seraient sujets à bien plus d'abus encore, et qui seraient d'autant plus iniques que les bouchers forains sont soumis à bien moins d'obligations et de frais que les bouchers de Paris.

Il n'était pas inutile de faire ces observations, pour assurer l'exécution de cette disposition de l'ordonnance.

Art. 21.	Art. 21 du projet.
Texte du projet.	*(Supprimé par la commission.)*

« Il n'est porté aucune atteinte au « droit des particuliers de faire ap- « porter du dehors à leur domicile « les viandes à leur usage, en payant « les droits d'octroi et sans préju- « dice des inspections de salubrité « qui peuvent être requises. »

La commission propose la suppression de cet article, d'accord avec MM. les préfets de la Seine et de police, et avec M. le directeur de la caisse de Poissy. Il paraît même qu'il a été inséré dans le projet d'ordonnance, sans qu'il ait été mis en discussion dans le sein de la commission ministérielle. Quoi qu'il en soit, il est certain qu'on ne s'en est pas bien rendu compte ; car toutes les personnes versées dans la connaissance de la pratique sont d'accord pour déclarer qu'il aurait pour effet d'inonder Paris de viandes apportées et col- portées par les bouchers forains et leurs étaliers ; viandes dont se pourvoi- raient les habitants des rues voisines des barrières, toutes les petites gens, les restaurateurs à bas prix, et les gargotiers ; et dont il se ferait des dépôts dans une foule de lieux, chez les marchands de vins, les portiers et autres ; qu'il résulterait de tout cela impuissance de surveiller de la part de la police, et péril imminent pour la salubrité ; sans compter que tolérer un pareil mercan- dage serait détruire l'effet de la limitation du nombre des étaux et ruiner les bouchers de Paris.

Il est hors de doute, d'ailleurs, que la suppression de cet article ne doit rien changer au droit qu'a toujours eu tout particulier d'apporter du dehors, sauf payement des droits d'octroi, de la viande en petite quantité pour son usage personnel.

Art. 22.	Art. 22.
Texte du projet.	*Texte de la commission.*

« Au moyen des dispositions ci- « dessus, *l'ordonnance royale du* « *18 octobre 1829 est abrogée,* « *ainsi que toutes autres, en ce qui* « *serait contraire à la présente.* »

« Au moyen des dispositions ci- « dessus, *sont abrogées l'ordonnance* « *royale du 18 octobre 1829 et toutes* « *autres, en ce qu'elles auraient de* « *contraire à la présente.* »

Art. 23.	Art. 23.
Texte du projet.	*Texte de la commission.*
Notre ministre, etc.	Point de changement.

Arrivés au terme de la tâche qui nous avait été imposée, nous éprouvons le besoin de dire que, dans notre conviction profonde, la réorganisation de la boucherie de Paris, à elle seule, n'aura pas pour effet, et surtout pour effet immédiat, de produire sur le prix de la viande cette réduction notable que chacun espère, dont chacun est impatient, et qui la ramènerait par exemple au taux de 1824, dernière année de la période normale. Cette réorganisation, au fur et à mesure du rachat des étaux, diminuera les frais d'exploitation, résultat qui serait bien minime, s'il n'était accompagné de l'abolition du monopole, le plus vieil et le plus pernicieux ennemi de la boucherie. C'est de cette abolition surtout qu'on peut attendre d'abord un terme au renchérissement et plus tard un retour au bon marché. Mais, pour dissiper toutes les illusions, pour éviter encore une de ces réactions enfantées par le désappointement contre le commerce de la boucherie, réaction qui nous jetterait de nouveau dans les écarts de 1791, de 1825 et de 1840, il importe que l'on soit bien prévenu à l'avance, qu'afin de ménager, avec le secours du temps, une diminution de 10, 15 ou 20 centimes par demi-kilogramme de viande, il est nécessaire, en réorganisant cette profession, en détruisant le monopole, de s'attaquer à la fois aux autres causes de la cherté de cet aliment, savoir : à l'excès des droits d'importation aux douanes, et au mode de perception de ces droits; au peu d'élévation de ceux d'exportation; et enfin aux droits et au mode de perception des droits d'octroi (1). Il faut que l'on sache bien que nous sommes ici sur un terrain où il n'est possible que de glaner des parcelles, et que ce n'est qu'au moyen de ces parcelles réunies que l'on pourra former un tout de quelque valeur.

En attendant, et en ce qui concerne quant à présent la réorganisation du commerce de la boucherie, votre commission, par les motifs énoncés au présent Rapport, est d'avis que le projet relatif à cette réorganisation, et sur lequel le Conseil municipal a été consulté, soit modifié ainsi qu'il suit :

---

(1) Le conseil général de la Seine, dont font partie de plein droit tous les membres du conseil municipal de Paris, a, dans sa session de 1839, émis le vœu : 1º qu'on admît en franchise l'entrée en France des bœufs maigres ; 2º qu'on perçût au poids, au lieu de percevoir par tête, les droits établis sur toutes les autres sortes de bestiaux; 3º qu'on fixât, pour cette perception, un droit uniforme tel que les droits de douane à l'entrée sur ces bestiaux s'en trouvassent notablement diminués.

Le conseil général a renouvelé ce triple vœu dans sa session de 1840.

Le conseil municipal est saisi en ce moment de deux propositions de M. le préfet de la Seine, ayant pour effet, l'une la révision des droits d'octroi à Paris, l'autre la conversion des droits d'octroi, de caisse de Poissy et d'abatage perçus par tête de bétail, en droits au poids sur la viande.

PROJET D'ORDONNANCE ROYALE

SUR

LA RÉORGANISATION DU COMMERCE DE LA BOUCHERIE.

<hr>

Texte du Projet.   Texte de la Commission.

Art. 1er.

« Nul ne peut exercer la profes-
« sion de boucher dans la ville de
« Paris, s'il n'y est autorisé par une
« permission spéciale *à lui* délivrée
« par le préfet de police. »

Art. 1er.

« Nul ne peut exercer la profes-
« sion de boucher dans la ville de
« Paris, s'il n'y est autorisé par une
« permission spéciale *qui lui sera*
« *délivrée par le préfet de police,*
« *sur l'avis du syndicat ; sur la pro-*
« *duction d'un certificat du maire*
« *de son domicile, constatant qu'il*
« *est de bonne vie et mœurs, qu'il*
« *a fait un apprentissage, et qu'il*
« *connaît suffisamment la pratique*
« *de son état ; et après qu'il aura*
« *justifié du payement de son cau-*
« *tionnement, ainsi qu'il est dit à*
« *l'article 7 ci-après.*
« *Ladite permission énoncera le*
« *quartier, la rue ou la place où le*
« *boucher devra s'établir. »*

Art. 2.

« Nul boucher ne sera autorisé à
« tenir deux ou plusieurs étaux.
« Chacun sera tenu d'exploiter son
« étal par lui-même. »

Art. 2.

« Nul boucher ne sera autorisé à
« tenir deux ou plusieurs étaux.
« Chacun sera tenu d'exploiter son
« étal par lui-même.
« *En cas de contravention aux*
« *dispositions ci-dessus, l'étal indû-*
« *ment exploité sera fermé sans*
« *aucun dédommagement. »*

Texte du Projet.	*Texte de la Commission.*

ART. 3.

« Le nombre des permissions que « le préfet de police aura à délivrer, « suivant l'art. 1er, sera exactement « réglé *en tout temps* sur le nombre « des habitants de la ville de Paris, « officiellement constaté par les re- « censements périodiques, de ma- « nière qu'il y ait un boucher à « raison de *deux mille habitants.* »

ART. 3.

« Le nombre des permissions que « le préfet de police aura à déli- « vrer, suivant l'art. 1er, sera exac- « tement réglé sur le nombre des « habitants de la ville de Paris, offi- « ciellement constaté par les recen- « sements périodiques, de manière « qu'il y ait un boucher à raison de « *deux mille deux cents* habitants.»

« *Le nombre des bouchers, fixé* « *d'après cette base, ne sera plus* « *augmenté ou réduit qu'autant que* « *les recensements quinquennaux* « *auront établi que la population* « *s'est assez accrue ou a assez di-* « *minué, pour qu'il y ait plus de* « *deux mille quatre cents, ou moins* « *de deux mille habitants par bou-* « *cher.* »

« *Dans l'un et l'autre cas, le nom-* « *bre des bouchers sera de nouveau* « *ramené à la proportion normale* « *d'un boucher par deux mille deux* « *cents habitants.* »

ART. 4.

« Tant que le nombre des bou- « chers sera au-dessus de la pro- « portion fixée par l'article précé- « dent, les fonds *libres résultant* « des intérêts payés par la caisse « de Poissy *sur* les cautionnements « fournis par les bouchers *pourront* « *être* employés au rachat et à la « suppression des étaux qui seraient « à vendre. Ces rachats seront faits « par les soins du syndicat de la « boucherie. *Néanmoins, ils n'au-* « *ront lieu qu'en vertu d'autorisa-* « *tions spéciales du préfet de po-* « *lice.* »

ART. 4.

« Tant que le nombre des habi- « tants sera au-dessus de la propor- « tion fixée par l'article précédent, « les fonds *provenant* des intérêts « payés par la caisse de Poissy *pour* « les cautionnements fournis par « les bouchers, *ainsi qu'il est dit à* « *l'art. 8 ci-après, seront seuls* em- « ployés au rachat et à la suppres- « sion des étaux qui seraient à « vendre. Ces rachats seront faits « par les soins du syndicat de la « boucherie, *sous la sanction admi-* « *nistrative du préfet de police,* « *laquelle sera accordée dans les* « *limites prévues par l'art. 3.* »

ART. 5.

« *Le propriétaire d'un étal a le* « *droit d'en disposer et ne peut en* « *être dépouillé* sous prétexte de « rachat ; mais, jusqu'au moment où « le nombre des étaux sera des- « cendu à la limite fixée par l'art. 3, « le droit de préemption sera ré- « servé au syndicat sur ceux qui « seraient mis en vente. Pour cet « effet, le projet de traité arrêté « entre le vendeur et l'acheteur sera

ART. 5.

« *Le propriétaire d'un étal ne* « *peut être dépouillé du droit d'en* « *disposer* sous prétexte de rachat ; « mais, jusqu'au moment où le nom- « bre des étaux sera descendu à la « limite fixée par l'art. 3, le droit « de préemption sera réservé au « syndicat sur ceux qui seraient mis « en vente. Pour cet effet, le projet « de traité arrêté entre le vendeur « et l'acheteur sera présenté, avant

Texte du Projet.

« présenté, avant son exécution, au
« préfet de police, lequel mettra le
« syndicat en demeure de déclarer,
« dans un délai de huitaine, s'il est
« *en intention* et en mesure de se
« prévaloir de son droit de préfé-
« rence. »

Art. 6.

« *Si, au décès d'un boucher, sa*
« *veuve ou un membre de sa famille*
« *demande à lui succéder, il n'y*
« *aura pas lieu à la préemption du*
« *syndicat.* »

Art. 7.

« Chaque boucher est tenu de
« fournir un cautionnement fixé à
« 3,000 fr. Cette somme sera ver-
« sée *à la caisse de Poissy, dans*
« *le délai de trois mois, après l'au-*
« *torisation exigée à l'art. 1er. Cette*
« *autorisation sera retirée à tout*
« *boucher qui, à l'expiration de ce*
« *terme, n'aurait pas versé son cau-*
« *tionnement.* »

Art. 8.

« L'intérêt du cautionnement que
« la caisse de Poissy alloue à raison
« de 5 p. % par an, sans retenue,
« continuera à former un fonds com-
« mun affecté *au payement : 1° des*
« *dépenses qui concernent le ser-*
« *vice de la boucherie dans les*
« *abattoirs ; 2° des dépenses du*
« *syndicat ; 3° des pensions et se-*
« *cours accordés par le syndicat à*
« *d'anciens bouchers ou employés*
« *de la boucherie ou à leurs fa-*
« *milles.*
« *Prélèvement fait de ces dé-*
« *penses, le reliquat du fonds com-*
« *mun peut être employé au rachat*
« *des étaux à vendre, comme il est*
« *dit à l'art. 4.* »

Texte de la Commission.

« son exécution, au préfet de police,
« lequel mettra le syndicat en de-
« meure de déclarer, dans un délai
« de huitaine, s'il est *dans l'inten-*
« *tion* et en mesure de se prévaloir
« de son droit de préférence. »

Art. 6.

« *Il n'y aura pas lieu à la*
« *préemption du syndicat dans le*
« *cas de cession par un boucher à*
« *un parent ou allié jusqu'au troi-*
« *sième degré inclusivement ; non*
« *plus que dans le cas de décès*
« *d'un boucher, si sa veuve ou un*
« *parent ou allié jusqu'au troisième*
« *degré inclusivement demande à*
« *lui succéder.* »

Art. 7.

« Chaque boucher est tenu de
« fournir un cautionnement fixé à
« 3,000 fr. Cette somme sera ver-
« sée *sans délai à la caisse de*
« *Poissy. L'autorisation d'exercer*
« *ne sera accordée qu'après ce ver-*
« *sement.* »

Art. 8.

« L'intérêt du cautionnement que
« la caisse de Poissy alloue à rai-
« son de 5 p. % par an, sans rete-
« nue, continuera à former un fonds
« commun affecté *au rachat des*
« *étaux à vendre, comme il est dit*
« *à l'art. 4.*
« *Si ce fonds n'est pas épuisé par*
« *ces rachats, il sera employé au*
« *payement : 1° des dépenses qui*
« *concernent le service de la bou-*
« *cherie dans les abattoirs géné-*
« *raux ; 2° des dépenses du syndi-*
« *cat ; 3° des pensions et secours*
« *accordés par le syndicat à d'an-*
« *ciens bouchers ou employés de la*
« *boucherie, ou à leurs familles ;*
« *sauf à compléter, en cas d'insuf-*
« *fisance, le payement de ces dé-*
« *penses sur les fonds produits par*
« *la vente des fumiers des bouve-*

— 407 —

Texte du Projet.

Texte de la Commission.

« ries et bergeries, ainsi que par
« celle des vidanges et voiries pro-
« venant d'abattoirs.
« Si, au contraire, le fonds formé
« par l'intérêt du cautionnement et
« destiné aux rachats d'étaux, est
« plus que suffisant pour ces ra-
« chats et pour les dépenses qui
« viennent d'être énumérées, ce qui
« en restera sera reporté à l'année
« suivante avec la même destina-
« tion. »

ARTICLE ADDITIONNEL, *devant former
l'article* 9.

« S'il devient nécessaire de créer
« de nouveaux étaux, en raison de
« l'accroissement de la population,
« ainsi qu'il a été dit dans l'art. 5
« ci-dessus, le choix des titulaires
« sera déterminé par l'ancienneté
« des demandes à fin d'autorisation
« d'exercer, lesquelles devront être
« adressées simultanément à M. le
« préfet de police et au syndicat de
« la boucherie.
« Dans ce cas, l'autorisation d'exer-
« cer ne sera délivrée qu'à la con-
« dition, par celui qui doit l'obte-
« nir, de verser à la caisse du com-
« merce de la boucherie, pour être
« mise à la disposition du syndicat,
« une somme représentant la moitié
« du prix moyen de la totalité des
« étaux rachetés. »

ART. 9.

« Le syndicat de la boucherie est
« composé d'un syndic et de six ad-
« joints. Ils seront nommés, chaque
« année, par le préfet de police, sur
« une liste de vingt candidats choi-
« sis au scrutin dans une assemblée
« électorale de tous les bouchers.
« L'assemblée sera convoquée par
« les soins du préfet de police, et
« présidée par lui ou par son délé-
« gué. »

ART. 10 (9 du projet).

« Le syndicat de la boucherie se
« compose de neuf membres, qui éli-
« sent entre eux un président et
« un secrétaire. Ces neuf membres
« sont nommés par tiers tous les
« ans, à la majorité absolue et au
« scrutin secret, parmi les bouchers
« qui comptent cinq années de pra-
« tique de leur profession, dans l'as-
« semblée générale des bouchers,
« convoquée et présidée par le pré-
« fet de police ou par son délégué.
« Après six ans d'exercice des
« fonctions du syndicat, les mem-
« bres sortants n'y peuvent être
« rééligibles qu'autant qu'il se se-
« rait écoulé une année entre leur
« sortie et leur réélection.
« Les deux premiers tiers sortant
« des membres du syndicat seront
« désignés par la voie du sort. »

Texte du Projet.

Art. 10.

« *Les syndic et adjoints* adresse-
« ront au préfet de police tous les
« rapports, avis et renseignements
« qui leur seront demandés ou qu'ils
« jugeront utiles. *Ils pourront pro-*
« poser des règlements pour le ré-
« gime intérieur et le bon exercice
« de *leur* profession. Ces règlements
« seront soumis par le préfet de po-
« lice, à l'approbation du ministre
« de l'agriculture et du commerce. »

Art. 11.

« *Il n'est rien innové au mode*
« *suivant lequel des crédits sont ou-*
« *verts tous les mois sur la caisse*
« *de Poissy, à chaque boucher;*
« *mais ceux qui n'en feront pas*
« *usage, faute de fréquenter les*
« *marchés, auront la faculté de dé-*
« *léguer leurs crédits à un ou plu-*
« *sieurs de leurs confrères.* »

N B. La dernière disposition a été votée
par la Commission, mais réflexion faite, on
craint qu'elle ne rende pas ce qu'on en attend. Le boucher qui achète ou qui paye
au comptant à la caisse le prix de ses achats
excédants son crédit, n'a point intérêt à se
faire ouvrir un crédit plus considérable,
parce qu'il aurait à payer le droit sur ce
qu'aujourd'hui il acquitte sans droit.

Le boucher qui ne va pas aux achats ne
se prêtera pas à déléguer un crédit dont il
se trouverait garant à la caisse, et si on ne
se réservait pas sa garantie, ce n'est plus
son crédit qui serait prêté; ce serait un accroissement pur et simple de la confiance
accordée au délégataire sans l'aveu et contre
les règlements de la caisse.

La caisse seule aurait intérêt à grossir
par là ses payements; mais, pour que ce fût
effectif, il faudrait *obliger* tout boucher
présent ou absent à épuiser ou faire épuiser
son crédit. Or, dans la délibération de la
Commission on a seulement *permis* les délégations, on ne les a pas rendues forcées,
et, au reste, je doute qu'on eût pu les rendre
obligatoires.

(*Note du rédacteur du projet d'ordon-*
nance, sur l'art. 11.)

Texte de la Commission.

Art. 11 (10 *du projet*).

« *Le syndicat* adressera au préfet
« de police tous les rapports, avis et
« renseignements qui lui seront de-
« mandés ou qu'il jugera utiles. *Il*
« *proposera* des règlements pour
« l'exécution de la présente ordon-
« nance, pour le régime intérieur et
« le bon exercice de la profession de
« boucher. Ces règlements seront
« soumis par le préfet de police à
« l'approbation du ministre de l'agri-
« culture et du commerce, *après*
« *avoir pris l'avis du Conseil mu-*
« *nicipal.* »

Art. 12 (11 *du projet*).

« *Le crédit dont jouira chaque*
« *boucher de Paris sur la caisse de*
« *Poissy, sera réglé par le direc-*
« *teur de ladite caisse, d'après les*
« *ordres du préfet de la Seine, qui*
« *prendra l'avis du préfet de police*
« *et du syndicat de la boucherie.*
« *Tout boucher qui ne pourra pas*
« *se rendre sur les marchés aura*
« *la faculté de s'y faire représenter,*
« *soit par un autre boucher, soit*
« *par son premier garçon d'étal,*
« *porteur de sa procuration spéciale*
« *et authentique.* »

Texte du Projet.	*Texte de la Commission.*

ART. 12.

« Tout étal qui cessera d'être
« garni de viande pendant trois jours
« consécutifs, sera fermé pendant
« six mois. »

ART. 13 (12 *du projet*).

Point de changement.

ART. 13.

« Il ne pourra être vendu et
« acheté de bestiaux pour l'appro-
« visionnement de Paris, nulle part
« ailleurs *que dans les marchés de*
« *Sceaux, de Poissy, de la halle*
« *aux veaux et des vaches grasses.*»

ART. 14 (13 *du projet.*)

« Il ne pourra être vendu et
« acheté de bestiaux pour l'appro-
« visionnement de Paris, nulle part
« ailleurs que sur *les marchés auto-*
« *risés pour cet approvisionnement.*»

ART. 14.

« Tout boucher qui fera des achats
« ailleurs que sur les marchés auto-
« risés, sera interdit de l'exercice
« de sa profession pendant six mois;
« en cas de récidive, il sera interdit
« définitivement, et son étal sera
« fermé. »

ART. 15 (14 *du projet*).

Point de changement.

ART. 15.

« Les bestiaux, amenés sur les
« marchés ci-dessus désignés, seront,
« avant l'ouverture de la vente, sou-
« mis à l'inspection de la police,
« afin de s'assurer s'ils sont en état
« d'être livrés à la boucherie. *Ils*
« *devront être frappés d'une marque*
« *particulière qui constate cette*
« *vérification.* »

ART. 16 (15 *du projet*).

« Les bestiaux, amenés sur les
« marchés ci-dessus désignés, se-
« ront, avant l'ouverture de la vente,
« soumis à l'inspection de la police,
« afin de s'assurer s'ils sont en état
« d'être livrés à la boucherie. *Ceux*
« *qui ne seraient pas dans ce cas*
« *seront frappés d'une marque par-*
« *ticulière qui constatera cette véri-*
« *fication.* »

ART. 16.

« Il est fait défense aux bouchers
« de revendre vivants, soit sur les
« marchés, soit aux abattoirs, les
« bestiaux achetés sur les marchés
« *de Sceaux, de Poissy, de la halle*
« *aux veaux et des vaches grasses.*»

ART. 17 (16 *du projet*).

« Il est fait défense aux bouchers
« *et à tous autres, sous peine de*
« *saisie et de cent francs d'amende,*
« de revendre vivants, soit sur les
« marchés, soit aux abattoirs, les
« bestiaux achetés sur les marchés
« *autorisés.* »

ART. 17.

« La revente des viandes et des
« bestiaux abattus, dite commerce
« à la cheville, *est permise, notam-*
« *ment aux abattoirs.* »

ART. 18 (17 *du projet*).

« La revente, *dans les abattoirs,*
« des viandes et des bestiaux abat-
« tus, dite commerce à la cheville,
« *est interdite. Néanmoins, elle*
« *pourra avoir lieu transitoirement,*
« *à titre de tolérance, jusqu'à ce que*
« *le nombre des étaux soit ren-*
« *tré dans la limite fixée par l'art. 5*
« *ci-dessus, et sans que cette tolé-*
« *rance puisse se prolonger au delà*
« *de quatre ans, après la promul-*
« *gation de la présente ordonnance.*»

Texte du Projet.	Texte de la Commission.
### Art. 18.	### Art. 19 (18 du projet).
« Les bestiaux destinés à la bou- « cherie de Paris, et *introduits dans* « *cette ville*, seront abattus exclu- « sivement dans les cinq abattoirs « généraux , *situés aux barrières* « *des Invalides, de Miromesnil, de* « *Rochechouart, d'Ivry et de Popin-* « *court. Défenses sont faites d'en* « *abattre dans aucune boucherie,* « *étable, bergerie et abattoir parti-* « *culier.* »	« Les bestiaux destinés à la bou- « cherie de Paris *ne seront intro-* « *duits dans cette ville qu'après* « *avoir été marqués, sur le marché,* « *d'une empreinte particulière.* Ils « seront abattus exclusivement dans « les cinq abattoirs généraux. *Cha-* « *que boucher ne pourra abattre que* « *dans l'abattoir assigné par les* « *règlements à la circonscription* « *dans laquelle sera situé son étal.* »
### Art. 19.	### Art. 20 (19 du projet).
« *Ceux* qui introduiront des « tiaux dans Paris seront tenus de « justifier aux *employés* de l'octroi, « *ainsi qu'au préposé de l'abattoir,* « d'un bulletin *et certificat* qui con- « state l'achat desdits bestiaux sur « les marchés autorisés. »	« *Les personnes* qui introduiront « *ou qui achèteront* des bestiaux « dans Paris seront tenus de justi- « fier aux *préposés* de l'octroi, *soit* « *aux barrières, soit aux abattoirs,* « d'un bulletin qui constate l'achat « desdits bestiaux sur les marchés « autorisés. *Ce bulletin sera délivré* « *par un employé de la caisse de* « *Poissy, et visé par un employé de* « *la préfecture de police.* »
### Art. 20.	### Art 21 (20 du projet).
« Les bouchers forains sont admis, « concurremment avec les bouchers de « Paris, à vendre ou faire vendre, au « détail, de la viande sur les mar- « chés publics, en se conformant aux « règlements de police. »	« Les bouchers forains sont admis « concurremment avec les bouchers de « Paris, à vendre ou faire vendre, au « détail, *par gens à leur service,* de « la viande sur les marchés publics, en « se conformant aux règlements de « police. »
### Art. 21.	### Art. 21 du projet.
« Il n'est porté aucune atteinte au « droit des particuliers de faire appor- « ter du dehors , à leur domicile, les « viandes à leur usage, en payant les « droits d'octroi, et sans préjudice des « inspections de salubrité qui peuvent « être requises. »	Supprimé.
### Art. 22.	### Art. 22.
« Au moyen des dispositions ci-des- « sus , *l'ordonnance royale du* 18 oc- « *tobre* 1829 *est abrogée* , *ainsi que* « *toutes autres, en ce qui serait con-* « *traire à la présente.* »	« Au moyen des dispositions ci-des- « sus , *sont abrogées l'ordonnance* « *royale du* 18 octobre 1829 *et toutes* « *autres , en ce qu'elles auraient de* « *contraire à la présente.* »
### Art. 23.	### Art 23.
« Notre ministre , etc. »	« Notre ministre , etc. »

LIVRE II.

CHAPITRE PREMIER.

Des Charcutiers.

La profession des charcutiers est ancienne comme celle des bouchers; elle remonte à la plus haute antiquité, et se trouve presque toujours confondue avec cette dernière. La différence seulement consiste dans ce que les bouchers ne pouvaient vendre que de la viande crue, et les autres des viandes cuites.

Dans la Rome antique, comme je l'ai déjà dit, les charcutiers étaient désignés sous le nom de *suarii*, et les bouchers sous ceux de *pecuarii* ou *bearii*. Il y avait donc déjà une distinction établie dans les commerces de la boucherie et de la charcuterie et quelques règles différentes.

En France, dans le moyen âge, la charcuterie ne formait pas une corporation comme la boucherie. Ce commerce était à peu près libre; les personnes qui l'exerçaient s'appelaient *saucisseurs* et *chair-cuitiers*. Leur

métiers consistait à vendre de la chair de *pourceau*
crue ou cuite, à la couper, à la hâcher, à la saler, à l'as-
saisonner, pour en faire (mêlée avec du sang ou sans
sang) des saucisses, des boudins, des andouilles, des cer-
velats, des langues fourrées, et tels autres ragoûts de
chair hachée, enfermée dans des boyaux de porc ou
d'autres animaux. Ils avaient aussi la spécialité de préparer et de fumer les jambons, languets, langues de
bœuf, de porc et de mouton, et de faire le négoce du
lard, du petit salé, cuit ou frais, du saindoux ou graisse
de cochon.

La liberté de ce commerce l'avait fait envahir par les
oyers et les rôtisseurs, vendeurs aussi de chairs cuites,
et, comme il arrive toujours avec la liberté du commerce,
absolue en matière d'alimentation *carnassière*, des désordres graves se révélèrent, car le pauvre peuple était
nourri avec des aliments malsains, mal préparés dans des
vases de cuivre, dont le refroidissement engendrait souvent des empoisonnements. Il est vrai qu'aucune police,
aucune surveillance n'était exercée, et que l'avidité, la
cupidité du marchand avait beau jeu pour tromper le
public.

L'excès de ce désordre fut enfin signalé par les charcutiers eux-mêmes, sous le règne de Louis XI, en 1475,
il fut signalé à Robert de Touteville, alors prévôt des
marchands de Paris. Ils exposèrent, dans leur requête,
qu'il n'avait point encore été fait aucuns statuts et ordonnance sur lesquels ils pussent se conduire et gouverner; le métier se faisait sans ordre ni police, chacun en
usant à son plaisir et volonté, et sans qu'il se fît aucune
visite sur les saucisses et les chairs cuites.

Ce fut donc pour remédier à ces désordres et afin de pourvoir au bien dudit métier, et obvier aux fraudes et abus qui s'y pouvaient commettre, que, de l'avis des advocats et procureur du Roy au Châtelet, du receveur du domaine et autres notables personnes, que furent dressés et arrêtés, le 17 janvier 1475, les règlements et statuts pour la police et gouvernement de la nouvelle communauté des maîtres charcutiers, boudiniers et saucisseurs de la ville et faubourgs de Paris.

Ces statuts, qu'il serait peut-être bien d'exécuter aujourd'hui, quoiqu'ils nous viennent d'une époque que nous appelons presque barbare, mais qui n'en sont pas moins des modèles de bon sens et de bonne et sage police; ces statuts se composent de dix-sept articles, dont voici quelques extraits; ils disent :

1° Que les charcutiers et saucisseurs, tant hommes, femmes que veuves, nommés dans la requête présentée au prévôt de Paris, tenant et exerçant alors ledit métier, et ayant ouvroir ou boutique dans ladite ville, demeuraient et seraient maîtres, sans faire aucun chef-d'œuvre, en prêtant seulement le serment et en payant 12 sous parisis pour les droits du Roy, à l'exclusion de tous autres qui n'auraient pas lesdites qualités.

2° Que l'apprentissage devrait être de quatre ans, et qu'il ne serait pas permis aux maîtres d'avoir plus d'un apprentif à la fois.

3° Qu'aucun ne pourrait être saucisseur et charcutier, cuire chair et faire saucisses, ni tenir ouvroir ou fenêtres ouvertes, s'il n'était maître, et être maître qu'après avoir fait les quatre ans d'apprentissage et le chef-d'œuvre ordonné, et avoir été reçu par les jurés; excepté les fils de maîtres procréés en légitime mariage, qui seraient exempts de l'apprentissage et du chef-d'œuvre.

4° Que les veuves des maîtres pourraient jouir et user du métier tant qu'elles resteraient dans le veuvage; excepté qu'elles ne pourraient faire d'apprentifs, mais seulement celui commencé par leur mari.

5° Que nul maître ne s'ingérerait à l'avenir de vendre aucuns fruits, choux, poirées, verdures, navets, beurre, fromages, ni autre chose, excepté saucisses, chairs cuites, saindoux et autres chairs et denrées qu'ils avaient accoutumé de vendre.

6° Que nul dudit métier ne vendrait harengs et marée, parce que les jours qu'on vend ladite marée sont ceux où l'on doit faire lesdites saucisses et hacher et appareiller les chairs dont elles se font, ce qui pourrait leur faire sentir le goût desdits harengs et marée.

7° Que nul n'employerait en saucisses ou ne vendrait de la chair de porc nourri en maladerie, ni dans les boutiques des barbiers et huiliers, à peine de confiscation et d'amende, et d'être lesdites chairs brûlées devant la boutique des contrevenants.

8° Qu'aucun ne vendrait ou ne ferait vendre chairs cuites en saucisses et autrement qui seraient de mauvaise qualité, puantes et infectes, à peine d'amende arbitraire et de prison, ou de punition plus grande, suivant l'exigence des cas.

9° Que nul dudit métier n'achèterait chair pour cuire ou employer en saucisses, sinon en boucherie jurée de la ville de Paris, qu'elles n'eussent loi et fussent trouvées fraîches, loyales et marchandes, sous les peines portées par l'article précédent.

10° Que nul ne ferait saucisses, sinon de chair de porc frais, hachée bien menu, à ce que la chair prît mieux le sel, et qu'en icelles ne serait mis avec ladite chair et sel que du fenouil nouveau et bien conditionné, et que lesdites saucisses ne seraient faites sinon de menus boyaux de porc, sans y appliquer d'autres boyaux par-dessus.

11° Que nul ne donnerait *coste* de nouveaux boyaux auxdites saucisses, ni les ferait réchauffer depuis qu'elles auraient passé un jour.

12° Que nul ne pourrait faire ni vendre saucisses à Paris, sinon depuis le quinzième jour de septembre jus-qu'au jour de carême-prenant.

13° Que nul dudit métier ne ferait réchauffer la chair depuis qu'elle aura été cuite.

14° Que chaque charcutier cuirait les chairs qu'il au-rait en vaisseau net et bien écuré, et qu'il couvrirait les-dites chairs, quand elles seraient cuites, de nappes et linges propres et blancs.

15° Que nul maître n'achèterait, ne tuerait, et ne ferait acheter, ni tuer aucune chair crue, pour vendre et débiter en leurs maisons, ni ailleurs, et ne vendrait aucune chair crue, excepté le lard.

16° Que nul maître ne vendrait saindoux en pots s'il n'était bon, net, loyal et marchand, et de nouvelle force, au moins de trois semaines de fonte.

17° Que, pour la garde dudit métier, il y aurait deux jurés dont l'élection se ferait chacun an au jour de Saint-

Rémi; auquel jour en serait changé un, ou même tous les deux, ou d'autres élus en leurs places par les prud'hommes du métier, par-devant le procureur du Roy au Châtelet.

Ces statuts des maîtres charcutiers subsistèrent jusqu'en l'année 1705, sans autre altération que celle que les temps et les nouveaux usages peuvent amener dans ces sortes de règlements. Ces statuts, approuvés par le parlement, furent successivement maintenus par tous les rois depuis Louis XI. Mais les nombreuses créations d'offices faites par Louis XIV, depuis 1691 jusqu'en 1702, avaient légèrement altéré les premiers statuts de la charcuterie, ils n'éprouvèrent toutefois que de légères modifications, inutiles à rapporter, jusqu'à la loi de 1791 qui détruisit toutes les maîtrises et jurandes.

Avec la destruction de la maîtrise, le commerce de la charcuterie devint libre comme celui de la boucherie, et les désordres et les misères qu'éprouva celui-ci furent les mêmes pour la charcuterie. Il est difficile d'imaginer les fabrications qui furent établies, et quelles natures de viandes entraient dans la confection des articles appartenant à la charcuterie; assurément le porc était la viande qui y figurait le moins; on parle souvent des civets de matous, mais alors ces pauvres animaux et beaucoup d'autres plus immondes, étaient hachés menus, salés et préparés pour garnir les saucisses et les saucissons. C'est encore Napoléon qui a rétabli l'ordre au milieu de la cuisine des charcutiers; un arrêté des consuls, du 3 brumaire an IX, régla de nouveau leur commerce et fit revivre une partie des anciennes ordonnances.

Cet arrêté des consuls provoqua une ordonnance de
police du 4 floréal an xii, une autre du 25 septembre
1815, et plusieurs règlements qui se succédèrent jusqu'à aujourd'hui. (*Voir* ces ordonnances, etc., à la fin
de ce volume.)

Avec une telle réglementation, il semblerait que tout
dût marcher avec une parfaite régularité; cependant il
existe encore bien des lacunes, parce que si les lois sont
écrites, elles ne sont pas toujours exécutées avec le
soin que l'intérêt de la santé publique exigerait. On
ne pense pas assez que le charcutier est une espèce de
cuisinier spécial, de chimiste culinaire, qui emploie le
plus souvent sa science dans l'intérêt du *revient* du prix
de sa marchandise; car, je le répète, il ne faut pas oublier
aussi qu'il est marchand. Or, ce qu'il cherche et ce qu'il
doit chercher, c'est d'amoindrir autant qu'il le peut ce prix
de *revient*, afin d'augmenter les profits qu'il doit faire.
Mais en matières de viandes hachées, salées, assaisonnées, cuites et de conserve, en matières de pareilles préparations, que de parties hétérogènes peuvent être mêlées, sans que la police, assistée de son conseil de salubrité, puisse y rien voir, y rien critiquer! Quelles exper-
tises sont possibles à travers tant d'ingrédients? On imaginera, en voyant le grand luxe étalé dans les boutiques
des charcutiers, en admirant la propreté des cuivres et
des cristaux, éblouissants comme l'or et les diamants, en
voyant suspendus perpendiculairement ces longs saucissons enveloppés dans l'or et dans l'argent, couron-
nant fastueusement la décoration de l'étal, comme le
manteau d'arlequin l'encadrement d'un théâtre; on

27

imaginera, dis-je, que la charcuterie est en progrès, et que c'est le plus florissant des commerces de Paris. On ne pensera pas un moment que ce grand luxe n'a pu s'établir qu'aux dépens de la qualité des marchandises livrées à la consommation, et on donnera des éloges là où le blâme pourrait être mérité si une vérification sérieuse était faite. Généralement les hommes sont disposés à s'en rapporter à ce qu'on appelle l'étiquette du sac et à l'habit qui pare le moine; mais veuillez bien fouiller dans le sac et déshabiller l'homme si vous voulez connaître la vérité vraie; et en cette matière l'hygiène publique y gagnera.

Le commerce de la charcuterie est un commerce libre, c'est-à-dire qu'il est loisible à chacun de faire ce commerce en sollicitant de M. le préfet de police une autorisation. Cette liberté est-elle utile au public? Je ne le pense pas; car elle n'est liberté qu'avec la permission arbitraire d'une autorité, et cette autorité, variable de sa nature, se trouve subordonnée à tous les divers caprices dont l'esprit humain est susceptible. Mais en laissant de côté ce grave inconvénient, je pense que la limitation est chose nécessaire et de bonne administration en matière de boucherie et de charcuterie; car de la liberté absolue de ces commerces, l'expérience a prouvé qu'il n'en était résulté que d'affreux désordres, et que les marchandises vendues pour l'alimentation du peuple, étaient malsaines, insalubres, et pouvaient engendrer et ont engendré, en effet, de cruelles maladies.

La raison ne prouve-t-elle pas contre cette liberté sans limite? que le commerce de la boucherie et de la charcuterie soient entièrement libres, qu'en résultera-t-il? Qu'un plus grand nombre de personnes aura à vivre sur les profits d'un commerce dont l'importance ne sera pas augmentée, parce qu'il aura plus d'agents pour l'exploiter. N'est-il pas certain que la consommation donnée, de la ville de Paris, en boucherie et en charcuterie, n'aura pas besoin d'un kilogramme de plus pour les appétits, limités au nombre des habitants. Ainsi, s'il y avait 1,000 bouchers au lieu de 500, il en résulterait que les profits que se partagent ces 500 bouchers devraient être partagés en 1,000 parties; parties qui seraient évidemment trop restreintes, numérairement parlant, pour suffire aux frais de location d'étaux et accessoires indispensables à ce genre de commerce. Mais qu'arriverait-il alors? C'est que les bouchers qui ne pourraient pas faire leurs affaires, par la trop grande concurrence, seraient obligés de chercher des profits ailleurs que dans la loyauté de leur commerce, et qu'ils se trouveraient forcés d'acheter les plus mauvaises viandes à vil prix, pour les revendre le plus cher possible, c'est-à-dire d'empoisonner la population pour trouver le gain qui leur est nécessaire.

En bonne police, il convient donc de limiter les commerces chargés de l'alimentation publique tels que la boucherie et la charcuterie; sans cela on peut être assuré que la population n'aura aucune garantie sur la salubrité des viandes destinées à la nourriture de nous tous.

Cette profession de foi de ma part est le résultat d'une conviction que j'ai acquise en étudiant les faits et l'expérience des siècles, expérience et faits qui me semblent plus concluants que les spéculations théoriques de l'esprit même le plus distingué.

Le nombre des charcutiers n'est donc pas limité à
Paris. Il augmente tous les jours. Il était, en 1837, de
trois cent vingt-trois , il est, en 1847 , de trois cent
soixante-seize. Il est donc augmenté de cinquante-trois.
Or, en 1837, le nombre des porcs introduits dans Paris
était, d'après une moyenne décennale, de 91,126, du
poids moyen de 75 kilogrammes, ce qui forme un poids
total de 6,834,440 kilogrammes , lesquels vendus à
1 fr. 20 c. le kilogramme , donnent la somme de
8,201,328 fr. Cette somme, divisée entre les trois cent
vingt-trois charcutiers de la ville de Paris, donnait, pour
chacun d'eux, en moyenne, une somme de 25,422 fr. ,
sur laquelle il y avait à prélever pour les frais de loyer,
de patente, de cuisson, de garçons et les droits d'abatage
et d'octroi, et d'autres frais accessoires, une somme de près
de 20,000 fr. , d'où il résultait que le bénéfice net de
chacun des charcutiers ne s'élevait guère, en moyenne,
au-dessus de la somme de 5,000 fr., et j'exagère probablement.

En 1846, le nombre des porcs, introduits dans Paris ,
s'est élevé à 93,501, du poids moyen également de 75
kilogrammes, ce qui forme un poids total de 7,012,575
kilogrammes, au prix moyen de 1 fr. 20 c., donnent la
somme de 8,415,090 fr., laquelle somme divisée entre les
trois cent soixante-seize charcutiers, fournit à chacun
d'eux, en moyenne, la somme de 22,380 francs. 1837
comparé à 1846, donne donc une différence de 3,042 fr.
sur les recettes effectuées en moyenne par les charcutiers
de Paris, et les frais pourtant sont restés les mêmes s'ils
ne sont pas augmentés.

Il suit de là, ce que je disais tout à l'heure, que l'augmentation du nombre des charcutiers n'augmente par leur
vente, et qu'évidemment pour les connaisseurs, dans les
viandes qu'ils préparent, il doit y avoir de 1837 à 1846,
une notable diminution dans les qualités.

Nécessairement, plus le nombre sera augmenté et plus
le mal s'aggravera. C'est, selon moi, une conséquence
forcée. Un malheur de plus, si cette augmentation a
lieu, c'est que la surveillance des matières préparées, déjà
assez négligée, le sera plus encore, puisque le travail
serait plus grand, et la vigilance plus impérieuse, si
l'on veut vraiment que le public ne consomme que des
matières salubres.

Voyons maintenant la nature des animaux livrés au
commerce de la charcuterie.

CHAPITRE II.

Du Porc ou du Cochon.

Cet animal, que chacun nomme *immonde*, sans trop savoir pourquoi, et peut-être parce que Moïse et Mahomet ont défendu dans leurs lois si sages, à leurs adeptes, d'en manger ; cet animal dont les viandes sont pourtant succulentes, du plus haut goût, et souvent parfaites, ces viandes ne sont peut-être pas telles dans l'Orient. Il est possible que le climat plus chaud et excitant une expansion plus considérable, plus active chez les hommes qui l'habitent, il est possible que ces viandes d'une difficile digestion partout, le soient encore davantage dans les pays chauds, et qu'elles y provoquent de sérieuses maladies. Quoi qu'il en soit, il est défendu d'en manger, voilà le fait, la cause n'en est expliquée ni par Moïse ni par Mahomet, il faut la deviner, et la question d'hygiène générale est la seule solution qui ait été donnée pour motiver les décisions de ces deux grands législateurs.

Ces prescriptions absolues de Moïse et de Mahomet ont inspiré au sieur Wertheimer, juif et charcutier, rue du Chaume, 13, la pensée de faire manger de la charcuterie à ses co-religionnaires, aux Turcs et aux Arabes, qui habitent ou viennent souvent visiter Paris. Mais en homme soumis aux dogmes de sa religion, il s'est abstenu de faire entrer aucune partie des viandes du cochon dans ses préparations ; il fait donc ses boudins, ses saucisses, ses andouilles, ses chairs à saucisse, ses langues fourrées, avec du sang et des chairs de veau, de bœuf et de mouton, puis des portions de cuisse de bœuf, qu'il fume, sale et prépare à l'instar du jambon. Ces préparations sont parfaitement faites, et pourront faire jouir les juifs et les mahométans dévots de mets dont ils seraient privés sans l'invention de M. Wertheimer.

Le porc semble donc descendre en droite ligne du sanglier ; l'identité des formes ne permet pas d'en douter dans nos pays d'Europe. Il n'en est peut-être pas de même pour les porcs à jambes courtes de la mer du Sud, de la Chine, de Siam, du Cap, etc. Nos porcs d'Europe produisent tous avec le sanglier, ils produisent des individus qui conservent la fécondité la plus complète. Il n'en est pas d'eux comme des productions de l'âne et de la jument, ou du cheval avec la bourrique, dont les produits sont condamnés à l'improduction.

Le sanglier, en passant de l'état sauvage, dit M. Elizée Lefèvre, à l'état de domesticité, en a cependant conservé les formes ; mais il a subi des modifications importantes, et pourrait sans doute en subir de nouvelles, car la vo-

lonté de l'homme est toute puissante sur les autres animaux.

Rien, dit F. Cuvier, n'est plus sauvage, plus grossier
et même plus féroce que le sanglier. Les vieux mâles
passent leur vie cachés au fond de leur bauge, c'est-à-
d.re, dans la retraite qu'ils se sont choisie, au milieu de
la partie la plus retirée des taillis les plus épais ; ils
n'en sortent que pressés par leurs besoins dominants, la
faim et l'amour. C'est à la chute du jour ou durant la
nuit qu'ils vont chercher leur nourriture, consistant en
fruits sauvages, en racines, et même en matières animales.
Ces animaux, quoique très-voraces, paissent aussi, en
choisissant de préférence les plantes succulentes et les
graines farineuses. Les femelles, différentes des vieux mâles, vont ordinairement de compagnie avec leurs petits de
deux et même de trois ans, et quelquefois plusieurs troupes se réunissent ; les plus fortes défendent les plus faibles et opposent aux attaques une résistance redoutable.

Les laies portent quatre mois ; près de mettre bas
elles s'isolent et fuient les mâles qui pourraient dévorer
leurs petits. Suivant leur âge, elles mettent au monde
de quatre à dix marcassins, qu'elles allaitent trois ou
quatre mois, et sur lesquels elles veillent avec la plus
grande sollicitude. Leur accroissement dure cinq et six
ans, et leur vie s'étend à vingt-cinq ou trente. Mais, dès
la première année, on les voit déjà manifester les besoins
de l'amour ; et dès la seconde, ils sont en état d'engendrer.

C'est surtout par le sens de l'odorat que les sangliers
se conduisent ; l'ouïe est après l'odorat, leur sens le plus

actif. Ils paraissent attentifs au moindre bruit comme à la moindre odeur.

Les facultés intellectuelles de ces animaux ne sont pas aussi bornées qu'on paraît disposé à le penser, par la considération de leur apparence extérieure, de la grossièreté de leurs formes, de la disgrâce de leurs mouvements, et du peu d'étendue de leurs sens. Quand ils tombent jeunes dans les mains de l'homme, ils se soumettent très-facilement à la domesticité, et se plient sans peine au nouveau genre de vie qu'on leur impose : on en a vu d'assez bien apprivoisés, pour suivre à la chasse, au milieu des bois le maître qui les avait élevés, et attaquer les grosses bêtes d'accord avec la meute de chiens. Que ne pourrait-on pas faire d'un animal qui est si disposé, par la nature, à profiter des soins qu'on lui accorde ?

J'abandonne les sangliers pour m'occuper de leurs descendants. Selon Parmentier, l'illustre propagateur de la culture des pommes de terre, lequel s'occupa aussi beaucoup de l'éducation des porcs et des cochons, il en existe trois races principales en France.

La première, celle de la vallée d'Auge, se trouve en Normandie, dans toute sa pureté ; elle a, pour caractère extérieur, une tête petite et très-pointue, des oreilles étroites, un corps long et épais, un poil blanc et peu abondant, les pattes minces, les os petits. Elle prend rapidement et facilement la graisse et parvient au poids de 3oo kilog.

La deuxième, connue sous le nom de cochon blanc du Poitou, a une tête longue et grosse, le front saillant et coupé droit, l'oreille large et pendante, le corps allongé, le poil rude, les pattes larges et fortes et de gros os ; son poids n'excède jamais 250 kilogr.

La troisième race est celle du Périgord : elle a le poil noir et rude, le cou gros et court, le corps large et ramassé.

Du mélange de ces races sont nées d'innombrables variétés, dont l'étude serait sans intérêt. Je ne veux parler que de la plus commune, du cochon.

Le cochon fait partie du genre des mammifères et de l'ordre des pachydermes. Sa dentition diffère de celle des autres animaux domestiques du même ordre. Sa tête, nommée *hure*, est grosse et allongée ; la partie postérieure du crâne est fort élevée ; le museau, nommé *groin*, se prolonge et s'amincit sensiblement : il est tronqué à son extrémité et terminé au-devant de la mâchoire supérieure par un cartilage plat, arrondi, nu, marqué de petits points et débordant la peau de la mâchoire : c'est le *boutoir;* il est percé par deux ouvertures petites et rondes des narines, entre lesquelles est renfermé, dans le milieu du boutoir, un petit os qui sert de base et de point d'appui à cette partie.

La lèvre inférieure est plus courte et plus pointue que la supérieure ; les mâchoires sont munies de quarante-quatre dents, dont quatre canines, qui s'allongent d'une manière remarquable, et sortent de la bouche de l'animal en se recourbant par le haut en portion de cercle. C'est ce qu'on appelle les *défenses* du sanglier ou les *crochets* du porc domestique ; arme terrible, dont l'animal use d'une manière redoutable contre ses ennemis. Ses yeux sont très-petits et chassieux ; le corps est couvert de poils roides et rares, nommés *soies*; la queue est courte, grêle, très-mobile, se contournant souvent en spirale. Les pieds ont quatre doigts, dont deux seulement appuient sur le sol ; le nombre des mammelles est souvent de plus de dix. Les modifications de sa voix rauque et désagréable sont au nombre de trois, et expriment des sensations différentes. C'est d'abord un grognement paisible, entrecoupé, qu'il fait entendre chaque fois qu'il éprouve du bien-être. C'est ensuite un cri aigu, qui, faiblement poussé, marque l'impatience de recevoir des aliments, mais qui, plus longuement et plus énergiquement exprimé, peint une contrariété et la douleur la plus forte comme la plus légère. Enfin, c'est un grognement plus fort et plus grave que le premier, continu, bien qu'entrecoupé, par les besoins de la respiration, qu'il exprime un sentiment de sollicitude pour tout individu de l'espèce poussant les cris aigus, dont on vient de parler, lesquels sont supposés un état de détresse. Un troupeau entier peut alors se précipiter au-devant de ces cris, pour apprécier la cause de cet appel. Si rien n'est ostensible dans la cause, un sentiment d'attachement inquiet semble se manifester; mais si l'animal est en proie à quelques mauvais traitements, ce sentiment devient hostile, presque farouche, et peut exposer sérieusement ceux qui le font naître; dans ce cas les coups ne rebutent que quelques individus, tandis que la masse, de plus en plus irritée, demeure fortement à craindre.

Le mâle se nomme *verrat*;

La femelle se nomme *truie*;

Les jeunes s'appellent *porcelets* ou *gorets*.

Le nom de *porc*, de *cochon* s'attribue habituelle-
ment à l'animal mâle ou femelle, qui a subi la castration.

De tous nos animaux domestiques le porc est le plus
fécond, le plus facile à élever, à nourrir, à acclimater ; la
providence a répandu ses races diverses sur presque toutes les contrées du globe ; toutes les substances animales
ou végétales sont pour lui des aliments; il supporte la
domesticité la plus étroite, et sait pourvoir lui-même à
sa subsistance quand on la lui laisse chercher : deux
qualités bien précieuses, qui ne se rencontrent dans aucun
autre animal.

Libre ou retenu en captivité, il offre à son maître un
profit assuré : sa chair peut figurer avec honneur sur toutes les tables ; elle sert aux préparations des charcuteries
les plus délicates et les plus recherchées; sa graisse est
pour les légumes du pauvre un assaisonnement inappré-
ciable; son sang, ses entrailles, tout son corps, en un mot,
est utilisé pour la nourriture de l'homme.

D'où vient donc qu'un animal si précieux est resté
jusqu'à présent si négligé, si méprisé même de ceux qui
en tirent profit? On est, en général, tellement habitué à
le considérer comme un être vil, que l'on ferme les yeux
sur toutes ses bonnes qualités, et l'on ne se fait faute
de lui imputer à mal ses instincts les plus utiles.

Quoi qu'on en ait dit, le porc est facile à apprivoiser,
il est reconnaissant de tous les soins qu'on lui donne, il
aime les caresses et les rend avec familiarité. A tous ces
précieux détails que j'emprunte à l'habile cultivateur
M. Elizée Lefèvre, j'ajouterai que, parmi les bonnes qua-

lités morales accordées au cochon, le célèbre docteur Gall lui attribuait particulièrement l'organe de l'amitié; de l'amitié, ce sentiment exquis, que l'humanité se flattait de posséder seule, mais qu'elle ne possède qu'exceptionnellement, et qui, le plus souvent, n'a pour stimulant qu'un intérêt quelconque; mais l'amitié, le dévouement natifs ne se trouvent que chez quelques animaux auxquels on ne peut attribuer aucune sorte d'intérêt que celui de se complaire dans leurs tendres affections, ce sont ces bons sentiments que se trouve posséder le cochon, qui nous semble le plus dégoûtant, le plus vil et le plus malpropre des animaux.

Cependant, avant les beaux travaux de Gall sur la physiologie du cerveau, et sur la pluralité des organes cérébraux, un proverbe fort ancien, disait : *amis comme cochons*. De nombreuses observations, instinctivement faites, avaient donc déjà constaté cet excellent sentiment du cochon.

Mais ce sentiment, le cochon ne l'éprouve pas seulement pour les animaux ses pareils, il l'éprouve encore pour d'autres animaux avec lesquels il n'a aucune sorte d'affinité, comme j'ai eu l'occasion de l'observer moi-même dans une circonstance où cette amitié a amené un véritable drame domestique, et je crois des plus touchants. Qu'on me permette d'en rapporter les faits; voici l'anecdote que je certifie parfaitement vraie; cette anecdote je l'intitulerai :

L'ANE ET LE COCHON.

A une demi-lieue environ de la petite ville de Tonnerre (Yonne), se trouvent situés sur le plateau d'une colline, les débris d'un ancien petit manoir féodal, connu sous le nom *des Brions*. Là, existaient jadis un droit de colombier, de garennes, etc., et une domination qui s'étendait sur les terres de Vauligny et de Tirligodet. De ce petit manoir et de ces droits il n'existe plus aujourd'hui debout qu'un colombier, planté au milieu de la cour d'une ferme et d'une petite maison d'habitation, décorée du nom de maison de campagne.

La ferme, la maison et le colombier étaient possédés, au commencement de ce siècle par un M. Hennequin, juge au tribunal civil d'Auxerre; sa femme, son gendre, sa fille et sa petite-fille, jeune personne charmante, habitaient les Brions pendant la belle saison.

Madame Hennequin, qui était bien la femme la plus économe, pour ne pas dire la plus avare, la plus prévoyante qui se vit jamais, madame Hennequin avait l'habitude d'acheter, chaque année, à Pâques, un cochon qu'elle faisait engraisser pendant l'été, pour le faire tuer en automne, au moment des vendanges, afin que la nourriture des vendangeurs lui revînt à meilleur marché.

Madame Hennequin avait pensé aussi que la nourriture d'un âne, à la campagne, n'occasionnait aucune dépense, attendu l'abondance des herbes parasites et des chardons qui entouraient sa résidence d'été; c'est pourquoi elle avait consenti à débourser 20 écus pour l'acquisition d'une belle bourrique, qu'elle nommait *Manon*, laquelle serait employée, chaque jour, au service de la maison et pour aller quotidiennement aussi chercher les approvisionnements à la ville.

En l'année 1801, *Manon*, la bourrique, habitait donc

les Brions, et occupait seule une petite écurie, où elle était plus ou moins bien soignée.

L'époque de Pâques arrivée, madame Hennequin, selon sa coutume, fit l'acquisition d'un cochon, et ne trouva rien de mieux, pour le loger, que de lui faire partager l'écurie de *Manon*.

Ces deux animaux, d'espèces si différentes, se trouvèrent donc réunis dans la même cellule; ils se regardèrent d'abord avec indifférence; l'un broutait tranquillement les herbes et les chardons qui se trouvaient à sa portée, tandis que l'autre avalait sa buvée, en grognant, et en se vautrant sur les parties liquides échappées du vase qui contenait son brouet.

Après les appétits satisfaits, ou plutôt après la consommation de tous les aliments qui leur étaient destinés, l'âne et le cochon restèrent d'abord comme hébétés; ils étaient comme ces goinfres repus, qui n'ont plus à s'occuper que de l'important travail de leur digestion. Le premier planté sur ses quatre pieds, la tête basse, les oreilles ballantes, regardait assez tristement l'étrange compagnon qu'on lui avait donné; cependant ses yeux avaient un certain charme; ils étaient grands, bien fendus, d'un bleu foncé et entourés de longs cils, dont le cintre élégant et coquet rappelait d'assez loin, il est vrai, les cils voluptueux des belles andalouses. Le second était couché, étendu sur le ventre, ayant ses pieds de devant allongés au delà de sa hure, et ceux de derrière, également étendus, laissaient voir sa queue tortueuse, perpétuellement mobile; elle formait comme le pendant régulier de ses longues et plates oreilles, qu'il soulevait de temps à autre. Ces deux points figuraient les tropiques de ce globe allongé.

La hure du cochon faisait face à peu près à la tête de l'âne ; de sorte que n'ayant rien de mieux à faire, ils se mirent à se regarder avec une sorte de curiosité. Les yeux du porc n'avaient pas les mêmes avantages que ceux de la bourrique ; ils étaient très-petits, de couleur rousse, enfoncés dans les abîmes d'une orbite malpropre. Cependant les pauvres petits points lumineux que l'on apercevait à la place des yeux, avaient une espèce d'expression, qui révélait un bon et doux caractère, un excellent naturel de bête. Après une réciproque contemplation, dont la durée n'est plus présente à ma mémoire, le cochon, fasciné par une sorte de sympathie magnétique, sembla s'éveiller de son engourdissement, et manifesta son contentement par des grognements joyeux, et par un épanouissement de son groin qui paraissait sourire. Il faut croire que *Manon* ne fut point insensible à ces premières galanteries et à l'effet que produisirent ses charmes, car les coins de sa bouche se soulevèrent aussitôt pour laisser s'échapper un sourire involontaire sans doute. Enhardi par cette première faveur, le cochon fit un acte de galanterie plus prononcé, il retroussa, avec l'extrémité de son museau, la litière de *Manon*, afin de lui rendre sa couche plus douce et plus moelleuse. Ce petit soin délicat flatta sans doute beaucoup la bonne *Manon*, puisque, presqu'aussitôt, elle s'étendit tout de son long sur la paille ainsi relevée, et se mit en devoir de faire une culbute de droite à gauche, avec une gaieté vraiment folle, culbute qu'elle accomplit après vingt essais infructueux, le tout à la grande satisfaction de son compagnon tout ébahi, tout émerveillé; ce tour de force exécuté plaça les têtes de la bourrique et du cochon face contre face. Ce dernier, excité jusqu'à l'enthousiasme, faisait entendre des grognements précipités, qui peignaient la vivacité de son émotion; il se leva, puis il se mit à faire cent fois le tour de *Manon*, en la caressant de la tête et de la queue, puis enfin il se laissa choir de lassitude. Il approcha son corps de celui de sa compagne, il appuya son oreille sur l'oreille de Manon, qui le laissa faire, et c'est ainsi posés que le sommeil vint s'emparer des deux animaux.

Une vive sympathie s'était donc révélée tout de suite entre deux natures si différentes. Et, en effet, peu de jours avaient suffi pour que l'amitié du cochon et de l'âne fût remarquée par tous les habitants des Brions. Les maîtres, les enfants, les fermiers, les domestiques, d'abord surpris de pareils sentiments, en furent bientôt charmés; ils ne voyaient pas, sans un vif intérêt, sans une sorte d'émotion, les expansions de l'amitié que le cochon portait à la bourrique, et l'affection que celle-ci lui témoignait.

Tous les jours, à huit heures du matin, *Manon* partait pour aller à la ville chercher les provisions; le cochon assistait à son équipement, puis il l'accompagnait jusqu'à un petit quart de lieue, jusqu'à l'extrémité du plateau de la colline, dont le versant rapide va aboutir à la grande route; arrivés à cette limite, les grognements de l'un et quelques coups de tête de l'autre, annonçaient les adieux qu'ils se faisaient.

28

Midi était l'heure du retour de *Manon* ; aussi chaque jour, à midi, le cochon se rendait au versant de la colline, pour attendre le retour de sa bien-aimée compagne. Aussitôt qu'il l'apercevait il courait au-devant d'elle, et il lui témoignait un bonheur, une joie incroyables, joie et bonheur qui semblaient bien partagés par *Manon*. Après un échange de caresses, les deux amis marchaient gaiement de concert, revenaient aux Brions, où le cochon, toujours prévenant, toujours attentif, s'empressait, tandis qu'on déchargeait les fardeaux et qu'on débâtait *Manon*, d'aller à l'écurie pour y relever la litière afin que son amie trouvât un délassement plus doux et plus prompt sur un siége ainsi préparé.

Tout l'été se passa dans ces petits soins et ces tendresses réciproques qui avaient excité l'intérêt non-seulement des habitants des Brions, mais encore l'intérêt des habitants de Tonnerre, enchantés d'avoir l'occasion d'une causerie plus curieuse, plus intéressante que celle des caquets habituels de la ville.

La fin de septembre arriva fatalement, époque funeste pour le cochon. Il était devenu très-gras, nonobstant les sentiments tendres dont il était rempli. Et Mme Hennequin n'était pas femme à compromettre cette graisse en faveur d'une amitié qui pouvait l'amuser un moment, mais son cœur était peu susceptible de s'attendrir quand il s'agissait de son intérêt. Elle résolut donc la mort du pauvre cochon, qu'il fallait saler avant les vendanges auxquelles il devait servir.

Cette cruelle et terrible décision mit en émoi toute la maison. Les plus vives sollicitations furent adressées à

Mme Hennequin par ses enfants, par son unique petite-fille, l'aimable, la spirituelle Apolline de Frayne, qu'elle adorait pourtant, à l'effet d'obtenir la grâce du cochon, mais vainement. Mme Hennequin fut impitoyable.

Le père Jacquinet, cousin germain d'un général célèbre devenu prince sous l'empire, honnête fournier d'un four banal à Tonnerre, état qu'il cumulait avec celui de *tueur de cochons en ville*, au prix de 15 sous par tête saignée ; le père Jacquinet fut commandé pour le 22 septembre 1801 ; c'était le jour de l'an, le 1er vendémiaire de l'an ix de la république. Il arriva aux Brions, muni de ses couteaux et de ses ustensiles, à cinq heures du matin, à une heure où tout le monde était encore endormi. A six heures le cochon avait cessé de vivre... Il était déjà brûlé ; à sept heures on préparait les boudins, les andouilles, et les nombreux mets que l'intérieur d'un porc livre à l'art culinaire.

Le supplice avait été exécuté dans un endroit assez éloigné de la maison et de l'écurie, afin que les cris suraigus de la victime ne fussent point entendus de ses nombreux amis.

Au réveil général de la maison, ce fut un cri universel de désespoir quand on apprit la mort de l'excellent cochon ; des larmes coulaient de tous les yeux ; Mme Hennequin était en butte à toutes les imprécations que peut enfanter un violent chagrin ; jamais elle ne put obtenir un baiser de réconciliation de sa petite-fille.

Mais qu'étaient ces chagrins, ces larmes, ce désespoir auprès de ceux que devait avoir Manon ? car c'est sur elle que se reporta bientôt l'intérêt général.

Le premier jour, la pauvre bourrique fut toute surprise de ne pas voir son ami, son fidèle compagnon à côté d'elle. En allant le matin à la ville, elle cherchait, d'un air inquiet, celui qu'elle avait l'habitude de voir toujours à ses côtés au moment de son départ. Ses narines s'ouvraient plus grandes pour sentir mieux son approche; mais rien ne se présentait. A son retour, à son arrivée sur le plateau de la colline, nouvelle recherche, nouvelle surprise de ne rien voir, nouveau et profond chagrin, car, son compagnon, elle ne le voyait pas venir lui prodiguer ses caresses. Alors une plus grande tristesse se manifesta. Un espoir semblait lui rester cependant: c'était de le retrouver à l'écurie; aussi pressait-elle le pas pour y arriver. Mais là encore une nouvelle déception l'attendait. A celle-ci son désespoir apparut d'une manière complète, car ses yeux devinrent ternes et humides; elle se coucha sur une litière froissée que n'avait plus préparée son fidèle et tendre ami; elle refusa la nourriture qui lui était offerte.

Le lendemain matin on vint la prendre pour son voyage habituel. On trouva Manon toujours couchée et qui n'avait pas touché aux fourrages qu'elle avait devant elle; une sorte de pâleur couvrait sa physionomie; son poil était sale et fripé; ses yeux étaient abattus et leurs globes enflammés étaient comme ensanglantés.

La pauvre bourrique se leva après de nombreux efforts; elle se laissa volontiers affubler de son bât et des paniers qu'on y réunit, et marcha lentement et péniblement à la ville. Elle en revint, mais tellement fatiguée que ses jambes semblaient ne pouvoir plus la porter. Ce fut son dernier voyage. Pendant quatre jours encore elle resta devant les aliments qu'on ne cessait de lui présenter sans qu'elle voulût y goûter; puis enfin, étendue sur sa litière, elle souleva encore une dernière fois sa tête qu'elle tourna du côté où se plaçait son malheureux ami, et rendit le dernier soupir.....

Sa mort fut un véritable désespoir pour tous les habitants des Brions; cette si vive amitié, dont ils avaient tous été les témoins; cette amitié, que la mort de l'un n'avait pu rompre que par la mort de l'autre, était tout à la fois un objet d'admiration et de regrets. D'admiration pour un tel sentiment placé chez deux animaux dont les noms servent si souvent de termes de comparaison, quand on veut désigner la bêtise et la malpropreté, et qui sont considérés comme une injure; de regrets, en comparant ce même sentiment si parfaitement exquis à celui dont l'humanité cherche à se parer, dont elle parle si souvent et qu'elle éprouve si peu.

Il n'y eut pas jusqu'à Mme Hennequin qui ne versât quelques larmes sur la mort de Manon. Elle lui avait coûté vingt écus.

———

Cette anecdote, je le répète, est vraie. J'allais fréquemment dans ma jeunesse aux Brions, et j'ai vu souvent l'âne et le cochon échanger leur tendresse; je me souviens encore fort bien des impressions que fit naître la mort de ces deux animaux; je suis convaincu que quelques anciens Tonnerrois, mes compatriotes, n'ont point oublié une partie de ce que je viens de rapporter.

M. Cl. Lefèvre dit encore, en parlant des bons sentiments des porcs et de leur docilité, qu'il en a vu dans
les environs d'Autun, où on en élève un grand nombre,
qu'il en avait vu souvent prendre plaisir à traverser la
rivière en traînant leur petit conducteur, comme aurait
pu le faire un chien de Terre-Neuve ; puis ils se laissaient
brosser, laver, bouchonner, en témoignant l'évident bien-
être que leur procurait la propreté.

Le bain est pour eux si nécessaire, la fraîcheur leur
est tellement indispensable qu'ils la recherchent en se
vautrant dans les bourbiers des cours des fermes, quand
on néglige de leur procurer un moyen plus propre d'a-
paiser l'ardeur qui les dévore. Les manouvriers qui, ordinairement n'élèvent qu'un porc à la fois, savent tous que
cet animal ne méconnaît jamais les personnes qui le
soignent. Dans les pays où on les mène aux champs par
troupes nombreuses, ils savent fort bien retrouver leur
demeure, et les différentes troupes reconnaissent le conducteur auquel elles doivent obéir. Un voyageur rapporte qu'en Calabre, on les conduit en jouant de la
cornemuse ; ils s'habituent tellement à obéir au son de
cet instrument, que lorsque plusieurs troupeaux sont
réunis dans le même pacage, il suffit que chaque conducteur souffle dans sa cornemuse pour que les animaux
qui lui appartiennent se réunissent à l'instant autour de
lui, sans que jamais il y ait erreur de leur part. Bosc
dit avoir fait souvent une observation qui démontre dans
le porc un instinct beaucoup plus développé qu'on ne le
suppose ordinairement.

On reproche au porc sa voracité, elle est au contraire

un moyen admirable que nous a fourni la nature de transformer en substance utile toutes les matières dont les autres animaux domestiques refusent de se nourrir.

La fécondité du porc est si étonnante qu'elle excita l'attention d'un homme illustre, du maréchal Vauban. Ce grand homme, retiré des affaires, rédigea plusieurs Mémoires sur les objets d'utilité publique; un d'entre eux fut consacré à des calculs sur la fécondité du porc, qu'il signale comme le moyen le plus certain pour assurer en peu de temps la subsistance d'une colonie nouvelle quelle qu'elle soit.

Voici ce que dit Vauban :

« On suppose qu'une truie, la seconde année de son âge, porte une ventrée de six cochons mâles et femelles, dont nous ne compterons que les femelles, attendu que, pour parvenir à la connaissance que nous cherchons, nous n'avons pas besoin de mâles, et partant... .... 3 femelles.

«La 3ᶜ année, que nous compterons pour la 2ᶜ génération, la mère truie porte deux ventrées, ci...................... 2 ventrées.

«Les 3 filles de la 1ʳᵉ génération, chacune une, font ensemble............ 3

«Total .... 5 ventrées.

« Qui, à chacune 3 femelles, font pour le total de la 2ᶜ génération............. 15 femelles.

«La 4ᵒ année, qui est la 3ᵉ génération, la

mère truie devenue grand'mère porte deux fois, faisant...................... 2 ventrées.

« Les 3 filles de la 1ʳᵉ génération portent deux fois chacune, et font............. 6

« Les 15 filles de la 2ᵉ portent chacune une fois, ce qui fait................. 15

«Total..................... 23 ventrées.

«Qui, à chacune 3 femelles, font pour le total de la 3ᵉ génération........... 69 femelles.»

Continuant ce calcul, Vauban admet que la 7ᵉ année la mère truie ne porte plus.

La 8ᵉ année, il cesse d'admettre à la production les 3 premières filles de la mère.

La 9ᵉ année, il retranche les 15 premières petites-filles.

La 10ᵉ année, il retranche les 69 arrière-petites-filles.

La 11ᵉ année, qui est la 10ᵉ génération, les 321 trisaïeuls ne se comptent plus, il n'en résulte pas moins de 1,072,473 ventrées.

Nota.—1° On n'a point compté les mâles dans ce calcul, bien qu'on en suppose autant que de femelles dans chaque ventrée;

2° Toutes les ventrées ne sont calculées que sur six cochons chacune, mâles et femelles compris, bien que pour l'ordinaire elles soient plus nombreuses;

3° Bien que les mères, grand'mères, etc., soient plusieurs fois répétées; elles ne sont comptées qu'une seule fois chacune.

La production d'une seule truie, après dix générations, nous donnera donc....... 6,434,838 cochons.

Otons-en pour les maladies, accidents de la part des loups..... 434,858

Restera à faire état de....... 6,000,000 cochons.

qui est autant qu'il peut y en avoir en France.

Il est facile de se convaincre en suivant les calculs de Vauban, que le globe pourrait être entièrement peuplé par les porcs, si on les laissait se reproduire seulement pendant vingt générations. Mais nos appétits ne laissent pas heureusement le temps aux cochons de se multiplier de la sorte, et certes on ne peut douter que providentiellement ces animaux aient été donnés à l'homme pour sa nourriture, en observant l'abondance de leur fécon- et la facilité d'en élever les produits, de les nourrir et de les amener jusqu'à l'âge où elle doit périr pour le plus grand bien de l'humanité.

Les Anglais attachent beaucoup plus d'importance que nous à l'élève du cochon; ils en croisent les espèces et les amènent à une perfection qui nous est inconnue. C'est ainsi que le cochon du Cap, le *babiroussa*, le *pécari* se sont mêlés aux races anglaises et ont produit des résultats satisfaisants.

Cuvier, qui a observé le *pécari* vivant au Jardin des Plantes, le cite comme une preuve frappante des qualités domestiques que peut acquérir la race des porcs. « Je suis « convaincu, dit-il, que l'intelligence, chez les cochons,

« est bien supérieure à celle dont nous les croyons capa-
« bles ; ils se placent sous ce rapport, bien au-dessus des
« rongeurs et des ruminants, et même d'un grand nombre
« de carnassiers ; à cet égard, ils nous paraissent égaler
« les éléphants, avec lesquels ils ont d'ailleurs tant d'au-
« tres rapports ; et si l'on pouvait les placer dans la même
« situation que ces animaux, leur demander les mêmes
« services, nous ne serions point étonnés qu'ils les sur-
« passassent. C'est dans nos colonies des Antilles que l'on
« pourrait surtout essayer avec succès l'éducation de cet
« animal : nous ne l'avons mentionné que dans cet espoir ;
« puisse quelque colon zélé nous entendre ! »

Le cochon, si fécond comme je viens de le dire, peut
se reproduire à l'âge de dix semaines, mais les éleveurs
prudents ne permettent l'accouplement qu'à 8 mois,
âge où le mâle et la femelle ont acquis une force suffisante pour donner de bons et beaux produits. Quoique
le *verrat* soit fort lascif, l'accouplement se fait avec lenteur, et se prolonge pendant 5 ou 6 minutes, quelquefois
plus ; on reconnaît que l'œuvre est accomplie à l'interruption soudaine de ses mouvements et à l'étourdissement subit dont il semble frappé.

La gestation, selon Parmentier, est de 113 jours ; mais,
d'après des observations mieux suivies par M. Tessier,
la truie peut *cochonner* de 109 à 123 jours après la
monte.

On fait porter en général la truie deux fois par année,
et lorsqu'elle met bas, on a le soin de frotter le dos de
ses petits avec de la coloquinte, dont l'amertume répugne
à la mère, et l'empêche de les dévorer. Mais une fois

qu'elle a allaité ses enfants, la truie devient aussi tendre mère qu'elle aurait pu être cruelle et même féroce.

Les cochons sont sujets à plusieurs maladies qu'il importe de faire connaître, car de ces maladies peut résulter l'insalubrité de leur viande destinée à être assimilée aux organes humains et conséquemment soumis aux influences morbifiques de l'animal mal portant.

La maladie la plus commune est la *ladrerie*. D'après M. J. Beugnot, docteur-vétérinaire distingué, la ladrerie est caractérisée par le développement, dans le tissu cellulaire, de vésicules dites *ladres,* qui se manifestent en granulations blanches de forme ovoïde, et qui ne sont autre chose qu'une espèce de ver *hydatigène,* désigné par Rudolphi, sous le nom de *cysticerque ladrique.* On trouve ces vers non-seulement sur tous les viscères et dans toutes les cavités, mais aussi dans la graisse, le lard, les intervalles des muscles, etc. A l'extérieur, aucun signe extraordinaire ne décèle la présence des vésicules ladres. Le seul auquel on s'attache pour reconnaître et constater l'existence de la maladie, consiste dans l'apparition de vésicules à la langue, ce qui fait que l'expert chargé de faire la vérification des porcs sur les marchés se nomme *languéyeur*.

Le cochon ladre est plutôt boursouflé que gras, et c'est en vain qu'on redouble de dépenses pour l'engraisser, jamais il ne prend un bon lard. Sa chair n'est pas absolument malsaine ; mais elle est molle, fade, sans goût, prend difficilement le sel ; le lard en est blanc et sans consistance ; en somme, il serait bien, en bonne police, d'en interdire la consommation. Les causes de cette affection sont peu connues, et l'art est tout à fait impuissant pour la combattre, ce qui n'empêche pas que l'on trouve dans certains livres une foule de recettes merveilleuses, dit-on, pour guérir cette maladie.

Après la ladrerie en vient une autre facile également à reconnaître : c'est celle de *la pourriture des soies*. Viborg regarde cette maladie comme une affection scorbutique. On trouve chez l'animal qui en est atteint un affaiblissement total des forces vitales qui s'annonce par la lassitude, la paresse, et une grande diminution dans l'appétit. La gencive est enflée et flasque, et au moindre contact elle donne écoulement à un sang noirâtre. La peau de l'animal est molle, et le lard qu'elle couvre cède à l'impression du doigt. Lorsqu'on arrache des soies, on en trouve les bulbes noirs et sanguinolents, tandis qu'ils sont fauves lorsque le porc est en bonne santé.

Les cochons d'engrais sont exposés à cette maladie lorsqu'on les tient renfermés dans des porcheries où règne un air humide, ou bien lorsqu'on ne varie pas leurs aliments.

Le traitement est long et le plus souvent infructueux. Il vaut donc mieux tuer la bête, si elle est suffisamment grasse, car la chair du porc qui en est attaqué n'est pas absolument malsaine pour être de médiocre qualité.

Le cochon hélas! a de commun avec les hommes la cruelle maladie de *la petite vérole*; il n'est pas arrivé encore à un degré de civilisation qui lui permette de connaître la terrible et impudique sœur aînée de cette défigurante maladie.

Au début donc de la petite vérole, le cochon qui en

est atteint baisse la hure et porte les oreilles en arrière ; il a les yeux ternes, et il éprouve quelques mouvements de fièvre. Vers le troisième ou le quatrième jour, on aperçoit sur les porcs blancs des taches rouges qui grossissent jusqu'au sixième jour, époque où elles commencent à pâlir au centre et à suppurer. Au neuvième ou dixième jour les boutons sont blancs et couverts d'une croûte qui commence à tomber vers le douzième jour. Cette affection est quelquefois régulière, d'autres fois irrégulière ; on prétend qu'elle est contagieuse parmi les cochons, qu'elle n'affecte qu'une seule fois l'animal, et qu'elle se développe principalement sur les gorets ou jeunes porcs. Je n'ai trouvé nulle part qu'on ait tenté les effets du vaccin sur ces pauvres animaux dont la vie est tellement liée à la nôtre qu'il serait bien ce me semble, dans un intérêt de salubrité, de lui éviter s'il était possible une maladie dont nous pourrions devenir les victimes.

Inutile de dire que les cochons sur la physionomie desquels la petite vérole a laissé des traces, ne perdent pas de leurs avantages physiques, qui conservent la même puissance auprès des charcutiers qui les achètent sur les marchés.

Une maladie plus sérieuse pour le cochon comme pour les ruminants est le *charbon*. Il se montre souvent au cou, entre la jugulaire et la trachée, sur la région des amygdales, et porte les noms particuliers de *bosse*, de *soie*, *soyon*, probablement parce que les soies de la partie affectée sont droites, hérissées, rudes, et forment une espèce de houppe que l'on ne peut toucher sans que l'animal manifeste de la douleur. Sous ces soies la peau est déprimée, colorée en noir chez les cochons blancs, et décolorée chez les cochons noirs. Cette maladie est accompagnée de soif, de dégoût, d'extinction de la voix, d'agitation des flancs, d'une gueule brûlante et baveuse, d'une rougeur dans les yeux. Cette maladie amène la mort du deuxième au huitième jour.

Le porc est également sujet au *charbon* de la langue. Les viandes du porc attaqué du charbon sont insalubres au premier chef.

CHAPITRE III.

Des Marchés aux Porcs.

Les marchés aux porcs sont fréquentés par les *charcutiers*, proprement dit, par les *gargots*, et par toutes les personnes qui veulent acheter des porcs. Ils sont approvisionnés par des marchands forains, qui font la spécialité de ce commerce, et qui font leurs acquisitions dans les fermes, dans les villages, où ils forment les troupeaux qu'ils amènent sur les marchés.

Les charcutiers, les vrais ouvriers du commerce des porcs, viennent en général faire les acquisitions sur les marchés.

Les *gargots* ne préparent les porcs, selon l'expression de la charcuterie, que *tout en frais*, c'est-à-dire, qu'ils ne vendent que la chair fraîche et en gros; ils vendent aux charcutiers qui ne tuent pas. Les gargots, selon le charcutier célèbre, M. *Véro*, sont moins *artistes* que les charcutiers; mais en général ils font des affaires plus lucratives. Les gargots sont à la charcùterie ce que les bouchers, vendeurs à la *cheville*, sont à la boucherie.

Les marchés aux cochons sont assez nombreux : ils se tiennent à la Maison-Blanche, près Gentilly, les mardi et jeudi, de chaque semaine ; à La Chapelle Saint-Denis, le jeudi ; à Montmorency, le mercredi ; à Arpajon, le vendredi ; le plus important est celui de Saint-Germain, qui tient le lundi. On y vend, chaque semaine, de 14 à 1,500 porcs.

Les foires les plus importantes des environs de Paris sont celles de Bry-sur-Marne, de Nogent, de Champigny, de Saint-Ouen, de Vincennes, de Montlhéry, de Palaiseau, de Longjumeau et de Pontoise. Indépendamment de ces marchés et de ces foires, il faut compter *la foire aux jambons*, qui se tient à Paris, du mardi au jeudi de la semaine sainte. Les marchands ne peuvent y mettre en vente que du *porc frais ou salé ;* il leur est défendu de vendre des marchandises gâtées ou altérées par le mélange *de viandes* et *de chairs* d'autres animaux ; ils doivent être munis de poids et de balances *poinçonnés* et *vérifiés*, et placer sur le devant de leur étalage leurs noms, leurs départements et leurs numéros ; ils doivent être munis d'une patente, et s'ils sont du département de la Seine, avoir une permission de *charcutier.*

Lorsque le porc est gras et que le marché est éloigné, on doit l'amener dans une voiture bien garnie de paille. On évite, par cette manière d'agir, de battre l'animal, et de meurtrir son lard et ses chairs.

Les marchands en gros forment, en général, leurs troupeaux dans les marchés et dans les foires des départements; ces troupeaux, composés de 50 à 60 bêtes, sont conduits à petite journée de quatre à cinq lieues, sur les marchés d'approvisionnement de la capitale.

De novembre à avril, ces marchés n'admettent, en général, que des porcs gras, les seuls estimés pour la salaison. En été, les charcutiers ne recherchent que les porcs à viande légère.

Le prix du porc, sur pied, se fixe d'après le poids apprécié par l'habitude du coup d'œil et de la palpation de tout le corps, car il n'en est pas du cochon comme des autres bêtes de la boucherie, dont on peut reconnaître la graisse à la seule inspection de certaines parties du corps. Toutefois les charcutiers, dits *maladroits*, font peser matériellement les porcs et règlent leur prix d'après le résultat du poids exprimé par la balance ou la bascule, en déduisant un tiers du poids brut pour avoir le poids exact des viandes, y compris la panne. La pesée ne s'exécute qu'après avoir fait subir à l'animal un jeûne de vingt-quatre heures. Le cours moyen du prix du kilogramme de viande de porc, est à peu près de 1 fr. 10 c.

Les transactions se font à peu près au comptant, car le terme admis, comme le plus long, est fixé à huitaine; le prix doit être payé au domicile de l'acheteur. Une bonne foi, digne d'éloges, existe dans ce genre de commerce, car aucune contestation contentieuse n'apparaît au tribunal de commerce. Les débats, s'il s'en élève quelques-uns, sont jugés par les *mandataires* de ce commerce. Mandataires qui ne sont qu'une sorte de syndicat, titre qui leur est refusé, attendu la liberté accordée à la charcuterie, et qui semblerait détruite si le titre d'une

29

corporation pouvait lui être attribué. Ce refus de rétablir les charcutiers en corporation me semble une erreur, car une corporation donne plus de sécurité au
commerce et particulièrement au public, qui sait qu'il y
a une responsabilité plus grande dans une concentration
réglée, que dans la diffusion, qui n'est plus qu'un isolement, sans consistance, et qui n'offre aucune garantie. Il
est certain que c'est cette pensée qui a fait réorganiser
une à une plusieurs corporations, qui avaient été détruite par le décret de 1791. Car celle des *procureurs* fut
presque immédiatement rétablie sous le nom *d'avoués;*
celle *des huissiers-priseurs*, sous le nom de commissaires-
priseurs; celle des *courtiers de commerce, des agents de
change, banque, finances et commerce; des huissiers*, etc., etc. Les charcutiers et les marchands de bois
ont donc été censés libres, seulement on tolère qu'ils aient
des mandataires, pour représenter et défendre leurs intérêts généraux; on les a laissé, sous la surveillance de
l'autorité, exercer une espèce de prud'hommie, mais on
leur a interdit le syndicat; singulière logique, qui pense
supprimer la chose en n'admettant pas le nom. Ces *mandataires*, puisque je parle d'eux, sont donc nommés,
chaque année, par des électeurs choisis parmi les principaux charcutiers, et dont la liste est formée par les
soins de M. le préfet de police, qui a trouvé les choses
ainsi arrangées et qui suit, comme il est y tenu, les erre-
ments qu'on lui a laissés.

Une chose m'étonne de la part de l'administration
municipale, c'est qu'elle n'ait pas autorisé la caisse de
Poissy à fonctionner sur les marchés à porcs, placés aux

portes de la capitale ; car il me semble que les bienfaits qui résultent de son service, pour la garantie de l'approvisionnement, en bétail, de la ville de Paris devraient s'étendre également pour celle de l'approvisionnement des porcs. Ces animaux provoquent un commerce, que l'on peut évaluer, en moyenne à 10 millions de francs par année. Il serait bien, je le crois au moins, d'assurer les crédits nécessaires pour acquitter une pareille somme. Il serait possible aussi que ce moyen, en faisant amener sur les marchés, une plus grande quantité de bêtes, en fît, en même temps, abaisser le prix. Ce serait donc un bénéfice réel pour le public, en même temps que ce serait faciliter les transactions du commerce.

Des ordonnances de police règlent la tenue des marchés, et les moyens employés pour assurer la salubrité des cochons qui doivent servir à l'alimentation de la classe la moins aisée de la capitale. Cette nature de police est exercée, dans les localités dont j'ai parlé, par les autorités municipales ; pour les marchés de Paris, elle ressortit à la préfecture de police.

Sur les marchés qui approvisionnent Paris, il y a donc un préposé de police et un *languéyeur* expert, payé seulement par les personnes qui réclament ses services. Ces agents sont chargés de la vérification des bêtes, mais en général ils n'agissent que lorsqu'ils sont requis. Le préposé est chargé de l'enregistrement des porcs amenés et de la délivrance des *laissez-passer* ou *hayons,* au moyen desquels les porcs sont introduits dans Paris, et le *languéyeur,* de la vérification des animaux ; mais, je le répète, quand on l'appelle.

On remarque, avec un certain étonnement, que les charcutiers, et les *gargots* particulièrement, ne se servent presque jamais du *languéyeur*, dont les fonctions consistent à ouvrir la gueule du cochon, à visiter sa langue afin de s'assurer de l'état de sa santé. Les hommes de la campagne, plus prudents, quand ils viennent acheter le cochon qui doit faire leurs provisions d'hiver, ont toujours le soin de faire visiter le porc qu'ils choisissent par le languéyeur, afin d'être certain d'avoir une bête dont la salubrité n'est pas douteuse.

Les marchés sont donc pourvus, ou à peu près, des agents nécessaires à la garantie de la salubrité des animaux qui y sont amenés. Ce qui est important, c'est qu'ils exercent consciencieusement leurs devoirs, car ces devoirs sont sérieux; d'eux dépend la sécurité publique sur la qualité des viandes de porc qui doivent être livrées à la consommation générale du peuple, et toute négligence à cet égard serait coupable.

Des marchés, les porcs sont conduits dans des abattoirs particuliers, pour y être préparés.

Ces abattoirs sont au nombre de trois, situés 1° rue de Carême-Prenant; 2° rue Saint-Jean-Baptiste, près la rue de la Pépinière; 3° rue des Vieilles-Tuileries, faubourg Saint-Germain.

Les propriétaires de ces trois établissements étaient autorisés, par l'article 7 de l'ordonnance de police du 8 octobre 1815, à percevoir 1 fr. 50 c. par tête de porc, pour abat, préparation et transport de l'animal.

La loi du 10 mai 1846 ayant changé le mode de perception des droits d'octroi et d'abatage, ce dernier droit est fixé à 2 cent. par kilogramme de viande; il a été abandonné par la ville de Paris aux propriétaires actuels des trois abattoirs que je viens de désigner, en attendant la construction de deux abattoirs spéciaux pour l'abatage des porcs, que le conseil municipal a autorisés; lesquels doivent être situés, au nord, rue Château-Landon, au midi, auprès de la barrière des Fourneaux.

Aussitôt la construction de ces deux nouveaux abattoirs, les abattoirs particuliers seront fermés, et l'administration municipale réunira leur service à celui des abattoirs de la boucherie.

Il y a encore un abattoir à porc, fort occupé, dehors Paris : c'est celui de Nanterre, commune qui, depuis des siècles, peut-être depuis le temps de sainte Geneviève, s'est pour ainsi dire chargée de fournir les porcs destinés à la consommation de la capitale.

L'abattoir de Nanterre fournit encore à peu près la moitié des cochons consommés dans Paris; son abatage s'élève quelquefois à 40,000 têtes dans une année. C'est de là que partent ces longues voitures lourdement chargées en dedans, et bordées au dehors de viandes de porcs, que nous voyons entrer et que nous rencontrons dans Paris.

Ce sont les *gargots* qui se sont associés, il y a plusieurs années, pour faire construire l'abattoir de Nanterre; et c'est de là qu'ils approvisionnent une partie assez considérable des charcutiers de Paris. Un préposé de police est attaché à cet abattoir, pour assurer la salubrité des viandes.

Le travail de cet abattoir de Nanterre reduit donc l'abatage dans les abattoirs particuliers de Paris, au nombre de 45 à 50,000 porcs au plus. Je ne sais si les abattoirs municipaux en construction dérangeront l'économie de ces chiffres, qui sont à peu près réguliers depuis beaucoup d'années; mais je ne doute pas que les *gargots*, qui exploitent l'abattoir de Nanterre, ne fassent tous leurs efforts pour conserver le travail dont ils ont en quelque sorte le monopole.

CHAPITRE IV.

Du Travail dans les Abattoirs à Porcs , et de quelques-unes de ses suites.

La manière d'abattre les porcs varie selon les pays: à Paris on les assomme avant de les saigner ; on les assomme avec un maillet en bois, afin de moins briser la hure, dont les préparations forment un des mets recherchés de la charcuterie. Cependant ce mode a encore quelques inconvénients ; car lorsque le charcutier n'est pas adroit, ou que l'animal voit venir le coup, il cherche à se dérober, et le coup mal appliqué meurtrit les parties qu'il rencontre et les endommage gravement.

D'après l'opinion de M. Véro, qui m'a fourni de précieux documents, le procédé le plus convenable est celui-ci : un aide attache ensemble les deux pieds de derrière et les tient soulevés par une corde fixée à un anneau ; en même temps il saisit un pied de devant, qu'il attache au besoin à ceux de derrière, et, faisant perdre à l'animal son équilibre, il le jette sur le flanc et l'y maintient en lui appuyant le genou sur le corps. L'opérateur alors appuie sa main gauche sur le corps et lui maintient la tête en arrière avec son talon droit, et de la main droite lui enfonce le couteau dans la gorge en avant du *bréchet*, pour étouffer les cris aigus qu'il pousse alors.

Pour éviter les émotions, pour ne pas dire l'effroi ou l'horreur, qu'excite le son aigu de ces cris qui décèlent une profonde et vive douleur, il serait bien utile et presque humain d'introduire le *groin* du porc dans une espèce de sabot préparé tout exprès, lequel intercepterait les sons cruels et dissonants de l'animal que l'on égorge.

Le couteau de l'exécuteur doit avoir de 20 à 22 centimètres de longueur. Le sang doit être reçu avec soin dans un vase, et remué, agité, afin d'éviter sa coagulation.

L'animal abattu, on prépare sa peau. Dans le midi, l'été surtout, époque où il est difficile de saler les viandes de porc, on se contente de l'écorcher, pour livrer sa peau aux flammes qui brûlent les soies, pour la livrer ensuite aux mégissiers qui la préparent pour la sellerie.

Dans tous les pays et toutes les fois que l'on veut conserver la peau attachée à la chair pour la consommer avec elle, on l'épile par deux procédés: la brûlure et l'échaudage.

Pour la brûlure, on entoure tout le corps de l'animal avec de la paille sèche, que l'on allume pour brûler les soies; puis on promène un bouchon de paille allumé sur toutes les parties du corps où quelques soies ont échappé à la flamme, ensuite on le lave et gratte soigneusement pour le débarrasser des immondices amassées sur le cuir.

Cette méthode est très-imparfaite, car elle laisse subsister des racines de soies, au grand désagrément des consommateurs qui les retrouvent ensuite sous leurs dents. Elle est encore fort désagréable pour les personnes qui habitent le voisinage des abattoirs, et a de plus le très-grave inconvénient de pouvoir devenir la cause d'un incendie.

Pour l'échaudage, on place le porc dans une cuve, on verse sur lui de l'eau chaude qui dilate les pores de la peau et prépare la chute des soies. On l'en retire après quelques minutes; on l'étend sur une échelle inclinée et on l'épile; puis on le frotte vigoureusement à l'aide d'une forte brosse ou d'un couteau afin de bien enlever les soies et de nettoyer la peau d'une manière complète. Lorsque le refroidissement est trop prompt, l'épilement devient plus difficile; il faut alors avoir le soin d'arroser l'animal avec de l'eau très-chaude.

Cette méthode, toujours selon M. Véro, est incomparablement la meilleure et la plus économique. Il serait même à désirer qu'un règlement municipal en ordonnât l'adoption à tous ceux qui approvisionnent les grandes villes.

Il existe un grand nombre de modes de dépeçage. Dans la plupart des maisons particulières et des fermes où l'on abat des porcs pour être consommés dans la maison même, l'animal est ouvert par le ventre et découpé en petits morceaux de un à deux kilogrammes au plus, que l'on sale en les entassant dans des tonneaux ou des jarres. Ce mode est peu économique ; il exige l'emploi de beaucoup de sel, et exige que la viande reste très-longtemps dans le saloir, ce qui la durcit et lui fait perdre de sa saveur.

Il est bien préférable d'ouvrir le porc par le dos et de le saler d'un seul morceau, y compris la mâchoire inférieure : c'est ce qu'on appelle *saler en manteau*. On opère la salaison en plaçant le porc, ainsi ouvert, sur des planches ou sur une table inclinées, le trop de sel s'écoule alors par la mâchoire dans un baquet préparé pour cet usage; on obtient ainsi du lard plus beau et en plus grande masse; la viande est beaucoup plus succulente et plus agréable, et quinze jours suffisent pour qu'elle ait pris le sel qui lui est nécessaire.

Quant aux personnes pour lesquelles l'habitude et la routine sont devenues une règle impérative, et qui voudront continuer à dépecer leurs porcs par petits morceaux, on ne peut leur donner le conseil que de confire le salé comme on confit les cuisses d'oies dans certaines provinces de France; voici alors ce qu'il y a à faire : après douze ou quinze jours de saloir, selon la grosseur des morceaux, on doit retirer la viande et la tremper en grande eau une demi-heure; puis ensuite placer les morceaux sur une table pour les égoutter et les disposer de manière à ce qu'ils ne se touchent pas et se ressuient facilement; on doit après cela faire bouillir de la graisse ou du saindoux dans une chaudière, pendant cinq ou six minutes, et y mettre les morceaux essuyés; cette première opération faite, il faut remettre encore les morceaux sur les planches ou sur la table pour les y sécher de nouveau ; puis on fait encore bouillir la graisse afin de réduire et de recuire le jus de la viande qui s'y trouve mêlé ; un bouillon d'une demi-heure suffit ; on la retire ensuite du feu, on la laisse refroidir jusqu'au point de figer pour la reverser dans les vases où l'on aura eu le soin de replacer le salé pour l'y conserver, en ayant l'attention que la graisse recouvre parfaitement la viande et ne la laisse pas exposée au contact de l'air.

C'est ainsi préparé que le porc peut être gardé une année entière sans rien perdre de sa qualité, pourvu surtout qu'on le tienne toujours dans un endroit frais, que les vases soient bien couverts, et qu'on ne laisse point se former dans la graisse des fentes par lesquelles l'air pourrait s'introduire.

Cette méthode, ajoute M. Véro, est la meilleure et la plus économique.

CHAPITRE V.

Des Étaux et des travaux ordinaires de la Charcuterie.

Les étaux ou boutiques des charcutiers sont tenus avec le plus grand luxe et la plus extrême propreté. Il n'est pas de profession dans le commerce en détail à Paris qui présente un aspect extérieur plus magnifique. Les cuivres, les cristaux, les vases multiformes, les eaux jaillissantes, la verdure, les fleurs, embellissent de leur éclat somptueux et coquet ces boutiques décorées encore avec beaucoup de goût par les portraits peints des marchandises, au moins singulières par leurs formes, qu'elles contiennent. Ainsi les boudins, les andouilles, les saucisses, les saucissons, les jambons sont disposés de manière à former des objets de décorations, des rinceaux, des arabesques, des guirlandes, etc., qui ne sont pas sans une sorte de grâce artistique. Il n'est pas jusqu'à la peinture, la peinture d'élite qui ne soit employée à la décoration extérieure des étaux des charcutiers; j'ai remarqué certaines productions pittoresques plaquées à leur porte qui valaient assurément mieux que beaucoup de peintures décoratives des riches salons de nos palais ou des grands hôtels de la capitale.

Mais l'homme prudent ne doit point s'arrêter à l'étalage de ce grand luxe, s'il a quelque soin de sa santé, car l'enseigne ne forme point la qualité des marchandises que contient la boutique, et la marchandise d'un charcutier étant destinée à s'assimiler à la chair humaine, il importe d'abord de s'assurer comment est tenue la cuisine où se préparent les centaines d'aliments disposés, hachés, menus, salés, poivrés, assaisonnés de mille ingrédients corrosifs; car c'est dans cette ténébreuse officine que se délayent les matières employées par la charcuterie, qu'elles se délayent dans des vases de cuivre, métal malfaisant s'il n'est nettoyé avec le plus grand soin, puisque c'est de ce métal que nous vient le vert de gris, poison dont l'activité et la violence ne sont que trop connues.

L'homme prudent, ai-je dit, doit donc, ne fût-ce qu'à titre de curiosité, visiter la cuisine de son charcutier, et voir un peu par lui-même comment les choses se passent. Si le charcutier se refuse à sa demande, il doit y avoir doute de la part de l'acheteur; dans ce cas, la prudence et la sagesse lui disent de s'abstenir et de se présenter dans une autre boutique où l'on sera plus complaisant à satisfaire sa légitime curiosité.

Cette prudence, que je recommande, n'est-elle pas indiquée par la nature même du travail du charcutier? En effet, sa cuisine en général ne se fabrique que par un mélange de viandes qui toutes pourraient bien ne pas

provenir d'un porc, malgré les prescriptions de la police ;
et alors que mangerait le consommateur ? Dieu le sait.
Ensuite comment ces viandes mélangées sont-elles cuites, comment sont-elles assaisonnées ? C'est encore un
mystère presque impénétrable.

Le consommateur est donc soumis à la bonne foi du
marchand, car il ignore complétement dans la charcuterie la véritable qualité des matières qu'il achète. Toutefois, je dois déclarer qu'en général ce commerce se fait
presque toujours avec la plus grande loyauté. Mais n'y
a-t-il pas à craindre quelques-unes des tristes et communes passions inhérentes à l'humanité : la cupidité, l'orgueil, l'amour-propre, l'envie de briller ? D'un autre côté,
n'y a-t-il pas le besoin de faire honneur à ses affaires,
de satisfaire aux nombreux frais qu'entraîne toujours
une manutention quotidienne ? Toutes ces raisons et
beaucoup d'autres ne suffisent-elles pas pour déterminer
ce qu'on appelle vulgairement un honnête homme, à
manquer un peu à cette honnêteté, afin de produire une
marchandise qui lui coûte moins et qu'il vend à des
prix courants plus avantageux ? C'est pourquoi, depuis
l'année 1475, des prescriptions de police avaient soumis
le commerce de la charcuterie à des règles qui garantissaient jusqu'à un certain point la salubrité des aliments
qu'elle fabriquait.

Ce commerce, je l'ai déjà dit, a été rendu libre en
1791, et cette liberté il en jouit à peu près encore, sauf
les entraves apportées par quelques ordonnances de police. Cependant la haute administration ne doit point
ignorer que c'est en général la classe la moins heureuse,

je veux dire la moins aisée de la capitale qui se nourrit avec les aliments que lui fournissent les charcutiers, et conséquemment elle doit veiller avec le plus grand soin, avec une vigilance incessante sur la salubrité de ces aliments ; car de leur consommation peut dépendre la santé publique, la santé surtout des personnes qui n'ont pas les moyens de se faire soigner, et à qui le temps est nécessaire pour gagner leur pain et celui de leur famille.

Le commerce de la charcuterie a donc besoin d'une réglementation générale. On lui a bien donné sa liberté en 1791, mais cette liberté est mal organisée et soumise à un régime purement arbitraire, ce qui est une anomalie incroyable dans le temps où nous vivons. Car la liberté si magnifique, si saisissante pour toutes les imaginations qu'elle exalte et qu'elle surexcite jusqu'à l'enthousiasme, la liberté, ce sentiment profond qui échauffe l'esprit, pénètre le cœur, enivre l'âme, la liberté dont la puissance magique remue le monde, la liberté est-elle toujours bien comprise par ceux-là même qui font profession d'en être les plus chauds adorateurs ? Ne pensent-ils pas que la liberté accordée aux individus doit être absolue ; qu'aucune règle, aucun devoir ne doit s'interposer entre la volonté et les actions humaines ; qu'enfin il doit être loisible à chacun de faire absolument ce que bon lui semble, quoi qu'il en puisse arriver de nuisible aux intérêts des autres ?

C'est trop malheureusement ainsi que la plupart des hommes comprennent la liberté ; selon leur raisonnement rien ne doit y apporter d'entraves, d'obstacles, et comme c'est le raisonnement des masses, il en est résulté que l'excès de cette liberté a amené les plus graves désordres, une perturbation complète dans toutes les classes de la société, et que l'anarchie a dû remplacer la marche régulière des choses, quelle que soit la forme du gouvernement, des administrations publiques sans lesquelles aucune agglomération humaine ne peut exister.

CHAPITRE VI.

Conclusion.

En étudiant avec quelque soin la position des commerces de la boucherie et de la charcuterie de Paris, il sera facile de reconnaître qu'ils sont placés, pour ainsi dire, hors de toute la législation, et qu'ils sont dominés par un régime à peu près arbitraire.

Leur organisation ancienne a été détruite par l'abolition des corporations, à la révolution de 1789 ; celle que leur avait constituée l'empereur par son décret du 6 février 1811, et par d'autres décrets, a été également détruite par une succession d'arrêtés et d'ordonnances, qui cependant, en bonne justice, n'avaient aucun caractère légal pour les anéantir ; mais comme aucune lutte ne s'est engagée entre le droit et l'arbitraire, celui-ci a triomphé. Toutefois, M. le ministre du commerce et de l'agriculture a compris l'importance de reconstituer et

30

d'organiser le commerce de la boucherie, en négligeant cependant celui de la charcuterie qui demande aussi une organisation meilleure.

Cette organisation, on l'attend, comme je l'ai dit, depuis plus de six années, et rien ne se termine.

Le commerce de la charcuterie, livré aussi à une sorte d'arbitraire et déclaré libre, avec les plus singulières restrictions ; ce commerce, qui se soucie peu de la liberté qu'on lui accorde de cette façon, demande, comme il demandait en 1475 à Robert de Touteville, prévôt des marchands, *des statuts et ordonnances* sur lesquels il puisse se *conduire et gouverner*, *le métier se faisant sans ordre ni police*, *chacun en usant à son plaisir et volonté, et sans qu'il se fasse aucune visite sur les saucisses et les chairs cuites.*

Les réclamations des bouchers et des charcutiers méritent assurément l'attention des législateurs et de l'administration publique.

Je dis des législateurs, car il me semble que les règles à imposer à des commerces d'où dépend la santé publique méritent d'être fixées et déterminées par une loi.

Il ne peut appartenir, quand on y réfléchit, aux magistrats municipaux, d'être constitués les législateurs dans des matières aussi sérieuses. Et puis, quelle unité peut-il y avoir dans cette nature de législation, dite de simple police, quand il y a 37,000 communes en France, c'est-à-dire, 37,000 maires et conseils municipaux, qui ont la faculté de réglementer l'achat et la vente des bestiaux la vérification plus ou moins sévère des viandes qu'ils produisent ? Je comprendrais encore ces multitudes d'ar-

rêtés municipaux , s'ils étaient la conséquence d'une loi
qui les dominât tous, et qui réglât leur jurisprudence
d'une manière constante. Mais rien de cela n'existe, tout
est donc à faire dans cette grave question.

Si les lois romaines, le droit écrit, les vieilles ordonnances de nos rois, eussent été maintenus, et que leurs
prescriptions eussent encore force de loi, assurément les
commerces de la boucherie et de la charcuterie auraient
une législation qui réglerait leur organisation ; mais, je le
répète, les décrets de l'assemblée constituante les a annulés, en grande partie, en détruisant les statuts de leur
corporation.

Quelques tribunaux de simple police avaient essayé
d'en faire revivre les dispositions, entre autres celui de
Rouen. Par un jugement du 27 nivôse an XIII, le sieur
Jean-Baptiste Bailleul, avait été condamné à des peines
de police simple , pour des infractions à des statuts de ce genre. Mais ce jugement a été cassé le 25
fructidor de la même année, au rapport de M. Cassaigne.
« Attendu que la suppression des anciennes corporations
« entraîne avec elle l'abolition des différents statuts qui
« les régissaient ; que, par suite, on n'a pu invoquer ni
« appliquer , dans l'espèce, les articles 15 et 21 des sta-
« tuts de l'ancienne communauté des bouchers de la ville
« de Rouen ; qu'en effet, l'article 15 , en défendant à
« tous voituriers de porter dans cette ville des viandes de
« boucherie appartenant à des bouchers de la campagne
« et lieux voisins, sous peine de confiscation, n'avait pour
« objet que les priviléges de cette ancienne corporation ;
« qu'il en était évidemment de même de l'article 21, qui

« défendait, sous peine d'amende, *à discrétion de justice,*
« d'exposer en vente des viandes, *sans qu'elles eussent*
« *été préalablement visitées* , que des peines absolument
« arbitraires ne peuvent être appliquées par les tribu-
« bunaux actuels ; d'où il suit qu'en appliquant ces
« articles à l'espèce, le tribunal de police a excédé ses
« pouvoirs. »

Aujourd'hui donc en principe, les bouchers sont soumis à tous les règlements que la police municipale *de*
chaque commune juge à propos de faire, par suite de
l'inspection que lui attribue la loi du 24 août 1790, titre XI, art. 3, sur la *salubrité des comestibles exposés en*
vente publique ; car, suivant l'article 46 du titre Ier de la
loi du 22 juillet 1791, sur la police municipale et cor-
rectionnelle, les municipalités ont le droit de faire des
arrêtés ou règlements, *lorsqu'il s'agit d'ordonner des*
précautions locales sur des objets confiés à leur vigilance
et à leur autorité.

Cette sorte de législation se trouve appuyée par l'autorité du décret du 22 juillet 1791, titre Ier, art. 30 et
31, le Code des délits et des peines du 3 brumaire an IV,
art. 605, et l'art. 484 du Code pénal, actuellement en
vigueur.

Selon Merlin (de Douai) « une règle commune aux
« bouchers établis dans toute la France, est qu'il leur est
« défendu d'exposer en vente *des viandes gâtées, corrom-*
« *pues ou nuisibles.* » Mais quelle est la répression pour
de tels délits, je dirais presque pour de tels crimes ? une
pénalité de simple police, si encore l'arrêté qui la détermine est exécuté.

Et cependant, trop souvent la santé publique dépend de cette législation si incomplète.

Comment se fait-il que les communes, si restreintes dans leur liberté d'action, puisqu'elles sont considérées comme mineures et qu'elles n'ont pas la faculté, sans une loi, d'emprunter un billet de 500 fr., si elles en ont besoin ; comment se fait-il qu'elles soient considérées comme majeures et toutes remplies de sagesse et de prudence, quand il s'agit de l'hygiène publique ? Est-ce que notre santé à tous a moins de valeur qu'un écu mal employé ? Quelle bizarre anomalie dans les lois humaines !

Je l'ai déjà dit, les Romains, après eux les hommes du moyen âge, avaient sagement réglé les corporations des bouchers et des charcutiers ; ils avaient pris toutes les précautions pour garantir la salubrité des aliments livrés à la consommation publique ; aussi les résultats de ces anciennes lois étaient-ils excellents. Chacun sait que les hommes que l'on appelle de l'ancien temps étaient d'une force prodigieuse, d'une force que nous considérons comme fabuleuse, quand on l'applique aux soldats romains et à nos preux chevaliers tout bardés de fer. Cette force ne pouvait-elle pas dépendre de la salubrité des aliments qu'ils consommaient ? Assurément elle devait y contribuer. Que l'on compare aujourd'hui la marche des générations qui se succèdent, et qui sont vérifiées chaque année par les conseils de recrutement, à chaque tirage des conscriptions ; on verra que la moitié et souvent plus de chaque contingent est déclaré trop faible pour porter les armes. Et pourtant, quel est le poids de nos armes,

comparé à celui que portaient le soldat romain et le chevalier du moyen âge !

Evidemment cette dégénérescence dans la race humaine actuelle de notre France a une cause qu'en bonne
administration on doit rechercher partout. L'attribuer en
entier à la petite quantité de viandes consommées par la
population, et à leur médiocrité serait peut-être injuste ;
mais cependant on ne peut douter qu'elles y contribuent, surtout quand on voit la race anglaise, si bien
nourrie de viandes, conserver ses forces, sa vigueur, et
jouir de ces belles santés si rares en France.

Toutes ces questions, je le répète, appellent l'attention
sérieuse du législateur. Il me semble donc qu'une loi
spéciale doit régler, pour tout le royaume, l'organisation des commerces de la boucherie et de la charcuterie,
qui ne doivent point rester, vu leur importance relativement à la santé publique, sous les dominations arbitraires des 37,000 arrêtés municipaux, sous le régime desquels ils sont *censés* gouvernés. Je dis censés, parce que
je sais que cette multitude d'arrêtés sont, pour la plupart, des lettres mortes et ne reçoivent aucune exécution.

C'est au législateur qu'il appartient de tout régler, et
l'ordre de l'organisation, et la surveillance des marchandises en vente, et la pénalité à établir contre les délin-
quants, je ne dis pas les contrevenants, car je crois qu'au
lieu d'une police municipale, c'est une police correction-
nelle qui convient pour punir les fautes qui peuvent
compromettre la santé publique.

Que la surveillance particulière soit abandonnée aux

municipalités, rien de mieux, mais qu'elle ne soit abandonnée que sous l'autorité de la loi.

C'est à l'abri d'une pareille législation que l'agriculture pourra faire d'utiles progrès, que les races bovines et ovines indigènes pourront être perfectionnées, et fournir enfin un assez grand nombre d'individus pour nourrir salubrement la France.

Mais avant que notre beau pays soit repeuplé du bétail qui lui manque, il y a encore une nécessité législative qui se fait sentir, celle qui concerne les droits qui frappent les bestiaux étrangers lorsqu'ils passent nos frontières. C'est le seul moyen actuel d'amener enfin une baisse, une baisse sensible sur le prix des viandes. Les travaux de l'agriculture, mieux entendus, pourront faire que cette législation fiscale ne soit que transitoire. Mais aujourd'hui nos besoins et nos appétits la rendent impérieuse.

Quand nos agriculteurs comprendront ce que disait Caton l'ancien, deux siècles avant Jésus-Christ, il est probable que la France produira une quantité de bétail suffisante à l'alimention du pays ; il disait, au rapport de Cicéron : « que, dans l'administration d'un bien de campagne, la première chose et la plus profitable, était « d'avoir de bons pâturages ; la seconde d'en avoir de « passables ; la troisième, d'en avoir de mauvais. » Le labour, selon ce grand homme, n'arrivait qu'au quatrième rang.

Les questions que j'ose soumettre aux méditations de nos hommes d'État me semblent mériter leur attention ;

car elles concernent le bien-être et la force vitale de toute la population, qui a certainement un besoin plus réel d'être bien nourrie, que de la rapide locomotion des chemins de fer.

FIN.

ARRÊTÉS

DES CONSULS, DÉCRETS IMPÉRIAUX ET ORDONNANCES DE POLICE.

CONCERNANT

LES COMMERCES DE LA BOUCHERIE ET DE LA CHARCUTERIE.

ARRÊTÉ DU GOUVERNEMENT

Portant règlement pour l'exercice de la profession de bou-cher à Paris,

Du 8 vendémiaire an XI (30 septembre 1802).

ART. 1er. Tous les individus exerçant aujourd'hui la profession de boucher à Paris, se feront inscrire, d'ici au 1er brumaire, à la préfecture de police.

2. Le préfet de police nommera parmi eux trente individus, dont dix seront pris parmi ceux qui payent le droit proportionnel des patentes le moins considérable.

3. Ces trente individus nommeront, parmi tous les bouchers, un syndic et six adjoints.

4. A l'avenir, nul ne pourra être admis à exercer la profession de boucher sans en avoir obtenu la permission du préfet de police, lequel prendra l'avis des syndic et adjoints.

5. Les bouchers ainsi inscrits ou reçus, seront tenus de fournir, pour chaque étal, un cautionnement qui ne leur portera point intérêt.

Il y aura trois classes de cautionnements :

La première, de trois mille francs ;

La seconde, de deux mille ;

La troisième, de mille.

6. Sur les six adjoints dont il est parlé à l'article 3, deux seront pris parmi les bouchers payant le cautionnement de première classe, deux parmi ceux qui payeront le cautionnement de seconde classe, deux autres parmi les bouchers payant le cautionnement de troisième classe.

7. Les bouchers verseront cette somme de mois en mois, et par sixième, entre les mains d'un caissier qui sera nommé par le préfet de police, sur la présentation de trois sujets par les syndic et adjoints.

8. Le caissier fournira un cautionnement du dixième de sa recette en tiers consolidés ou en immeubles.

9. Le boucher qui, dans le délai fixé par l'article 7, n'aura pas fourni son cautionnement, ne pourra pas continuer l'exercice de sa profession.

10. La caisse sera destinée à servir de secours aux bouchers qui éprouveront des accidents dans leur commerce. Les prêts seront faits sur la demande des bouchers, sur l'avis des syndic et adjoints, et la décision du préfet de police.

11. Ce prêt sera fait sur engagement personnel de commerce à terme, dont le délai ne pourra excéder un mois. L'intérêt sera de demi pour cent par mois.

12. Chaque année, le compte de la caisse sera rendu aux syndic et adjoints par le caissier, arrêté par le préfet de police, et remis par lui au ministre de l'intérieur, qui en rendra compte au gouvernement.

13. Aucun boucher ne pourra quitter son commerce que six mois après en avoir fait la déclaration au préfet de police, à moins qu'il n'ait obtenu sa permission.

14. Tout boucher qui abandonnera son commerce sans avoir rempli cette condition, perdra son cautionnement. Les créanciers d'un boucher failli pourront cependant réclamer la portion de ce cautionnement qui restera libre dans la caisse, pour la faire entrer dans son actif.

15. Les frais d'administration et de bureau que nécessitera la caisse seront prélevés sur le produit des sommes prêtées; le surplus, s'il y en a, tournera en accroissement du fonds du cautionnement.

16. A la première réquisition de tout boucher qui, après les six mois de la déclaration, renoncera librement à sa profession, ou à la réquisition des héritiers ou ayants cause d'un boucher décédé dans l'exercice de sa profession, le cautionnement qu'il aura fourni sera restitué aux requérants.

17. Il ne pourra être vendu de bestiaux, pour l'approvisionnement de Paris, ailleurs que dans les marchés de Sceaux, de Poissy et de la place aux veaux.

18. Tout étal qui cessera d'être garni de viande pendant trois jours consécutifs sera fermé pendant six mois.

19. Le commerce et la vente des viandes de boucherie continueront d'être permis, deux jours de la semaine seulement, dans les marchés publics, sous la surveillance de la police.

20. Les syndic et adjoints des bouchers présenteront au préfet de police un projet de statuts et règlements pour le régime et la discipline intérieure de tout ce qui tient au commerce de la boucherie. Ils ne seront exécutoires qu'après avoir été homologués sur le rapport du ministre de l'intérieur, et dans la forme usitée pour tous les règlements d'administration publique.

EXTRAITS

Des ordonnances de police des 15 nivôse an XI, 25 brumaire an XII et 15 juillet 1808, concernant la vente de la viande à la halle.

Art. 3. Il est défendu de vendre de la viande ailleurs que dans les étaux et sur le carreau désignés à cet effet à la halle (15 nivôse an XI).

7. Il ne pourra être vendu de la viande de boucherie à la halle que deux jours de la semaine.

8. Cette vente aura lieu les mercredis et samedis, depuis le lever jusqu'au coucher du soleil.

9. Les bouchers de Paris et les bouchers forains auront seuls la faculté de vendre de la viande sur le carreau de ladite halle.

La viande devra y être apportée directement, et elle devra y être vendue dans le jour.

10. Il est défendu d'exposer en vente des viandes insalubres ou corrompues, sous peine de confiscation.

Art. 1er. Il est expressément défendu de *vendre en gros* de la viande sur le carreau de la halle (25 brumaire an XII).

La vente de la viande *en détail* continuera d'y avoir lieu, conformément à l'ordonnance du 15 nivôse an XI.

Art. 1er. Les bouchers forains ne pourront entrer de viandes dans Paris que *les mercredis et les samedis* (15 juillet 1808).

2. Il leur est défendu d'en amener ailleurs *qu'à la halle.*

3. Il leur est défendu de vendre à la halle *autrement qu'au détail.*

4. Les bœufs, vaches et veaux qu'ils feront entrer dans Paris, les mercredis et samedis, seront coupés au moins en demi-quartiers, et les moutons en quartiers.

ARRÊTÉ

De M. le préfet de police, adressé à MM. les commissaires de police.

18 juin 1806.

D'après l'article 3 de l'ordonnance de police du 15 nivôse an XI (5 janvier 1803), il est défendu de vendre de la viande ailleurs que dans des étaux et sur le carreau désigné à cet effet à la halle.

L'article 8 porte « que la vente de la viande n'a lieu à la halle que les mercredis et les samedis, depuis le lever jusqu'au coucher du soleil. »

Aux termes de l'article 9 : « Les bouchers munis de permission et les bouchers forains ont seuls la faculté de faire le commerce de la viande sur le carreau de la halle, et la viande doit y être apportée directement et vendue dans le jour. »

Mais l'article 1er de l'ordonnance du 25 brumaire an XII défend la vente en gros de la viande à la halle.

Je suis instruit que, malgré des dispositions aussi formelles, des bouchers des environs colportent journellement de la viande dans Paris, et en apportent directement chez des bouchers auxquels ils la vendent en gros. Je suis également informé que des personnes étrangères au commerce de la boucherie se permettent de tenir des dépôts de viande, souvent insalubre, notamment les gargotiers, et d'en vendre clandestinement.

D'après les principes que je viens de rappeler, les bouchers de Paris ont seuls le droit de vendre de la viande, et les bouchers forains ne doivent en venir vendre dans cette ville qu'à la halle, en détail, et seulement les mercredis et samedis.

Pour réprimer de pareils abus, je vous recommande d'exercer une surveillance exacte, afin de découvrir les dépôts de viande qui peuvent exister dans vos divisions respectives; de faire de fréquentes visites chez les gargotiers, pour vous assurer si les viandes qu'ils emploient sont de bonne qualité, s'ils les achètent des bouchers de Paris ou à la halle, et s'ils n'en vendent pas de crues.

Vous saisirez toutes les viandes que vous trouverez dans des dépôts clandestins; vous saisirez pareillement les viandes que des bouchers forains, étrangers à la ville de Paris, y apportent du dehors, et colporteraient dans les rues, ou qu'ils conduiraient chez les bouchers, etc.

EXTRAIT

De l'ordonnance de M. le conseiller d'État, préfet de police
Dubois, *en date du 13 juin 1808.*

Art. 4. Pour être admis à exercer la profession de boucher, les étaliers seront astreints à se procurer deux fonds de commerce de boucherie, dont l'un sera supprimé.

DÉCRET

Relatif au commerce de la boucherie dans le département de la Seine.

Du 6 février 1811.

TITRE PREMIER.

Établissement d'une caisse pour le payement comptant aux marchands forains.

Art. 1er. A compter du 1er mars prochain, la caisse de commerce de la boucherie prendra le titre de *Caisse de Poissy* ; elle sera au compte et au profit de la ville de Paris. Elle sera chargée de payer comptant, sans déplacements, aux herbagers et marchands forains, le prix de tous les bestiaux que les bouchers de Paris et du département de la Seine achèteront aux marchés de Sceaux, de Poissy, au marché des vaches grasses et à la halle aux veaux.

2. L'administration de cette caisse, et la surveillance de toutes les opérations dont elle sera chargée, appartiendront au préfet du département de la Seine.

3. Le préfet de police interviendra dans les rapports de la caisse avec les bouchers, pour les avances et crédits qui leur seront faits, le versement de leurs cautionnements, le rachat des étaux, et autres opérations relatives aux bouchers et à leur communauté.

TITRE II.

Des fonds de la caisse.

4. Le fonds de la caisse de Poissy sera composé :

1° Du montant du cautionnement des bouchers, qui existe actuellement dans la caisse de la boucherie ;

2° Des sommes qui y sont versées par la caisse municipale, d'après un crédit ouvert par le préfet de la Seine, jusqu'à concurrence de ce qui sera nécessaire pour payer comptant tous les forains, selon l'article 1er.

TITRE III.

De l'administration de la caisse.

5. La caisse sera régie, sous les ordres du préfet de la Seine, par un directeur nommé par nous, et ses opérations se feront par un caissier nommé par le préfet de la Seine.

6. Le directeur correspondra avec le préfet de police pour tout ce qui regarde les bouchers, comme il est dit à l'article 5.

7. Le directeur surveillera la gestion du caissier dans toutes ses parties et la perception des droits qui seront payés aux marchés, d'après ce qui sera établi aux titres suivants.

Il ordonnera toutes les opérations, payements, mouvements de caisse; et en général il surveillera toutes les parties du travail du caissier, qui ne pourra disposer d'aucun fonds sans ses ordres.

Le directeur et le caissier ne pourront faire directement ni indirectement le commerce de la boucherie, émettre aucun effet de circulation pour le compte de la caisse, ni s'intéresser au commerce des bouchers, sous les peines portées à l'article 175 du Code des délits et des peines.

TITRE IV.

Du droit à percevoir aux marchés de Poissy, de Sceaux et à la halle aux veaux.

8. Il sera perçu, à compter du 1er mars prochain, aux marchés de Sceaux et de Poissy, au marché aux vaches grasses et à la halle aux veaux, un droit sur tous les bestiaux qui y seront vendus, au profit de notre bonne ville de Paris.

9. Le produit de ce droit sera affecté : 1° aux dépenses de la caisse destinée à payer aux marchands forains et herbagers le prix de toutes leurs ventes aux bouchers de Paris; 2° aux dépenses de la ville de Paris.

10. Ce droit sera de trois centimes et demi par franc du montant de toutes les ventes.

11. Ce droit sera à la charge du forain, et retenu sur lui par le caissier,

au moment où il payera le montant de ses ventes, comme il est dit article 1er.

TITRE V.

Du mode de perception du droit, et de la comptabilité et des dépenses de la caisse.

12. Le droit sera perçu au compte de la ville de Paris, et en régie par le directeur de la caisse.

13. Il sera, à cet effet, alloué au directeur un traitement fixe pour lui, le caissier, ses agents, et des frais de bureau, conformément à l'état qui sera arrêté par notre ministre de l'intérieur, sur l'avis du préfet du département.

14. Ladite allocation sera calculée de manière que le directeur soit chargé de tous les frais de perception, transport d'argent, payement d'employés, comptabilité, gestion et dépenses de tous genres, et que le droit perçu, déduction faite par douzième de la somme portée audit état, soit versé chaque mois entre les mains du receveur de la ville de Paris.

15. Il sera établi un inspecteur de la caisse et des marchés, et un nombre de contrôleurs nécessaires pour la surveillance de la perception, le *visa* des bordereaux, la tenue des livres, les payements et prêts, et pour toutes les mesures d'ordre nécessaires. Ils recevront leurs instructions du directeur, selon les ordres qu'il aura reçus lui-même du préfet de la Seine.

Le traitement de cet inspecteur et des contrôleurs, et leurs fonctions, seront déterminés par notre ministre de l'intérieur, sur la proposition du préfet du département.

16. Le traitement sera payé par la ville, comme celui des autres agents des marchés de Paris.

TITRE VI.

Des rapports de la caisse avec la caisse municipale et la comptabilité de service du Trésor public.

17. Quand le directeur fera prendre des fonds, pour le service, à la caisse qui lui sera indiquée par le préfet, le caissier en donnera son récépissé, et les portera en compte courant. Il recevra de même un récépissé des fonds qu'il rapportera quand le besoin diminuera ou cessera.

18. Le directeur se concertera avec la caisse de service de notre trésor pour opérer, sans déplacement de fonds, et quand les herbagers ou forains en feront la demande, le payement de tout ou partie de leurs ventes, par des mandats sur le département, selon le règlement qui sera fait à cet égard par notre ministre du trésor.

TITRE VII.

Mode de payement aux forains, et recouvrements des avances.

19. Le directeur fera ouvrir à la caisse, pour le payement des forains, un crédit général égal au montant présumé des ventes les plus considérables de chaque marché. Le montant de ce crédit sera réglé par le directeur de la caisse, d'après les ordres du préfet de la Seine, qui prendra l'avis du préfet de police et du syndicat de la boucherie.

20. Ce crédit sera divisé entre tous les bouchers de Paris et du département de la Seine.

21. A cet effet, les syndic et adjoints des bouchers de Paris présenteront, le 25 de chaque mois au plus tard, au préfet de police, un état indicatif du crédit individuel qui pourra être accordé à chaque boucher de Paris, pour le mois suivant, et qui ne pourra être moindre que le montant du cautionnement de chacun, sans une déclaration contraire de leur part.

Les sous-préfets des arrondissements de Sceaux et Saint-Denis adresseront également au préfet de police, à la même époque, un état du crédit qui pourra être accordé à chacun des bouchers établis dans leurs arrondissements respectifs.

Ces états seront vérifiés par le préfet de police, lequel formera, en conséquence, un état de distribution du crédit général entre tous les bouchers, et l'adressera au préfet du département.

22. L'effet du crédit ouvert à un boucher, conformément à l'article précédent, pourra être suspendu, même interdit, par le préfet de police, en cas de dérangement de ses affaires. En ce cas, le montant en serait réparti entre les autres bouchers.

23. Tout boucher dont le crédit sera épuisé ou insuffisant pour couvrir le prix des achats, sera tenu de verser à la caisse, *marché tenant,* le montant ou le complément du prix des bestiaux qu'il aura achetés ; à défaut de quoi, le directeur pourra ordonner au caissier de faire consigner les bestiaux et de ne les délivrer au boucher qu'au fur et à mesure des versements. Dans ce cas, il sera tenu compte au caissier, par le boucher, des frais de nourriture seulement, pendant tout le temps que durera la consignation des bestiaux.

24. Les prêts seront faits aux bouchers, dans les marchés de Sceaux et de Poissy, sur engagements emportant obligation par corps, de vingt-cinq à trente jours de date, au choix des emprunteurs.

25. Les prêts seront faits, à la halle aux veaux, par simples bordereaux, à huit jours d'échéance.

26. L'intérêt des prêts faits aux marchés de Sceaux et de Poissy est fixé à cinq pour cent par an.

27. Les prêts à la halle aux veaux seront faits moyennant une rétribution de cinquante centimes par veau.

28. Tout boucher, qui, à l'échéance des effets de commerce ou bordereaux

mentionnés aux articles 25 et 26 du présent décret, n'en aura pas remboursé la valeur, ne pourra obtenir de nouveau crédit ; et si, dans le délai qui lui sera accordé par le directeur, lequel sera de deux mois au plus, il ne s'acquitte pas, son étal pourra être vendu, s'il est nécessaire, pour acquitter ses effets, ou fermé sans être vendu, si le payement des effets peut être assuré autrement.

29. Le boucher qui sera dans le cas de l'article précédent, payera à la caisse, outre l'intérêt des fonds, une commission de demi pour cent sur les fonds en retard.

30. Le directeur sera tenu de faire contre les bouchers qui ne payeront pas, et à leurs frais, toutes poursuites nécessaires.

31. La ville de Paris aura privilége sur le cautionnement des bouchers et sur la valeur estimative des étaux vendus à des tiers ou supprimés et rachetés par le commerce de la boucherie, et sur ce qui leur sera dû pour les viandes fournies.

Ce privilége aura lieu jusqu'à concurrence du montant du crédit accordé aux bouchers, en vertu des articles 19 et suivants du présent décret, et des sommes restées en arrière, en vertu des délais accordés.

32. En cas de contestation entre le caissier et les bouchers, herbagers, forains, employés et autres agents des marchés ou de la caisse, la difficulté sera soumise au directeur, qui prononcera : sa décision sera exécutée provisoirement, sauf, de la part des parties, le recours au préfet de la Seine et au conseil de préfecture.

TITRE VIII.

Rachats d'étaux, et frais de syndicat de la boucherie.

33. L'intérêt du cautionnement des bouchers sera réservé, jusqu'à due concurrence, pour subvenir au remboursement des étaux dont le rachat sera ordonné par le préfet de police, aux dépenses du syndicat, et à celles jugées nécessaires à l'avantage du commerce de la boucherie.

Dans le cas où cette somme ne serait pas employée, la portion qui en restera disponible tournera à l'accroissement des fonds du cautionnement.

34. Les étaux seront rachetés ou supprimés jusqu'à réduction du nombre des bouchers à trois cents ; et, jusqu'à cette réduction, nulle permission ne sera donnée par le préfet de police à aucun nouveau boucher de s'établir ou ouvrir un étal.

35. L'intérêt du cautionnement des bouchers leur sera compté à raison de cinq pour cent par an, sans aucune retenue.

TITRE IX.

Comptabilité du caissier, et dispositions des bénéfices.

36. Le caissier tiendra ses livres de compte avec les bouchers, et ceux

31

de perception du droit, en partie double. Ils seront paraphés par l'administrateur.

37. Il remettra les états de situation chaque mois aux préfets du département et de police, et chaque jour au directeur.

38. Le directeur rendra ses comptes, tous les ans, à une commission du conseil municipal ; à l'effet de quoi ils seront dressés par le caissier. Ces comptes seront revus chaque année, comme il est prescrit par le décret du 8 vendémiaire an XI.

Le directeur et le préfet de la Seine y joindront leurs observations sur les améliorations dont le service leur paraîtra susceptible, sur la gestion du caissier, et sur les abus existants, soit dans les marchés, soit dans la perception du droit, soit dans la direction de la caisse, s'il en a remarqué.

39. Tous les bénéfices résultant des prêts faits aux bouchers par le caissier, virement des parties, négociations, et de toutes les opérations quelconques, appartiennent à la ville de Paris, et seront versés à sa caisse après l'arrêté de compte.

DÉCRET

Relatif aux prêts qui seront faits par la caisse de Poissy, au marché des vaches grasses et à la halle aux veaux.

15 mai 1813.

ART. 1er. Les prêts seront faits aux marchands de vaches grasses, par la caisse de Poissy, sur simples bordereaux, à huit jours d'échéance, et l'intérêt de leur montant sera réglé sur le pied de cinq pour cent par an.

2. A l'avenir, les prêts, à la halle aux veaux, seront faits moyennant le même intérêt de cinq pour cent par an, au lieu de la rétribution de cinquante centimes par veau, fixée par le décret du 6 février 1811.

3. Le recouvrement des prêts, faits aux marchés des vaches grasses et à la halle aux veaux, se fera par la voie de contraintes. La contrainte sera décernée par le directeur de la caisse, et visée par le juge de paix de l'arrondissement.

4. Le privilége accordé à la ville de Paris sur le cautionnement des bouchers, sur ce qui leur est dû pour viande fournie, et sur la valeur estimative de leurs étaux, aura également lieu sur leurs créances pour peaux et suifs.

ORDONNANCE DU ROI.

22 décembre 1819.

Vu les lettres patentes du 18 mars 1779, portant établissement d'une caisse pour la facilité du commerce des bestiaux , et le décret du 6 février 1811, portant rétablissement de ladite caisse sous le nom de *Caisse de Poissy* ;

Vu la loi du 28 avril 1816 et notre ordonnance du 14 mai 1817 ;

Vu la délibération prise par le conseil municipal de Paris, le 12 décembre 1819 ;

Sur le rapport de notre ministre secrétaire d'État de l'intérieur,

Nous avons ordonné et ordonnons ce qui suit :

ART. 1er. Le droit de trois et demi pour cent du prix des bestiaux vendus aux marchés de Sceaux et de Poissy, à celui des vaches grasses et à la halle aux veaux de Paris, attribué à notre bonne ville de Paris par les articles 8, 9, 10 et 11, titre 4 du décret du 6 février 1811, cessera d'être perçu à compter du 1er janvier prochain.

2. La caisse de Poissy continuera de payer comptant et sans déplacement, aux propriétaires, herbagers et marchands forains, le prix de tous les bestiaux que les bouchers de Paris achèteront auxdits marchés.

3. Il ne pourra être enlevé des marchés aucuns bestiaux qu'en vertu de *laisser-passer* délivrés par la caisse, soit aux bouchers de Paris, pour le compte desquels elle payera, soit à tous autres bouchers non accrédités.

A l'égard des bestiaux non vendus ou reconnus impropres à la boucherie, il continuera d'être procédé conformément aux règlements sur la police des marchés.

4. A compter du 1er janvier 1820, il sera perçu sur les bœufs, vaches, veaux et moutons achetés pour l'approvisionnement de Paris, un droit de consommation de trois pour cent de la valeur desdits bestiaux, déterminés pour leur prix d'achat.

S'il s'élevait quelque difficulté sur l'appréciation de cette valeur, les syndics des bouchers de Paris interviendront, et seront appelés comme arbitres par la caisse de Poissy.

5. Les bouchers de Paris jouiront, pour le payement de ce droit, d'un crédit de trente jours pour les achats faits aux marchés de Sceaux et de Poissy, et de huit jours pour les achats provenant du marché des vaches grasses et de la halle aux veaux.

Le directeur de la caisse de Poissy est chargé d'exercer le recouvrement de ce droit sur les bouchers, simultanément avec celui des avances à eux faites par ladite caisse.

6. Le produit de ce droit continuera d'être spécialement affecté au payement des obligations de l'emprunt souscrit par notre bonne ville de Paris, en vertu de notre ordonnance du 14 mai 1817.

7. Les édits, lettres patentes, déclarations, ordonnances et règlements concernant les marchés de Sceaux, de Poissy et de Paris, ainsi que les décrets des 6 février 1811 et 15 mai 1813, continueront de recevoir leur exécution en tout ce qui n'est pas contraire à la présente ordonnance.

8. Nos ministres secrétaires d'État de l'intérieur et des finances sont chargés de l'exécution de la présente ordonnance.

ORDONNANCE DU ROI.

28 mars 1821.

Sur le rapport de notre ministre secrétaire d'État au département de l'intérieur ;

Vu notre ordonnance du 22 décembre 1819, concernant la caisse de Poissy ;

Vu les délibérations du conseil municipal de Paris, des 29 juillet 1820 et 4 février 1821 ;

Voulant réformer les abus qui se sont introduits dans la perception du droit de ladite caisse,

Notre conseil d'État entendu,

Nous avons ordonné et ordonnons ce qui suit :

Art. 1er. Le droit établi par l'article 4 de l'ordonnance du 22 décembre 1819, et proportionnel à la valeur des bestiaux achetés pour la consommation de Paris, est supprimé à partir de la publication de la présente ordonnance.

2. En remplacement de ce droit, il sera perçu immédiatement par tête de bestiaux vendus pour la même destination, savoir :

Pour chaque Bœuf , 10 fr. » c.
Vache , 6 »
Veau , 2 40
Mouton , » 70

3. Toutes les dispositions de notre ordonnance ci-dessus rappelée, et qui ne sont pas contraires à la présente, sont confirmées.

4. Notre ministre secrétaire d'État de l'intérieur est chargé de l'exécution de la présente ordonnance, qui sera insérée au *Bulletin des Lois*.

RAPPORT AU ROI.

Sire ,

Depuis quelque temps le commerce de la boucherie de Paris faisait entendre des plaintes qu'il n'était plus possible de considérer comme dépourvues de fondement : appuyées sur des faits positifs, recueillies et soutenues par les agents préposés à la surveillance des marchés publics, plusieurs fois reproduites, durant le cours des deux dernières années, par les deux magistrats auxquels Votre Majesté a confié l'administration de la capitale, elles avaient éveillé, à juste titre, la sollicitude de mon prédécesseur ; elles devaient attirer toute mon attention : d'immenses intérêts se trouvaient engagés et compromis dans ce débat ; j'ai donc dû soumettre au plus sérieux examen les importantes questions qu'il avait soulevées. J'apporte à Votre Majesté le résultat de cet examen, et je lui demande la permission d'en faire précéder le développement par un court exposé des faits qui ont servi, et qui devaient en effet servir de base à un travail qu'il n'eût pas été possible de faire avec quelque discernement sans le secours de l'expérience.

Dans tous les temps et chez toutes les nations, l'approvisionnement des villes a été l'objet des soins de l'autorité municipale ; la profession de boulanger surtout, et celle de boucher, ont été constamment soumises à des règlements particuliers ; et, jusqu'en 1791, ces règlements avaient posé des limites que ne pouvait pas dépasser le nombre des individus voués à ces professions. C'est ainsi qu'en 1789, le nombre total des bouchers de Paris ne s'élevait et ne pouvait s'élever qu'à 230. La loi du 17 mars 1791 mit en vigueur le principe de la liberté illimitée du commerce. D'affreux désordres s'en suivirent ; des viandes gâtées furent mises en vente dans les rues, dans les places, jusque dans les allées et sous les portes des maisons ; de là un spectacle dégoûtant et une énorme déperdition de matières. Après dix années d'expérience, il fallut renoncer à ce système ; un décret du 30 septembre 1802 défendit les étalages de viandes, et imposa aux bouchers l'obligation de fournir un cautionnement de 3,000 fr., de 2,000 fr. ou de 1,000 fr., suivant les classes. Le mal fut atténué, mais non détruit. Six ans plus tard, on crut devoir restreindre plus efficacement encore l'exercice de la profession de boucher ; et, le 13 juin 1808, une ordonnance de police exigea que, pour être admis, les étaliers se procurassent deux fonds de commerce, dont l'un serait supprimé. Plus tard encore, le 6 février 1811, on revint au principe de la limitation numérique; un décret *réduisit à 300 le nombre des bouchers de Paris, et porta défense de délivrer aucune permission, tant que cette limite ne serait pas atteinte.* Sous l'empire de ce décret, le nombre des bouchers se réduisit à 370 : et la limite fixée n'avait pas été encore atteinte, lorsque, le 9 octobre 1822, une ordonnance vint la reporter au nombre de bouchers alors en exercice, c'est-à-dire à 370. Enfin, le 12 janvier 1825, une seconde ordonnance prescrivit que 100 *nouvelles permissions pourraient être accordées dans chacune des années 1825, 1826, 1827, et qu'à dater du 1er janvier 1828 le nombre des étaux cesserait d'être limité.*

C'est contre ces dispositions, Sire, que l'on réclame aujourd'hui. Convient-il de les maintenir, de les modifier, ou de les abroger? Telle est la question grave et complexe qu'il s'agit de résoudre dans le triple intérêt du commerce, de l'agriculture et de l'approvisionnement de Paris ; mais, dans ce dernier intérêt surtout, puisque c'est la population de Paris qui consomme, et que, en matière d'économie politique, l'intérêt du consommateur est toujours l'intérêt dominant.

Pour arriver à la connaissance de la vérité dans une question aussi délicate, j'ai dû examiner d'abord quel but on s'était proposé d'atteindre par l'ordonnance de 1825 ; j'ai dû rechercher ensuite les résultats obtenus sous l'empire de cette ordonnance ; j'ai dû enfin comparer ces résultats avec ceux qui se rattachaient aux années antérieures, en faisant abstraction toutefois, dans les calculs, des faits accidentels qui n'auraient produit que des effets passagers comme eux, et comme eux étrangers à la solution ; j'ai dû observer avec attention la marche régulière des choses, avant et depuis 1825, pour découvrir tout à la fois l'influence que la mesure administrative dont il s'agit a exercée jusqu'à ce jour, et les dernières conséquences qui pourraient s'ensuivre.

Or, en 1825, on s'était proposé tout à la fois d'encourager la reproduction des bestiaux, par la concurrence des acheteurs, de favoriser l'engrais, et de faire diminuer le prix de la viande de boucherie, tout en faisant augmenter le prix de la livre de bœuf sur pied. Cependant, Sire, loin que la concurrence soit devenue plus grande, il s'est établi une sorte de monopole en faveur d'un très-petit nombre de bouchers qui seuls ont pu continuer à s'approvisionner sur les marchés ; le reste a fait faillite, ou ne se soutient que par des achats de seconde main. C'est qu'en effet le principe de la libre concurrence, généralement bon, généralement salutaire, ne saurait s'appliquer à la vente d'une denrée qu'on ne peut acheter qu'en grande quantité, qu'on ne peut revendre qu'en détail, et qui, par l'effet de la corruption, tombe au bout de quelques heures en pure perte dans les mains du marchand. En second lieu, il n'y a pas eu de diminution, ou plutôt il y a eu, depuis 1824, une légère augmentation dans le prix de la livre de viande. En troisième lieu, le nombre des bœufs gras achetés pour la consommation de Paris a subi une énorme diminution depuis la même époque, ou plutôt il est presque nul aujourd'hui ; et enfin, après avoir éprouvé, dans les années 1825 et 1826, une augmentation qui s'explique par la présence accidentelle de 5o à 6o mille ouvriers ; le nombre des bœufs achetés sur les marchés de Sceaux et de Poissy est redescendu progressivement en 1827, en 1828, et dans les six premiers mois de 1829, beaucoup au-dessous de ce qu'il était en 1824. Il en a été de même à l'égard des bestiaux amenés sur ces marchés ; le nombre en a suivi une progression descendante. Et ce double fait est d'autant plus digne de remarque, que ces deux nombres avaient constamment suivi une marche ascendante dans les années antérieures à 1825. Ainsi, loin que l'on ait pu atteindre le quadruple but que l'on avait en vue, l'expérience a contredit en tout point les prévisions de l'ordonnance. Cette première vérité est hors de toute contestation ; les relevés officiels déposent ici avec une autorité irrécusable : ils mettent en évidence des faits contre lesquels aucun raisonnement ne saurait prévaloir : j'ajoute que le raisonnement viendrait facilement expliquer les faits, loin de les démentir.

Ce n'est pas, Sire, que la consommation de la capitale ait diminué. L'ordonnance ne pouvait point produire un semblable résultat, je me hâte de le dire. En général et surtout en ce qui concerne les denrées de première nécessité, la consommation ne peut guère subir d'autres variations que celles qui proviennent de l'accroissement ou de la diminution du nombre des consommateurs. Aussi la différence dont je viens de parler est-elle plus que compensée par l'accroissement de la quantité de viande, dite *viande à la main*, qui a été consommée dans Paris. Mais là se trouve précisément un mal très-réel, car ce débit ne se fait pas au profit du consommateur ; il n'est pas le résultat d'une utile concurrence, entre la boucherie de l'intérieur et celle de la banlieue ; ce sont des bouchers de Paris qui, dans l'impuissance où ils se trouvent de payer des bœufs entiers sur les marchés de Poissy, achètent et revendent cette espèce de viande. Et ce que je dois dire encore, ce qui excitera au plus haut degré la paternelle sollicitude de Votre Majesté, plusieurs d'entre eux, dépourvus de tout crédit auprès des herbagers, obligés, pour se soutenir, d'employer tous les moyens, achètent dans Paris des animaux qui n'ont pas subi la visite ; en sorte que la santé, l'existence même des familles pauvres pourraient à la longue se trouver compromises.

Ainsi, non-seulement la mesure adoptée en 1825 n'a pas produit les résultats qu'on espérait en retirer dans l'intérêt des consommateurs ; mais elle a produit des effets entièrement opposés. Au lieu de favoriser l'engrais des bestiaux, elle l'a totalement détruit ; au lieu de procurer à la capitale de meilleure viande, à moindre prix, elle a fait substituer la viande maigre à la viande grasse, et la viande suspecte à la viande saine, sans apporter au prix d'autre changement qu'une augmentation, peu sensible encore à la vérité, mais réelle cependant, et inquiétante sous ce rapport qu'elle révèle une fâcheuse tendance ; au lieu de rendre, par l'abaissement du prix, la consommation de la viande de boucherie plus facile pour la classe ouvrière, elle paraît avoir retardé l'accroissement, autrefois plus rapide, de cette consommation, en faisant élever le prix des viandes basses que les bouchers ne donnent aujourd'hui qu'à huit sous, tandis que, auparavant, ils la donnaient à six sous. Et le mal aurait été plus grand encore, selon toute apparence, si la mesure dont il s'agit avait pu recevoir une application complète; c'est-à-dire si le nombre des bouchers s'était réellement élevé de cent pour chaque année, jusqu'au 1er janvier 1828, pour s'accroître sans limites après cette époque : car alors le malaise de cette classe de commerçants étant devenu plus grave et plus pressant, les résultats dont je viens de parler se seraient manifestés d'une manière plus sensible, et la capitale aurait probablement été livrée aux désordres qui l'ont déjà affligée dans des circonstances semblables. Heureusement le nombre des bouchers n'a pas reçu une augmentation aussi considérable ; en quatre ans et demi, il n'a pu monter que de 370 à 514. Les nombreuses banqueroutes, qui se sont déclarées après la publication de l'ordonnance (il y en a eu 100), ont sans doute arrêté ceux qui auraient pu concevoir la pensée de former des établissements. Mais l'état actuel du commerce de la boucherie n'en est pas moins périlleux pour les familles qui l'exploitent, et menaçant pour les habitants de Paris. Sous ce premier rapport, la question se réduit maintenant à une question de fait, et c'est l'expérience même qui l'a résolue.

En ce qui touche nos intérêts agricoles, les données sont moins précises, et les faits paraissent moins décisifs au premier aperçu. Toutefois, je l'ai déjà dit : il n'y a plus d'engrais de bestiaux, parce que les bouchers ne peuvent plus ou ne veulent plus acheter de bœufs gras ; en apparence ils ne le peuvent plus, car le commerce ne fait point mal les choses, quand il peut les faire avec avantage. De là suit, comme conséquence immédiate, une diminution beaucoup plus rapide dans le nombre des bestiaux ; car, pour subvenir aux besoins de la même consommation, il faut abattre trois bœufs maigres, au lieu de deux bœufs gras, ou du moins quatre bœufs maigres au lieu de trois bœufs gras. Un tel résultat est d'autant plus funeste au pays, que la France ne possède pas assez de bestiaux, et que l'agriculture a, sous ce rapport, des besoins qu'il est impossible de méconnaître. On peut, il est vrai, contester ce raisonnement; on peut dire, avec une apparence de raison, qu'une plus grande consommation amène une plus grande reproduction. Ce principe est généralement vrai ; mais, comme les autres principes, il est soumis à des exceptions, et surtout il ne peut conduire à des conséquences certaines qu'autant qu'on en fait des applications exactes. Et ici, l'application n'est pas exacte; car, il ne s'agit pas d'objets manufacturés, dont la reproduction dépend exclusivement de la volonté de l'homme, et dont la garde coûte peu, si même elle coûte ; il s'agit d'êtres animés qui se reproduisent eux-mêmes, qui exigent des soins, des dépenses de toute nature, qui ne peuvent vivre que là où se trouvent, en assez grande quantité, des prairies, des pâturages, des bâtiments, etc. Une légère augmentation dans leur valeur vénale n'est pas nécessaire à leur multiplication, et ne suffit pas pour la favoriser efficacement. Elle n'est pas nécessaire, parce que cette multiplication offre toujours assez d'avantage pour que les agriculteurs fassent, à cet égard, ce qui leur paraît possible. Elle ne suffit point, parce qu'elle donne des profits trop lents et trop faibles pour couvrir immédiatement les dépenses énormes qu'il faut faire dans une ferme lorsqu'on veut acheter, nourrir, loger et garder un plus grand nombre de bœufs, de vaches et de taureaux que celui qui constitue le troupeau ordinaire. Aussi, et nonobstant la hausse progressive du prix des bœufs maigres, n'a-t-on aperçu, depuis 1825, aucun symptôme d'accroissement dans la production. En effet, Sire, si l'ordonnance avait été une cause d'encouragement pour la production, si cette production eût réellement augmenté, les envois eussent été de plus en plus considérables : et pourtant c'est le contraire que nous avons vu. Les états prouvent que le nombre de bœufs arrivés sur les marchés, était en 1824 de 122,322, et qu'après s'être élevé, par une cause accidentelle, à 129 ou 130,000 dans les années 1825 et 1826, il est redescendu à 122,715 en 1827, puis à 116,238 en 1828. Cette diminution continue en 1829 ; car, au lieu de 37,731 bœufs amenés dans les six premiers mois de 1828, il n'en est venu que 35,651 dans les six premiers mois de 1829. Et l'on commettrait une autre erreur de fait, si l'on croyait trouver, dans le poids de ces animaux, une compensation du nombre ; car le poids moyen est tombé de 333 kil. 4/5 à 315 ou 316 kil., et le nombre des bœufs pesant 340 kil. s'est réduit de 11,504 à 3,690.

En résumé, de quelque manière que l'on considère le système actuel, on est forcé de reconnaître qu'il a trompé toutes les espérances de l'administration ; qu'il a jeté une funeste perturbation dans le commerce de la boucherie de Paris ; qu'il a créé une sorte de monopole, au lieu d'y introduire une plus grande concurrence ; qu'il a nui à l'engrais, porté préjudice aux herbagers, et suscité leurs plaintes, en même temps que celles des bouchers ; qu'il a dénaturé l'approvisionnement de la capitale, enlevé à la classe aisée la faculté de se procurer la même viande qu'autrefois, et réduit la classe pauvre à payer plus cher une nourriture moins saine. Et s'il est vrai, comme j'ai déjà eu l'honneur de le dire à Votre Majesté, que, dans de pareilles questions, l'intérêt du consommateur soit l'intérêt principal et dominant ; s'il est vrai qu'en principe, on ne puisse pas le sacrifier à d'autres considérations, ce sera une chose démontrée que la nécessité de revenir sur une mesure administrative qui a produit de pareils effets. Il faudrait la révoquer, alors même qu'elle aurait procuré quelques avantages à l'agriculture, alors même qu'elle aurait favorisé la reproduction. Mais quand les relevés officiels prouvent que le nombre et le poids des bœufs de France, amenés sur les marchés publics, diminuent progressivement, tandis que le nombre des bestiaux importés de l'étranger va toujours en augmentant, on ne peut plus même opposer l'intérêt de l'agriculture à celui de la consommation ; car un pareil état de choses ne saurait se concilier avec l'hypothèse d'une reproduction croissante ; et il semble démontré, au contraire, que, conformément aux principes fondamentaux de l'économie politique, l'intérêt bien entendu des producteurs se trouve ici, comme partout, inséparablement uni à l'intérêt des consommateurs.

Ainsi tout s'accorde, Sire, à mettre en évidence la nécessité de sortir d'un système qui, je le reconnais, paraissait offrir des avantages réels, et dont il était difficile, du moins, de ne pas essayer l'application, mais qui, deux fois, a succombé sous l'épreuve du temps. Il est nécessaire aujourd'hui de rétablir, dans le commerce de la boucherie, le calme et la confiance, l'ordre et la bonne foi, le crédit et la faculté de faire un bon service. Convaincu par le témoignage des faits, comme par le témoignage unanime des hommes les plus éclairés en pareille matière, que le mal est réel et sérieux, j'ai dû naturellement en chercher le remède dans le retour vers l'ordre de choses sous l'influence duquel tout avait prospéré pendant plusieurs années. En conséquence, d'après les doléances souvent reproduites par le commerce de la boucherie ; d'après la demande présentée par les herbagers eux-mêmes, qui supplient Votre Majesté de réduire à 400 le nombre des bouchers de Paris ; d'après les instantes représentations qui m'ont été adressées par les directeurs et surveillants de cette branche du service public, et conformément aux avis simultanés des magistrats placés à la tête de l'administration municipale, j'ai l'honneur de soumettre à la sanction de Votre Majesté le projet d'ordonnance ci-joint.

ORDONNANCE DU ROI

Relative à l'exercice de la profession de boucher à Paris.

18 octobre 1829.

Sur le rapport du ministre secrétaire d'État de l'intérieur,

Vu les ordonnances des 12 janvier et 22 septembre 1825, relatives à la boucherie de Paris ;

Les réclamations de l'ancien syndicat de cette boucherie, en date des 4 juillet 1827 et 3 avril 1829 ;

Celle des herbagers et des marchands de bestiaux ;

Les observations et les propositions contenues dans la lettre du préfet de police, du 25 février 1828, et dans le rapport du préfet de la Seine, du 26 août 1828 ;

Considérant que l'ordonnance du 12 janvier 1825 avait eu pour objet d'encourager la production et l'engrais des bestiaux, et en même temps de réduire à un taux modéré le prix de la viande dans la ville de Paris ; mais qu'au lieu d'amener ce double résultat, elle a produit des effets contraires, ainsi que le démontrent les faits recueillis et constatés pendant les cinq dernières années ;

Voulant faire cesser un état de choses qui tend à affecter d'une manière grave les sources de la reproduction des bestiaux, à compromettre la sûreté de l'approvisionnement de la ville de Paris, et à détruire les garanties de la qualité des viandes livrées à la consommation ;

Voulant en même temps satisfaire aux justes doléances du commerce de la boucherie ,

Nous avons ordonné et ordonnons ce qui suit :

ART. 1er. Le nombre des individus qui pourront exercer la profession de boucher dans Paris, est et demeure fixé à quatre cents.

2. Les étaux qui sont actuellement en activité pourront être successivement rachetés par le syndicat, et supprimés jusqu'à réduction du nombre des bouchers à quatre cents ; le rachat et la suppression n'auront lieu qu'en vertu d'une autorisation du préfet de police.

3. Lorsque le nombre des étaux aura atteint la limite ci-dessus fixée, aucun nouveau boucher ne pourra s'établir qu'avec un fonds en activité.

Dans ce cas, comme par le passé, le nouvel exploitant sera tenu de se faire inscrire à la préfecture de police, et d'y produire un certificat de bonne vie et mœurs, délivré par le maire de son domicile ; ce certificat constatera en outre qu'il a fait un apprentissage et qu'il connaît suffisamment la pratique de son état.

Sur le vu desdites pièces et l'avis des syndic et adjoints, le préfet lui délivrera l'autorisation d'exercer la profession de boucher.

Ladite autorisation énoncera le quartier, la rue ou la place où le boucher sera établi ; elle mentionnera aussi l'obligation souscrite par le boucher, de verser son cautionnement dans les délais déterminés à l'article 5 ci-après.

4. Il ne pourra être délivré d'autorisation au même individu pour exploiter deux ou plusieurs étaux ; chacun sera tenu d'exploiter son étal par lui-même.

5. Chaque boucher devra fournir, pour son étal, un cautionnement fixé à *trois mille francs*. Ceux dont les cautionnements déjà versés ne s'élèveraient pas au-dessus de mille ou deux mille francs, devront fournir le supplément nécessaire pour compléter ladite somme.

Le cautionnement, ainsi que le complément du cautionnement, sera versé à la caisse de Poissy dans le délai de *trois mois*. La permission d'exercer sera retirée à tout boucher qui, à l'expiration de ce terme, n'aura pas fourni la totalité de son cautionnement.

6. L'intérêt du cautionnement des bouchers sera réservé pour subvenir : 1o au remboursement du prix des étaux dont le rachat aura été ordonné par le préfet de police ; 2o aux dépenses du syndicat ; 3o à celles qui concernent le service de la boucherie dans les abattoirs généraux ; 4o aux pensions et secours accordés par le syndicat à d'anciens bouchers ou employés de la boucherie et à leurs familles. Cet intérêt sera compté à raison de *cinq pour cent* sans aucune retenue.

Sont révoquées les dispositions de l'ordonnance du 22 septembre 1825, d'après lesquelles ces diverses dépenses avaient été mises à la charge de la ville de Paris, en attribuant à celle-ci les produits des fumiers des bouveries et bergeries, ainsi que celui des vidanges et voiries provenant d'abattoirs.

7. Le syndicat de la boucherie est rétabli. Le préfet de police nommera, parmi les bouchers, trente individus, dont dix seront pris dans le nombre de ceux qui payent le droit proportionnel de patentes le moins considérable : ces trente individus, ou bouchers-électeurs, nommeront, parmi tous les bouchers, un syndic et six adjoints.

8. Les syndic et adjoints feront leurs rapports et donneront leurs avis au préfet de police sur l'exécution de la présente ordonnance et sur toutes les dispositions de surveillance et de police qui peuvent concerner le commerce de la boucherie. Ils présenteront au même préfet un projet de statuts et règlements pour le régime et la discipline intérieure de tout ce qui tient à l'exercice de leur profession; mais ces actes ne seront exécutoires qu'après avoir été homologués par le ministre de l'intérieur, sur l'avis du préfet de police, et dans les formes usitées pour tous les règlements d'administration publique.

9. Les syndic et adjoints présenteront aussi, le 28 de chaque mois au plus tard, au préfet de police, un état indicatif ou crédit individuel qui pourra être accordé à chaque boucher de Paris, sur la caisse de Poissy, pour le mois suivant : ce crédit ne pourra être inférieur au montant du cautionnement de chacun, à moins d'une déclaration contraire de leur part.

10. Tout étal qui cessera d'être garni de viande pendant *trois jours* consécutifs, sera fermé pendant six mois.

11. Il ne pourra être vendu et acheté des bestiaux, pour l'approvisionnement de Paris, nulle part ailleurs que dans les marchés de Sceaux, de Poissy, de la halle aux veaux et des vaches grasses.

12. Tout boucher qui fera des achats ailleurs que sur les marchés autorisés sera interdit de l'exercice de sa profession pendant six mois ; en cas de récidive, il sera interdit définitivement, et son étal sera fermé.

13. Les bestiaux amenés sur les marchés ci-dessus désignés seront, avant l'ouverture de la vente, soumis à l'inspection de la police, afin de s'assurer s'ils sont en état d'être livrés à la boucherie : ils devront être frappés d'une marque particulière qui constate cette vérification.

14. Il est fait défense de revendre, ni sur pieds, ni à la cheville, les bestiaux achetés sur les marchés de Sceaux, de Poissy, de la halle aux veaux et des vaches grasses.

15. Les bestiaux destinés à la boucherie de Paris, et introduits dans cette ville, seront abattus exclusivement dans les cinq abattoirs généraux, situés aux barrières des Invalides, de Miromesnil, de Rochechouart, d'Ivry et de Popincourt.

Défenses sont faites d'en abattre dans aucune boucherie, étable, bergerie et abattoir particulier.

16. Les personnes qui introduiront des bestiaux dans Paris seront tenues de

justifier aux employés de l'octroi, ainsi qu'au préposé de la police des abattoirs, d'un bulletin et d'un certificat qui constatent l'achat desdits bestiaux sur les marchés autorisés.

17. Les bouchers forains seront admis, concurremment avec les bouchers de Paris, à vendre ou faire vendre en détail de la viande sur les marchés publics, en se conformant aux règlements de police.

18. Les ordonnances des 12 janvier et 22 septembre 1825 sont et demeurent révoquées.

Toutefois, les dispositions du décret du 6 février 1811, concernant la caisse de Poissy, qui ne sont point contraires à la présente ordonnance, sont maintenues et continueront d'être exécutées dans leur forme et teneur.

19. Notre ministre secrétaire d'État de l'intérieur est chargé de l'exécution de la présente ordonnance, qui sera insérée au *Bulletin des lois*.

ORDONNANCE DE POLICE,

Concernant le régime et la discipline intérieure du commerce de la boucherie de Paris,

APPROUVÉE PAR LE MINISTRE DE L'INTÉRIEUR.

25 mars 1830.

TITRE PREMIER.

Du syndicat des bouchers.

ART. 1er. La boucherie de Paris sera représentée par un syndic et six adjoints, qui seront nommés parmi tous les membres de ce commerce, conformément à l'article 7 de l'ordonnance du 18 octobre 1829.

Trente bouchers électeurs, choisis par le préfet de police et convoqués au secrétariat général de la préfecture, nommeront le syndicat, et formeront *une réunion* qu'il pourra s'adjoindre, lorsqu'il le jugera nécessaire.

Toutefois, *ces réunions* ne pourront avoir lieu qu'après que le syndicat en aura obtenu l'autorisation du préfet de police.

2. La durée des fonctions du syndic est d'un an. Il peut être réélu.

Les adjoints sont pendant trois ans en exercice. Ils peuvent également être réélus.

Au mois de décembre de chaque année, il est procédé à l'élection du syndic et de deux adjoints, pour entrer en fonctions le 1er janvier suivant.

Dans les années 1831 et 1832, la voie du sort désignera les deux adjoints qui devront sortir d'exercice.

En cas de mort ou de démission du syndic, le premier adjoint, dans l'ordre de nomination, remplacera le syndic pendant le reste de l'année.

Les électeurs seront renouvelés par tiers, tous les ans, au mois de janvier.

Dans la première quinzaine de novembre de chaque année, les syndic et adjoints présenteront au préfet de police une liste de vingt bouchers, parmi lesquels il nommera dix électeurs, pour remplacer ceux qui devront cesser leurs fonctions.

3. Le syndicat de la boucherie aura sous ses ordres un agent et un garçon de bureau, lesquels seront à la nomination du syndic et des adjoints.

4. Le syndicat se réunira le mardi de chaque semaine, à une heure précise de l'après-midi.

En cas de nécessité, il pourra se réunir tout autre jour de la semaine qui lui sera convenable.

5. Les délibérations du syndicat ne seront valables que lorsqu'elles auront été prises par les deux tiers au moins des membres de l'assemblée.

6. Il sera frappé des *jetons* pour être distribués aux membres présents aux assemblées. Ils porteront d'un côté, l'effigie de Sa Majesté, et de l'autre, un attribut du commerce de la boucherie.

Leur valeur sera de 2 fr. 50 c.

Le syndic aura deux *jetons* de présence, et chaque adjoint en aura un. Dans les assemblées extraordinaires, il en sera distribué un à chaque électeur présent.

7. Il y aura six inspecteurs de la boucherie, et plus, s'il est nécessaire, pour surveiller toutes les contraventions aux règlements qui pourront se commettre, réprimer le mercandage, et concourir, avec le syndicat, à l'exécution de toutes les mesures jugées nécessaires dans l'intérêt général.

Ces six inspecteurs seront proposés par le syndicat au préfet de police, et nommés par ce dernier.

Deux de ces inspecteurs seront toujours attachés à l'abattoir Montmartre.

Le préfet de police se pourvoira auprès de M. le préfet de la Seine, pour que les inspecteurs soient logés dans les abattoirs, de manière à ce qu'il y en ait un dans chaque abattoir. Ils seront chargés d'y faire exécuter les dispositions de surveillance que nécessitent la manutention des échaudoirs et les autres parties du service de ces établissements.

L'inspecteur de police constatera le fait de la mort des bestiaux morts naturellement dans les abattoirs. Les inspecteurs de la boucherie les enverront à la ménagerie, ainsi que toutes les viandes (dans quelque lieu qu'ils les trouvent) qu'ils reconnaîtront ne pouvoir être livrées à la consommation.

Le procès-verbal sera transmis au président du tribunal de commerce, qui nommera deux artistes vétérinaires, l'un pour le boucher, l'autre pour le vendeur, aux fins de procéder à l'autopsie de l'animal, et de constater les véritables causes de sa mort (1).

8. Le syndicat nommera dix-huit surveillants, et plus s'il est nécessaire, dans les abattoirs, savoir : cinq à l'abattoir Montmartre (il y a deux portes), quatre à l'abattoir de Ménilmontant, trois à l'abattoir de Grenelle, trois à l'abattoir du Roule et trois à l'abattoir de Villejuif.

Ils seront chargés de la garde des clefs des échaudoirs, de la livraison des cuirs, peaux de veaux et moutons, aux enleveurs des tanneurs et des mégissiers ; du parcage des bestiaux dans les bouveries et bergeries ; de faire des rondes à certaines heures du jour et de la nuit, pour surveiller les bestiaux qui menaceraient de périr ; d'examiner s'il ne s'introduit pas dans les abattoirs des individus étrangers à leur service ; du lavage des coches ; enfin d'exécuter tout ce qui peut contribuer à la sûreté et à la salubrité de ces établissements.

Ils seront placés sous la surveillance des préposés de police et de l'inspecteur du commerce de la boucherie de leur abattoir, lesquels tiendront sévèrement la main à ce qu'ils fassent leur service de la manière la plus active, dans l'intérêt général.

9. Il sera nommé, par le préfet de police, sur la proposition du syndicat, deux surveillants aux parquets à moutons des barrières du Maine et de Clichy, pour faire le lotissage des moutons, de manière que les lots marqués appartenant aux divers bouchers leur soient exactement adressés.

10. Des instructions seront données, sous l'approbation du préfet de police, par le syndicat, tant aux inspecteurs qu'aux surveillants, dans les abattoirs et aux parquets, pour leur indiquer le service dont chacun d'eux sera chargé, à la condition de se conformer aux règlements de police.

Comme il est essentiel que tous les employés de la boucherie connaissent cet état pour bien remplir leur service, dans l'intérêt général, ils seront choisis parmi d'anciens bouchers ou fils d'anciens bouchers qui posséderont l'estime du commerce.

11. Les syndic et adjoints seront chargés de la répartition des échaudoirs entre les marchands bouchers de Paris, suivant les besoins de chacun d'eux ; mais cette répartition et les mutations qui seront demandées par la suite ne s'effectueront qu'après que le syndicat en aura obtenu l'autorisation du préfet de police.

12. Ils seront chargés de procéder à la vente des vidanges et voiries provenant de l'abatage des bestiaux, ainsi qu'à celle des fumiers des bouveries et bergeries, dont les produits leur sont attribués par l'ordonnance royale du 18 octobre 1829.

Ils seront également autorisés à renouveler le bail de la vente du sang des bœufs et vaches, qui existe, et à comprendre dans cette vente le sang des

---

(1) Maintenant les vétéritaires doivent prêter serment avant de procéder à l'autopsie.

veaux et moutons, pour le temps et de la manière qu'ils le jugeront le plus convenable, dans les intérêts du commerce, comme aussi à en répartir le montant, ainsi que par le passé.

13. Il y aura cinq conducteurs de bœufs, un conducteur de vaches (1), et, suivant les besoins du commerce, deux ou trois conducteurs de moutons, qui seront nommés par le préfet de police, sur la présentation du syndicat.

Les syndic et adjoints seront autorisés à faire faire à tous les conducteurs, pour la conduite des bestiaux en général, chacun dans sa partie, les soumissions que l'intérêt du commerce et le bien du service rendront nécessaires.

14. Le syndicat connaîtra, sous le rapport de la discipline intérieure, de toutes les difficultés qui s'élèveront entre les marchands bouchers, les étaliers, les garçons bouchers, et autres individus attachés au service des boucheries.

Il connaîtra, par voie de conciliation, des difficultés contentieuses qui s'élèveront, soit entre les bouchers respectivement, soit entre les bouchers et les marchands de bestiaux.

15. Les mercuriales seront arrêtées dans chaque marché par deux bouchers, deux marchands de bestiaux, et l'inspecteur général des halles et marchés.

16. Le syndicat sera autorisé à accorder, sous l'approbation du préfet de police, suivant les ressources de sa caisse, des pensions aux anciens bouchers et employés de la boucherie qui manqueront des moyens suffisants pour subvenir à leur existence.

Il distribuera par avance, aux bouchers et employés indigents, des secours dont il présentera l'état de distribution à l'approbation du préfet de police, tous les six mois.

17. Il présentera, du 20 au 25 de chaque mois au plus tard, au préfet de police, un état indicatif du crédit individuel qui pourra être accordé à chaque boucher de Paris sur la caisse de Poissy, pour le mois suivant.

18. Le syndicat tiendra registre de toutes ses délibérations en général, et sera autorisé à adresser à l'autorité toutes les réclamations qu'il jugera nécessaires au bien de la communauté.

19. Il sera autorisé, à dater du 28 octobre 1829, à toucher les intérêts des cautionnements des bouchers à la caisse de Poissy, et toutes autres sommes qui appartiendront au commerce, dans telles caisses qu'elles se trouveront, pour subvenir au payement des étaux, à celui des dépenses concernant la police des abattoirs, au payement du traitement de tous les employés, et des autres dépenses du commerce, et à celui des pensions et secours à accorder à d'anciens bouchers ou employés de la boucherie.

20. Tous les ans, vers la mi-décembre, le syndicat convoquera, sous l'auto

---

(1) Il y a actuellement deux conducteurs de vaches.

risation du préfet de police, les électeurs au bureau de la boucherie, à l'effet de leur rendre compte des opérations et des travaux de l'année.

21. Il y aura un conseil du syndicat, ce conseil sera composé d'un avocat à la cour royale, d'un avocat aux conseils du Roi et à la cour de cassation, d'un notaire et d'un avoué.

Les membres de ce conseil seront à la nomination du syndicat.

TITRE II.

Des admissions et des conditions pour l'exercice de la profession de boucher.

22. Sont reconnus marchands bouchers de Paris tous les individus qui ont rempli et qui rempliront, dans les délais voulus, les conditions prescrites par l'ordonnance royale du 18 octobre 1829.

23. La veuve d'un boucher pourra succéder, même avant la réduction du nombre des bouchers à 400, à l'état de son mari, sous quelque régime qu'elle ait été mariée, sauf le précompte des droits des héritiers du titulaire décédé.

Lorsqu'une veuve bouchère convolera en secondes noces, son nouveau mari ne sera point titulaire de l'état; mais il sera, de plein droit, investi du droit de gérer et d'administrer ledit état, et, par conséquent, d'aller sur les marchés de Sceaux et de Poissy.

Si elle est séparée de biens judiciairement ou contractuellement d'avec son nouveau mari, elle pourra, conformément à l'article 39 subséquent, lui donner procuration pour aller auxdits marchés de Sceaux et de Poissy ; mais elle conservera le droit d'administrer et de gérer elle-même son état.

24. Le fils pourra de même succéder à son père.

25. Il en sera de même de la fille tenant le comptoir de son père, si elle épouse un garçon boucher.

26. Tout aspirant qui voudra s'établir avant la réduction des étaux au nombre fixé par l'article 3 de l'ordonnance, pourra en obtenir l'autorisation, moyennant qu'il achète deux étaux et qu'il en supprime un, et en se conformant d'ailleurs aux règles prescrites par l'ordonnance pour exercer la profession de boucher (1).

27. Les marchands bouchers susénoncés auront seuls le droit d'abattre, habiller, préparer, vendre et débiter, dans la ville de Paris, toutes sortes de viandes de bœufs, vaches, veaux et moutons.

Toutefois, les bouchers forains continueront à être admis, concurremment avec lesdits bouchers de Paris, à vendre en détail de la viande à la halle des Prouvaires et dans les marchés Saint-Germain, des Carmes et des Blancs-Manteaux, les mercredi et samedi de chaque semaine.

(1) Cet article a été rapporté. (Voir la décision du 12 avril 1832, page 222.)

32

28. Le tirage des places destinées aux bouchers de campagne, tant à la halle, que dans les marchés publics, continuera à être fait par lesdits bouchers, en présence de l'inspecteur général des halles et marchés.

Celui pour les bouchers de Paris sera fait au bureau du syndicat, également en présence dudit inspecteur général.

29. L'étal d'un boucher, dont la faillite viendrait à être déclarée, ne sera supprimé que dans le cas où le rachat en serait opéré par le syndicat.

Un délai, qui ne pourra être moindre d'un mois, sera accordé par M. le préfet de police aux créanciers de la faillite, pour vendre l'étal à un tiers, sans que l'acquéreur soit tenu de se conformer à la condition de l'article 26.

Si, à l'expiration de ce délai, les créanciers ne l'ont pas vendu, le syndicat payera, à qui de droit, l'estimation qui en sera faite par deux arbitres nommés par les créanciers et le syndicat. En cas de dissidence de ces arbitres, le tribunal de commerce nommera un tiers arbitre pour les départager.

30. Le syndicat prendra l'autorisation du préfet de police pour opérer le rachat des étaux qui excèdent le nombre de ceux qui doivent rester en activité, conformément à l'article 6 de l'ordonnance royale du 18 octobre 1829.

31. Nul ne pourra être admis à l'exercice de la profession de boucher, s'il ne justifie, conformément au paragraphe 2 de l'article 3 de l'ordonnance précitée, qu'il connaît suffisamment la pratique de son état.

32. Chaque boucher devra fournir, pour son étal un cautionnement fixé à 3,000 francs. Ceux dont les cautionnements, déjà versés, ne s'élèveraient pas au-dessus de 1,000 ou 2,000 francs, devront fournir le supplément nécessaire pour compléter ladite somme de 3,000 francs.

Le cautionnement, ainsi que le complément du cautionnement, seront versés à la caisse de Poissy dans le délai de trois mois, prescrit par l'ordonnance royale du 18 octobre 1829. La permission d'exercer sera retirée à tout boucher qui, à l'expiration de ce terme, n'aura pas justifié du versement de la totalité de son cautionnement, par une quittance du directeur de la caisse de Poissy.

33. Les établissements de boucherie devront réunir les conditions prescrites par l'instruction du préfet de police concernant la formation des étaux.

34. Aucun transfert ne pourra avoir lieu d'un quartier dans un autre qu'à l'époque de Pâques de chaque année, à moins de cause forcée, dont le syndicat sera juge.

Dans tous les cas, le boucher qui voudra transférer son établissement ne pourra effectuer ce transfert entre les deux bouchers voisins, en tous sens, de celui dont l'étal aurait été fermé.

35. Tout étalier qui voudra s'établir ne pourra le faire qu'en laissant cinq étaux entre son établissement et ceux des bouchers chez lesquels il aura travaillé pendant deux mois, à moins que ce ne soit depuis plus d'un an.

36. Aux termes des règlements des 13 juin 1800, 6 février 1811, et de

l'ordonnance du 18 octobre 1829, un boucher ne doit exploiter qu'un étal, et est tenu de l'exploiter par lui-même.

Si un boucher, contrairement à l'article 4 de l'ordonnance précitée, exploite un second étal, ce second étal sera fermé sans aucun dédommagement.

S'il cède clandestinement, prête son nom, ou loue son étal à l'un de ses confrères, ou à tout autre individu quelconque, cet étal sera également fermé sans dédommagement.

37. Tout étal qui cessera d'être garni de viandes pendant *trois jours* con-sécutifs sera fermé pendant six mois.

38. Il est fait défense expresse de revendre, ni sur pied, ni à la cheville, les bestiaux achetés pour l'approvisionnement de Paris.

Tout boucher qui contreviendra à cette disposition encourra la peine men-tionnée dans l'article 12 de l'ordonnance du 18 octobre.

39. Il est enjoint aux bouchers de faire directement leurs acquisitions de bestiaux sur les marchés autorisés, sous les peines portées dans l'article 12.

A l'égard des veuves, des bouchers âgés et infirmes, qui ne peuvent se ren-dre sur les marchés, ils pourront charger leur premier garçon d'étal, ou l'un de leurs confrères, de leur procuration authentique : mais aucun des mandataires ne pourra être porteur de plus d'une procuration.

Cette procuration sera essentiellement temporaire ; elle ne sera accordée que sur l'autorisation du préfet de police, qui en fixera la durée.

En cas d'indisposition subite, de voyage imprévu, etc., le boucher pourra, par écrit, charger son premier garçon d'étal ou un confrère, de ses acquisi-tions ; mais les mandataires seront tenus d'en faire la déclaration, à leur arri-vée au marché, à l'inspecteur général, ou à celui qui le remplacera, à charge d'en faire immédiatement rapport au préfet de police.

Cette faculté ne sera accordée que pour le délai de quinze jours au plus.

Par exception, le fils d'un marchand boucher, travaillant chez son père, pourra aller au marché avec la procuration de ce dernier.

Il pourra aussi accompagner son père ; mais il ne pourra, sous quelque prétexte que ce soit, rester sur les bestiaux marchandés, ni s'immiscer dans les achats, ni y concourir, à moins que ce ne soit en la présence et pour le compte de son père, de manière qu'ils ne forment à eux deux *qu'une seule main dans le même marché.*

40. Il est également enjoint aux bouchers de ne recevoir ni étalier, ni gar-çon boucher qui ne serait pas porteur d'un livret revêtu de la signature de son dernier maître.

Les contrevenants seront poursuivis, conformément à l'ordonnance relative aux livrets.

41. Il est défendu aux bouchers de faire dans leurs étaux aucun autre com-merce que celui de la viande de boucherie.

42. Il est enjoint aux marchands bouchers de livrer leurs cuirs bien condition-nés, loyaux et marchands.

43. Le lotissage des bestiaux aura lieu comme par le passé.

44. Tous les bouchers présents au marché auront la faculté de lotir.

L'acquéreur aura droit à deux lots, et sera tenu de déclarer aux autres bouchers lotissant le prix réel d'acquisition.

S'il fait une fausse déclaration, il sera poursuivi conformément aux lois.

45. Les bouchers non admis, mais chargés de manutentions civiles ou militaires, ne pourront vendre au public de la viande, à peine de saisie ou de confiscation. (Lettres patentes du 1er juin 1782, art. 2.)

46. Les permissions accordées pour l'exercice de la profession de boucher énonceront l'obligation, de la part de ceux qui les obtiendront, de se conformer en tous points à la présente ordonnance.

47. Toute contestation entre le syndicat et les bouchers, toute réclamation élevée par ceux-ci au sujet de l'accomplissement des conditions imposées par ladite ordonnance pour l'exercice de la profession, seront portées par le syndicat devant le préfet de police, qui décidera, sauf recours de sa décision auprès de l'autorité administrative supérieure.

TITRE III.

De la police des abattoirs.

CHAPITRE PREMIER.

48. Tous les bestiaux, sans exception, destinés à la boucherie de Paris, ne pourront être abattus et habillés que dans l'un des cinq abattoirs généraux à ce affectés.

49. Les cinq abattoirs généraux sont répartis entre les bouchers, suivant la localité de chacun d'eux.

50. La répartition actuelle des échaudoirs entre les bouchers est maintenue.

51. Néanmoins, les bouchers d'un même abattoir pourront échanger entre eux les échaudoirs dont ils sont pourvus, après toutefois en avoir obtenu l'autorisation du préfet de police.

52. Les bouchers se pourvoiront de tinets, étaux, baquets, seaux, brouettes, et de tous les instruments et ustensiles nécessaires à leur travail, et les entretiendront en bon état de service et de propreté.

53. Ils sont également tenus de donner à leurs bestiaux la nourriture et tous les soins nécessaires. Les surveillants feront connaître aux préposés de la police ceux qui négligeraient d'y pourvoir.

CHAPITRE II. — Conduite des bestiaux.

54. Les bœufs et vaches achetés dans les marchés de Sceaux et de Poissy seront conduits directement aux abattoirs, suivant l'itinéraire ordinaire.

55. Les conducteurs, en arrivant aux abattoirs, conduiront les bestiaux dans les parcs de triage; ils dirigeront ensuite les bœufs de chaque boucher à la bouverie qui lui est affectée.

56. Les veaux achetés dans les marchés de Sceaux et de Poissy, et à la halle aux veaux de Paris;

Les vaches grasses achetées au marché de Paris ;

Les moutons amenés, soit immédiatement des marchés extérieurs, soit des parcs de Vaugirard et de Clichy, seront conduits directement aux abattoirs.

57. Les conducteurs de veaux seront tenus de laisser sous les veaux aux abattoirs *les deux tiers au moins* de la paille sur laquelle ils ont été amenés.

58. Il est défendu aux conducteurs, charretiers et garçons bouchers de les conduire, détourner et entreposer partout ailleurs, sous quelque prétexte que ce soit, sous les peines de droit.

59. Les bouchers sont tenus d'avoir, dans les abattoirs, des garçons pour recevoir et soigner les bestiaux à leur arrivée.

60. Les conducteurs devront remettre au préposé de la police de chaque abattoir , les bulletins et certificats d'achat de bestiaux dans les marchés.

Le préposé fera sur-le-champ écriture de chaque bulletin, et remettra de suite les bulletins au préposé de l'administration municipale.

61. Il est défendu aux préposés à la police des abattoirs d'y admettre , pour être abattues, des vaches envoyées par les nourrisseurs de Paris, si le conducteur n'est porteur d'un certificat d'expert vétérinaire constatant la nécessité de les faire abattre.

Après l'habillage, la vérification des viandes en provenant sera faite en présence du nourrisseur et de deux adjoints au syndicat.

Si les viandes sont jugées en état d'entrer dans la consommation, le nourrisseur pourra les vendre dans l'abattoir.

Dans le cas contraire, il sera dressé, contradictoirement, un procès-verbal constatant l'état insalubre des viandes, et elles seront envoyées, à la diligence de l'inspecteur du commerce, à la ménagerie royale, pour le compte et aux frais du propriétaire. Les cuirs et suif lui seront remis sur récépissé.

CHAPITRE III. — *De la sûreté et de la salubrité dans les abattoirs.*

62. Aucune voiture de fourrage ne sera reçue dans les abattoirs, si son chargement ne peut être rentré et resserré avant la nuit tombante.

63. L'entrée et la circulation dans les greniers à fourrages sont interdites depuis quatre heures du soir jusqu'à huit heures du matin, pendant les mois de novembre, décembre et janvier ;

Depuis cinq heures du soir jusqu'à sept heures du matin, pendant les mois de février, mars et octobre ;

Depuis sept heures du soir jusqu'à cinq heures du matin, pendant les mois d'avril et septembre ;

Depuis huit heures du soir jusqu'à quatre heures du matin, pendant les mois de mai, juin, juillet et août.

64. Il est défendu d'entrer la nuit dans les bouveries avec des lumières, si elles ne sont pas renfermées *dans des lanternes closes et à réseau métallique.*

65. Il est défendu d'appliquer des chandelles allumées aux murs et portes, intérieurement ou extérieurement, et en quelque lieu que ce soit.

66. Les bouchers et les inspecteurs de police de l'abattoir veilleront à ce que les corridors des greniers à fourrages et leurs escaliers soient nettoyés tous les deux jours.

67. Les bouchers peuvent abattre à toute heure de jour et de nuit, selon les besoins.

68. Les bouchers qui abattront de nuit seront tenus d'en faire la déclaration au préposé de la police des abattoirs.

69. Il est expressément défendu de laisser ouvertes les portes des échaudoirs au moment de l'abatage des bœufs.

70. Il est enjoint aux bouchers de laver ou faire laver exactement les échaudoirs après l'abatage et l'habillage.

71. Il est défendu de laisser séjourner dans les échaudoirs aucun suif, graisse, dégrais, ratis, panses et boyaux, cuirs et peaux en vert , en manchons salés ou non salés.

72. Les bouchers feront enlever exactement les fumiers des bouveries tous les mois ou toutes les fois qu'ils en seront requis par les employés de la police, et les vidanges tous les jours.

73. Tout amas de bourres et de caboches est défendu.

74. Les jours d'arrivage, les garçons bouchers ne pourront conduire à l'échaudoir aucun bœuf ou vache, qu'après le triage et l'entrée dans les bouveries de tous les bestiaux arrivés.

75. Il est défendu d'abattre des bœufs, vaches et taureaux dans les cours dallées.

76. Les bœufs et vaches, avant d'être abattus, doivent être fortement attachés à l'anneau scellé dans chaque échaudoir.

Les bouchers sont responsables des effets de toute négligence à cet égard.

77. Les taureaux et les bœufs dont l'espèce est connue pour dangereuse ne pourront être conduits des bouveries aux échaudoirs qu'avec des entraves, ou accouplés.

78. Les veaux et moutons seront saignés dans des baquets, de manière que le sang ne puisse couler dans les ruisseaux qui conduisent aux égouts.

79. Les bouchers devront fréquemment, et quand ils seront requis par les préposés, faire gratter et laver les murs intérieurs et extérieurs des échaudoirs, ainsi que les portes.

80. Il est défendu de déposer dans les rues et cours pavées les peaux et cuirs de leurs bestiaux.

CHAPITRE IV. — *Police des garçons.*

81. Il ne sera admis dans les abattoirs que des garçons pourvus de livrets.

82. Les livrets seront déposés au bureau du préposé à la police de chaque abattoir.

83. Les apprentis devront justifier de leur enregistrement au bureau d'inscription des ouvriers.

84. Aucun boucher ne pourra prendre à son service un garçon, s'il ne lui justifie de son livret revêtu de congé d'acquit de son dernier maître.

85. Il est défendu aux garçons bouchers de se coaliser pour faire cesser d'une manière quelconque tout ou partie des travaux et du service des abattoirs.

86. Il leur est défendu de détruire ou de dégrader aucun objet dépendant des abattoirs généraux ou des échaudoirs, et spécialement les pompes, tuyaux, robinets, tampons ; comme aussi de laisser ouverts aucun robinet sans nécessité. Les maîtres bouchers sont responsables des dégâts faits par leurs ouvriers ou agents.

87. Toute espèce de jeu de hasard et autres sont expressément interdits dans les abattoirs.

88. Il est défendu de rien écrire, tracer ou crayonner sur les murs et sur les portes, soit en lettres, soit en figures, portraits ou images quelconques.

89. Tout garçon boucher qui sera trouvé fumant dans les bouveries et greniers à fourrages, sera sur-le-champ averti de cesser, et procès-verbal sera dressé de cette contravention, s'il refuse de satisfaire à l'avertissement.

90. Il est expressément défendu aux garçons bouchers de coucher dans les échaudoirs, séchoirs, bouveries et greniers.

Les surveillants retireront tous les soirs les clefs des greniers et séchoirs, et les déposeront entre les mains des préposés de police pour les y reprendre le lendemain matin.

91. Les conducteurs de viandes seront responsables des faits des personnes qu'ils emploieront comme aides dans les abattoirs.

Il leur est expressément défendu de loger leurs chevaux et voitures dans les abattoirs.

92. Les hommes de peine employés à l'enlèvement du sang, devront se tenir constamment dans les cours de travail pendant l'abatage des bestiaux.

93. Il leur est défendu d'embarrasser les passages et les préaux avec des futailles vides ou pleines. Ils devront les placer dans des lieux qui leur seront indiqués par les préposés de police.

94. Tous les jours, après le travail, ils devront rouler aux places à ce affectées les futailles pleines.

Elles ne pourront séjourner plus de vingt-quatre heures dans l'abattoir.

95. Les adjudicataires des vidanges en feront l'enlèvement complet tous les jours, et aux heures indiquées par le cahier des charges.

Ils devront enlever indistinctement et sans triage toutes les matières déposées avec les vidanges, quelle qu'en soit la nature.

CHAPITRE V. — *De la fonte des suifs.*

96. Les suifs provenant des abats de bestiaux ne pourront être fondus que dans les abattoirs généraux.

Il est défendu d'en fondre partout ailleurs, même ceux des dégrais levés en ville.

97. Pourront néanmoins les bouchers livrer aux parfumeurs et pharmaciens les suifs de rognons et dégrais de moutons.

98. La fonte des suifs en branches appartient aux bouchers.

99. Les bouchers qui ne veulent ou ne peuvent point user de cette faculté, peuvent confier ou vendre leur suif en branches, soit à d'autres bouchers, soit à des fondeurs, pour être lesdits suifs fondus dans les abattoirs.

100. Les bouchers qui ne fondront pas par eux-mêmes, feront connaître le boucher ou le fondeur auxquels ils auront confié ou vendu le suif en branches.

101. Les bouchers conservent le droit d'exploiter, de préférence aux fondeurs, les fondoirs établis dans les abattoirs généraux.

Néanmoins, les fondeurs actuellement exploitants sont maintenus dans la possession de leurs fondoirs jusqu'à vacance d'iceux.

102. Les bouchers ou les fondeurs feront établir dans les fondoirs, sous la direction des architectes chargés de la construction des abattoirs, les fourneaux, poêles, tuyaux, rafraîchissoirs, pressoirs, cuviers, jalots, et tous les instruments et ustensiles nécessaires à la fonte.

103. Il ne pourra être admis des poêles d'une contenance moindre de mille kilogrammes.

104. Les bouchers qui fondront par eux-mêmes ne pourront le faire que dans celui des abattoirs généraux où se trouve leur échaudoir.

105. Les bouchers-fondeurs, ou les fondeurs auxquels seront livrés les fondoirs dans lesquels il a été établi, par la ville de Paris, des poêles, presses, instruments et moyens de fonte, seront tenus de les prendre et conserver dans l'état où ils sont, suivant l'inventaire qui en a été ou sera fait, et aux conditions déterminées par le Code de commerce.

106. Les bouchers-fondeurs et les fondeurs établis dans l'un des abattoirs généraux, pourront lever des suifs en branches dans tous les abattoirs ; mais ils seront tenus d'en faire la déclaration au préposé comptable de l'abattoir où les suifs seront levés, et ils ne pourront les transporter qu'avec une expédition de la déclaration.

107. Les bouchers-fondeurs et les fondeurs seront tenus de se conformer au règlement fait pour la perception du droit établi au profit de la ville pour la fonte des suifs.

108. La fonte des suifs pourra avoir lieu de nuit comme de jour.

109. Il est défendu de mêler dans la fonte des suifs aucune matière étrangère.

En conséquence, l'introduction de toute matière propre à être mélangée avec le suif est interdite dans les abattoirs et fondoirs.

110. Il est expressément défendu aux fondeurs de faire usage de lumière autrement qu'avec des lanternes parfaitement closes et à réseau métallique.

L'usage des chandeliers, bougeoirs, martinets, lampes à la main, est absolument interdit dans les fondoirs.

Il est enjoint au préposé de la police de les saisir partout où il en sera trouvé, et d'en dresser procès-verbal.

111. Le bois amené pour le service des fondoirs sera rentré aussitôt son arrivée.

112. Les cheminées dans les fondoirs seront ramonées tous les quinze jours.

113. Les fondeurs seront tenus de faire ratisser et nettoyer, une fois au moins par semaine, le carreau des fondoirs, les rampes et marches des escaliers qui y conduisent.

114. Il sera établi dans chaque abattoir un bureau de pesage public pour le service des suifs.

115. Il est défendu aux bouchers-fondeurs et aux fondeurs de vendre leur suif en pain ailleurs qu'au marché à ce destiné.

116. Il est défendu aux chandeliers d'acheter ou d'arrher des suifs ailleurs qu'au marché.

En conséquence, l'entrée des abattoirs et fondoirs leur est absolument interdite.

117. Les bouchers-fondeurs et les fondeurs sont tenus d'envoyer chaque semaine au marché aux suifs des jalonneaux d'échantillons de chaque espèce de suif qu'ils auront fondu dans la semaine, avec étiquette indicative des quantités de chaque espèce.

118. Les suifs achetés au marché seront livrés ou enlevés dans les trois jours.

119. Les suifs en pain ne seront enlevés et ne sortiront de l'abattoir que sur congés.

120. Aucune voiture chargée de suif ne pourra rester dans l'intérieur des abattoirs : elle devra, aussitôt son chargement terminé, être conduite à sa destination.

121. Les dispositions des articles 81 et 82 de la présente ordonnance, relatives aux garçons bouchers, sont déclarées communes aux garçons fondeurs.

122. Les fondeurs et leurs garçons ne pourront, sous aucun prétexte, laisser du bois au-devant de l'ouverture du foyer des chaudières.

123. Quand une fonte sera commencée, les garçons ne pourront quitter leur fondoir.

124. Après la fonte, ils devront s'assurer de l'extinction complète du feu et de la clôture de l'étouffoir.

125. Il leur est défendu de sortir du fondoir le bois en partie consumé, pour l'éteindre au dehors.

126. Les pains de creton seront rangés et empilés de manière à ne point gêner les passages.

127. Il est défendu aux garçons fondeurs de laisser des fumiers aux portes des écuries.

Ils devront tous les matins, avant neuf heures, les transporter au lieu à ce destiné.

128. Lorsqu'un fondoir sera vacant, sa vacance sera, à la diligence des syndic et adjoints des bouchers, annoncée par affiches, tant au bureau de la boucherie, que dans les abattoirs et à la halle aux veaux.

129. Dans le mois de la publication, les bouchers qui voudront en obtenir la concession, adresseront leurs demandes aux syndic et adjoints, qui les transmettront, avec leur avis, au préfet de police.

130. Ce délai passé et à défaut de demande, le fondoir sera accordé au plus ancien fondeur en demande.

131. Tout fondoir concédé à un boucher, et qui aura été par lui vendu ou cédé à un fondeur, sera réputé vacant, et il en sera disposé conformément aux articles 128 et 129 de la présente ordonnance.

CHAPITRE VI. — *Des issues des bestiaux.*

132. Les issues de bestiaux recueillies dans chaque abattoir, seront cuites et préparées dans l'établissement de triperie disposé à cet effet, avant de pouvoir être enlevées dudit abattoir.

Sont exceptées de la disposition précédente les issues destinées pour l'extérieur ; mais dans ce cas, il en sera donné avis à l'administration de l'octroi, qui prendra les mesures nécessaires pour s'assurer de la sortie.

CHAPITRE VII. — *Droits de la ville.*

133. Les droits d'abatages seront payés conformément au tarif annexé à l'ordonnance du 6 août 1815, jusqu'à ce qu'il soit modifié par le conseil municipal, et approuvé par le ministre de l'intérieur.

La perception en sera faite ainsi et de la manière réglée par M. le conseiller d'État, préfet de la Seine.

CHAPITRE VIII. — *Dispositions générales.*

134. Il est défendu de laisser s'introduire dans les abattoirs aucune personne étrangère à leur service, sans une permission de l'administration.

135. Il est défendu d'y amener des chiens autres que ceux des conducteurs de bestiaux.

Ces chiens devront être muselés lorsqu'ils seront dans les abattoirs.

136. Il est défendu d'y traire les vaches sans la permission des bouchers auxquels elles appartiennent.

137. Aucune voiture ne pourra être introduite dans les bouveries, si ce n'est pour charger des animaux morts naturellement.

138. Il est défendu d'élever et d'entretenir dans les abattoirs aucuns porcs, pigeons, lapins, volaille, chèvres et moutons, sous quelque prétexte que ce soit.

139. Il est défendu : 1° de faire paître des moutons sur les parties gazonnées ;

2° de faire stationner des voitures sur ces parties et entre les arbres ; 3° d'attacher les chevaux partout ailleurs qu'aux anneaux à ce destinés ; 4° et de placer des chevaux et vaches, même montanément, dans les parquets à veaux et moutons.

140. Les bouchers et fondeurs ne pourront, sous aucun prétexte que ce soit, laisser en dépôt dans l'intérieur des abattoirs, des cabriolets, charrettes ou autres voitures, des étaux, brouettes et ustensiles hors de service.

141. Les bouchers, fondeurs et tripiers ne pourront employer ou faire employer, pour le transport de leurs marchandises, que des voitures couvertes.

142. Les conducteurs se tiendront à pied à la tête de leurs chevaux, et ne pourront conduire qu'au pas.

143. Il est défendu à toutes personnes logées dans les abattoirs de jeter ou déposer au-devant de leur habitation des fumiers, immondices et eaux ménagères ; ils seront transportés dans les lieux destinés à cet usage.

144. Les préposés à la police des abattoirs dresseront les procès-verbaux de toutes les contraventions à la présente ordonnance, et ces procès-verbaux seront adressés au préfet de police, pour y être donné telles suites que de droit.

TITRE IV.

Des étaliers et garçons bouchers.

145. Les étaliers et garçons bouchers sont tenus de se pourvoir de livrets.

146. Ils sont également tenus de se faire inscrire au bureau du syndicat de la boucherie, et d'y faire connaître leurs nouvelles demeures chaque fois qu'ils passeront d'un établissement dans un autre.

147. Les garçons bouchers qui viendront à Paris pour y exercer leur état, seront tenus de se faire inscrire à la préfecture de police, dans les trois jours de leur arrivée, sans préjudice des autres formalités auxquelles sont astreints, par les lois et règlements de police, tous les individus arrivant à Paris.

148. Les bouchers se feront remettre les livrets des étaliers et garçons bouchers, à l'instant où ils entreront à leur service : ils inscriront ou y feront inscrire leur entrée chez eux.

149. Les livrets des étaliers seront déposés, dans la huitaine, par les marchands bouchers, au bureau du commissaire de police du quartier chez lesquels les étaliers sont placés. Les livrets y resteront tant qu'ils travailleront chez les mêmes bouchers et ne devront être remis aux étaliers que sur le vu d'un certificat de ces mêmes bouchers, constatant leur sortie de chez eux.

150. Les livrets des garçons d'abattoirs seront, dans la huitaine, déposés, par les bouchers qui les emploieront, au bureau du préposé à la police de chaque abattoir général.

Lorsqu'un garçon quittera le service d'un boucher, son livret lui sera remis sur le vu d'un certificat constatant qu'il est quitte de tout engagement envers son maître.

Les commissaires de police et préposés des abattoirs mentionneront la sortie au livret.

151. Conformément à l'article 14 de la loi du 22 germinal an XI, tout boucher, en recevant à son service un étalier ou garçon, pourra stipuler la condition qu'ils ne quitteront son service qu'après l'avoir averti l'avance et à terme fixe.

La convention sera inscrite au livret en même temps que la mention de l'admission, et comme en étant une condition.

152. Lorsqu'un étalier quittera un étal où il sera resté deux mois consécutifs, il sera tenu de laisser au moins cinq établissements en tous sens entre le nouveau où il entrera, et ceux de tous les bouchers chez lesquels il aura travaillé.

Il ne pourra revenir travailler dans l'un des établissements qu'il aurait quittés dans le même quartier, qu'un an après qu'il en est sorti, à moins que ce ne soit pour rentrer chez l'un des maîtres chez lesquels il aura travaillé.

153. Les dispositions des articles 151 et 152 sont applicables aux garçons bouchers *à deux mains*, ainsi qu'aux étaliers.

Lorsqu'un garçon d'échaudoir deviendra garçon *à deux mains*, il en sera fait mention sur son livret; et faute par le maître de se conformer à cette décision, il ne pourra faire considérer son garçon comme étant *à deux mains*.

154. Il est enjoint aux garçons bouchers de saigner et de dépouiller les bestiaux de manière que les cuirs et les peaux soient intacts et sans hachures.

155. Tout garçon boucher qui vendra des veaux trouvés dans les entrailles des vaches qu'il aura tuées, et qui n'en fera pas sur-le-champ la déclaration au préposé de police de l'abattoir ou à l'inspecteur du commerce, pour que ces viandes insalubres soient coupées par morceaux et jetées aux voiries, sera poursuivi devant les tribunaux et puni conformément à la loi.

156. Il sera pris envers les contrevenants aux dispositions ci-dessus, telles mesures de police administrative que de droit, sans préjudice des poursuites à exercer contre eux par-devant les tribunaux, conformément aux lois et règlements de police qui leur seront applicables, et notamment à l'ordonnance de 1777, qui prononce une amende de *vingt francs*.

TITRE V.

De la police des marchés de Sceaux et de Poissy.

157. La vente des bœufs, des vaches grasses, des veaux et des moutons, pour l'approvisionnement de Paris, continuera d'avoir lieu sur les marchés de Sceaux et de Poissy, de la Chapelle et à la halle aux veaux.

158. Ces marchés tiendront comme par le passé, savoir : celui de Sceaux, le *lundi* ; celui de Poissy, le *jeudi* ; celui de la Chapelle, le *mardi*, et celui de la halle aux veaux, les *mardi* et *vendredi* de chaque semaine.

159. Les propriétaires ou les conducteurs de bestiaux feront, en arrivant

aux marchés, la déclaration des bestiaux qu'ils auront amenés : cette déclaration sera vérifiée et portée sur un registre.

160. Les bestiaux qui arriveront aux marchés après l'ouverture de la vente, n'y seront point admis.

L'admission pourra néanmoins être permise par le préposé chargé de la surveillance des marchés, si les conducteurs justifient des causes légitimes de ce retard.

161. Les bœufs et vaches seront cordés suivant l'usage, et il sera laissé un espace suffisant entre chaque bande, pour que les acheteurs puissent circuler librement.

162. La vente des veaux *au marché de Poissy* s'ouvrira à six heures du matin, du 1er avril au 1er octobre ; à sept heures du matin, du 1er octobre au 1er avril : *au marché de Sceaux,* elle s'ouvrira à huit heures du matin en tout temps ; et cette vente finira à midi pendant le cours de l'année sur l'un et l'autre marchés.

163. Il est défendu aux bouchers d'entrer dans le marché aux veaux avant les heures prescrites par l'article précédent.

164. L'ouverture de la vente des bœufs et vaches continuera d'avoir lieu :

Au marché de Poissy, à huit heures du matin ;
Au marché de Sceaux, à neuf heures du matin.

165. Les heures d'ouverture seront annoncées au son de la cloche.

166. La pose des parquets à moutons devra être terminée à dix heures du matin dans l'un et l'autre marchés.

167. Le placement des moutons dans les parquets commencera à dix heures du matin : il sera annoncé au son de la cloche.

Un second avertissement aura lieu à onze heures, pour faire avancer les moutons qui ne seraient pas entrés dans le marché.

Le placement des moutons aura lieu suivant l'ordre des déclarations enregistrées.

168. L'ouverture de la vente des moutons sera annoncée au marché de Sceaux à midi, depuis le 1er octobre jusqu'au 1er avril, et à une heure depuis le 1er avril jusqu'au 1er octobre, ainsi qu'au marché de Poissy, pour toute l'année.

169. Le renvoi des veaux non vendus commencera à midi : la vente en en sera irrévocablement fermée à une heure de relevée.

170. Il sera sonné, sur les marchés de Sceaux et de Poissy, à deux heures, un premier coup de cloche pour avertir du renvoi des bœufs ; à trois heures, un second coup de cloche pour annoncer la clôture de la vente des bœufs et vaches et le premier renvoi des moutons ; et à quatre heures, un troisième coup de cloche pour le renvoi définitif des moutons.

La vente sera irrévocablement fermée à quatre heures de relevée.

171. L'entrée des taureaux aux marchés de Sceaux et de Poissy est autorisée, sous condition expresse qu'ils y entreront et en sortiront attachés à une

charrette, et qu'ils y seront retenus sous double attache aux anneaux placés le long des bouveries.

172. Il ne sera fait écriture ni délivré des bulletins d'aucune des ventes faites après le son de la cloche annonçant la clôture des marchés.

173. Il est défendu de vendre et d'acheter des bestiaux sur les marchés avant l'ouverture de la vente.

Il est également défendu de vendre et d'acheter, en *aucun temps*, des bestiaux dans les auberges, bouveries, bergeries et hors des marchés ;

Le tout à peine de cent francs d'amende, conformément aux lettres patentes du 1er juin 1782, enregistrées au parlement de Paris.

174. Les bestiaux seront visités avant l'ouverture de la vente, pour s'assurer s'ils sont ou non susceptibles d'être livrés à la boucherie.

175. Les bestiaux qui n'auront pas l'âge requis, ou qui seront trop maigres pour être livrés à la boucherie, seront exclus du marché.

En cas de contestation, le procès-verbal constatant le défaut d'âge requis, ou la maigreur des bestiaux qui doit déterminer leur renvoi du marché, sera dressé en présence de l'inspecteur général des marchés, et par lui, sur le dire d'un expert du vendeur et d'un expert du boucher.

176. Il est défendu d'acheter des bestiaux sur les marchés de Sceaux et de Poissy pour les revendre sur pied, à peine de saisie et à cent francs d'amende. (Lettres patentes du 1er juin 1782, article 24.)

177. Il est défendu d'exposer sur les marchés des bestiaux qui se trouveraient dans des cas rédhibitoires.

178. Si un bœuf vient à mourir dans les neuf jours de la vente, il sera procédé, d'après les règles établies en l'article 7, au constatement des causes de la mort, par un procès-verbal, pour assurer l'action en garantie contre le vendeur.

179. Les bouchers qui achèteront des bestiaux des personnes qui ne fréquentent pas ordinairement les marchés de Sceaux et de Poissy, auront la faculté de leur faire déposer le prix d'un ou de plusieurs bœufs dans la caisse de Poissy.

Ce dépôt n'aura point lieu si le vendeur fournit caution suffisante.

Dans le cas de dépôt, les fonds seront remis au vendeur à l'expiration des neuf jours de la vente, s'il n'a été exercé aucune action en garantie contre lui.

180. Les bestiaux achetés aux marchés ne pourront être conduits que par des bouviers.

Les bœufs qui se trouveraient trop fatigués seront confiés à un bouvier spécialement chargé de les conduire à leur destination séparément et avec les précautions requises.

181. Nul ne pourra faire sortir des bestiaux du marché, qu'après qu'ils auront été marqués, soit de la marque d'achat, soit de celle de renvoi.

182. Les bouchers et les conducteurs ne pourront emmener les bestiaux qu'après avoir obtenu des bulletins d'achat du préposé chargé de la surveillance des marchés.

Ces bulletins feront mention du nombre et de l'espèce des bestiaux, ainsi que des lieux où ils seront conduits.

Ils seront représentés aux employés de l'octroi aux barrières, et aux préposés de la préfecture de police à toute réquisition ; le tout sous peine de saisie des bestiaux et de trois cents francs d'amende. (Article 4 de l'ordonnance du 14 avril 1769.)

183. Les bœufs achetés sur le marché de Poissy pour l'approvisionnement de Paris, qui, dans l'intervalle d'un marché à l'autre, n'auront pas été conduits à leur destination, ne pourront partir, *les jours de marché*, qu'avec la première bande des bœufs achetés *sur le marché du jour.*

184. Il sera pris envers les contrevenants aux dispositions ci-dessus, telles mesures de police administrative que de droit, sans préjudice des poursuites à exercer contre eux par-devant les tribunaux, conformément aux lois et règlements de police qui leur sont applicables.

TITRE VI.

De l'approvisionnement des marchés de Sceaux et de Poissy et à la halle aux veaux de Paris.

185. Conformément aux termes de l'arrêté du 30 ventôse an XI, dans le rayon de dix myriamètres de Paris (vingt lieues environ), il ne pourra être vendu ni acheté des bestiaux propres à la boucherie, que sur les marchés de Sceaux et de Poissy, à l'exception néanmoins des marchés aux veaux et aux vaches établis dans le rayon, qui continueront d'avoir lieu comme par le passé (compris celui de la Chapelle).

186. Les bestiaux destinés pour les marchés de Sceaux et de Poissy, et à la halle aux veaux de Paris, doivent être conduits directement sur les marchés, le tout à peine de saisie et d'amende. (Lettres patentes de 1782 , articles 22 et 23).

187. Il est défendu de vendre des bestiaux sur les routes et dans les auberges, et d'aller au-devant pour en acheter et arrher, sous les peines portées en l'article précédent.

188. Les bouchers pourront continuer d'acheter des bestiaux au delà du rayon fixé par l'article 185 ; mais à la charge de les amener et exposer sur les marchés de Sceaux et de Poissy, et de justifier de lettres de voitures constatant l'achat et la destination des bestiaux, et de ne les faire sortir des marchés qu'après qu'ils auront été marqués *des traits d'achat* et de la marque particulière des bouchers.

189. Les bestiaux destinés pour l'approvisionnement de Paris sont *insaisissables.* Les oppositions qui pourraient survenir ne peuvent en arrêter la vente. Les oppositions tiendront néanmoins sur le produit de la vente, qui sera déposé dans la caisse des fonds du cautionnement des bouchers.

190. Dans le cas où il serait vérifié que des bouchers de Paris auront passé un certain temps sans aller aux marchés de Sceaux et de Poissy, ils pourront être privés de leur crédit, sur le rapport qui en sera fait, par l'inspecteur général des halles et marchés, au préfet de police.

TITRE VII.

De la conduite des bestiaux achetés sur les marchés de Sceaux et de Poissy.

191. Les bestiaux achetés sur les marchés de Sceaux et de Poissy, pour l'approvisionnement de Paris, devront être amenés directement aux abattoirs par les routes ci-après indiquées, à peine de 200 francs d'amende. (Lettres patentes de 1782, article 27.)

192. Les *bandes* de bœufs seront formées séparément de celles des vaches. Chaque *bande* ne pourra être composée de plus de quarante bœufs ou de quarante vaches, à peine de 200 francs d'amende. (Lettres patentes du 1er juin 1782, article 27.)

193. Nul ne pourra s'immiscer dans la conduite des bestiaux, sans en avoir obtenu la permission du préfet de police, qui nommera les conducteurs sur la présentation des syndic et adjoints.

Ils devront être âgés au moins de dix-huit ans.

194. Il y aura pour chaque *bande* deux conducteurs au moins, pour empêcher qu'il se détourne aucun bœuf ou vache, et pour prévenir tout accident.

195. Les conducteurs de bestiaux achetés par les bouchers de Paris ne pourront pas se charger de conduire ceux achetés par les bouchers de campagne, ni les conducteurs de bestiaux destinés pour la campagne se charger de ceux destinés pour Paris, à peine de 200 francs d'amende. (Article 8 de l'ordonnance du 14 avril 1769.)

196. Il est défendu aux conducteurs de bestiaux de les mener autrement qu'au pas, à peine de 200 francs d'amende, et d'être personnellement responsables de tout accident. (Lettres patentes de 1782, article 27.)

197. Les taureaux seront attachés à une charrette, et conduits de cette manière aux abattoirs.

198. Les bestiaux achetés dans les marchés de Sceaux et de Poissy, et destinés pour Paris, *ne peuvent y être introduits que de jour*, et seulement par les barrières ci-après désignées ; savoir : ceux achetés sur le marché de Poissy, par la barrière du Roule, et ceux achetés sur le marché de Sceaux, par la barrière d'Enfer, sous les peines de droit, c'est-à-dire de 300 fr. d'amende. (Article 9 de l'ordonnance du 14 avril 1769.)

199. Les *bandes* destinées pour chacun des cinq abattoirs seront formées, à Sceaux et à Poissy, avant leur départ des marchés. A cet effet, cinq bouveries,

portant le nom de chaque abattoir, seront établies sur ces marchés pour y recevoir les bœufs qui devront en faire partie.

200. Ainsi formées, les *bandes* seront conduites séparément et directement par les conducteurs, à chacun des cinq abattoirs, en suivant l'itinéraire ci-dessous indiqué ; savoir : ceux achetés sur le marché de Poissy, pour l'abattoir du Roule, par la barrière du Roule ;

Ceux pour l'abattoir Montmartre, par la barrière des Martyrs ;

Ceux pour l'abattoir de Ménilmontant, par la barrière de Ménilmontant ;

Ceux pour les abattoirs de Grenelle et de Villejuif, par la barrière de Passy ;

Ceux achetés sur les marchés de Sceaux, par la barrière d'Enfer.

Quant à leur conduite dans l'intérieur de Paris, les conducteurs ne pourront, sous aucun prétexte, s'écarter des derniers itinéraires prescrits.

201. Les conducteurs de bestiaux ne pourront, sous quelque prétexte que ce soit, les laisser stationner sur les ponts, places publiques, dans les rues et autres endroits quelconques, et sur les routes de Sceaux et de Poissy à Paris ; il leur est expressément enjoint de n'en occuper qu'un des côtés.

202. Il sera pris envers les contrevenants aux dispositions ci-dessus, telles mesures de police administrative que de droit, sans préjudice des poursuites à exercer contre eux par-devant les tribunaux, conformément aux lois et règlements qui leur sont applicables.

TITRE VIII.

De la police du marché établie à Paris, pour la vente des vaches à la boucherie.

203. Dans le ressort de la préfecture de police de Paris, les vaches continueront d'être conduites et exposées en vente sur les marchés de Sceaux et de Poissy, pour s'assurer si elles sont propres à la boucherie.

204. Néanmoins, les propriétaires de vaches propres à la boucherie pourront les exposer en vente à la halle aux veaux de Paris, dans l'emplacement disposé à cet effet.

205. Le marché continuera de tenir le vendredi de chaque semaine.

La vente sera ouverte depuis onze heures du matin jusqu'à deux heures, en tout temps.

L'ouverture et la fermeture seront annoncées au son de la cloche.

Il est défendu aux marchands bouchers d'entrer dans le marché avant l'ouverture.

206. Il est défendu de vendre et d'acheter des vaches propres à la boucherie ailleurs que sur les marchés affectés à cette destination.

207. Il sera pris envers les contrevenants aux dispositions ci-dessus telle mesure de police administrative que de droit, sans préjudice des poursuites à exercer contre eux devant les tribunaux.

33

TITRE IX.

Concernant le commerce des veaux.

208. Les veaux amenés à Paris, par les marchands forains, continueront d'être vendus à la halle, quartier du Jardin-du-Roi.

209. Le marché tiendra le mardi et le vendredi de chaque semaine.

210. L'ouverture et la fermeture de la vente seront annoncées au son d'une cloche.

La vente aura lieu depuis dix heures du matin jusqu'à trois, du 1er octobre au 1er avril, et depuis neuf heures jusqu'à deux pendant le reste de l'année.

211. Les veaux destinés pour l'approvisionnement de Paris seront conduits directement à la halle. Il ne peut, sous aucun prétexte, en être vendu dans Paris ailleurs qu'à la halle, à peine de saisie des veaux et de 100 francs d'amende. (Lettres patentes du 1er juin 1782, articles 22 et 23.)

212. Il est défendu aux marchands bouchers d'entrer sur la place avant l'ouverture du marché.

213. Il est défendu de vendre et d'acheter des veaux avant l'ouverture et après la fermeture du marché, sous peine de saisie et de 50 francs d'amende. (Lettres patentes de 1782, articles 22 et 23.)

214. A leur arrivée à la halle, les marchands déclareront au commissaire inspecteur général des halles et marchés, le nombre de veaux qu'ils auront amenés. Ils exhiberont, à l'appui de leur déclaration, la quittance du receveur de l'octroi.

215. Les veaux seront mis en rang sur la paille, au moins une demi-heure avant l'ouverture de la vente. Il sera laissé, entre les rangs, un espace de soixante-six centimètres (deux pieds environ).

Les marchands conservent le droit de décharger eux-mêmes leurs voitures, ou de les faire décharger par leurs domestiques ou leurs voituriers; à défaut, ils sont tenus de se servir des forts permissionnés et médaillés pour le déchargement et placement des veaux.

216. Les veaux devront porter la marque particulière de chaque marchand.

217. Il est défendu d'exposer en vente des veaux âgés *de moins de six semaines*, et d'en vendre la viande dans les marchés ou étaux, et dans quelque lieu que ce soit, à peine de saisie et de 300 francs d'amende. (Lettres patentes de 1782, article 7.)

218. Avant l'ouverture de la vente, le commissaire des halles et marchés, ou le préposé commis par lui, examinera les veaux, pour s'assurer s'ils peuvent être livrés à la consommation.

219. Les veaux arrivés trop tard pour être placés, et ceux qui n'auront pu être vendus, seront resserrés dans les caves de la halle.

Toutefois, les propriétaires et marchands conservent la faculté de les remmener. Dans ce cas, les droits d'octroi leur sont restitués, sur exhibition d'un bulletin de renvoi délivré à eux par le préposé chargé de la surveillance du marché.

220. Il est défendu aux bouchers d'aller au-devant des marchands forains qui amènent des veaux pour l'approvisionnement de Paris, et d'en acheter ailleurs qu'à la halle.

Il est également défendu d'arrber des veaux, soit à la halle, soit ailleurs, sous les peines portées en l'article 211.

Il n'est point dérogé à l'ordonnance du 28 janvier 1829, qui désigne les barrières par lesquelles seront introduits les veaux.

221. *Les bouchers de Paris seuls* pourront acheter des veaux à la halle.

222. Il est défendu aux bouchers d'acheter des veaux à la halle, pour les revendre sur le même marché, ou ailleurs, à peine de saisie et de 100 francs d'amende. (Lettres patentes de 1782, article 24.)

223. Les étaliers ou garçons bouchers ne pourront entrer à la halle qu'une demi-heure après l'ouverture de la vente, pour charger les veaux des bouchers chez lesquels ils travaillent.

224. Il est défendu aux étaliers et garçons bouchers sans emploi de monter sur la place.

225. Il est défendu d'allumer du feu et de fumer dans l'enceinte et au pourtour de la halle aux veaux, sous les peines de droit.

TITRE X.

De la police de la halle à la viande et marchés publics de Paris.

226. Le nombre des bouchers appelés à approvisionner le marché des Prouvaires sera, savoir :

Bouchers de Paris............ 72
Bouchers forains............. 24

227. Les bouchers de Paris seront tenus de déclarer individuellement, au bureau des syndic et adjoints, s'ils entendent concourir à l'approvisionnement de la halle.

228. Les bouchers de Paris qui auront déclaré vouloir approvisionner la halle, y seront appelés à tour de rôle, pendant un mois.

229. Le tour de rôle sera déterminé entre lesdits bouchers par la voie du sort.

230. Il sera procédé, tous les deux mois, au tirage au sort, au bureau des syndic et adjoints, en présence de l'inspecteur général des halles et marchés, dans la forme déterminée par l'article suivant.

231. Il sera formé une série de numéros en nombre égal à celui des bouchers qui auront déclaré vouloir approvisionner la halle.

Une liste contenant les noms de tous ces bouchers, recevra chaque numéro à l'appel qui en sera fait.

Les bouchers auxquels seront échus les soixante-douze premiers numéros approvisionneront la halle pendant le premier mois.

Ceux auxquels seront échus les soixante-douze numéros suivants, pendant le mois qui suivra.

Il sera dressé procès-verbal du tirage et de ses résultats, par l'inspecteur général, et transmis au préfet de police.

232. Tout boucher compris au procès-verbal, qui, sans causes légitimes, et sans en avoir averti, manquera à son tour d'approvisionner la halle, en sera exclu pendant trois mois.

233. Les bouchers manquants seront remplacés par un nombre égal de bouchers pris dans la série suivante, en commençant par le dernier numéro.

234. Le remplacement ne préjudiciera point à l'ordre du tour de rôle.

235. Les bouchers de Paris seront admis à approvisionner les marchés publics de Paris, concurremment avec les bouchers forains, dans la proportion fixée par les règlements sur cette matière.

236. Les bouchers seront tenus d'occuper leurs places par eux-mêmes, leurs femmes ou leurs enfants, âgés au moins de seize ans.

237. Il leur est défendu de vendre ou de faire desservir leurs places par aucune autre personne, sous tel prétexte que ce soit, à peine d'exclusion de la halle.

238. Il est défendu aux bouchers d'employer qui que ce soit, même leurs enfants, pour appeler et arrêter le public, à peine de 10 francs d'amende. (Lettres patentes du 1er juin 1782, article 19.)

239. Il est défendu aux bouchers d'avoir et d'employer plus de deux personnes pour le service de leurs places.

240. Les bouchers ne pourront, à peine de l'amende portée par l'article 238, employer, pour le service de leurs places, aucun individu, s'il n'est porteur d'un livret. (Arrêté du gouvernement du 9 frimaire an XII, 1er décembre 1803.)

241. Les bouchers seront tenus d'inscrire sur les livrets l'admission des individus qu'ils emploieront pour le service de leurs places.

242. Les livrets de ces individus seront déposés au bureau du commissaire inspecteur général des halles et marchés.

243. Tout individu employé au service d'un boucher au marché, qui aura subi une condamnation pour délit ou contravention grave, relatif à la police du marché, en sera exclu pour un temps plus ou moins long, suivant la gravité du délit ou de la contravention.

244. Il est défendu aux bouchers de vendre de la viande avant l'ouverture et après la fermeture du marché annoncées par le son de la cloche.

245. Le commerce de pièces détachées, de boucher à boucher, est interdit à la halle et dans les marchés, tant pour le boucher de Paris que pour celui de campagne.

246. Les bouchers forains admis à vendre à la halle et autres marchés publics ne pourront introduire de viandes dans Paris que les mercredis et samedis, à peine de saisie des viandes. (Lettres patentes de 1782, article 16 et 17.)

247. Il est défendu d'exposer en vente à la halle et dans les marchés publics des viandes insalubres, sous la peine déterminée par l'article 605 du Code de brumaire an iv.

248. Les bouchers forains seront tenus d'amener leurs viandes directement à la halle et dans les marchés publics, aux places qui leur seront indiquées. Il leur est défendu d'en vendre et déposer ailleurs, sous quelque prétexte que ce soit, à peine de saisie des viandes. (Lettres patentes de 1782, article 6.)

249. Les bouchers forains apporteront leurs viandes coupées ; savoir : les bœufs, les vaches, ainsi que les veaux en demi-quartiers, et les moutons en quartiers, à peine de saisie des viandes. (Lettres patentes de 1782, article 6.)

250. Les bouchers forains et les bouchers de Paris appelés à approvisionner la halle et les marchés publics seront tenus d'apporter proportionnellement de trois espèces de viandes.

251. Les bouchers forains, en arrivant à la halle, représenteront aux préposés la quittance du droit d'octroi par eux payé.

252. Si la quittance énonce des quantités plus ou moins considérables que celles apportées, le boucher sera tenu de justifier du motif des différences qui seront reconnues. Dans le cas où la justification ne serait point appuyée de motifs valables, il sera dressé procès-verbal de contravention, pour être dirigé contre lui, et auprès de qui de droit, des poursuites conformément aux lois.

L'inspecteur du commerce sera libre d'exiger le pesage des viandes, s'il croit reconnaître une différence entre les viandes apportées et celle énoncées dans la quittance.

253. Il leur est expressément défendu de vendre à la halle et dans les marchés publics *autrement qu'au détail,* à peine de saisie des viandes.

Toute vente en gros et tout regrat sont défendus. (Lettres patentes de 1782.)

254. Le boucher de Paris, approvisionnant la halle, sera tenu de rapporter directement à son étal les viandes qui lui resteront après la fermeture du marché, s'il ne préfère point les laisser *dans les resserres.*

Il est enjoint aux bouchers forains de déposer *dans les resserres* établies à cet effet, tant à la halle, que dans les marchés publics, les viandes qu'ils n'auront pu vendre dans le jour, sous les peines de droit.

Il est défendu au préposé chargé de la garde des resserres d'en laisser sortir, dans l'intervalle des deux marchés, aucune partie des viandes qui auront été *resserrées.*

255. Il est défendu à tout boucher de peser et vendre autrement qu'au poids métrique, et de faire usage de contre-poids.

256. Les contraventions seront constatées par des procès-verbaux, qui seront envoyés au préfet de police.

257. Il sera pris envers les contrevenants aux dispositions ci-dessus telles mesures de police administrative que de droit, sans préjudice des poursuites à exercer contre eux devant les tribunaux, conformément aux lois et règlements.

TITRE XI.

Du commerce de la triperie.

258. Les issues rouges des bestiaux se composent du cœur, du foie, de la rate et des poumons de bœuf, vache et mouton.

Les issues blanches se composent : 1° de celles de bœuf ou vache, des quatre pieds avec leurs patins ; de la panse, de la franche-mule, des feuillets avec l'herbière, des mufles, palais et mamelles;

2° Les issues de mouton, de la tête avec la langue et la cervelle, des quatre pieds, de la panse et de la caillette.

259. Il est défendu aux bouchers de faire entrer aucune partie quelconque des issues rouges ou blanches dans leurs pesées de viandes de débit, même sous la dénomination de *réjouissance*.

260. Les bouchers pourront disposer, et faire comme et à qui ils jugeront convenable, la vente des pieds et patins, des mufles, palais et mamelles de bœuf et vache ; des têtes, des langues et cervelles de mouton.

261. Les panses, franches-mules et feuillets de bœuf ou de vache ; les panses, caillettes et pieds de mouton, ne pourront être mis dans le commerce et la consommation qu'après avoir subi les préparations nécessaires à cet effet.

Ces parties d'issues seront préparées dans les ateliers de triperie établis à cet effet dans les cinq abattoirs.

Il est défendu aux bouchers, garçons bouchers, tripiers et à tous autres, d'en soustraire, enlever et retenir, sous quelque prétexte que ce soit, et d'en livrer immédiatement aux tripiers et à tous autres acheteurs ou consommateurs.

262. Les entrepreneurs de cuisson sont tenus d'enlever des échaudoirs des bouchers, au fur et à mesure de l'abatage des bestiaux, les tripes de bœuf, de vache et de mouton, et d'y faire apposer la marque du propriétaire.

263. Le marché aux deux espèces d'issues continuera d'avoir lieu dans le local à ce destiné à la halle des Prouvaires, aux jours et heures accoutumés.

264. Les bouchers pourront y apporter et vendre des issues rouges de la vente desquelles ils n'auraient pu traiter autrement.

265. Les entrepreneurs de cuisson sont tenus de rapporter au marché, et par compte, les parties d'issues désignées en l'article 261.

Elles seront rapportées entières, bien préparées, et cuites au degré demandé par les tripiers.

Les fragments détachés des issues, par l'effet des opérations du curage et des préparations préliminaires de cuisson, seront également rapportés.

Il est défendu aux entrepreneurs d'en disposer d'une manière quelconque avant de les avoir rapportés au marché.

266. Dans le cas où les tripiers négligeraient ou refuseraient de recevoir tout ou partie des issues rapportées au marché, à leur destination, l'entrepreneur de cuisson, ou son préposé, sera tenu d'en faire sur-le-champ la déclaration au préposé de police, qui dressera procès-verbal et le transmettra au préfet de police.

267. Les entrepreneurs tiendront compte aux tripiers des parties d'issues perdues ou détériorées.

268. Les entrepreneurs sont autorisés, comme par le passé, à retenir pour leur compte, le dixième des pieds de mouton pour indemnité des pertes, accidents et déchets.

269. Le prix de la cuisson est réglé ainsi qu'il suit :

1° Pour chaque tripée de bœuf ou vache................. » fr. 60 c.
2° Pour chaque tripée de mouton..................... » 10
3° Pour quatre cents pieds de mouton................. 1 25

270. Il est défendu aux tripiers et à tous autres, de faire aucune préparation et cuisson des parties d'issues désignées en l'article 291, ailleurs que dans les établissements autorisés à cet effet.

271. Les tripiers seront autorisés à vendre les abats des veaux que les bouchers consentiront à leur livrer, ainsi que les filets de bœuf détachés de l'aloyau.

Il leur est expressément défendu de vendre toute autre pièce de boucherie étrangère à leur commerce, sous les peines de droit.

272. Les entrepreneurs de la cuisson des abats tiendront leurs ateliers dans un état constant de propreté.

273. Il est enjoint aux cuiseurs de prendre toutes les précautions nécessaires pour ne laisser aucune matière animale avec leurs eaux de lavage. Ils devront en faciliter l'écoulement jusqu'aux égouts.

274. Les entrepreneurs devront faire enlever, au moins une fois par semaine, les vidanges provenant de leurs ateliers.

275. Le bois qui arrivera pour leur service devra être rentré dans la journée.

276. Les marchands tripiers ne pourront, dans aucun cas, exiger les clefs des échaudoirs quand les bouchers en seront sortis.

277. Ils ne pourront refuser la visite de leurs voitures lors de leur sortie des abattoirs. Les préposés de police pourront même en exiger le déchargement lorsqu'ils le jugeront convenable.

278. Il leur est défendu de faire traîner leurs voitures par des chiens, ni de les atteler à côté du brancard.

279. Les contraventions seront constatées par des procès-verbaux qui seront adressés au préfet de police.

280. Il sera pris envers les contrevenants aux dispositions ci-dessus, telles

mesures de police administrative que de droit, sans préjudice des poursuites à exercer contre eux devant les tribunaux, conformément aux lois et règlements.

TITRE XII.

Du commerce du suif (1).

281. Le marché aux suifs continuera d'avoir lieu les mercredis à la halle aux veaux.

282. Le marché aux suifs tiendra depuis onze heures du matin jusqu'à deux heures.

283. L'ouverture et la fermeture du marché seront annoncées au son d'une cloche.

284. Il est défendu de vendre du suif *en pain* partout ailleurs qu'au marché.

285. La vente du suif *en pain* sera faite sur échantillons.

286. Les bouchers qui ne fondent point eux-mêmes leur suif *en branches*, ou qui ne le font pas fondre pour leur compte par des tiers, seront tenus de faire, tous les dimanches, aux commissaires de police de leurs quartiers respectifs, la déclaration des quantités de suif *en branches et dégrais* par eux vendus pendant la semaine, et d'indiquer le nom des bouchers, fondeurs ou chandeliers auxquels ils en auront fait la vente.

287. Un état sommaire des quantités déclarées par chaque boucher sera adressé le lendemain, par les commissaires de police, au préfet de police.

288. Les bouchers et fondeurs faisant le commerce du suif *en pain* seront tenus d'apporter au marché un échantillon de chacune des espèces et quantités de suif qu'ils auront à vendre.

289. Chaque échantillon sera du poids de trois kilogrammes au moins.

Il portera une étiquette indicative du nom du boucher ou fondeur, et des quantités à vendre conformes à l'échantillon.

Les bouchers ou fondeurs qui apporteront plusieurs échantillons seront tenus de les numéroter.

290. Les bouchers ou fondeurs faisant le commerce de suif *en pain* seront tenus de faire, au bureau du préposé sur le marché, la déclaration des quantités de suif conformes à chaque échantillon qu'ils auront à vendre.

291. Les déclarations seront inscrites sur un registre à ce destiné.

Elles ne pourront être faites que depuis onze heures jusqu'à midi.

292. Les bouchers et fondeurs seront tenus de faire au préposé la déclaration des quantités vendues sur chaque échantillon.

(1) *Voir* l'ordonnance de police du 5 décembre 1831, page 218.

Ces déclarations seront inscrites à la suite de celles qui sont prescrites par l'article 290.

293. Les quantités relatives à chaque échantillon qui n'auront pas été vendues seront rapportées en déclaration du marché suivant, pour être remises en vente.

294. Il est défendu aux bouchers et fondeurs de remporter les échantillons sur lesquels il restera des ventes à faire.

295. Aucune déclaration de vente ne sera reçue après deux heures.

296. Aussitôt après la clôture du marché, le préposé fera retirer et resserrer les échantillons sur lesquels il restera des suifs à vendre.

Mention des quantités restant à vendre sera faite sur chaque étiquette.

Les échantillons resserrés seront réexposés au marché suivant.

297. Il est défendu aux bouchers, fondeurs et chandeliers, de former des rassemblements hors du marché, sous quelque prétexte que ce soit.

298. Les contraventions seront constatées par des procès-verbaux qui seront envoyés au préfet de police.

299. Il sera pris envers les contrevenants telle mesure de police administrative que de droit, sans préjudice des poursuites à exercer contre eux devant les tribunaux, conformément aux lois et règlements.

300. La présente ordonnance sera imprimée, publiée et affichée où besoin sera.

301. Ampliation de la présente ordonnance sera adressée à M. le préfet de la Seine et à M. le directeur de l'octroi.

Les sous-préfets des arrondissements de Saint-Denis et de Sceaux, les maires et commissaires de police des communes rurales du ressort de la préfecture de police, et à Paris le chef de la police municipale, les commissaires de police, les officiers de paix, le commissaire inspecteur général, l'inspecteur général adjoint des halles et marchés, et les préposés de la préfecture de police, sont chargés, chacun en ce qui le concerne, de tenir la main à son exécution.

INSTRUCTION

*Sur les dispositions requises pour les établissements de bou-
cherie à Paris, publiée par l'ordonnance de police du
15 nivôse an XI (5 janvier 1803), et confirmée par l'article 33 de l'ordonnance de police du 25 mars 1830.*

Un étal doit avoir au moins deux mètres et demi de hauteur (8 pieds); trois
et demi de largeur (11 pieds), et quatre de profondeur (12 pieds). Il ne suffit
pas que le local soit disposé d'une manière convenable, et qu'il soit tenu avec
propreté, il faut encore que l'air y circule librement et même transversalement.
Cette précaution devient plus nécessaire à l'égard d'un étal ouvert au sud ou à
l'ouest, parce que l'air en est mou et peu propre à la conservation de la
viande.

Il ne peut y avoir dans un étal ni âtre, ni cheminée, ni fourneaux, et toute
chambre à coucher doit en être éloignée ou séparée par des murs sans communication directe.

DÉCISION

*De M. le préfet de police, du 4 avril 1834, sur le dallage des
étaux.*

A chaque mutation, les étaux de bouchers, s'ils ne le sont déjà, doivent être
entièrement dallés avec pente en rigole et surélévation du sol de la rue. Cette
disposition, prescrite dans l'intérêt de la salubrité, est exigée expressément
pour obtenir la permission de transférer un étal ou de succéder à un boucher.

ORDONNANCE DE POLICE

Concernant la tenue du marché aux suifs.

3 décembre 1831.

Nous, Préfet de police,

Vu : 1º Les réclamations qui nous ont été adressées par les fondeurs faisant le commerce du suif en pain et par les fabricants de chandelles relativement à la tenue du marché aux suifs ;

2º Les articles 2, 23, 28, 32 et 33 de l'arrêté du gouvernement du 1er juillet 1800 (10 messidor an VIII) ;

3º L'article 423 du Code pénal ;

Considérant qu'il s'est introduit de nombreux abus dans la tenue du marché aux suifs, et qu'il importe, dans l'intérêt public, d'y mettre un terme, en renouvelant ou en modifiant les anciens règlements sur cette branche de commerce.

Ordonnons ce qui suit :

Art. 1er. Le marché aux suifs continuera d'avoir lieu les mercredis à la halle aux veaux ;

2. Le marché aux suifs tiendra depuis une heure jusqu'à trois heures de relevée ;

3. L'ouverture et la fermeture du marché seront annoncées au son de la cloche ;

4. La vente du suif en pain sera faite sur échantillon ;

5. Les fondeurs faisant le commerce de suif en pain seront tenus d'apporter au marché un échantillon de chacune des espèces et qualités de suif qu'ils auront à vendre ;

6. Chaque échantillon sera du poids de trois kilogrammes au moins.

Il portera une étiquette indicative du nom du boucher ou fondeur, et des quantités à vendre, conformes à l'échantillon.

Les fondeurs qui apporteront plusieurs échantillons seront tenus de les numéroter.

7. Les fondeurs seront tenus de se rendre au bureau du préposé avant l'ouverture du marché, et d'y représenter un certificat du préposé de police des abattoirs, constatant les quantités de suif qu'ils ont en dépôt dans lesdits abattoirs.

8. Le préposé du marché inscrira les quantités énoncées dans ce certificat, sur un registre à ce destiné.

9. Les fondeurs seront tenus de déclarer au préposé les quantités vendues sur chaque échantillon, et de se faire accompagner des fabricants de chandelles, afin qu'ils confirment l'exactitude de cette déclaration.

Ces déclarations seront inscrites à la suite de celles qui sont prescrites par l'article 8.

10. La mercuriale sera établie par le préposé du marché, en présence des fondeurs et des fabricants de chandelles qui voudront assister à cette opération.

Pour obtenir le prix moyen des suifs vendus dans chaque marché, on divise la somme totale des produits des ventes par la somme totale des quantités vendues.

La mercuriale ne sera établie que sur les ventes fermes. On ne considérera comme telles que celles qui auront été faites pour les quantités de suif reconnues exister dans les abattoirs, d'après le certificat exigé par l'article 7.

11. Aucune déclaration de vente ne sera reçue après trois heures.

12. Aussitôt après la clôture du marché, le préposé fait retirer tous les échantillons.

13. Il est défendu de mêler dans la fonte des suifs des graisses de porcs dites *flambart*, des graisses vertes, et en général celles connues dans le commerce sous la dénomination de petits suifs.

En conséquence, l'introduction de toute matière propre à être mélangée avec le suif est expressément interdite dans les abattoirs et fondoirs.

14. Les fondeurs pourront désormais faire peser des suifs, le dimanche, dans les abattoirs, de six heures à dix heures du matin.

15. Toutes les dispositions des précédents règlements et ordonnances continueront d'être observées, en tout ce qui n'est pas contraire à la présente ordonnance.

16. La présente ordonnance ne sera exécutoire qu'à partir du 15 de ce mois.

17. Les contraventions seront constatées par des procès-verbaux ou rapports qui nous seront adressés pour être transmis au tribunal compétent.

18. La présente ordonnance sera imprimée, publiée et affichée.

19. Ampliation de la présente ordonnance sera adressée à M. le préfet de la Seine et à M. le directeur de l'octroi.

20. Elle sera notifiée aux syndic et adjoints des bouchers.

Le commissaire, chef de la police municipale, les commissaires de police, et notamment celui du quartier du Jardin-du-Roi, les officiers de paix, l'inspecteur général et les inspecteurs généraux adjoints des halles et marchés, et les préposés de la préfecture de police, sont chargés, chacun en ce qui le concerne, de tenir la main à son exécution.

ORDONNANCE

Concernant le commerce de la Charcuterie.

Paris , 24 floréal an XII de la république (24 avril 1804).

Le conseiller d'État, préfet de police,

Vu les articles 2, 10, 21 et 23 de l'arrêté des Consuls du 12 messidor an VIII, et l'article 1er de celui du 3 brumaire an IX,

Ordonne ce qui suit:

Art. 1er. La vente du porc frais et salé, et des issues de porc continuera d'avoir lieu à l'ancienne halle au blé, et au marché Saint–Germain, dans les emplacements affectés à cette destination.

Art. 2. La vente en gros et en détail du porc et des issues de porc aura lieu les mercredis et samedis.

Elle sera ouverte à sept heures du matin, du 1er vendémiaire au 1er germinal, et à six heures pendant le reste de l'année.

La vente en gros cessera à midi, et celle en détail à cinq heures.

Art. 3. L'ouverture et la fermeture de la vente seront annoncées au son d'une cloche.

Art. 4. La visite des viandes exposées en vente, sera faite avant l'ouverture de la vente. (*Lettres patentes du 26 août* 1783, article 12.)

Art. 5. Il est défendu de revendre sur les marchés la viande de porc qui aura été achetée, soit en gros, soit en détail, sous peine de saisie et de 200 fr. d'amende. (*Lettres patentes du 26 août* 1783, articles 6 *et* 13.)

Art. 6. Il est défendu de colporter ou de vendre dans les rues et places, ou de maison en maison, du porc frais et salé, ainsi que toute espèce de charcuterie, sous peine de saisie et de 200 fr. d'amende. (*Lettres patentes du 26 août* 1703, articles 6 *et* 10.)

Art. 7. Les charcutiers établis dans le ressort de la préfecture de police, auront *seuls* la faculté d'amener et de vendre sur les marchés, le porc frais et salé, et les issues de porc.

Art. 8. Il ne peut être formé, dans le ressort de la préfecture de police, aucun établissement de charcuterie, sans une permission spéciale du préfet.

Art. 9. Il est défendu d'abattre et de brûler des porcs, ailleurs que dans des échaudoirs autorisés à cet effet. (*Lettres patentes du 26 août* 1783, article 11.)

Art. 10. Il est enjoint aux charcutiers de tenir leurs chaudières et autres ustensiles dans la plus grande propreté, sous peine de saisie des ustensiles et d'amende. (*Lettres patentes du 26 août 1783, article 5.*)

Art. 11. Les charcutiers ne peuvent acheter des issues de bœufs, veaux et moutons, que pour les employer dans la préparation des viandes de charcuterie. (*Lettres patentes du 26 août 1783, article 4.*)

Art. 12. La foire aux jambons aura lieu comme par le passé, le mardi *de la semaine sainte*, sur le Parvis Notre-Dame, division de la Cité.

Les charcutiers peuvent y exposer en vente toute espèce de marchandises de leur profession, à l'exception du porc frais. (*Lettres patentes du 26 août 1783, article 7.*)

Art. 13. Les garçons charcutiers sont tenus de se pourvoir de livrets, dans un mois, à compter du jour de la publication de la présente ordonnance.

Les livrets seront délivrés par le commissaire de police de la division des marchés.

Art. 14. Aucun garçon charcutier ne pourra quitter le maître chez lequel il travaille, sans l'avoir averti au moins *huit jours d'avance*. Le maître devra lui en donner un certificat. En cas de refus, le garçon charcutier se retirera devant le commissaire de police, qui recevra sa déclaration. S'il survient des difficultés, le commissaire de police statuera, sauf le recours au préfet de police, s'il y a lieu.

Art. 15. Il sera pris envers les contrevenants aux dispositions ci-dessus telles mesures de police administrative qu'il appartiendra, sans préjudice des poursuites à exercer contre eux par-devant les tribunaux, conformément aux lois et aux règlements qui leur sont applicables.

Art. 16. La présente ordonnance sera imprimée, *publiée* et affichée.

Les sous-préfets des arrondissements de Saint-Denis et de Sceaux, les maires et adjoints des communes rurales du ressort de la préfecture de police, les commissaires de police à Paris, les officiers de paix, le commissaire des halles et marchés et les autres préposés de la préfecture sont chargés, chacun en ce qui le concerne, de tenir la main à son exécution.

Le conseiller d'État, préfet,

Signé DUBOIS.

ORDONNANCE

Concernant le commerce des Porcs et de la Charcuterie.

Approuvée par son Exc. le ministre de l'intérieur , le 28 octobre 1815.

Nous, conseiller d'État, préfet de police,

Considérant que depuis longtemps les charcutiers de Paris ne peuvent se procurer les marchandises dont ils ont besoin pour leur approvisionnement habituel que par l'intermédiaire d'un petit nombre de charcutiers, soit forains, soit de Paris, exerçant en gros le commerce de la viande de porcs;

Qu'il résulte de cet état de choses que le prix de cette espèce de viande a dû augmenter pour le consommateur, dans la proportion du bénéfice que produit aux charcutiers en gros ce commerce intermédiaire;

Considérant, en outre, qu'au mépris des règlements sur la matière, les charcutiers en gros établis à Paris, font le commerce de porcs abattus, même de porcs *sur pied*, dans leurs abattoirs; qu'ils diminuent. d'autant par cette contravention journalière, l'approvisionnement de la halle de Paris et donnent lieu par là au renchérissement de la marchandise;

Vu les lettres patentes des 26 novembre 1754 et 6 août 1783, l'arrêt du parlement du 22 août 1769, la sentence du Châtelet du 7 mars 1778 ; ensemble les arrêtés du gouvernement du 12 messidor an VIII et 3 brumaire an IX ;

Ordonnons ce qui suit :

Art. 1er. Il est défendu d'acheter et vendre des porcs vivants, dans le ressort de la préfecture de police, ailleurs qu'au marché de la Maison-Blanche, commune de Gentilly, et dans les foires de Champigny, Brie-sur-Marne, et Saint-Ouen, à peine de 300 fr. d'amende. (*Ordonnance de police du 22 novembre 1727.*)

Art. 2. Les porcs achetés pour l'approvisionnement de Paris, sur le marché et dans les foires mentionnées en l'article précédent, ne pourront être introduits que de jour, et par les barrières ci-après désignées, savoir :

1° Les porcs achetés sur le marché de la Maison-Blanche, par la barrière de Fontainebleau ;

2° Les porcs achetés dans les foires de Champigny et Brie-sur-Marne, par la barrière de Vincennes ;

3° Et les porcs achetés à la foire de Saint-Ouen, par la barrière de Clichy.

Art. 3. Les porcs achetés dans les foires et marchés situés hors du département de la Seine, et destinés pour l'approvisionnement de Paris, ne pourront y entrer que par les barrières du Roule, Saint-Denis et Fontainebleau.

Art. 4. Les conducteurs des porcs achetés sur le marché de la Maison-Blanche devront être munis d'un certificat du préposé à la surveillance du marché.

Les conducteurs des porcs achetés aux foires établies dans le département de la Seine, et dans les foires et marchés situés hors de ce département, seront tenus de justifier d'un certificat délivré par le maire du lieu, constatant l'achat et la quantité de porcs achetés et confiés au même conducteur.

Ces certificats seront visés aux barrières par les employés de la direction de l'octroi et représentés aux agents et préposés de la préfecture de police à toute réquisition.

Art. 5. Il est défendu de faire le commerce de porcs vivants, dans Paris, à peine de confiscation et de 200 fr. d'amende. (*Lettres patentes du 26 août 1783, article 13.*)

Art. 6. A compter du 15 décembre prochain, il est défendu aux charcutiers exerçant le commerce en détail à Paris, d'abattre et brûler des porcs dans Paris, partout ailleurs que dans les abattoirs ci-après désignés, savoir : dans les abattoirs tenus par les sieurs *Aubert*, rue des Vieilles-Tuileries, *Alexandre*, rue du Carême-Prenant, et de la dame veuve *Plainchamp*, femme *Garnier*, rue Saint-Jean-Baptiste, à la Pologne. (*Lettres patentes du 26 novembre 1754, du 26 août 1783, art. 11, sentence de police du 27 mars 1778.*)

Art. 7. Les sieurs *Aubert*, *Alexandre* et veuve *Plainchamp* ne pourront percevoir plus de 1 fr. 50 c. pour abat , préparation et transport d'un porc.

Art. 8. A compter de l'époque fixée par l'article 6, les charcutiers forains approvisionnant la halle de Paris et les charcutiers de Paris *exerçant le commerce en gros*, ne pourront faire abattre et brûler leurs porcs que dans l'abattoir établi rue du Faubourg du Roule, n° 80.

Art. 7. Le propriétaire dudit abattoir ne pourra percevoir plus de 1 fr. par porc abattu et préparé dans son abattoir.

Art. 10. Il est défendu aux maîtres d'abattoir de faire le commerce des porcs et de la charcuterie.

Art. 11. En conséquence, et à partir de la même époque, il ne pourra être introduit dans Paris aucune viande de porc abattu.

Art. 12. Les charcutiers détaillants à Paris ne pourront, sous aucun prétexte, faire abattre leurs porcs dans l'abattoir affecté aux charcutiers exerçant le commerce en gros.

Art. 13. Les porcs abattus et préparés dans l'abattoir affecté au commerce en gros ne pourront en être retirés que pour être transportés directement à la halle, les jours de marchés.

Ils seront préalablement coupés en quartiers à deux côtes au-dessus du rognon. (*Arrêt du Parlement du 22 août 1769; lettres patentes du 26 août 1783.*)

Art. 14. La vente du porc frais amené à la halle devra être faite dans le jour.

Il est défendu, sous aucun prétexte, d'en remporter ou resserrer, à peine de confiscation et de 200 fr. d'amende. (*Mêmes lettres patentes*, articles 6 et 8.)

Art. 15. Les règlements et ordonnances *concernant le commerce de la charcuterie*, continueront d'être observés en tout ce qui n'est point contraire à la présente ordonnance.

Art. 16. Les contraventions seront constatées par des procès-verbaux qui nous seront adressés.

Art. 17. Il sera pris envers les contrevenants telle mesure de *police administrative* qu'il appartiendra, sans préjudice des poursuites à exercer devant les tribunaux.

Art. 18. La présente ordonnance sera imprimée et affichée.

Ampliation en sera transmise à la direction de l'octroi.

Les sous-préfets des arrondissements de Saint-Denis et de Sceaux, les maires des communes rurales du ressort de la préfecture de police, les commissaires de police à Paris, et notamment celui des marchés, le commissaire-inspecteur général des halles et marchés et les préposés de la préfecture de police, sont chargés de tenir la main à son exécution.

Le conseiller d'État, préfet de police,

Signé DECAZES.

NOUVEAU RÈGLEMENT

ET RÉGIME INTÉRIEUR

DU COMMERCE DE LA CHARCUTERIE.

Les soussignés, tous marchands charcutiers de la ville de Paris,

Après avoir entendu de nouveau la lecture du nouveau *Règlement* intitulé: *Nouveau Régime intérieur du commerce de la charcuterie*, arrêté à Paris le *vingt-sept octobre mil huit cent vingt-six*, par des *Mandataires constitués* à cet effet,

Et de plusieurs *Délibérations* qui ont suivi et modifié ce *Règlement*,

« Considérant que quelques dispositions du *Règlement* du *vingt-sept octobre* « *mil huit cent vingt-six* sont tombés en désuétude ;

« Que plusieurs n'ont pu être appliquées ;

« Et que d'autres sont devenues d'une exécution très-difficile ;

« Que les modifications apportées à celles restées en vigueur sont disséminées « dans diverses *délibérations* ; qu'il importe d'en opérer la *fusion* avec le *Rè-* « *glement*, et de faire du tout un seul corps d'articles;

« Considérant surtout que le *Règlement* du *vingt-sept octobre mil huit cent* « *vingt-six* n'est plus obligatoire que pour un petit nombre de ceux qui l'ont « signé ou consenti, attendu le *décès* ou *cession* de commerce des autres ;

« Et convaincu de l'indispensable nécessité d'un bureau, *point central* où « viendraient se *réunir tous les intérêts* du commerce ;

« Et des Mandataires *élus* et *choisis* par ceux dont la *mission* serait de re- « présenter le commerce de la Charcuterie dans toutes les circonstances où il « pourrait être intéressé, particulièrement près des *autorités administratives* « pour défendre ses *droits*, faire et suivre *toutes réclamations nécessaires*, réu- « nir et produire tous les *documents* propres à éclairer l'*administration* et « amener des *décisions avantageuses* au commerce, et enfin *agir* pour le plus « grand *intérêt de la société* ;

« Ont résolu, en conservant le principe de la Société formée entre eux de- « puis *longues années*, d'en resserrer les nœuds par un *nouveau règlement* qui « renfermerait les *modifications dont l'expérience a démontré la nécessité* et « *qui serait à l'avenir obligatoire pour tous*. »

A cet effet, ils ont d'un commun accord, arrêté le règlement suivant :

Art. 1er. Les marchands charcutiers de la ville de Paris soussignés seront représentés par des mandataires généraux et spéciaux, et par des mandataires d'arrondissement.

Art. 2. Les mandataires généraux et spéciaux, au nombre de *trois*, sont *élus* par les mandataires d'arrondissement.

Ces derniers sont au nombre de *vingt-quatre* choisis et nommés à raison de *deux* par chaque *arrondissement municipal*.

Art. 3. Les *nominations* des mandataires généraux et spéciaux et des mandataires d'arrondissement ont lieu, *chaque année*, dans la *seconde semaine de Carême*.

Art. 4. La durée des fonctions *des uns* et *des autres* est de *trois ans ;* leur renouvellement se fait *par tiers*, suivant l'ordre *de série adoptée* et *suivie* jusqu'à ce jour.

Ce renouvellement se fait en commençant par les mandataires généraux et spéciaux.

Art. 5. Pour être *éligible*, il faut avoir exercé pendant *quatre ans* et *sans reproche*, la profession de charcutier à Paris.

Art. 6. Les *élections* se font en *assemblée générale*.

Art. 7. Les trois derniers mandataires généraux et spéciaux en *fonctions*, sont de droits mandataires généraux et spéciaux *honoraires ;* ils sont remplacés successivement, à *mesure* que les mandataires qui leur ont succédé cessent leurs fonctions pour *devenir honoraires*.

Les membres *honoraires* ont *voix délibérative* dans les *assemblées générales*, excepté seulement pour *l'élection* des mandataires généraux et spéciaux.

Art. 8. Si l'un des mandataires, soit généraux et spéciaux, soit d'arrondissement, *vient à décéder, donner sa démission* ou *se retirer du commerce*, pendant la *durée* de ses *fonctions*, il sera immédiatement pourvu à son remplacement par la voie de l'*élection*, conformément aux dispositions des *articles deux et cinq* qui précèdent : mais le nouveau mandataire élu, soit *général et spécial*, soit *d'arrondissement*, ne remplira les *fonctions* de sa charge que dans le temps qui *restera à courir* au mandataire *remplacé*.

Toutefois, cette *élection par intérim* ne sera pas un *obstacle* à la *réélection immédiate* comme mandataire général et spécial.

Art. 9. Les mandataires généraux et spéciaux ne peuvent être *réélus* qu'après un intervalle *de deux ans*.

Les mandataires d'arrondissement sont immédiatement *rééligibles*.

Art. 10. Les mandataires généraux et spéciaux sont tenus de se réunir à leur bureau au moins une fois *par semaine* et à un jour *non férié*, pour s'occuper des intérêts du commerce.

Art. 11. Ils sont, en outre, chargés spécialement :

1° De fournir à l'autorité tous les renseignements qui seraient demandés.

2° D'accompagner les *délégués de l'autorité* dans les *visites* et *opérations* quelconques qui seraient *ordonnées* ou *requises*;

3° De représenter le commerce auprès de *l'administration de toutes commissions nommées par elle, défendre les intérêts de la Société, faire toutes observations et réclamations, produire tous documents, en un mot, agir suivant les circonstances dans le plus grand avantage de la Société* dont ils sont les représentants;

4° De recevoir les *plaintes* et *entendre les explications* sur les *différends* qui pourraient exister entre *confrères*, et d'employer tous leurs moyens et réunir tous leurs efforts pour négocier une *conciliation*; leur *mission* et leur *juridiction* sont à cet égard celles d'un *conseil de famille* et d'un *tribunal* tout *paternel*.

Art. 12. Les mandataires généraux et spéciaux, lorsque les intérêts du commerce et les circonstances l'exigent, convoquent en *assemblée générale* les mandataires généraux et spéciaux honoraires, et les mandataires d'arrondissement, en leur indiquant l'objet de la convocation.

Art. 13. Les délibérations prises dans lesdites *assemblées* ne seront valables que lorsqu'elles auront été *signées* par la majorité des membres présents.

Art. 14. Les membres de l'*assemblée* ne pourront s'occuper d'un autre *objet* que celui de la *convocation*. Toute *délibération* prise sur un autre point que celui annoncé dans les lettres de convocation sera nulle de plein droit.

Art. 15. La police, pour le *maintien* de *l'ordre* et du *calme* dans les *discussions*, est confiée aux mandataires généraux et spéciaux qui auront le droit de *rappeler à la question* le membre qui s'en écarterait, de prononcer le *rappel à l'ordre*, et même de retirer la *parole* au membre qui franchirait pour la *seconde fois les bornes de la convenance* qui doit *régner* dans les *discussions*.

Art. 16. Une *cotisation annuelle* étant indispensable au *soutien de la Société* et à *l'existence du bureau*, et chacun devant y contribuer dans la proportion de l'importance de son établissement, il sera fait pour la fixation de cette cotisation, une division en *trois classes*.

Chacun des soussignés, placé dans la *première classe*, payera annuellement la somme de *quinze francs*.

Ceux de la *seconde classe*, la somme de *dix francs*.

Et ceux de la *troisième classe*, la somme de *cinq francs*.

Art. 17. Le *classement* sera fait par les mandataires généraux et spéciaux en fonctions, par ceux honoraires et les mandataires d'arrondissement réunis un assemblée générale.

Une fois *arrêté*, il sera *définitif* et *obligatoire* pour tous.

Art. 18. La *cotisation* sera acquittée, *chaque année*, avant le *premier août*, et en un seul *payement*, dans les mains et par les soins du commis aux écritures du bureau.

Art. 19. Une partie du produit des *cotisations* sera appliqué:

1° Au payement du *loyer* et des *impôts* du *local* nécessaire à l'établissement du bureau, et à la tenue des séances;

2° Aux *appointements alloués* au commis du bureau ;

3° Aux frais de *l'Almanach du commerce de la charcuterie* ;

4° Aux autres *frais de bureau* et *d'administration* ;

5° Et, pour cette année, aux frais de *lithographie* du *présent règlement* dont un *exemplaire* sera remis à chacun des soussignés.

Le surplus sera mis en réserve pour être employé *au soulagement* des *anciens* marchands charcutiers de Paris ou *veuves* de charcutiers, que *l'âge*, les *infirmités ou des malheurs* auraient mis dans le besoin.

Une partie de cette réserve pourra être aussi employée à venir *au secours* des confrères dont les *affaires* se trouveraient *momentanément embarrassées*.

Art. 20. Les dépenses de *loyer*, *appointements du commis, impression de l'almanach, lithographie des statuts et autres frais d'administration*, seront faits sans *autorisation spéciale* par les mandataires généraux et spéciaux.

La destination du surplus *des cotisations* sera déterminée en *assemblée générale*, convoquée et composée comme il est dit *à l'article 12*.

Art. 21. Les fonds qui n'auraient pas d'emploi seront placés au *nom de la Société*, d'après les avis des mandataires généraux et spéciaux en *fonctions*, ceux *honoraires* et des mandataires d'arrondissement, réunis en *assemblée générale*, suivant le mode tracé par la majorité des membres présents, et par les soins du mandataire général et spécial comptable en présence de ses deux collègues.

Tous les revenus des sommes appartenant à la Société seront perçus par lui.

Art. 22. Aucuns fonds placés ne pourront être retirés qu'en vertu d'une délibération prise en *assemblée générale*, à la *majorité absolue des trois quarts* des membres *appelés* à composer *l'assemblée*, conformément *à l'article 12*.

Art. 23. Le plus ancien mandataire général et spécial est *comptable* pendant la *dernière année de ses fonctions*.

Il doit communiquer à ses deux collègues *l'état de situation de la caisse*, au moins une fois par *trimestre*. Cette communication *sera constatée* par le *visa* de ces derniers sur le *livre de caisse*.

Il rend compte de sa gestion dans la *quinzaine* qui précède l'expiration de ses fonctions.

Trois *commissaires élus* à cet effet par les Mandataires d'arrondissement, et pris dans leur sein, sont chargés d'en faire la *vérification* et de faire *leur rapport* à l'expiration de *la première huitaine*.

Pendant *la seconde huitaine*, le *résumé des comptes* sera *affiché* dans le bureau, où chacun des soussignés en pourra prendre connaissance.

Et ce n'est qu'à l'expiration de cette *seconde huitaine* que les comptes pourront être *arrêtés en assemblée générale*.

Art. 24. Il sera *ouvert deux registres* qui devront être tenus *régulièrement*

L'un par le mandataire général et spécial, comptable pour toutes les *recettes* et *dépenses* concernant la Société ; il pourra se faire aider pour le *détail du* commis du bureau ;

Et l'autre par le commis, pour les *délibérations* et les *autorisations* des assemblées *générales*.

Chacun des soussignés *s'oblige formellement et d'honneur* à l'exécution pleine, entière et sans réserve *du présent règlement*.

Et celui qui, faute de l'exécuter, nécessiterait *l'enregistrement* et les *formalités* propres à le rendre *exécutoire*, en supportera seul *tous les frais*, ainsi que tous les soussignés s'y engagent, chacun pour soi.

Le refus d'exécution résultera du fait de *trois appels infructueux*, dont *deux* à *huit jours* d'intervalle devant le bureau de commerce (*les mandataires généraux et spéciaux*), et le *troisième* huits jours après le *second* devant monsieur *le juge de paix* de l'arrondissement du *récalcitrant*.

Art. 26. Si l'enregistrement des présentes et leur dépôt devant notaire sont jugés nécessaires, *tous pouvoirs sont donnés* aux mandataires généraux et spéciaux *en fonctions* pour remplir *ces formalités*.

Art. 27. Chacun des soussignés *s'engage d'honneur* , lorsqu'il *cèdera* son fonds de commerce, à faire tout son possible pour que son successeur *adhère* et se *soumette* au *présent règlement* ; aucun autre *engagement* ne *résultera* du présent contre les soussignés, après leur cessation de commerce.

Sont approuvés *cinquante-un mots rayés* dans le cours *du présent*, deux renvois mis en *marge*, et *additionnels*, l'un à *l'article vingt-un*, et l'autre à *l'article vingt-cinq*.

Fait et arrêté en *assemblée générale*, dans le local ordinaire des réunions du *Tivoli d'hiver*, dépendant d'une maison, dite la *Redoute*, sise à Paris, rue de *Grenelle-Saint-Honoré*, n° 45, les *douze* et *dix-neuf septembre* 1834.

(*Suivent les signatures.*)

TABLE DES MATIÈRES.

LIVRE 1er.

PARIS, IMPRIMERIE DE PAUL DUPONT,
rue de Grenelle-St-Honoré, 55.

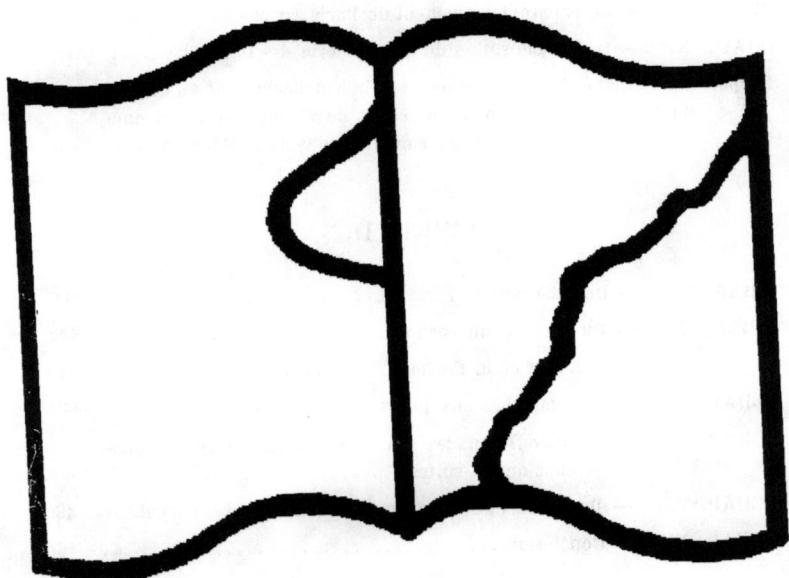

Texte détérioré - reliure défectueuse

NF Z 43-120-11

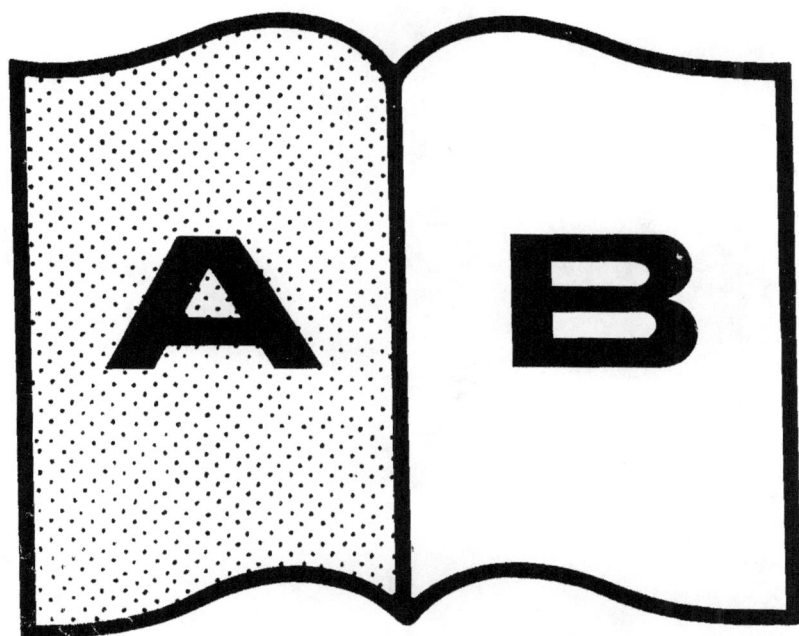

Contraste insuffisant

NF Z 43-120-14